国家社会科学基金“十二五”规划（教育类）国家
“构建广东省幼儿体育活动实践体系的研究”研究

幼儿体育活动
“三维动作”内容体系

庄弱　周毅　杨宁　编著

主　编：庄　弱　　周　毅　　杨　宁
编　委：李　英　　辛　利　　李　薇　　任　绮
蔡晓冰　　林东葵　　李孟宁　　荆鹏飞
邓　伟　　莫增煜　　傅国敢

SPM 南方传媒
全国优秀出版社
全国百佳图书出版单位　广东教育出版社
·广　州·

图书在版编目（CIP）数据

幼儿体育活动“三维动作”内容体系 / 庄弼，周毅，杨宁编著. — 广州：广东教育出版社，2022. 9（2023.8重印）
ISBN 978-7-5548-4861-6

Ⅰ. ①幼… Ⅱ. ①庄… ②周… ③杨… Ⅲ. ①体育课—教学研究—学前教育 Ⅳ. ①G613.7

中国版本图书馆CIP数据核字（2022）第046748号

幼儿体育活动“三维动作”内容体系
YOUER TIYU HUODONG “SANWEI DONGZUO” NEIRONG TIXI

出 版 人：朱文清
责任编辑：王龙鹏
责任印制：陈　瑾
装帧设计：苏永基
责任校对：黎飞婷　朱　琳
出版发行：广东教育出版社
（广州市环市东路472号12-15楼　邮政编码：510075）
销售热线：020-87615809
网　　址：http://www.gjs.cn
E-mail：gjs-quality@nfcb.com.cn
经　　销：广东新华发行集团股份有限公司
印　　刷：广东虎彩云印刷有限公司
（东莞市虎门镇黄村社区厚虎路20号C幢一楼）
规　　格：787 mm × 1092 mm　1/16
印　　张：28.75
字　　数：575千
版　　次：2022年9月第1版
2023年8月第2次印刷
定　　价：88.00元

目录

序

很高兴又为国家社会科学基金“十二五”规划（教育类）国家一般课题“构建广东省幼儿体育活动实践体系的研究”的研究成果作序。庄弼老师研究团队出版《幼儿园体育活动大纲》《“三维”幼儿体育活动组合器材》及《幼儿园体育活动教学案例》的时候，我应邀作了序，并对课题研究提出了希望。在课题顺利结题之后，经过几年的实践检验及推广应用，课题研究成果得到了广大幼儿园的欢迎，更是获得“2019 年广东省教育教学成果奖（基础教育）一等奖”。我发自内心地感到高兴并致以诚挚的祝贺。今天，课题主体研究成果《幼儿体育活动“三维动作”内容体系》面世了，我很荣幸再次受邀为之写序。

十年磨一剑。经过近十年的实践，该研究成果对《3～6 岁儿童学习与发展指南》动作发展领域从理论到实践进行了比较详细的整合及拓展，增加了“三维动作”能力的测评体系，配套了幼儿户外功能性活动器材，并根据幼儿身心发展敏感期和人类动作发展特征，将发展 3～6 岁幼儿平衡能力、灵敏与协调能力、力量与持久力概括为发展幼儿“三维动作”能力，开启了幼儿动作发展的一个新领域，为幼儿园科学开展体育教学和体育活动提供借鉴，使幼儿园体育教学和体育活动育体、育智、育心更有方向感，更具操作性。相信随着该研究成果的进一步推广，将有更多的幼儿得益。期待研究团队取得更多的成果，为幼儿的身心健康成长作出更大的贡献！

教育部体育卫生与艺术教育司原司长
教育部原副总督学
全国教育系统关心下一代工作委员会常务副主任
中国教育学会体育卫生分会理事长

杨贵仁

前言

本书是国家社会科学基金“十二五”规划（教育类）国家一般课题“构建广东省幼儿体育活动实践体系的研究”（课题批准号BLA120092）的研究成果，比较完整地阐述了幼儿体育活动“三维动作”内容体系。实事求是地讲，当时我们对幼儿体育活动的认识不够深入，在工作中了解到，幼儿体育活动没有具体内容的指引，且活动课程较混乱；幼儿体育活动内容也没有一个统一的标准，在活动内容的选择上随意性大，不少活动内容没有遵循幼儿的身心发展规律，缺乏体育活动组织的专业人员；教学内容缺少对幼儿进行基本活动能力的培养；对幼儿体育活动内容及能力的测试和评价存在成人化倾向。基于种种考虑，庄弼老师与广州体育学院周毅教授、华南师范大学杨宁教授多次讨论、反复商量怎样为广东省建立一个幼儿体育活动实践体系，于是萌发了申报课题研究的想法。然而，撰写课题申报书时对幼儿运动体系达成的目标是什么及内容如何建构，我们却是一头雾水。所幸的是，课题申报评审过程中遇到了有识之士，且顺利通过了立项。这个立项不仅是广东省教育研究院成立以来承担的第一个国家级课题，而且是国家社科基金立项的第一个有关幼儿体育活动内容体系的课题。从此，课题组开始了艰辛的研究过程。

首先是选择实验的幼儿园。由于广东省幼儿园开展科学研究工作的风气尚未全面形成，很多幼儿园不知道课题研究是什么，能够为幼儿园带来什么益处。2014年，广东省教育研究院征集子课题实验幼儿园的时候，只有几所幼儿园报名，报名截止时间一再推迟，经过半年的努力，最终在全省征集到86所幼儿园（院）。研究过程更是曲折，由于大部分幼儿园的教师缺乏科学研究经验，如何选择研究对象、如何开展实验都必须手把手地教。课题组从2014年到2016年进行了五次培训，从指标的筛选到内容的测试，一步一步地提升实验幼儿园参与课题研究人员的科研素质。2017年课题顺利结项，我们又在广东省教育厅和广东省教育研究院的支持下，在广东省开展研究成果的宣讲工作。经过近几年的努力，参加课题研究的大部分幼儿园的科研水平得到了显著提升，一批骨干教师迅速成长。最令人高兴的是，在第一批被评为广东省幼儿园正高级教师的六人中，有五人来自参与子课题实验的幼儿园，并且我们的研究成果获得了“2019年广东省教育教学成果奖（基础教育）一等奖”。

课题立项后，当务之急是如何建构一个符合幼儿身心发展特点的体育活动体系，体系科不科学、理论依据充不充分、体系内容能否符合实践需要并为实践服务都是课题组要考虑的问题。幼儿体育活动“三维动作”内容体系的构建是理论和实践相结合的过程，必须解决两个方面的问题：一方面，要对幼儿体育活动“三维动作”内容体系进行理论论证和内容选择。我们根据幼儿动作发展规律和运动教育理论，对体育活动作了明确的定义，厘清了体育与幼儿体育活动内容的区别，课题组在对文献研究的基础上，将体育活动体系的内容定位在幼儿基础动作，即走、跑、跳、爬、攀、抛接、投掷、推拉、捕、戳等基本动作。在幼儿园经常开展的基本动作有近百个，这些动作对幼儿的身心发展均有一定的促进作用，要在众多的动作中区别出什么动作能够比较精准地发展幼儿某一方面的能力，则需要进一步的研究。2012年，教育部颁布的《3～6岁儿童学习与发展指南》（以下简称《指南》）为课题研究指明了方向，我们以《指南》健康领域动作发展目标作为构建幼儿体育活动实践体系的基础，通过科学的方法，将幼儿体育活动中常见的90多个动作，整合为发展幼儿“三维动作”能力的内容及测试指标体系，并开发了“三维动作”内容（幼儿园体育活动大纲）、“三维动作”户外活动器材及教学案例，顺利地完成了课题研究工作。另一方面，要在实践中验证幼儿体育活动“三维动作”内容体系的科学性及有效性。为了证明“三维动作”内容体系及“三维动作”户外活动器材对幼儿的身心发展有促进作用，我们根据幼儿身心发展规律和动作发展规律选择实验效标。众所周知，幼儿动作发展是与智力及个性品质的发展相辅相成的，幼儿在做动作时首先是通过智力（认知）来判断是否能够完成，其次是敢不敢做（个性品质），最后才是做动作，因此就出现了有些幼儿完成动作快、有些幼儿完成动作慢、有些幼儿不能完成动作的现象。智力及个性品质的提高又可以更快地促进动作的发展，要证明“三维动作”内容体系对幼儿动作能力的发展有一定的效果，就必须了解“三维动作”内容体系对幼儿智力发展及个性品质培养的作用，所以在课题研究中除了论证“三维动作”内容体系对幼儿动作能力发展的影响，我们还对幼儿智力及个性品质进行了问卷调查和测试，并进行个案跟踪。我们在研究幼儿“三维动作”的发展与智力及个性品质相互影响时发现，幼儿在练习动作过程中表现出来的能力并未全面反映该幼儿的动作发展水平，或多或少受其智力及个性品质的影响，例如，有的幼儿（特别是小班幼儿）走平衡木时动作缓慢或完成质量不高，并不代表该幼儿的平衡能力差，可能由于胆怯、内向而没有表现出具有的平衡能力，对幼儿进行自信、合作等品质的训练后，幼儿完成平衡动作的质量大幅度提高。研究结果表明，在幼儿园的体育活动中，只有对幼儿的智力、个性品质和动作发展能力进行全面的考察和评价后，才能对幼儿完成动作的水平进行评判。实验证明我们的选择是符合客观规律的，同时这些实验研究及案例可以为研究幼儿动作发展与身心发展的关系提供有益的参考。需要强调的是，幼儿阶段所有动作都具有平衡、灵敏、协调、力量等特征，幼儿每完成一个动力性动作，都是“三维动作”能力的综合表现。例如，小班的沿直线走，幼儿能否沿直线走而不偏向，首先表现出的是平衡能力；步频的快慢反映的是灵敏性，步幅是否均匀反映的是协调性，由于灵敏性与协调性在完成动作过程中是交替进行且密不可分的，因此我们将这些动作归为发展灵敏与协调能力；走路依靠脚的力量，走多少步、走多长时间则与持久力有关。幼儿每完成一个动力性（及部分的静力性）动作都是“三维动作”协同作用的结果，发展一个维度的能力会相应地促进其他维度的能力。为了能够更好地在运动教育实践中发展幼儿的动作能力，我们将影响动作能力的主要因素或特征加以提取并进行归类，成为发展幼儿“三维动作”的内容，例如，沿直线走是发展平衡能力，曲线走或折返跑是发展灵敏与协调能力，快速跑则是发展力量与持久力。

本书是“三维动作”内容体系理论与实践的总结，共分九章，由五大部分内容组成。第一章是幼儿体育活动和“三维动作”内容体系的概述，第二、三、四章是“三维动作”内容体系的理论基础以及动作发展对幼儿认知和个性发展的作用，第五、六、七章是“三维动作”内容体系的具体内容，第八、九章是开展“三维动作”活动的保障，而附件则是构建“三维动作”内容体系的问卷、实验报告、观察案例、测试要求及评价参考标准。第一章由广东省教育研究院庄弼、华南师范大学体育科学学院李薇撰写，第二章由广州体育学院周毅撰写，第三章由华南师范大学教育科学学院杨宁撰写，第四章由华南师范大学体育科学学院任绮撰写，第五、六章由广东省东莞市长安实验中学李孟宁、广东省台山市台师高级中学荆鹏飞撰写，第七章由广州体育学院辛利撰写，第八章由华南师范大学体育科学学院李薇、广州市人民北路幼儿园邓伟撰写，第九章由广州市人民北路幼儿园邓伟、广东省育才幼儿院二院莫增煜撰写，广东省育才幼儿院二院蔡晓冰、广东省育才幼儿院一院傅国敢、广州市白云区教育研究院林东葵参与了指标体系的调研、实验及实验报告的撰写，广东省教育研究院李英参与体系的建设。初稿由庄弼、周毅、杨宁审稿，最后由庄弼统稿。

幼儿体育活动“三维动作”内容体系的研究是幼儿体育活动领域一个新的尝试，是贯彻落实《指南》动作发展的具体表现和延伸。“三维动作”内容体系是动作发展领域的一个创新，必然存在这样或那样的不足，期待更多有识人士给予批评指正。

编者

2022年1月

第一章 幼儿体育活动和“三维动作”内容体系

第一节
幼儿体育活动的目标和作用

幼儿园时期是个体走向社会的重要阶段，而幼儿教育是基础教育的起始阶段，是个体首次接触和接受正式教育的开始。幼儿是国家未来的希望，对幼儿的教育决定着其发展的程度与水平。而作为人生的基础阶段，幼儿园对人生的发展具有不可忽视的作用。以体为先，是世界各国的共识，作为真正意义上的学校体育之始，幼儿体育活动对幼儿身心发展起着重要作用，对幼儿步入小学乃至步入社会有着重要的奠基功能。幼儿体育活动在幼儿教育的特殊地位，决定了幼儿体育活动在幼儿园的开展现状，特别在当前我国青少年体质健康问题不容乐观的状况下，幼儿体育活动开展的程度直接影响青少年儿童的身心健康发展水平。我国《幼儿园工作规程》[1]（以下简称《规程》）中明确规定：在正常情况下，幼儿户外活动时间（包括户外体育活动时间）每天不得少于 2 小时，寄宿制幼儿园不得少于 3 小时；幼儿园应当积极开展适合幼儿的体育活动，充分利用日光、空气、水等自然因素以及本地自然环境，有计划地锻炼幼儿肌体，增强身体的适应和抵抗能力。正常情况下，每日户外体育活动不得少于 1 小时。

一、幼儿体育活动的目标

幼儿体育活动是幼儿教育的重要途径，是为了幼儿身心健康发展的教育及培育活动，其终极目的是培养幼儿的全面发展。幼儿体育活动的目标是根据幼儿健康领域目标来确定的。《规程》指出：“幼儿园保育和教育的第一个目标是促进幼儿身体正常发育和机能的协调发展，增强体质，促进心理健康，培养良好的生活习惯、卫生习惯和参加体育活动的兴趣。”这给幼儿体育活动定下了活动任务和内容。《幼儿园教育指导纲要（试行）》[2]（以下简称《纲要》）按照幼儿学习活动的范畴将幼儿教育的内容划分为健康、社会、科学、语言和艺术等五个领域，而幼儿体育活动的功能则主要落在幼儿的身心健康上。《纲要》中的健康目标为增强幼儿体质，培养健康生活的态度和行为习惯，包括身体健康，在集体生活中情绪安定、愉快；生活、卫生习惯良好，有基本的生活自理能力；知道必要的安全保健常识，学习保护自己；喜欢参加体育活动，动作协调、灵活。幼儿健康领域的目标决定了幼儿体育活动的目标，幼儿体育活动的开展是为了更好地实现幼儿教育的目标。幼儿体育活动促进幼儿健康的目标主要分为身体、心理与社会适应三个方面：身体目标旨在促进幼儿身体正常发育，促进其骨骼以及身体各个组织的发展，增强幼儿体质健康水平，发展身体协调性、灵活性等，同时还要培养幼儿形成正确的站立和坐姿，锻炼幼儿的走、跑、跳、投掷等基本活动能力，养成良好的运动习惯与兴趣；心理目标旨在培养幼儿具有活泼开朗的性格和良好的心态，锻炼幼儿的意志力，培养其自信心等；社会适应目标旨在培养幼儿具有良好的合作意识和协作能力，促进幼儿之间的交流与沟通等。任何一个幼儿体育活动的开展都必须依据幼儿身心发展规律，并达成幼儿体育活动的目标。

二、幼儿体育活动的特点

1. 活动种类的多样性

幼儿体育活动的种类是多种多样的，有各种操节练习、游戏活动、体育器材活动、体育项目、体育小竞赛以及区域体育活动、踏青、远足等。各种体育项目经过改造后可以在幼儿园作为体育活动开展，如幼儿小篮球、小足球便是根据幼儿身体特征将正常篮球、足球缩小与减轻至适合幼儿使用，并由此创编出以小篮球、小足球为中心的各类幼儿体育活动。数量最多、种类最丰富的要数幼儿体育活动中的体育游戏，依据走、跑、跳、投掷等人类基本动作由幼儿园教师自由创编，题材的多样性，创编的自主性，体育游戏成为幼儿体育活动中最为重要的组成部分，也使得幼儿体育活动丰富多彩。

2. 活动开展的灵活性

由于幼儿体育活动的性质和幼儿园场地、器材等条件的限制，幼儿体育活动具有灵活性特点。幼儿体育活动的灵活性包括活动内容、场地和器材的选择等，例如，在游戏“小兔拔萝卜”中需要有独木桥、草地、山洞以及萝卜等，可以选择和使用其他物品来替代独木桥，如用平衡木代替，也可以将一些凳子并排放置代替；山洞可以用塑料制拱形门，也可以用较为高大的桌子等代替。不仅仅是场地和器材，幼儿体育活动的组织与结构同样具有灵活性特点，同一个体育游戏通过组织形式的变化就可以得到不一样的效果，例如，在游戏中变化目的、合作伙伴或个人的角色等。

3. 活动形式的游戏性

幼儿园体育活动中游戏占了很大的比重，许多体育项目如小篮球、小足球等，通过游戏化更加适合幼儿进行活动。游戏对幼儿各个领域的发展以及游戏化的体育活动，对幼儿认知、情感、社会化等方面发展均有着非常重要的作用。有研究表明，游戏可以帮助幼儿更好地理解所处的社会环境和自然环境。体育活动的竞争性往往使得整个活动的氛围变得紧张且节奏激烈，而游戏化的体育活动使幼儿不必在紧张和激烈的节奏中进行，有助于培养幼儿良好的心态。体育活动的游戏化，将走、跑、跳、投掷等人类基本动作融入游戏中，既锻炼了幼儿的基本活动能力，又激发其运动的兴趣，使锻炼过程不再枯燥乏味，培养了运动的习惯。体育活动的本质是游戏，目前世界上各式各类的体育项目多数由游戏发展演变而来，因此，幼儿园体育活动的游戏化可以说是一种另类的返璞归真，直指本源。

4. 活动内容的简易性

根据幼儿的智力发育特点，幼儿体育活动无论是在结构还是在内容方面，都简单易行。幼儿的智力尚处于发展过程中，语言能力、理解能力以及想象力等均是如此，如果开展的体育活动内容过于复杂难懂，幼儿在活动中就会不知所措，即使在教师指导下完成了体育活动，幼儿在完成活动的过程之中也很难得到实质性发展。倘若幼儿在游戏中不知道自己扮演什么角色、游戏的内容是什么，一切都是在未知中进行，教师说一句，幼儿做一步，缺乏应有的氛围，那么活动的目的就很难实现，久而久之会给幼儿带来心理的压力甚至是伤害。幼儿体育活动的组织结构简单易懂，既是特点又是幼儿体育活动创设过程中必须遵守的原则，是幼儿体育活动开展的基础，只有让幼儿理解活动内容，知道自己要做什么、怎么做，才能充分发挥幼儿体育活动的功能，实现幼儿体育活动的目的，从而促进幼儿身心健康和谐发展。

三、幼儿体育活动的作用

幼儿体育活动对幼儿身心发展起着奠基的作用，其作用主要体现在促进幼儿身体、心理以及社会适应等方面的健康发展上。

1. 促进幼儿身体正常发育，增强幼儿身体素质

幼儿时期是身体发育的重要阶段，幼儿身体的各种机能发育尚不完善，主要表现在肌肉力量较弱；动作精确度较差；幼儿内脏如心脏、肺等器官功能发育尚不完善；免疫力差，容易生病；骨骼较为脆弱，容易骨折等。针对幼儿身体发育特征，幼儿体育活动能够在不同程度上从不同方面刺激各组织器官的生长发育，促进幼儿身体的全面发展。有研究发现，少年儿童经常参与体育锻炼可以明显改善骨骼的血液供应，使其得到充足的营养物质，促进骨骼生长发育，使管状骨变长，骨横径增粗，骨重量增加。另外，经常参与体育锻炼对幼儿心脏收缩能力、肺部收缩能力的发展有着重要促进作用。除促进幼儿骨骼以及身体各个组织的发育，幼儿体育活动还能增强体质，发展身体的协调性和灵活性，提高幼儿对环境的适应能力及幼儿对各种疾病的抵抗能力，培养幼儿参加体育活动的兴趣，为终身体育意识的培养打下坚实的基础。通过开展幼儿体育活动，可以培养幼儿正确的站姿与坐姿，锻炼幼儿的走、跑、跳、投掷等基本活动能力。

幼儿经常参加体育活动能够促进大脑的发育和开发。国外最新的科学研究表明，经常参加体育活动的学生在智力、社交、动作技能发展和学习成绩等方面都优于久坐少动的学生。身体活动或体育运动为大脑的休整提供了良好的机会和方式，更有利于注意力、记忆力及思维敏捷程度和学习效果的增强。学龄前 0～6 岁是小脑、前脑和脑干发育的高速发展期，其中小脑的功能体现在保持身体平衡，维持和调节肌肉紧张，控制骨骼肌运动，协调各肌肉群以及动作技能学习等。同时，0～3 岁又是视觉、听觉、注意力、概念、情感控制、语言、数字的高速发展期，幼儿适时参与各种身体活动对促进大脑的发育和开发非常有益。

总而言之，幼儿体育活动最为重要的价值在于促进幼儿身体正常发育，增强幼儿体质，锻炼幼儿的走、跑、跳、投掷等基本活动能力。另外，培养幼儿参加体育活动的习惯等，也是幼儿体育目标实现的重要保障。

2. 促进幼儿心理健康，培养活泼开朗的性格，铸造良好的精神品质

心理健康是幼儿健康成长的重要组成部分，良好的心理状态能帮助幼儿在幼儿园期间保持愉悦的心情，对学习、生活等方面都有着重要影响。幼儿体育活动在促进幼儿心理健康方面的独特功能是其他活动难以替代的。幼儿体育活动具有多样性、灵活性等特点，能从不同角度促进幼儿心理健康。以游戏为主的幼儿体育活动组织形式较为简单，便于幼儿理解，内容丰富多彩，富有童趣，可以很大程度上吸引幼儿参与其中。在幼儿进行体育活动的过程中，通过鼓励和引导的行为，对幼儿给予鼓掌、微笑、称赞以及颁发奖品等鼓励，提升他们的自信心，逐渐驱逐自卑心理，打开他们的心扉。以体育游戏为主的幼儿体育活动多是充满欢乐和童趣，活动之中的合作与竞争及任务的完成和奖励，既增强了幼儿自信心，使其性格变得更加开朗，又能够锻炼其精神品质，培养他们勇敢、拼搏、顽强等意志品质。

3. 培养幼儿的社会适应能力

幼儿园教育阶段作为学校教育的开端，对幼儿的社会化过程有着重要意义。幼儿第一次离开父母和家庭，在幼儿园与众多幼儿一起学习和生活，需要与教师、同学等进行交流和沟通，需要适应幼儿园的生活和学习环境。可以说，幼儿园是幼儿从家庭走向社会的第一站。在幼儿教育阶段对幼儿的社会适应能力进行培养，既能使幼儿在学习和生活中保持良好的心态、开朗的性格以及稳定的情绪，又能为其今后的中小学学习乃至整个人生的发展奠定良好的基础。《纲要》中对幼儿教育的健康要求明确提出“建立良好的师生、同伴关系，让幼儿在集体生活中感到温暖，心情愉快，形成安全感、信赖感”，对幼儿体育活动提出了要求，又从侧面体现了幼儿体育活动对幼儿社会适应能力的突出价值。在各类幼儿体育活动中，有专门培养幼儿合作精神的活动，也有增进幼儿之间感情与相互了解的活动。总之，各类幼儿体育活动在促进幼儿与幼儿、幼儿与教师之间的沟通和了解及对幼儿社会适应能力的提高方面有着重要作用，对幼儿今后的学习、生活等方面有着重要的促进价值。

第二节
各国幼儿体育活动目标与相关核心概念

一、各国幼儿健康领域的目标和要求

以“体”为先是幼儿园与中小学教育目标的最大区别，幼儿体育活动本质上是对幼儿身体的养育和教育过程，并非平时所理解的体育，世界各国对此的认识大同小异，只是表达程度存在差异。许多国家在制定学前教育纲要或课程指南时，大多把幼儿体育活动纳入健康的范畴，并以游戏、动作发展或户外体育活动完成对幼儿身体的养育。

我国早在1981年颁发的《幼儿园教育纲要（试行草案）》中就明确提出：“幼儿园的教育任务应是向幼儿进行体、智、德、美全面发展的教育，使其身心健康活泼地成长，为入小学打好基础，为造就一代新人打好基础。”在随后陆续颁布的政策法规中都强调了体育的重要性，1989年颁发的《幼儿园管理条例》总则第三条指出“幼儿园的保育和教育工作应当促进幼儿在体、智、德、美诸方面和谐发展”。在1996年版的《幼儿园工作规程》中就提出了“对幼儿实施体、智、德、美诸方面全面发展的教育”，目标是“促进幼儿身体正常发育和机能的协调发展，增强体质”；2012年颁布的《3～6岁儿童学习与发展指南》[3]（以下简称《指南》）中，在五个学习与发展领域中，健康领域排在首位；2016年颁发的《幼儿园工作规程》中，为了突出党的教育方针，提出了在幼儿园“贯彻国家的教育方针，实施德、智、体、美等方面全面发展的教育，促进幼儿身心和谐发展”。无论哪个年代，幼儿园的首要目标仍然是“促进幼儿身体正常发育和机能的协调发展，增强体质，培养良好的生活习惯、卫生习惯和参加体育活动的兴趣”。要达到这些目标，主要通过幼儿园的体育活动和户外活动来实现。

20世纪美国已经重视幼儿的整体性发展，包括社会性发展、认知发展、情感发展和身体发展。1993年4月，美国政府颁布《2000年目标：美国教育法》，指出“儿童将接受入学时应具备身心健康所需要的营养、体格锻炼及健康护理”。《2007年改进提前开端法案》提出：为低收入家庭儿童提供学习环境，支持他们在语言、读写、数学、科学、社会性和情绪情感、艺术创造、身体运动技能及学习方法等方面的发展。

1989 年日本对《幼儿园教育大纲》进行全面修订，将幼儿园教育领域修改为五大领域：健康、人际关系、环境、语言、表现。在健康领域中，重点强调要培育幼儿身心健康、自主创造和安全生活的能力。

2003 年印度在《国家儿童宪章》中对学前教育提出了以下几个方面要求：儿童的生存、生活和自由；推进健康和营养高标准；保证最低需要和生命安全；游戏和娱乐等。[4]

2007 年英国教育和技能部出台了《儿童早期基础阶段》，建立起一个统一的以游戏为基础的儿童早期学习和发展框架。英国学前教育对幼儿体育发展的价值在于促进幼儿情感、身体、社会和智力等方面的全面发展，帮助儿童做好入学准备。

法国母育学校体育活动的目的是通过为儿童提供保持健康所需的运动条件，使儿童自己练习其运动技能，促进儿童适应能力与合作能力的发展，体育活动内容具体包括全身运动机能活动，如走、奔跑、跳跃、爬行、攀登、投掷、运载、保持平衡；运动协调活动，如敏捷游戏、速度游戏、对抗游戏、舞蹈及伴有歌唱的圆舞；人体表现活动，如简易表演全部动作。

俄罗斯学前教育对儿童进行教育的基本途径主要是通过游戏和各种活动以促进儿童体力、智力、道德、艺术能力的发展。俄罗斯学前教育机构认识到体育活动不同于运动游戏，必须使幼儿体育系统化。因此，俄罗斯幼儿园一般面积宽敞，运动器材丰富。为了使儿童的活动天性得到满足，幼儿园里一般安排运动项目，把传统的体育项目与非传统的体育项目结合起来。普遍的体育训练项目有早操、韵律操和健美操、羽毛球、排球、乒乓球、雪橇、跑楼梯、跳绳、跑步及日光浴等，这些不同种类的体育活动是为不同年龄阶段的幼儿安排的。俄罗斯的幼儿园很重视跑步训练，也很重视耐力训练；重视运动与游戏相结合，是他们幼教体育的特色之一。[5]

由此可见，以“体”为先是各国幼儿园教育和培育的首要目标，而达成目标的途径是体育活动，在这些活动中，有体育游戏、体操、健美操、篮球、足球、羽毛球、排球、乒乓球、跑步，等等。然而，各国对幼儿园开展的体育活动却没有给予明确的定义，在我国，幼儿体育一直被认为幼儿园发展幼儿身心的主要途径和内容，这给幼儿园开展体育活动带来一定的影响，也给幼儿的身心发育带来不必要的困惑。因此，有必要对幼儿体育活动的内涵和外延作出明确的界定。

二、幼儿体育活动概念的界定

长期以来，我国对幼儿体育活动的理论研究较少，幼儿体育活动概念混乱，目前国内学前教育比较有影响的专家对幼儿体育的认识也不尽相同，将幼儿园的体育活动定义为“幼儿体育教育”“幼儿体育”“幼儿身体活动”“幼儿身体运动”“幼儿身体动作内容”等，其概念及范畴界定不清。

《规程》提出，“培养良好的生活习惯、卫生习惯和参加体育活动的兴趣”；2001 年颁布的《纲要》提出了“开展丰富多彩的户外游戏和体育活动，培养幼儿参加体育活动的兴趣和习惯”；2012 年颁布的《指南》把幼儿体育活动置于健康领域之下。以上政策的颁布与实施均未对幼儿体育作出具体诠释。

学前教育专家许卓娅[6]把幼儿体育称为“幼儿园体育”，幼儿园体育基本内容包括基本动作、基本体操、身体素质练习、器械练习、创造性身体活动和体育游戏六个方面，律动、舞动和表现性、创造性的身体活动也被纳入幼儿园体育基本内容体系。

学前教育专家刘馨把幼儿体育定义为幼儿“身体运动”，身体运动主要是通过对幼儿的身体施加一定的刺激（即运动刺激）来实现。一定的运动刺激作用于幼儿的机体，使幼儿的机体承受相应的生理负荷，这种刺激的经常化，促使幼儿机体内部不断地进行调整而逐渐产生适应性的变化，从而使机体在形态、结构和机能上得到一定的完善和提高。

刘馨在书中把“体育活动”与“身体运动（身体锻炼）”并列提出，意思是两者具有不同的内涵，认为体育活动是社会文化的组成部分，幼儿的体育不同于学校体育，它是融幼儿保育和教育为一体的特殊的教育领域。身体运动对学前幼儿的发展具有两大功能或价值：促进幼儿身体机能和运动机能的协调发展；以身体运动为方式或手段，促进幼儿心理的健康发展。[7]2

庞建萍、柳倩[8]提出“学前儿童体育是在遵循0～6岁儿童身心发展的特点和规律的基础上，融保育与教育为一体的特殊的教育领域。”

王占春、陈珂琦[9]认为：“幼儿体育是遵循幼儿身体生长发育规律，以增强体质，提高健康水平，促进幼儿身心全面、和谐发展为目的所进行的一系列的教育活动。”

比较对各种幼儿体育的表述，本文认为均未能从本质上阐明幼儿身体发展的目标。因此，本文认为幼儿园的体育称为“幼儿体育活动”较为合适。

这个提法既有助于区别中小学阶段的体育教育，又可以实现“幼小衔接”的理念，其理由如下：

其一，体育教育应包含身体运动、游戏和教育指导等要素。“幼儿体育”的表述过分侧重运动和教育指导，难免强化训练意识，带有竞技意味，淡化游戏的快乐。“幼儿身体活动”的概念强调了身体练习和身体运动，其锻炼效果与幼儿身体的生长发育和体质增强有关，体育的教育意味较弱。

其二，幼儿体育包含了体育教育、运动及竞赛的内容。在幼儿园开展“幼儿体育”容易导致将竞技体育的内容、方法、技能直接引入幼儿园的体育活动中，从而出现拔苗助长的现象。

其三，幼儿体育活动的提法带有身体运动、玩耍、快乐的含义。在幼儿阶段的体育，除了增强体质，应偏向通过快乐的活动激发和保持幼儿参与身体运动的兴趣，同时快乐的体育活动可使幼儿的情感需求得到满足，从而促进其心理和身体的健康发展。

其四，幼儿体育活动包括以活动、游戏为手段的体验过程。在体育活动中，根据幼儿自身的特点渗透活动情节，适应幼儿模仿和参与成人活动的心理需求及社会化的需求，引发幼儿通过探索性活动参与锻炼（比如用旋转的方式探索身体不同部位的运动方式；用抛、接的方式探索身体与物体的共同运动方式；用滚翻的方式体验身体与空间的关系，等等），弱化动作技能学习。动作技能学习是学校阶段的体育教育目标。

综上所述，本文认为幼儿体育活动是培育和发展幼儿（3～6岁）身体基本活动能力的过程[10]。

三、我国幼儿体育活动的内容

1. 幼儿体育活动的形式

幼儿体育活动的形式多样，安排灵活，极大地保证了幼儿健康领域目标的实现与功能的发挥。目前，我国幼儿体育活动的主要形式包括早操活动、体育活动课、户外体育活动和其他体育活动（亲子体育活动、幼儿趣味运动会及体育活动节）等。

（1）早操活动

也称晨操，是幼儿在晨间进行的操类活动，幼儿园在早晨开展的、以基本体操为主要内容的全园幼儿参与的集体活动。早操活动一般包括徒手体操、模仿操、器材操以及队列队形练习、律动活动、走跑交替等内容，活动时间一般为 15～20 分钟。

（2）体育活动课

是幼儿园的一种专门活动课，它是一种有目的、有计划、有组织的培育、教养和养成的过程，是以人类基本动作的练习为主要内容，以律动或游戏的形式开展的教学活动，其任务是发展幼儿的基本活动能力，达到增强幼儿体质健康的目的，促进幼儿身体、智力与社会性等方面协调发展，对于提高幼儿正确的走、跑、跳、投掷等基本活动能力具有重要的意义。因此，幼儿体育活动课是实现幼儿体育活动任务的基本途径之一。体育活动课一般是每周 2～3 节，有条件、有师资的幼儿园应每天安排一节体育活动课，活动的时间一般是小班 20 分钟，中班 25 分钟，大班 30 分钟。

（3）户外体育活动

是在户外开展的，通过教师直接或间接指导、引导、组织进行的个体或集体活动。户外体育活动是幼儿体育活动的一种基本组织形式，作为一种独立的锻炼身体的组织形式，以各种运动器材活动、体育游戏活动、区域体育活动、“三浴”锻炼为内容，每天开展活动的时间宜上下午各一个小时。因此，它是幼儿园主要的体育活动组织形式之一，是贯彻实施幼儿园体育目标的最主要途径，是幼儿喜爱的活动形式之一。一般的户外体育活动是以班级为单位独立进行的[7]5，以幼儿自选的活动项目为主，考虑到幼儿不同的兴趣、爱好和能力的需要，户外体育活动可以弥补幼儿早操活动和体育课组织形式的不足。它的内容也比较丰富，可以是各种大、中、小型幼儿运动器材的活动，可以是幼儿体育游戏的活动，也可以开展发展身体机能及能力的各种动作，如平衡能力、灵敏与协调能力等动作练习。在幼儿进行户外体育活动时，需要有两名以上的教师或保育员带领，一名主要负责组织幼儿进行体育活动，另一名主要负责从整体上观察幼儿，做好对幼儿的组织管理、个别照顾、保育工作以及突发事件的处理等。开展户外体育活动倡导以集体活动为主，个体活动为辅，集体活动有助于培养幼儿的合作和团队精神及良好的个性品质。

（4）其他体育活动

除早操活动、体育活动课以及户外体育活动，幼儿体育活动还包括不定期进行的亲子体育活动、幼儿趣味运动会及体育活动节、区域体育活动等。

幼儿亲子体育活动主要是幼儿与父亲或母亲共同完成任务，实现既定的目标，一起享受完成任务后的喜悦，对幼儿社会性的发展具有重要意义。幼儿趣味运动会在幼儿园进行，以幼儿为主要参与对象，内容选择充满趣味和欢乐的体育活动为主。体育活动节与幼儿趣味运动会类似，均是在某一特定时间组织开展各式各样的趣味性体育活动。

区域体育活动是幼儿园结合自身环境特点，创设不同的运动区域，针对幼儿的身体素质和运动能力，投放不同的运动材料，幼儿根据自己的兴趣爱好自由选择区域、自由选择玩伴、自由选择内容的一种体育活动形式。户外区域体育活动是幼儿户外体育活动的一种特殊类型，分一般性户外区域体育活动和功能性户外区域体育活动。一般性户外区域体育活动是让幼儿参加一般的身体活动或体育活动；功能性户外区域体育活动是让幼儿在带有活动功能的区域中参加活动，根据幼儿园的培养目标将场地分为健康、科学、自然等领域的活动区域，如健康领域中的动作发展区域，主要发展幼儿平衡能力、灵敏与协调能力和力量与持久力等。根据幼儿园的场地设施和幼儿的发展目标可以设置走跑区、投掷区、平衡区、跳跃区、攀爬区等，以满足幼儿动作发展和心理社会功能锻炼的需要等。

幼儿园体育活动的形式多种多样，部分幼儿园可根据自身特色开展独具风格的幼儿体育活动，以上分类仅作为主流形式在幼儿园普遍开展的幼儿体育活动。

2. 幼儿体育活动的现状

长期以来，幼儿园没有体育活动大纲，缺乏开展体育活动内容指引，体育项目的运动技能与人类基本动作练习混淆不清，影响了幼儿体育活动的正常开展和幼儿身心的正常发育，主要表现为以下几个方面。

（1）幼儿体育活动的理论研究滞后

学前教育的首要任务是保证幼儿的身体健康的发展，以“体”为先，一直是各国学前教育的共识，我国也不例外。但如何根据幼儿身体发展规律指导幼儿园“体”中内容、形式和方法，长期以来缺乏深入的研究。从幼儿身心发展的特点来看，学前期幼儿正处在生命起步阶段，身体各器官系统的功能尚未发育完善，同时学前期又是生长发育十分迅速和旺盛的时期，促进幼儿身体健康发展是首要任务。学前教育中的“体”是身体的全面协调发展，在幼儿阶段“体”不应该理解为日常生活中的体育，而应该理解为对幼儿身体的养育过程，这个过程不能简单地开展成人的体育，而应该以人类基本动作的掌握为主线，动作是体育的基础，体育是动作的高级阶段或竞技表现。目前，不少研究多从体育项目对幼儿身体发展的作用出发，而缺乏幼儿生长发育过程中需要的发展动作技能的研究，以及忽视幼儿体育活动在幼儿身体基本活动能力的培育、教养和养成过程中所起的作用等方面的指引。《指南》指出，幼儿体育活动内容应符合“以幼儿后继学习和终身发展奠定良好素质基础为目标，以促进幼儿在体、智、德、美各方面的全面协调发展为核心”的发展任务。从目前幼儿体育活动的现状来看，活动目标不明确，要求不具体；活动内容缺乏一定的连续性、系统性和灵活性，且存在一定的盲目性。直到2012年教育部出台的《指南》，才对幼儿的动作发展提出“三维动作”的具体目标，但仍然没有详细的内容体系，缺乏实践操作性。

（2）幼儿体育活动内容缺失

由于目前我国幼儿园体育活动没有统一的内容标准和教学大纲，在幼儿园体育教学实践中出现了不少比较严重的偏差，使幼儿体育活动目标与竞技相联系，导致幼儿园出现成人体育教育的活动项目，而忽视幼儿身体基本活动能力的培育、教养和养成。幼儿体育活动目标的凌乱与内容的脱节，使幼儿园体育活动的安排处于混乱状态。体育活动内容成人化严重，不少技术项较强的竞技运动项目进入幼儿园，如按照篮球、足球的技术动作教学与比赛，甚至有部分幼儿园出现了高尔夫球的教学，严重违背了幼儿的身心发展规律。幼儿的肌肉发育处于一个比较低的水平，过早进行技术训练，让幼儿完成一些超越正常发展水平的动作，除了影响幼儿身体发育，还容易使其产生挫败感，进而影响自信心和兴趣。

（3）幼儿体育活动内容和形式随意性较大（体育活动内容违背幼儿身体及动作发展规律）

以发展幼儿基本活动能力为主线的体育活动是其未来学习阶段的基础。从当前体育活动体系现状综合分析，在构建科学的幼儿体育活动内容的基础上，对幼儿体育活动的整体组织、活动量的科学监控、活动内容的选择、基本活动能力的培养及体育活动的测试与评价标准等方面的研究，与中小学体育研究相比显得极为薄弱和不足。在不少幼儿园，体育课的活动内容和形式缺乏科学依据或随意性大，未能依据幼儿的身心发展特点安排体育活动内容，存在成年化教育趋向。国际儿童教育领域有这样一种共识：过早的技术训练反而会妨碍孩子的想象力和创造力。不少教师对“体”的理解缺乏全面性，受传统体育的影响，容易从竞技体育的层面认识幼儿园的体育，缺少对幼儿基本活动能力的培育、教养和养成。泽费尔特（Seefeldt）[11]认为“除非个体的多种动作技能都得到基本的发展，否则他们的动作技能水平将难以发展到‘金字塔’中的高级水平，即达到运动、竞赛和舞蹈动作技能所要求的熟练程度”。他进一步提出“儿童应该在儿童的早期到中期这一阶段获取广泛的技能基础之后才有可能发展到位于‘金字塔’的更高层级的动作技能”。

（4）幼儿体育活动器材混乱

体育活动器材是帮助幼儿在活动中发展身心健康的重要内容和途径，由于目前幼儿园没有统一的体育活动器材的规格标准，大量没有按照幼儿年龄特征及动作发展规律设计的体育活动器材充斥幼儿园，虽然表面上对幼儿身体没有产生危害，实际上在一定程度上影响了幼儿机体有序的发展。

（5）幼儿体育活动的测试及评价成人化

幼儿体育活动的测试及评价标准的准确性与有效性对幼儿身体发展状况的分析与评价起着决定性的作用。从2000年开始，我国每5年对3～69岁的中国公民进行一次体质健康监测，由国家体育总局制定的《国民体质测定标准手册（幼儿部分）》[12]（以下简称《手册》）为幼儿身体发展状况分析与评价提供了依据。测试指标包括身体形态和素质两类，身体形态包括身高、体重；素质包括10米折返跑、立定跳远、网球掷远、双脚连续跳、坐位体前屈和走平衡木。目前，《手册》采用统一的测试项目，给予不同年龄段幼儿相应的评价标准。从当前文献检索看，大量涉及幼儿体育活动测试及评价的文献多采用这几项测试项目作为评价依据。由于测试指标不多，未能充分反映幼儿动作发展水平。

教育部颁布的《指南》提出的幼儿身体发展的要求与目标，即发展“幼儿平衡、力量与耐力、灵敏与协调等活动能力”，要全面测试及评价这些能力，简单地采用定量评价是不够的。《手册》中有些幼儿体育活动能力的测试及评价项目存在成人化倾向，显然未能达到《指南》所要求的分年龄段学习及幼儿动作发展要求。因此，有必要按照幼儿的不同年龄段特点制定新的测试与评价标准。对应不同体能素质的发展要求，测试项目可以多样化，按照幼儿年龄特点分层制定测试平衡、力量与耐力、灵敏与协调等活动能力项目和评价标准，形成综合评定平衡、力量和耐力、协调和灵敏的测试指标及评价标准体系。例如，用于评定平衡能力的测试项目有多种，有闭眼单脚站立、单脚站物、走平衡木等，某年龄段幼儿可选取适宜的测试项目，闭眼单脚站立反映了3～4岁幼儿的平衡能力；悬垂反映的是5～6岁幼儿的力量和耐力的发展情况，经过测试确定符合该年龄段的幼儿，然后制定各年龄段幼儿的测试评价标准。此外，有些测试项目可以通过反复的练习提高测试成绩，例如，走平衡木的测试结果未必能真实反映出幼儿该项素质的实际水平，而闭眼单脚站立依靠大脑前庭器官的平衡感受器和全身肌肉的协调运动，身体重心维持在单脚支撑面上时间的长短可以反映幼儿平衡能力的强弱，进行平衡动作测试时，采用闭眼单脚站立替代走平衡木，可以更真实、客观地反映出幼儿的平衡能力。

（6）幼儿体育活动卫生保健及安全措施不足

不是所有的运动都能促进幼儿健康地成长，确保幼儿在体育活动中的卫生保健与安全是开展体育活动获得成效的前提。在幼儿体育活动中教育者要注意根据幼儿身心发展特点进行科学安排及运动量监控，预防幼儿在运动中发生各种意外损伤，并在活动开始就对幼儿进行安全教育。教育者要在活动中使幼儿逐步养成自我保护意识，避免和减少不安全的行为。幼儿在体育活动时身体所承受的负荷量取决于活动时间、强度和密度等。幼儿体育活动应保持适宜的活动量，活动量过小，达不到体育活动的预期目标；活动量过大，易加重幼儿体能负荷，甚至造成运动损伤。目前，这方面的活动指引明晰度不够及缺乏操作规范，主要依靠教师的观察。因此，要结合当前运动科学的发展成果，为幼儿体育活动的卫生保健及安全保障提供适当的指引。

（7）缺乏体育活动环境设施要求

影响幼儿体育活动质量最直接的因素是社会、家庭、幼儿园的环境中体育设施配备和教育者的体育素养，其中幼儿活动场地的体育设施是硬实力，教育者的体育素养是软实力。园内的体育设施是整个教育环境的重要组成部分，包括幼儿园的活动室、户外体育设施和活动场地等。提高幼儿体育活动质量，关键在于改善环境中的体育设施和提高教育者的体育素养。随着城市化进程的加快，适龄入园幼儿骤增，但目前幼儿园资源分配不平衡，不同等级和不同办园性质的幼儿园在体育设施种类、数量及配备等方面存在差异。幼儿园普遍存在着教育者体育教学专业知识水平不高、缺少体育幼儿师资、家长对幼儿体育知识了解较少等问题。

规范幼儿园体育活动场地及器材必须要采取相应的措施，如制定国家标准，加大幼儿体育设施的投资力度。例如，增加体育活动场所的面积、优化场地材质、增加大中小型体育器材，尤其是鼓励幼儿园自制体育器材，充分利用社区资源，积极拓展幼儿体育活动空间等，可以提高幼儿参加体育活动的积极性。幼儿园要逐步按照教育行政部门的要求，构建功能性体育活动场地。例如，设置发展平衡能力的器材路径，发展灵敏与协调能力的器材路径，发展力量与持久力的器材路径，使幼儿参加的体育活动更具目的性。幼儿体育活动与教育者的指导也有关，包括教师和父母，提高教师的体育素养，鼓励家长学习相关教育理论，加强幼儿园与家长的沟通，这对促进幼儿的健康成长和身体发育及减少幼儿意外伤害事件的发生具有重要的意义。

（8）缺乏幼儿体育教育专业人员

幼儿教师的体育专业技能、课程组织能力、教学能力和实践能力是幼儿体育活动课教学质量的核心问题，幼儿体育教育专业人员的综合素质直接影响着幼儿体育活动的成效。目前，幼儿教师以专科和本科学历居多，多毕业于学前教育专业，虽然了解幼儿身心发育的一般特点和基本教学方法，但自身缺乏对基本体育知识和体育技能的系统学习，对体育动作的名称、动作技术原理了解不足。2015 年在对广东省幼儿园的调查中发现，体育专业毕业的幼儿教师只占幼儿园教师的 2%。目前不少幼儿园采用外聘体育教师的方法弥补体育师资力量不足的问题，但仍远远不能满足幼儿体育活动的需求，幼儿体育活动的质量难以保证。一些条件较好的幼儿园会配有专业的体育教师，而专业的体育教师没有接受学前教育的学习，也没有幼儿动作发展的知识，在幼儿园开展的体育活动内容、教学方法按照体育教育专业学习的专业技能传授给幼儿，这也是幼儿体育活动成人化的一个原因。而民办幼儿园由于资金方面不充足等原因，远远不能满足幼儿园体育活动的发展需要。在幼儿园缺乏幼儿体育教育专业人员的情况下，极大地限制了幼儿教师对幼儿体育活动的施教能力，大多数幼师凭个人体育学习的经验指导幼儿进行体育活动，缺乏针对性、专业性和科学性。

第三节
构建幼儿体育活动“三维动作”内容体系的意义与相关概念

一、幼儿体育活动“三维动作”内容体系的意义

针对幼儿园体育活动存在的不足与问题，《指南》根据 3～6 岁幼儿学习与发展的基本规律和特点，提出了三个年龄段幼儿身体发展的要求与目标，即在身体健康中提出发展幼儿平衡、灵敏与协调、力量与耐力等活动能力。

然而，《指南》只提出要求与目标，缺乏对3～6岁各年龄段幼儿的体育活动内容的具体指引，特别是针对不同年龄段的特点选择发展幼儿身体的最佳动作有待细化。有人选取3～4岁年龄段的幼儿进行为期6个月的实验研究，结果表明，根据“取向理念”设计的体育活动会提高3～4岁幼儿动作完成质量，激发幼儿的运动潜能，并提出当前幼儿期的体育活动内容忽视了幼儿运动经验的储备且内容单一，特殊项目技能练习欠缺，练习动作的形式与种类不足，不重视动作练习的负荷强度，不重视培养健康行为和铸就体育品德等问题。

幼儿体育活动的主要内容是人类基本活动技能，如走、跑、跳、爬、攀、抛、滚、翻、接、投、掷、推、拉、捕、戳，等等，据不完全统计，由基本动作组成的幼儿体育活动内容达100多个，根据身体的肢体活动可以分为上肢动作、下肢动作和躯干动作，根据动作的类型可以分为粗大动作和精细动作，根据动作的功能可以分为平衡动作、灵敏动作、协调动作、力量动作、速度动作和柔软动作。所有动作对幼儿的身心发展均有一定的促进作用，然而哪一些动作对幼儿的身体发育最有效果值得探究。因此，必须选择与幼儿身体发展敏感期相关的动作内容，作为幼儿园体育活动的主要内容。《指南》根据人类身体发展特征，选择3～6岁身心发展最佳敏感期的平衡、灵敏与协调、力量与耐力三个方面的指标作为幼儿园体育活动主要内容，从而提出了幼儿体育活动学习和发展的要求与目标。本文的研究是建立在《指南》的基础上进行的。

为了完善幼儿园体育活动内容及评价工作，为幼儿园提供一个相对科学的幼儿身体发展内容体系。本文根据《指南》的要求，对《指南》提出的发展幼儿“平衡能力、灵敏与协调、力量与耐力”（以下简称“三维动作”）的目标进行具体的细化及分类，从2013年开始，以“构建幼儿体育活动实践体系的研究”为主题开展相关研究工作。幼儿体育活动实践体系的主要内容是“三维动作”体系，即以发展幼儿“三维动作”技能为体育教学内容、以“三维动作”体育活动器材为户外体育活动手段、以游戏为活动形式发展幼儿身心健康的运动教育活动内容体系，将“三维动作”内容体系与小学体育课的教学内容与形式完全区分开来，从而真正体现学前教育的特殊性。更重要的是，幼儿体育活动实践体系以发展幼儿“三维动作”技能为主线，横向结合认知、情感与社会适应等领域为教学内容，纵向贯穿基本动作技能所表现的身体平衡能力、灵敏与协调、力量与耐力的体能素质，以及幼儿的空间能力、定位能力及对物体的感知能力等，这些都可以通过对动作的学习得到相应的开发、挖掘与训练。

二、幼儿体育活动“三维动作”内容体系的主要概念及相关内容

1. 幼儿体育活动“三维动作”内容体系的主要概念

幼儿体育活动是指对3～6岁幼儿进行身体基本活动能力培育及发展的过程。幼儿体育活动“三维动作”内容体系是指对3～6岁幼儿进行平衡、灵敏与协调、力量与耐力活动能力培育的体系。“三维动作”发展是根据《指南》对3～6岁幼儿提出的动作发展要“具有一定的平衡能力，动作协调、灵敏”，“具有一定的力量和耐力”，“手的动作灵活协调”。根据幼儿体育活动内容的特征，本文将发展以上几方面的能力概括如下：“三维动作”是指发展3～6岁幼儿平衡能力、灵敏与协调能力、力量与持久力等方面能力的动作。

2. 幼儿体育活动“三维动作”内容体系的相关内容

（1）平衡能力及其动作学习内容

平衡能力是指人体在运动或失去重心时能够在大脑调控下通过视觉、本体感觉调节肌肉收缩而恢复平衡和保持平衡的能力。平衡能力可以确保人体姿势、体位改变时身体重心的稳定性，可以反映身体前庭器官、肌肉、肌腱、关节内的本体感受器功能以及经过视觉、体觉对外界刺激的协调能力，平衡能力的提高能有效避免或减轻偶发事件所引起的伤害。幼儿阶段是平衡能力发展的重要时期，幼儿时期的前庭平衡能力差，在快跑、转弯、急停、跳跃落地或在不平坦的场地上奔跑时容易失去平衡而摔倒，在稍高的平衡木或摇晃器材上走动时害怕、紧张或稳定性差。体育锻炼可以发展幼儿的平衡能力，促进幼儿的体能发展及提高生活适应能力。

平衡能力的学习内容要让幼儿掌握粗浅的平衡知识和简单的平衡技能，

发展平衡觉、本位觉和运动觉，初步掌握走窄道或平衡木、单脚站立维持身体平衡的方法和要点。通过练习平衡能力还可培养幼儿勇敢、顽强的意志及自信、沉着的心理素质，提高幼儿适应复杂环境的能力。教会幼儿在滑倒、摔倒、跌下时，采用滚动、滚翻等动作，保护自己，减少损伤。

平衡能力练习以动力性练习为主、静力性练习为辅，而且静力性练习的时间不宜过长，因为静力性收缩容易导致肌肉损伤和血液流动不畅。最好动力性和静力性相结合，快和慢相结合，用力和放松相结合。通过缩小支撑面，提高身体重心控制能力的动作练习都可以发展和提高幼儿的平衡能力，例如，走平衡木游戏等。采用旋转性运动（例如，旋转木马等）、摇晃性运动（例如，秋千、跷跷板等）、跳跃性运动（例如，滚翻、垫上运动等）、速度感（位置感和距离感）变化运动（例如，滑板、脚踏车等）练习可以给予幼儿前庭器官各种程度的刺激，进而发展幼儿的平衡能力。由于对前庭器官刺激的耐受力存在个体性差异，有的幼儿会表现出恐惧不安，要特别注意有特殊反应的幼儿，可以适当降低器材的高度或靠近地面进行缓慢的、安全的旋转和摇晃。

（2）灵敏与协调能力及其动作学习内容

灵敏性是多种运动技能、神经反应和身体素质在运动中的综合表现，它是指人体迅速改变体位、转换动作和随机应变的能力。灵敏性是在中枢神经系统的指挥下各种身体素质的综合表现，神经反应决定了反应速度的快慢、判断是否准确、应答动作是否及时，它在不同程度上体现了力量、速度、耐力、柔韧等素质。神经系统是人体发育最早、最快的系统，因此幼儿时期的动作速度、平衡能力、节奏感等方面都具有很大的发展潜力，抓住这一关键时期进行灵敏性练习易于全面发展身体素质。

灵敏性的高低在大脑皮质综合分析能力高度发展的情况下才能体现，在力量、速度、耐力、柔韧、协调、节奏等多种素质和技能基础上才能得到充分的发展和提高。经过反复的动作练习使技术动作熟练化、自动化，促使幼儿大脑神经兴奋和抑制的转化能力加强，提高了大脑神经的灵活性，从而在任何环境中都能把技术动作熟练地表现出来。

由身体多环节、多部位、多肌肉群同步参加的练习都可以发展灵敏性，例如，在跑、跳中做迅速改变方向的各种跑、躲闪、听信号快速起动、急停、快速连续通过障碍物、变换方向的追逐性游戏、节奏很快的集体配合项目等练习。幼儿动作技术越熟练，其运用越灵活，越富有创造力，表现出的灵敏性也就越高，而反复练习动作可以提高和巩固灵敏性。在进行灵敏性练习时，幼儿容易产生紧张和害怕的心理，而在心理紧张时会导致反应迟钝、动作的协调性下降，影响练习效果，教师应及时给予幼儿指导和鼓励以克服困难。

协调性是指机体受多个系统影响而自觉地获得并产生功能上特殊的肌肉群或协同的能力，表现为肌肉群的发力时机、动作方向及速度恰当、平衡、稳定且有节律性，机体内部及机体与运动时外部环境之间保持良好的协同状态。幼儿神经系统功能不稳定，抑制过程占优势，兴奋与抑制过程在大脑皮质容易扩散，神经系统活动的集中能力较弱，动作不协调，容易出现多余动作。

基本上所有运动技术的完成都与协调性有关，完整的动作技能练习，例如，跳远、投掷、接 / 拍球、跳绳、体操等，都是锻炼协调性的良好方式。也可采用带转向的跳跃动作发展幼儿的协调性，例如，在跳跃的过程中带有转身动作的“十”字跳、前后跳、转向跳、手脚反向动作等，可以提高动作的灵敏性，加快动作的速度。还可以采用球类项目锻炼协调性，例如，站蹲撑立接球、坐蹲立接球、滚翻接球、站立抛接球等。幼儿不宜做连续深蹲跳，这种练习使下肢承受的力量大，每次跳对膝关节的冲击力相当于自身体重的 3 倍，对于骨骼发育尚未完成的幼儿来说，容易造成提前骨化，韧带或膝关节半月板损伤。

（3）力量与持久力及其动作学习内容

《指南》在动作发展学习内容的分类中采用了“具有一定的力量和耐力”，根据《指南》内容，这部分是指幼儿在克服自身阻力所用的时间及使身体或重物位移的距离。由于幼儿心肺系统还没有发育完善，采用“耐力”的概念容易导致为了发展耐力而采用不符合幼儿身体发展规律的体育活动内容，因此本文采用了“力量与持久力”的概念代替“力量和耐力”。力量与持久力是指幼儿在完成动力性或静力性力量练习时所持续的时间。

肌肉力量是指肌肉收缩时对抗阻力的能力，肌耐力是指肌肉持续对抗阻力所能维持的时间，肌肉力量是决定运动成绩的重要素质之一。要根据幼儿的身体状况和年龄特点合理安排力量素质练习的运动量，时间不宜过长，但内容可以多样，利用跑、跳、投掷、体操等基本动作和游戏结合进行，以激发幼儿的锻炼热情，养成良好的锻炼习惯。幼儿力量训练应以动力性和克服自身重量的小强度练习为主，遵循逐步增加的原则，并掌握力量练习的间隔时间，选择趣味性强的练习方式。练习时要按照先练大肌肉群、后练小肌肉群，全身不同肌肉群交替进行训练的原则。

力量素质练习分为动力性力量练习和静力性力量练习。动力性力量练习是肌肉收缩和放松交替进行的负重练习方法；静力性力量练习是指肌肉收缩时肌肉长度未发生变化，而是维持某一特定位置的肌肉力量练习，在整个动作过程中肢体不会产生明显的位置移动，主要是改变肌肉张力的变化特点以发展力量素质。与静力性力量练习相比，动力性力量练习可以持续更长时间。幼儿不宜进行负重力量练习，要严格控制单次静力性力量练习的时间，以免产生不良影响。

持久力是指幼儿长时间运动时克服机体疲劳的能力，它是反映幼儿健康水平或体质强弱的一个重要标志。有氧耐力是指长时间进行有氧供能的工作能力；无氧耐力是指缺氧状态下，长时间对肌肉收缩供能的工作能力。根据幼儿时期的生理解剖特点，幼儿尚不具备长时间持续剧烈运动的生理基础，应避免让幼儿体育活动的强度进入无氧代谢的状态，主要是发展有氧耐力。

幼儿的持久力与心肺功能有关，幼儿阶段需要发展有氧代谢能力。可以采用逐渐延长幼儿各种身体运动的时间，逐渐增大运动密度和强度的方法锻炼持久力。良好的心肺功能是提高幼儿持久力的重要保证，应通过各种适宜的身体活动以增强幼儿心肺功能，提高幼儿的持久力。例如，教幼儿学会深呼吸，加强呼吸的深度，提高肺活量，或组织幼儿进行短途步行和慢跑等，都能增强幼儿的心肺功能，为幼儿持久力的培养奠定必要的基础。[13]

研究表明：3～6 岁是发展幼儿“三维动作”的敏感阶段，其中发展平衡能力的最佳年龄是3~5岁，发展力量与持久力的最佳年龄是5~6岁，3~6岁均是灵敏与协调能力发展的敏感期。[14]幼儿园要抓住“三维动作”发展的敏感期，有针对性地做好各种体育活动计划，有效地促进幼儿“三维动作”能力的发展，不断提高幼儿的身心健康水平。

《指南》根据我国的教育方针和儿童身心发展规律制定了幼儿“三维动作”发展目标，为幼儿园安排体育活动内容指明了方向。据统计，发展儿童“三维动作”的内容有130个，而3~6岁的幼儿能够完成的动作有90个，这90个动作在不同年龄的幼儿中完成程度也不尽相同。根据幼儿完成动作的情况，我们把动作从简单到复杂、从易到难、从“一维”到“多维”进行了排列，形成了幼儿园体育活动大纲。研究发现，年龄越小完成动作的维度越少，越简单。小班幼儿能够完成的动作基本上是“一维”的，到了中班开始能够完成“二维”的动作，到了大班的第二学期才能够完成“三维”的动作。这个规律，为制定幼儿园体育活动计划和幼小衔接提供了科学的依据。例如，大班第一学期的幼儿是不会跳绳的，大部分幼儿到了第二学期才开始学会跳绳，这是因为跳绳是集平衡能力、灵敏与协调能力、力量与持久力于一体的运动。

参考文献：

[1] 教育部. 幼儿园工作规程[EB/OL].（2016-03-01）[2019-11-20]. http://www.moe.gov.cn/srcsite/A02/s5911/moe_621/201602/t20160229_231184.html.

[2] 教育部. 幼儿园教育指导纲要（试行）[EB/OL].（2001-09-01）[2019-11-20]. http://www.moe.gov.cn/srcsite/A06/s3327/200107/t20010702_81984.html.

[3] 教育部. 3~6岁儿童学习与发展指南[EB/OL].（2012-10-09）.[2019-11-20]. http://www.moe.gov.cn/srcsite/A06/s3327/201210/t20121009_143254.html.

[4] 霍力岩，黄爽，陈雅川，等. 美、英、日、印四国学前教育体制的比较研究：上、下[M]. 北京：北京师范大学出版社，2013：88，293，347，473.

[5] 周采. 比较学前教育[M]. 北京：人民教育出版社，2010：103，125.

[6] 许卓娅. 学前儿童体育[M]. 南京：南京师范大学出版社，2003：131-132.

[7] 刘馨. 学前儿童体育：第2版[M]. 北京：北京师范大学出版社，2014.

[8] 庞建萍，柳倩. 学前儿童健康教育与活动指导[M]. 上海：华东师范大学出版社，2014：82.

[9] 人民教育出版社体育室. 幼儿园体育活动的理论与方法：全一册[M]. 北京：人民教育出版社，2013：1.

[10] 庄弼，任绮，李孟宁，等. 幼儿体育活动及其内容体系的思考[J]. 体育学刊，2015，22（6）：64-70.

[11] GALLAHUE D L，DONNELLY F C. Developmental physical education for all children：4th ed. [M]. Champaign：Human Kinetics，2003：352-353.

[12] 国家体育总局. 国民体质测定标准手册（幼儿部分）[M]. 北京：人民体育出版社，2003：23-46.

[13] 庄弼. 幼儿园体育活动大纲[M]. 广州：广东高等教育出版社，2016：7-9.

[14] 庄弼，周毅，杨宁，等. 构建广东省幼儿体育活动“三维动作”内容体系的研究[J]. 体育学刊，2019，26（2）：82-88.

第二章　幼儿动作发展和运动教育的理论依据

第一节
理解动作和运动问题

动作发展研究是人类生活中最基础、最重要的研究领域之一，而运动是实现动作发展的基本途径。如果动作是构建幼儿智慧大厦的砖块，那么运动则是生成这些砖块的主要途径之一。对人类个体发展特别是婴幼儿期发展而言，动作和运动比符号领域发展更基本、更重要。幼儿通过动作发现自己和世界，通过自己的身体和感官去适应周围的世界，动作教育在儿童时代是最有效的教育方式之一[1]3-4。对于幼儿来说，动作发展研究具有重大的脑科学、生物学、人类学、心理学和教育学意义，也具有极大的实践价值。遗憾的是，幼儿动作发展和运动教育的重要性并未引起足够的重视。遵循幼儿身心发展规律，关注幼儿动作和运动教育，让幼儿置身于感性和具体的“实在”中，置身于活生生的生活世界中，置身于自然而非抽象的符号世界中，是幼儿教育基于发展逻辑回归“基本”的必然追求。

幼儿运动教育的理论和运动标准的建设更是几近空白，这些严重妨碍了幼儿教育的健康发展。从进化角度、智力技能和知觉动作技能同源性角度及第二代认知科学角度来思考幼儿运动教育，为幼儿运动教育乃至儿童健康发展寻求更为深刻和科学的理论基石，是一项具有极大价值的伟大事业，这项事业虽然十分艰巨，但已经起步。

一、幼儿动作发展的概念阐释

谈到“动作”一词，英文中有movement和motor两个词与之对应。movement的释义是an act of moving the body or part of the body，身体或身体部位的运动、活动、移动的行为，是指所有外部可观察到的身体部位移动的行为[2]，是外在的身体行为；motor的释义是connected with movement of the body that is produced by muscles；connected with the nerves that control movement，肌肉运动的、运动神经的，是指内部传出的运动神经冲动所引发的运动（行为）[3]，是内在的生理行为。动作发展（motor development）是指基于由大脑神经中枢、感觉运动神经和肌肉协调控制的动作行为的有组织、系统的和连续的变化的过程。

汉语中动作发展指人的技能性动作表现随时间的变化和发展的过程，它的主要研究对象是人的机体生长发育和环境的交互作用所反映出的动作行为的变化[4]。由此可知，汉语中的动作发展往往强调体育运动中具体技能性动作学习过程中动作的发展变化，是狭义的动作发展。

动作和运动研究同时还涉及运动学、神经科学、心理学和机械工程学等多个学科，不同学科研究的目标和对象不同，对动作和运动的理解也有所差异。在运动学中，动作（action）主要被视为在一定的时间和空间限定下，肢体、躯干的肌肉、骨骼、关节协同活动的模式，既可以指多个部分共同构成的完整活动模式，也可以指某一部分特定活动模式[5]。心理学家认为“动作是在脑的多个区域的协同活动下，以一定的认知评估和情绪体验为背景，对个体所处特定环境中有意义信息的适应性反应，经过‘计划—选择—决策—执行—反馈—调整’等一系列环节”[6]48-55。

综上所述，动作发展是人一生中所体验到的，由内部传出的运动神经冲动引发的外部可观察到的身体移动 / 活动的动作行为持续不断变化的过程[7-8]，是由内而外展现的过程及结果，是广义的动作发展。因此，幼儿动作发展是从生活中所体验到的，在中枢神经系统和肌肉控制下进行的，由内部传出的运动神经冲动引发的外部可观察到的身体移动 / 活动的行为变化。在幼儿动作发展的一般性描述中，根据参与动作肌肉的多少，将动作发展分为躯干和四肢大肌肉参与的粗大动作发展、手和腕部小肌肉群参与的精细动作发展[9]。幼儿心理发展的特征是动作思维（action thinking），基本特点是动作与思维密不可分，动作发展程度是心理发展水平的反映，实际动作表现是动作思维的支柱。幼儿的思维活动往往是在对物体实际操作中，借助触摸、摆弄、操作等方式产生和进行的，主要表现为粗大动作、精细动作、稳定性动作和手眼协调动作，因此，幼儿动作发展研究难以避开以上方面。

二、动作发展与基本动作（运动）技能、身体活动等概念的关系

动作是动作技能的主要组成部分，动作发展主要是通过对基本动作（运动）技能的学习实现的，包括身体移动技能、物体控制技能、稳定性技能及动作协调技能。[10]通常使用粗大动作和精细动作发展测评量表测试幼儿的动作发展水平。运动，即身体活动，是人类发展中行为活动的重要形式，主要是指骨骼肌收缩产生的机体能量消耗增加的活动，强调大肌群参与、能量消耗明显增加的活动。[11]“运动也许是所有心理活动中最无处不在、最普遍、最基本的活动。”[12]动作和运动涉及神经系统、肌肉系统和骨骼系统的整合与协调，是作为主体的个体对外部世界反应的基本方式。因此，基本动作（运动）技能的发展是实现动作发展的基本途径；动作技能的发展需要身体、头和肢体的运动来实现，身体活动是实现动作技能和动作发展的重要手段与载体，基本动作技能和动作发展是进行身体活动的重要基础[13]，是基于身体活动实现动作发展的具体形式。

第二节

动作发展与运动教育理论基础

一、动作问题：人类进化的某些启示

从种系和个体发生角度来说，动作和运动（同时还包括感觉）在婴幼儿期心理发展中起着积极的构建作用。人类进化是沿着人科动物→南方古猿→能人→直立人→智人这样一个方向进行的。人属的真正出现在约 250 万年前，人类进化中有一些相互联系、相互制约的中心事件，即直立行走、火的利用、使用和制造工具、脑容量的增加等，特别是直立行走与使用和制造工具的双手活动，对脑的直接影响很大。从两栖类的脑到人脑，其与体重相对的大小增加了 100 倍。现代智人的脑容量是人科南猿的 3 倍，是能人的 2 倍。[14]

由此可见，人类种系进化中两个相互联系的中心事件，即为直立行走和

脑容量的增加是密切相关的。同时，从直立行走来看，直立行走和手的形成是一个硬币的正反面。“前肢演化为手——使用工具的专门化器官，是从猿到人的第一次部分质变，这个演化过程的完成就是过渡期的开始。尽管在根据化石进行分析时，可以参照直立姿势的形成以作手形成的旁证，因为手形成的同时必定伴有直立姿势的形成，前肢把物体当作工具来使用的活动经常化，会同时产生出这两个结果（手的形成与直立姿势的形成）。”[15]而手的形成与使用和制造工具又构成了一个相互作用的环路。

人类种系进化的另一个中心事件是脑容量的增加，主要体现在新皮质的增加上，“进化上主要的选择压力有利于一个具有更多联结的新皮层的更大的脑”[16]。脑容量的增加要求人类具有更大的骨盆结构，在人类进化过程中，确实出现了骨盆增大的现象，但“骨盆开口的增大是有限度的，因为直立行走直接制约了人类的骨盆结构，有效的两足行走的工程学的需要设定了这个限度。当新生儿的脑量为现在的数值——385毫升时，便达到了这个限度”[17]。这也就意味着，人类大脑不可能等完全成熟才分娩，否则就无法通过产道，只有缩短孕期，在脑容量仅占成体25%～30%时分娩才是一种可行的“策略”。古尔德曾指出，“灵长类中唯有人类婴儿出生时的脑要小于成年后的脑”[18]。托拜厄斯从妇产科的角度论证了从猿到人分娩日期不断提早的必然性，他指出，“为了跟上大脑尺寸的进化增长，胎儿必须早产以保证其脑壳相对于经产妇骨盆的产道而言不至于太大”。正是由于进化压力迫使人类不得不采取的生殖“策略”，导致人类新生儿出生后动作和其他机能远未发育成熟，而且，在动作发展上人类个体与动物也有很大不同。

“人类个体的动作从一开始就采取了与其他动物的动作发展完全不同的发展路线。一般而言，动物降生不久，其先天具备的数种动作就发展得很好，可以自由行动；而人类个体的动作发展却需要经历相对漫长的时期。不论粗大动作，还是精细动作，它们都经历了一个相对较长的产生、发展、完善的过程。”[6]48-55

如果人类个体是幼态持续的动物，或者由于进化压力，调节与控制发育的基因突变及自然选择改变了人类个体生长发育的速率，人类新生儿不得不“提前”——按照人类学家利基的计算方法，提前1年左右——出生的话，那么，动作和运动（同时还要包括感知觉），这些“原始的”心理机能在婴幼儿期心理的发展中的构建作用可能更为重要。因此，幼儿心理发展中的动作（运动）——神经系统的协同发展（从种系进化角度来看，人类进化的最主要方面则是动作/运动——神经系统的协同进化）是值得特别关注的。进一步来看，这一发展又包括两条路线及其整合，第一条路线是手的动作（特别是精细动作）——新皮质机能的构建，言语（无疑是口语）很快就加入了这一构建过程，实际上，这条路线最终成为幼儿认知和社会性构建的一面。第二条路线是粗大动作和运动——旧（古）脑（主要指皮层下中枢，或者是麦克莱恩所说的爬行动物脑和古生哺乳动物脑）机能的构建，这条路线主要与感觉运动系统机能的整合（感觉统合）有着密切关系，幼儿粗大动作和运动的缺乏可能导致感觉运动系统机能的失调。当然，这两条路线并不能绝对分开，而是不断整合，成为推动幼儿心理发生发展的基本力量之一。此外，幼儿丰富的动作和运动经验还可以给他们的动作“库”提供大量的冗余度，使其动作技能更熟练、流畅，并为神经系统的发育提供充分的刺激。

二、智力技能和知觉动作技能的同源性的一个新证据[19]

从智力技能与知觉动作技能的同源性来看，动作问题一开始就并不单纯是动作问题，动作发展本身是儿童早期心理发展的重要组成部分，同时也是其早期心理发展的主要构建力量[20]。动作和运动在幼儿的心理发展中具有积极价值。动作研究的两位先驱格塞尔（Arnold Gesell）和麦克格雷（Myrtle B. McGraw）把运动看作是促进儿童各方面（如认知、社会和情感等）发展的最后的共同通路（final common pathway）[21]。

智力技能（intellectual skill）和知觉动作技能（perceptual motor skill）同源性的观点是美国心理学家罗森鲍姆（Rosenbaum）等人提出的。所谓“智力技能和知觉动作技能同源性”的意思是智力技能和知觉动作技能的习得具有极大的相似性，依赖基本相同的心理机制。迁移特性、生成性以及抽象规则的应用等，在这两种技能中都是相似的；大脑处理思维和处理知觉动作的部位并非人们想象的那样有明显差异，两种技能都有外显和内隐的知识；学习速率、训练效果和学习阶段在这两种技能中都有令人注意的相似性；如同长期以来人们认为意象在高水平的思维活动中起着重要作用一样，意象在知觉动作技能的学习和控制中也起着重要作用。所谓“技能，是指容许个体在某些领域内达到一定目标的能力，这种能力可以通过练习不断提高”[19] 453-470。

智力技能的例子包括解决数学问题、下棋等，知觉动作技能的例子包括拉小提琴、拳击等。就直觉而言，智力技能和知觉动作技能似乎很不相同，Rosenbaum 将其概括为以下几点：

第一，知觉动作技能比智力技能更基本。从个体发生来看，知觉动作技能发展先于智力技能，或者至少比绝大多数智力技能的出现要早。就系统发生而言，在“进化阶梯”上高的生物比低的生物有明显的智力技能。

第二，与智力技能表面上的开放性相比，知觉动作技能的表现形式在表面上的狭窄性似乎可以从智力技能具有符号性成果和知觉动作技能具有非符号性成果推断出来。符号性成果的实现无须具体的方式，可以依赖抽象的规则。比较而言，非符号性成果需要更为具体的表现形式并似乎有赖于刺激与反应间有限的联系。

第三，智力技能和知觉动作技能的另一个区别是它们对应的大脑区域不同。例如，与视觉系统同源的结构，位于中脑底部的神经核在所有脊椎动物中有一致的功能，即协调与眼、耳和头部定向运动控制有关的视觉及听觉和躯体感觉信息。这些区域和其他与知觉动作行为相关的大脑区域在结构和功能上的一致性说明，知觉动作技能控制机制是高度专门化的，并在各个物种中都可以观察到。相比之下，能够区别人脑和其他动物大脑的是与智力技能最紧密联系的区域（如中枢皮层的联合区）不同的发展水平。这些广泛的资料表明，智力技能和知觉动作技能依赖不同的神经回路。

第四，知觉动作技能操作有关的知识更容易用口头表达，这是两种技能的又一个区别。因此，人们可以把解决数学问题或下棋的步骤写下来，他人就可以凭借其中的指令说明，解决相同或者类似的问题。不同的是，没有人写下骑自行车或跳蹦床的指令后让他人读了之后就能掌握，也就是说习得知觉动作技能的唯一途径是实践。

第五，智力技能和知觉动作技能的差异还表现在两种技能间的分工。例如，有的运动员不善言辞，有的人口才好但运动动作笨拙，这些能力的专门化似乎反映了习得机制的专门化。对这两种能力加以区分的事实似乎支持这一论点，即两种能力的功能有重大区别。

但事实并非简单的二元论，Rosenbaum 等人指出：尽管智力技能和知觉动作技能表面看起来不同，但是个体习得它们的途径基本上是一致的，两种技能之间的一致多于区别的结论与所有知识都是执行性的观点一致。Rosenbaum 等人从四个角度阐述了两种技能的一致性，本文择其要点转述如下：

从神经系统来看，传统观点认为小脑主要与动作的协调和控制有关。小脑受损会导致动作症状的异常，例如，肌肉衰退、动作起动迟缓、动作计划错误和震颤等。然而，自 20 世纪 80 年代中期以来，已有确凿的证据表明小脑也具有认知功能。临床研究揭示，小脑损伤会导致条件反射作用和持续时间的分析障碍。对发育紊乱的儿童神经研究发现，小脑功能失调与自闭症、威廉姆斯综合征有联系。脑成像研究发现，小脑在执行如词语生成、序列学习、触觉分辨和工作记忆中信息保持等任务时都很活跃。因此，新的观点认为，小脑不仅在知觉动作技能方面，而且在智力技能方面都有重要作用。不应把小脑看作纯粹的知觉动作技能器官或纯粹的智力技能器官，这两种技能的区别在小脑中并不存在。

此外，传统观点认为运动皮层不过是动作和运动的起点，但这一观点已有了很大的改变。在一项著名的研究中，乔治普洛斯（Georgopulos）对猴子运动皮层细胞的反应进行了记录，他给猴子看一束灯光然后指向 45° 方向的目标，随着指向活动开始，猴子运动皮层细胞的活动体现出“总向量”（population vector）。研究发现，在猴子第一次看见灯光时和它把手指向一定角度的目标之间，动作和运动皮层总向量的方向出现“旋转”。这个结果表明，动作和运动皮层有较高水平的动作和运动计划，而并非在瞬时运动进行时简单地接受和传递来自高级神经中枢的信号。

从内隐和外显的知识角度来看，一方面，内隐知识似乎更加自然地与知觉动作技能而非智力技能相关联；另一方面，外显知识更自然地与智力技能而非知觉动作和运动技能相联系。但实际上并非如此，例如，被试者在重复条件下学习追踪电脑屏幕上的移动点时，中间位置的成绩越来越好，尽管被试者指出他们没有意识到这种重复。与此类似的动物和还不会说话的婴儿，没有符号化能力来表征和报告相应的规则，但却能习得知觉动作和运动技能。因此，知觉动作和运动技能能够内隐地习得。

证据表明，智力技能也能够内隐地习得。在反应时任务中，被试者可以习得重复的刺激顺序（灯光）和反应（按键），而没有这些重复的易于用语言表达的知识，表明智力技能不需要依靠以语言或者其他符号形式出现的规则。

从训练效果看，知觉动作、运动技能和智力技能的学习在不同训练方法的效果中可以发现许多相似之处。无论在语言训练还是动作和运动训练中，集中练习比分散练习产生更好的效果；随机或者分散练习的效果比集中或大量的练习有更好的持久性。

不同反馈频度对知觉动作、运动技能和智力技能学习的影响也是相似的。施密德（Schmid）和比约克（Bjork）发现，在动作和运动任务中给予频繁反馈的被试者有较好的短期效果，而长期效果不好；当给予低频反馈时，长期效果好于短期效果。

从表象角度来看，智力技能的一个标记就是表象能力。爱因斯坦十分推崇表象在思维和问题解决中起的重要作用，既然表象在思维中如此重要，有人就认为表象在知觉动作技能中起的作用很小，也很少受知觉动作的影响，但是这些假设都没有得到证实。

三、新的视角：从第二代认知科学角度看幼儿运动教育

第二代（具身）认知科学关注身体与环境的交互作用，强调身体对心智或认知的影响，关注感觉运动过程（sensori-motor processes）及协调在高水平认知发展中的作用，强调身体、大脑和环境（文化）的耦合关系，第二代认知科学的这些思想很好地契合了幼儿运动教育的内涵。因此，如何深入探究第二代认知科学与幼儿运动教育理论的交集，不仅具有重要的理论意义，也将为幼儿运动教育实践带来许多有益的启示。

第二代认知科学是在20世纪70年代中后期兴起的，当时的认知科学开

始了一次深刻的范式转变，即从基于计算隐喻和功能主义观念的“第一代认知科学转向基于具身认知（embodied cognition）的第二代认知科学”。尽管还存在许多争论，第二代认知科学的范式在认知科学领域乃至相关学科领域逐渐取得认可，认知或心智不再被看作是一组逻辑或抽象的机能，“而是一个植根于身体经验，植根于身体动作的相互连接，植根于其他个体相互作用的生物系统。从这种观点看，动作和表征不再根据经典的心—物二元来理解，而是相互密切联系的。在环境中的行动，与其中的物体和个体相互作用，表征环境、感知环境、分类环境和理解环境的重要性，也许不过是关系连接的不同水平，这些连接存在于有机体和他们操作、思考和生活的局部环境之间”。

莱考夫（Lakoff）和约翰逊（Johnson）系统阐述了第二代认知科学的主要观点[22]：①概念结构源自感觉运动经验和神经结构。在我们的概念系统中，甚至于“结构”这样的观念也是由意象图式和动作图式规定的。②由于心智结构与我们的身体和具身经验相联结，因此它在本质上是有意义的，它不可能被无意义的符号所规定。③存在“基本水平”的概念，这些概念部分源自我们的动作图式、完型知觉和意象形成的能力。④我们的大脑是按照适合从感觉运动区域向更高脑皮层区域投射的激活模式来组织的，这些激活模式构成了所谓的“基本隐喻（primary metaphor）”，这种投射允许我们在与身体直接联系的感觉运动过程中采用推理模式的基础上形成抽象概念。⑤概念结构包括典型事例、理想事例、社会刻板、凸显样本、认知参照点等各种原型，每种原型使用不同的推理。大多数概念不能用充分必要条件来规定。⑥理性是具身的，我们推理的基本形式来自感觉运动和其他基于身体的推理形式。⑦理性与想象有关，基于身体的推理形式被映射到通过隐喻推理的抽象模式。⑧概念系统是多元而非单一的，抽象概念通常是由不一致的多重概念隐喻界定的。

概括而言，“第二代认知科学倡导的认知观念是具身的（embodied）、情境的（situated）、发展的（developmental）和动力学的（dynamic）”。更为重要的是，尽管第二代认知科学与运动教育的研究领域和指向并不相同，但两者具有交集，即都涉及根本性的人类身体运动及感觉经验。第二代认知科学倡导的认知观念，有助于明确“运动教育”概念的基本内涵和深层含义。“运动教育”意指一个过程[23]171–172，在这一过程，教育者可以获得对幼儿的运动技能及其表现形式的正确评价和认识；可以帮助幼儿获得有目的地控制自己的动作和运动技能；可以提供给幼儿各种机会去运用已获得的运动知识去获取系列运动经验等。

总之，“运动教育”是对幼儿进行运动技能教学的一种发展适宜的、适合幼儿个别需要的、有主题的和促进幼儿发展的方法和课程，它把幼儿看作一个完整的个体，并且包含着比幼儿体育方面更多的内容。因为“运动是人的一种重要的表现手段（介体），参与运动中的总是儿童的全部机能，并不只是某一部分，每个动作行为都涉及认知、动机以及情感方面，而且认知、动机以及情感也会受到运动行为的影响”[1]7。本文采用“幼儿运动教育”这一概念，而放弃采用“幼儿体育”或“学前儿童体育”的提法，主要是考虑“幼儿体育”或“学前儿童体育”容易引起一种错觉，即“孤立地强调幼儿身体方面的发展，而忽视了幼儿的情感、社会性、认知以及创造性的发展”[23]171。采用“运动教育”，正是要改进这些不合理的现象，凸显运动教育的基础性、广泛性和整合性，为使幼儿成为一个健康的人、完整的人和个性充分发展的人奠定基础。有充分的理由认为，“运动教育中蕴含的教育的基本原理和原则，是所有学科的领域的基础”[23]170。

幼儿运动教育的重要性和必要性也可以表述为运动教育在幼儿期的重要性和必要性。要全面、系统地回答这个问题必须充分认识到人首先是且最终也是自然的生物体。“人类往往有意或无意忘记自己是一种生物，忘记自己的身体，忘记自己的生物学属性。比如我们都耳熟能详的这些判断：‘人是有意识的动物’‘人是制造工具的动物’‘人是游戏的动物’‘人是符号的动物’，等等，我们往往忽略了每一判断中宾语的含义，即归根结底，人是动物，有着漫长的进化史，与生物界有无法割舍的联系。”[24]19–26 这是本文讨论幼儿运动教育问题的出发点和立足点。

理解幼儿运动教育的重要性和必要性，首先必须深刻意识到当代儿童生活环境的空前变化及导致儿童身体运动和感觉经验的深刻变化，主要表现在以下方面[1]117：①由于城市化进程、居住方式的改变和学习压力等问题，满足儿童运动需求的机会极大减少；②儿童越来越多地通过媒体等间接经验而非游戏、运动等直接经验的方式来认识世界；③儿童的身体体验日益居于次要地位；④室内静坐活动占比越来越高，室外游戏、运动活动越来越少。这些问题和现象在急剧工业化、城市化的背景下且城市儿童普遍为独生子女的我国尤其明显。

其次，运动教育（精神运动）的统合性，可以极大地弥补或者改善基础教育阶段分科教学带来的问题。目前来看，我国幼儿园主要以分科教学为主，“当儿童进入幼儿园或小学的时候，他们原有的混合学习的方式，很快就被分离的、孤立的和表面上毫无联系的学习与活动所代替，‘游戏’‘作业’‘学习’等活动被割裂开来，具有其各自的目的；语言、数学、常识、音乐等学科孤立地进行教学——这种种现象和做法是不利于儿童发展的。对于儿童来说，其每一个组成部分都是相互依赖、相互影响的，某一方面的发展，可以促使其他有关方面得到相应的加强与巩固”[23]171。

第三节
动作发展和运动教育理论对幼儿教育的启示

一、重视动作发展和运动教育问题：早期教育回归“基本”的重要途径

动作是评价、诊断、监测个体身心发展和社会适应的重要指标。从婴儿到童年早期经过一系列的动作发展，可将儿童潜在的能力通过与环境的互动，逐步发展健全。动作发展具有顺序性与持续性的特征，在这个过程中，个体从简单的、无组织的、无技巧的动作发展到高级的、复杂的动作。“童年是运动的阶段。没有哪个生命阶段，运动会如在童年阶段一样承担如此重要的作用。特别是2～6岁这个阶段，惊人的活动和运动欲、永不停歇的发现欲和持续的尝试是这个阶段的标志。儿童通过动作发现自己和世界，通过自己的身体和感官去适应它周围的世界。”[1]4 因此，动作的发展成为观察人类特别是儿童早期发展的重要窗口[25]。

遗憾的是，婴幼儿动作和运动发展的重要性并未引起足够的重视，在许多人看来，儿童的符号能力及其训练是至关重要的。当然，符号能力是极其关键的，正如德国哲学家卡西尔所说的那样，“人是符号的动物”。正是符号能力（语言和抽象数学符号是最重要的符号系统）使人成为人，使我们得以从必然王国进入自由王国，所有的文明都离不开符号系统，特别是语言符号的掌握和使用。然而，过分强调符号系统的作用，特别是把符号系统在儿童早期发展中的作用置于一个极不恰当的位置是非常危险的。卡西尔本人就充分意识到了这一点，他指出：“与其他动物相比，人不仅生活在更为宽广的实在之中，而且可以说，他还生活在新的实在之维中。在有机体的反应（reaction）与人的应对（response）之间有着不容抹杀的区别。在前一种情况下，对于外界刺激的回答是直接而迅速地作出的；而在后一种情况下，这种回答则是延缓了的——它被思想的缓慢复杂过程所打断和延缓。初看起来，这样一种延缓似乎是一种很成疑问的进步。许多哲学家都已经警告人们提防这种表面上的进步。超出有机生命的界限并不是人类本性的改善而是退化。然而并没有什么灵丹妙药可以防止自然秩序的这种倒转。……人不再生活在一个单纯的物理宇宙之中，而是生活在一个符号宇宙之中。……人不再能直接地面对实在，他不可能仿佛是面对面地直观实在了。人的符号活动能力（symbolic activity）进展多少，物理实在似乎也就相应地退却多少。”[26]（着重号部分为本书作者所加）卡西尔这段话是从哲学人类学意义上讲的，如果我们以此来衡量当前的早期教育的话，同样很有意义。过分强调抽象符号系统的作用，特别是把抽象符号系统和学业学习（academic learning）在儿童早期发展中的作用置于一个极不恰当的位置是当前早期教育实践中一个极为普遍存在、也是非常危险的倾向，这种危险在于以所谓早期智力开发的名义压缩了婴幼儿动作和感觉发展的空间，使他们远离感性经验和“物理实在”，同时也在相当程度上剥夺他们通过动作主动构建自身经验的机会（卡西尔没有想到的是，今天的人类不仅面对抽象的实在，而且还要面对虚拟的“实在”）。

从幼儿身体运动的角度来看，有相当数量的幼儿园缺乏足够的活动场地和活动时间，使幼儿的粗大动作得不到充分发展，同时缺乏足够的运动刺激。德国学者齐默尔指出：现代社会的儿童缺乏足够的运动导致的“直接的身体和感官体验的缺失，通过身体主动了解环境机会的减少，阻碍了儿童的发展。除了许多家庭担心的安全因素，产生社会心理和身体压力的原因，主要跟这个世界呈现给儿童的行为和方式有关。由于儿童缺乏对接受到的刺激进行加工的机会，动作发展和运动的机会也受到限制，感觉统合障碍和行为异常儿童大范围递增。心理原因引起的疾病增多，如过敏反应、头疼、神经质、身体异常。儿童为机械化和自动化的进程付出了沉重的代价。许多发展异常和行为异常的儿童的症状常被误认为是应激反应，其实是由于在日常生活中满足身体和感官需求的空间太小而出现的症状。”[1]7

幼儿丰富的运动经验和动作健康及充分的发展将为他们的心理发展提供广阔的空间和坚实的基础。越是幼儿发展早期，越关注“原始”的心理机能，如动作和感觉。个体早期“原始”心理机能的充分实现和表达是后期心理健康发展的前提，而且幼儿动作和感觉的发展与智力的发展是相辅相成的。幼儿的动作发展不仅是智力发展的重要指标，更是心理发展的主要构建力量。

二、动作发展是幼儿期最关键的任务之一

从前面探讨的智力技能与知觉动作和运动技能的同源性，了解知觉动作和运动技能在心理发展中“深度”的重要性，“连续的感觉—运动发育使儿童能够分类、感知所有技能，甚至是高级的技能，都是建立在知觉动作活动的基础上的。在儿童早期阶段，大脑主要发育与感知—运动系统相关的旧皮层机能。儿童依赖运动获取经验，而通过经验可以重组大脑，如增殖和分化出新的神经元，加速神经元之间突触的形成，最终形成适应社会的、具有可塑性的大脑”[27]。这些都充分说明动作问题一开始并不单纯是动作问题，动作发展本身是幼儿心理发展的重要组成部分，同时又是幼儿心理发展的主要构建力量，动作和运动在人类行为中具有“深度”或根本的重要性。

德国学者赫尔穆特（Helmut Altenburger）认为：“如果在童年缺乏运动刺激，那么他将会对运动持消极态度，而且对运动既没有热情亦无技能。这使他们长时间地坐，器官和肌肉长期得不到有效的锻炼，以致体形变坏、运

动能力低下，甚至使智力受损。无限制地沉溺于多媒体如电视、电脑和其他静态游戏之中，将减少儿童游戏和运动的时间，同时还会引发社会问题。儿童渴望运动，运动是他们的基本需要。”用范弗利特（Van Vliet）的话来说：“人类运动不仅是作为一个物理上的行动而始终应该是有效的，而且，它也是交流感情和创造性表现的一种方式。当它在日常生活中同艺术的以及创造性的运动之间保持平衡的时候个体则经历着一种强烈的整体感受。他们可能会在整个生活中更加积极地去参与，每天都在做和创造，每天都在表达着是和感受。”[19]453-470 幼儿更多应该面对的不是抽象的符号系统而是感性、具体的“物理实在”，他们的主要任务是在各种自然而安全的环境中去操作、摆弄、玩耍各种实物，进行各种运动；要充分保证幼儿的游戏和户外活动时间，使他们获得充分的感知运动经验，并在此基础上掌握“复杂的动作技能和运动协调能力”，获得整体运动协调和精细运动协调，实现感觉运动系统机能的平衡发展，同时构建内在的逻辑—数学经验和心理表征，最终实现幼儿的生理、心理与社会诸方面的和谐健康发展。

智力技能和知觉动作技能存在基本一致性的观点，给本文的启发可以归结为以下几点：①知觉动作技能的发展与智力技能的发展是并行不悖的，不应贬低知觉动作技能的重要性，事实上，试图脱离知觉动作技能的发展谈智力技能的培养或训练不切实际，对幼儿动作发展来讲尤其如此；②幼儿的动作发展不仅是智力发展的重要指标，更是心理发展的主要构建力量；③早期教育的出发点应该是幼儿动作发展，而非符号化领域的发展。

总之，动作和运动在大脑、身体和环境持续的相互作用与耦合关系中起着关键作用，是幼儿理解和构建世界与自我的基本方式之一。

三、第二代认知科学对幼儿运动教育的启示

首先，第二代认知科学昭示我们，感觉—运动活动在幼儿期发展中具有重要价值，感觉—运动活动必然带来感觉的发展以及经验的扩展。幼儿运动教育在整个幼儿教育中具有基础地位。“活生生的、整体意义上的身体活动（运动是其核心之一）是儿童早期教育的出发点”[24]19-26。

第二代认知科学研究表明，幼儿的认知是感觉—运动性质的，他们的认

知是无法与感觉—运动割裂开来的，感知和动作也是不可分离的，当然，感觉—运动系统又是与环境高度交互的。皮亚杰、西伦等人的研究表明，感觉—运动活动或协调在幼儿认知发展中具有极为重要的作用。“感觉—运动协调是从婴儿到成人的发展过程中，最重要的作用程序之一，它构成了许多种学习的基础。”[28]皮亚杰的认知发展理论反复表达了这样的看法。皮亚杰认为，活动（必然是主体的身体活动）既是感知的源泉，又是儿童心理发展的基础。在感知—运动阶段，通过感知动作及协调，幼儿构建起复杂的动作图式或格式，在以后的发展过程中，随着动作的内化，形成更加高级的思维和运算。在“具身性假设背后的中心观点是：心智或智慧是在有机体与环境的互动中涌现出来的，是感觉—运动活动的结果”[29]13-29。

其次，从第二代认知科学角度来看，幼儿运动教育可以为幼儿提供丰富的、情境化和动觉的实时刺激。第二代认知科学“将认知主体视为自然的、生物的、活动于日常环境中的适应性的主体，认知就发生于这样的状况中”[30]。毋庸置疑，幼儿的认知是实时的、在线（on-line）的和情境化的。幼儿生活在一个具体的、真实的物理世界中，这个世界“充满了丰富的对知觉、行为乃至思维起组织作用的种种规则”[29]13-29。幼儿的心智不仅存在于他们自身，同时也分布于物理世界、文化环境（包括语言和人工制品）的互动和经验之中。从根本上讲，身体或具身及与环境的耦合关系不仅涉及幼儿认知发展的核心机制，也构成了高水平认知或抽象思维的基础。幼儿运动教育有助于为幼儿提供丰富的、情境化和动觉的实时刺激，因为运动必然带来感觉的发展以及经验的扩展，这恰恰是虚拟的电子游戏和符号化活动无法提供的。

再次，幼儿运动教育的价值绝不限于运动和身体本身。人们往往把运动教育的作用仅仅理解为有助于幼儿身体健康，或者有助于神经系统的发育（这无疑是运动机能的重要方面），其实这是一种把运动教育简单化的观点。第二代认知科学赋予了身体一种本体论的地位，“从发生学角度看，婴幼儿的心智在很大程度上是一种具身心智，或者说，婴幼儿心智天然地具有具身性”[24]19-26。幼儿最初的心智和认知无疑是基于身体的，身体构成了幼儿的自我核心。达马西奥指出，“早期身体信号，无论是在进化还是发育过程中，都有助于形成自我的基本概念”[31]。依靠身体运动获得的身体信号为幼儿心理发展，特别是自我的形成提供了基本的背景。实际上，幼儿认知乃至整个心理活动都是建立在身体运动提供的感觉刺激和原始信息供大脑处理的基础上的。

总之，身体运动（包括作为硬币另一方面的感觉）是幼儿发展与学习的各个方面，包括情绪和社会性发展的基石。第一个方面是人的自我和自我意识。“儿童的自我意识是与儿童的体验联系在一起的，而儿童早期的很多体验都是与身体运动联系在一起的，这些通过身体运动产生的体验构成了儿童自我意识发展的基础。”[32]身体运动有助于幼儿构建积极的自我意象，形成良好的自我效能感和价值感。实际上，幼儿运动与自我概念和自我同一性的关系在精神运动学理论体系中具有核心地位。第二个方面是人的认知。身体运动及其体验构成了幼儿对自己能力意识的边界，“婴儿时期的爬行、抓、拿等运动有助于我们感知和认知能力的发育和成熟”[33]。无疑，幼儿的各种认知活动也是在运动中实现的，皮亚杰的感知运动智慧就是一个认知和运动密切关联的理论构建。第三个方面是情感。“来自个体发生学和系统发生学的研究成果表明，运动神经元与我们的情感紧密相连，同时这种关联是由身体的运动表征进行组织的”。同时，身体运动还有助于幼儿宣泄各种不良情绪。第四个方面，幼儿的社会能力特别是社会情绪能力乃至人格可以通过运动得到训练和培养，这是德国精神运动学的一个核心观点。第五个方面，身体运动具有发育、诊断和矫正作用，这一点在德国的精神运动学中得到了大量的实践。

正是从这个意义上讲，让幼儿置身于感性、具体的“实在”中，置身于现实的生活世界中，置身于自然而非抽象的符号世界中是早期教育基于发展逻辑的必然追求。幼儿的学习主要不是基于符号的学业学习，而是以游戏为主的操作性的、具身性（embodiment）的活动，在各种自然而安全的环境中去操作、摆弄、玩耍各种实物，进行各种运动。与此相应，教育者如何“坚持以游戏为基本活动，保教结合，寓教于乐，促进幼儿健康成长”就成为值得关注的基本问题了。只有坚持正确的幼儿教育观，才能使幼儿获得充分的感知—运动经验，要充分保证幼儿的游戏和户外活动时间并在此基础上掌握复杂的动作技能及动作和运动协调能力，获得整体运动协调和精细运动协调，实现感觉—运动系统机能的平衡发展，同时构建内在的逻辑—数学经验和心理表征，最终实现幼儿的身体、认知、情感与社会性诸方面的和谐健康发展。

参考文献：

[1] 雷娜特·齐默尔. 幼儿精神运动学手册：精神运动学发展促进作用的理论及实践[M]. 蒋丽，唐玉屏，王琳琳，译. 南京：南京师范大学出版社，2008.

[2] 霍恩比. 牛津高阶英汉双解词典：第 6 版[M]. 石孝殊，王玉章，赵翠莲，等译. 北京：商务印书馆，2004：1128，1133.

[3] 哈罗 A J，辛普森 E J. 教育目标分类学：第三分册：动作技能领域[M]. 施良方，唐晓杰，译. 上海：华东师范大学出版社，1989：14.

[4] 张英波. 动作学习与控制[M]. 北京：北京体育大学出版社，2003：4.

[5] 林泳海. 幼儿教育心理学[M]. 北京：商务印书馆，2006：192.

[6] 董奇，陶沙，曾琦，等. 论动作在个体早期心理发展中的作用[J]. 北京师范大学学报（社会科学版），1997（4）.

[7] 人民教育出版社课程教材研究所体育课程教材研究开发中心. 人类动作发展概论[M]. 北京：人民教育出版社，2008：4.

[8] 李静，梁国力. 大肌肉群发展测试（TGMD-2）研究[J]. 中国体育科技，2005，41（2）：105-107，114.

[9] 任园春，赵琳琳，王芳，等. 不同大肌肉动作发展水平儿童体质、行为及认知功能特点[J]. 北京体育大学学报，2013，36（3）：79-84.

[10] COOLS W，KRISTINE D M，CHRISTIANE S. Movement skill assessment of typically developing preschool children：a review of seven movement skill assessment tools[J]. Journal of Sports Science & Medicine，2009，8（2）：154-168.

[11] 杜青，曹彬，梁菊萍，等. 儿童早期运动国际推荐和指南解读[J]. 教育生物学杂志，2019，7（1）：37-41.

[12] 戴蒙，勒纳. 儿童心理学手册：第六版：第二卷：认知、知觉和语言：上[M]. 林崇德，李其维，董奇，译. 上海：华东师范大学出版社，

2009：183-240.

[13] 李博，刘阳，陈思同，等. 儿童青少年基本运动技能测评工具研究及启示[J]. 上海体育学院学报，2018，42（3）：8-16，28.

[14] 万选才，杨天祝，徐承焘. 现代神经生物学[M]. 北京：北京医科大学中国协和医科大学联合出版社，1999：18.

[15] 方耀. 论从猿到人的过渡期[J]. 古脊椎动物与古人类，1976，14（2）：77-84.

[16] 杨宁. 儿童是人类之父：从进化心理学看人类个体童年期的本质[J]. 华南师范大学学报（社会科学版），2003（5）：107-113，145.

[17] 理查德·利基. 人类的起源[M]. 吴汝康，吴新智，林龙圣，译. 上海：上海科学技术出版社，2007：36.

[18] 埃克尔斯. 脑的进化：自我意识的创生[M]. 潘泓，译. 上海：上海科技教育出版社，2007：121.

[19] ROSENBAUM D A，CARLSON R A，GILMORE R O. Acquisition of intellectual and perceptual-motor skills [J]. Annual Review of Psychology，2001，52（1）.

[20] 杨宁. 儿童早期发展与教育中的动作和运动问题：四论进化、发展和儿童早期教育[J]. 学前教育研究，2011（10）：3-9.

[21] HOPKINS，B，GEANGU E，LINKENAUGER S. The Cambridge Encyclopedia of Child Development [J]. The Cambridge Encyclopedia of Child Development，2017：i-ii.

[22] GEDRGE L. Philosophy in the flesh：The embodied mind and its challenge to western thought [J]. Brock Education，1999：8（2）：87.

[23] 刘馨. 学前儿童体育[M]. 北京：北京师范大学出版社，2012.

[24] 杨宁. 儿童早期发展与教育中的身体问题：五论进化、发展与儿童早期教育[J]. 学前教育研究，2014（1）.

[25] NEWELL K M，LIU Y T，MAYER-KRESS G. Time scales in motor learning and development [J]. Psychological Review，2001，108（1）：57-82.

[26] 恩斯特·卡西尔. 人论[M]. 甘阳，译. 上海：上海译文出版社，1985：33.

[27] 杨宁. 动作和运动在儿童早期心理发展中的作用[J]. 体育学刊，2005，12（2）：43-46.

[28] 罗尔夫. 身体的智能：智能科学新视角[M]. 北京：科学出版社，2009：87.
[29] GASSER M，SMITH L. The development of embodied cognition：six lessons from babies[J]. Artificial Life，2005，11（1-2）.
[30] 唐孝威. “语言与认知文库”总序；李恒威. “生活世界”复杂性及其认知动力模式[M]. 北京：中国社会科学出版社，2007：72-73.
[31] 达马西奥 A R. 笛卡尔的错误：情绪、推理和人脑[M]. 毛彩凤，译. 北京：教育科学出版社，2007：185.
[32] 黄琦，何红丽. 通过运动促进儿童发展：访“精神运动学”学者雷娜特·齐默尔博士[J]. 幼儿教育（教育科学），2009（7/8）：1-3.
[33] 何静. 身体意象与身体图式：具身认知研究[M]. 上海：华东师范大学出版社，2013：8.

第三章 幼儿动作发展的内容和作用

第一节
幼儿动作教育与动作发展的理论概述

一、幼儿动作教育的起源

动作教育是运动教育的核心。运动教育是对幼儿进行运动技能教学的一种发展适宜的、适合幼儿个别需要的、有主题的和促进幼儿发展的方法和课程，它把幼儿看作是一个完整的个体，并且包含着比幼儿身体方面更多的内容。因为“运动是人的一种重要的表现手段（介体），参与运动中的总是儿童的全部机能，并不只是某一部分，每个动作行为都涉及认知、动机以及情感方面，而且认知、动机以及情感也会受到运动行为的影响”[1]7。本文采用“幼儿运动教育”这一概念的核心，而不采用“幼儿体育”或“学前幼儿体育”的提法，主要是考虑幼儿体育或学前幼儿体育容易引起一种错觉，即“孤立地强调幼儿身体方面的发展，而忽视了幼儿的情感、社会性、认知以及创造性的发展”[2]170-171。采用运动教育，正是要改进这些不合理的现象，凸显运动教育的基础性、广泛性和整合性，为使幼儿成为一个健康的人、完整的人和个性充分发展的人奠基。有充分的理由认为，“运动教育中蕴含的教育的基本原理和原则，是所有学科的领域的基础。”[2]170-171幼儿运动教育是幼儿教育的基础。

动作教育源自二十世纪二三十年代英国学者鲁道夫·拉班（Rudolph Laban）提出的知觉构架，Laban首先提出了动作概念的四个框架，即身体、努力、空间和关系，并由此发展出动作问题与学习原则。Laban的动作分析模式传入美国，美国学者Myrtle B. McGraw对一对男性双胞胎约翰尼（Johnny）和吉米（Jimmy）的实验（1935）进行系统追踪，McGraw试图通过早期动作训练以加速幼儿成长中动作技能与认知能力的发展，实验结果显示约翰尼胜过他的双胞胎弟弟吉米。这使得人们认为动作发展比传统抚养孩子的方法是更有效果的早期育儿方案。

二、幼儿早期动作教育与动作发展的相关概念与内容

动作发展是人类进化过程中的自然属性与规律，是与生俱来的、带有

一定发展规律的、具有阶段性的表现，动作发展的敏感期不以人的意志为转移。运动教育是人们对人类身体动作发展的干预或介入，是强调在教育过程中要遵循个体自身的发展规律，逐步实现教育的目的，以达到身体和动作自然发展与人为干预的高度统一。它们目标不同，手段方法不同，但互为补充。

动作发展是对个体在自然成长过程中由人体神经中枢、神经、肌肉协调控制的身体动作变化的客观描述[1]7，是人体从先天性反射动作、自主动作、工具性技能动作到高级复杂动作等所有类型的动作变化。动作发展是儿童心理学研究的重要课题，从心理的角度看，动作是活动的组成部分，动作的发展是儿童活动发展的直接前提。

专家们普遍认为，动作发展由神经系统、肌肉协调控制的身体动作的发展组成，主要指行走的动作、手的抓握能力及动作技能的提高和改善。专家们强调，身体的运动很少自发地产生，它是肌肉在大脑的控制下进行的。所以，动作发展不是单一的，而是由神经系统、肌肉协调共同参与的系统发展。

动作发展包括动作协调。动作协调是指肌肉之间只有联系起来才能操作，孤立的肌肉是无法操作的，如行走、用手拿东西、写字、作画等，所有这些动作的完成都需要同时的、复合的肌肉运动。

动作发展的测试是确定完成一个动作时，这些独立的运动协调一致的程度。在动作发展时，感觉器官的参与由这些词组表示：眼—手协调、眼—脚协调、耳—手指协调、耳—口协调、眼—口协调等。

动作本身并不是心理，但和心理的发展密不可分，而心理的发展也离不开动作。首先，心理是人脑对客观现实主观能动的反映，是在活动过程中产生和发展的。心理的发生离不开人脑与环境的交互，其中感知动作起了重要的作用。例如，要知道某种食品的味道，就要尝一尝；要知道物体表面是光滑还是粗糙，就要伸手摸一摸。离开尝和摸的动作，就不能感知食品的味道和物体表面的特征，所以动作与认知密不可分。其次，动作是心理活动的体现。人的心理不仅能从言语中表达出来，而且还能从人的行动、动作中表现出来。人的随意动作都是由人的心理支配和调节的，以简单的“拿”“取”

动作来说，表明这个人能辨别物体在空间的位置以及有拿取这个物体的某种目的和动机。因此，活动中的动作是心理的外部表现，也是幼儿心理发展水平的体现和客观指标。

动作发展是个体一生中的动作变化过程。动作的发展是幼儿发展的基础，幼儿的动作发展是中枢神经、肌肉协调控制的身体动作的发展。从心理角度来看，动作是活动的组成部分，动作的发展是幼儿生活、学习顺利进行的直接前提。

动作学习是动作从不会到会、从不太会到非常熟练的过程[3]99。显然，动作学习不适宜用来说明先天性反射动作的变化，因为先天性反射动作往往是遗传或自然成熟的，并不需要后天的学习就可以获得。

一般来说，由于动作学习比动作发展带有更多的“后天习得”的性质，因此，当分析和阐述那些需要较多学习才能获得的工具性动作（如外源性动作），特别是高级复杂的动作类型或者突出其中学习成分的作用时，使用“动作学习”一词更加贴切和准确；而在有意识学习训练成分不够明显（如坐、爬、站、走等内源性动作）的情况下，使用“动作发展”则较为稳妥和恰当。

动作教育是一种通过身体动作活动或创造性运动经验的增进，使个体的身心获得“最适发展”的教育或历程。[3]99 动作教育着眼的不只是对动作技能的掌握，同时包括促进个体身心的和谐发展；强调的不仅仅是个体对“自我身体”的认知与灵活运用，更是使个体最终获得健康与身心的和谐发展。“动作”是动作教育的核心内容，其他则是由动作而产生的附加功能（效）。它应该包含动作学习、动作训练及其功效[4]。

动作教育的基本内容可分为运动技能、身体意识、时间空间的感知觉、各种心理机能的增进等方面。幼儿的日常生活是动作教育实施的基本途径，有组织地设计与幼儿年龄特征相适宜的游戏活动是动作教育实施的重要手段，有针对性的幼儿体操综合训练和体育游戏是动作教育实施的有效途径。

从国民教育体系而言，幼儿身心健康发展更多的是通过动作教育的内容实现的。随着幼儿动作技能的发展、开发与提高，并伴随幼儿身体发育成熟的积累，体育活动和体育课程将更复杂的运动技能通过专门教学与训练传授给学生，进而发展学生的体质与健康。由此可见，动作教育更多是相对于学前幼儿的教育课程内容而言，体育课程则是相对于义务教育的学校教育课程体系而言，动作教育是体育教育课程的核心基础和关键要素，是预防青少年儿童出现各类教育障碍的有效手段，也是治疗各类儿童行为障碍的必修内容。学校体育教育课程是动作教育的升华与结果，从动作教育的角度来说，与其将我国学生体质下降的原因归属于学校教育体系中的体育教育课程，倒不如归因于学前教育体系中幼儿动作发展与动作教育的不足。体育教育课程的重点是发展学生的身体动作技能，促进学生体能素质的提高，它与以发展学生认知和情感的其他课程一起，共同承担着全面发展学生，构建学生完善人格的教育目标。

人是复杂的肌肉有机体，是通过长期进化，从生命的较低级形式发展而来的。在人类的整个进化过程中，身体的活动对于人的生存质量来说是不可缺少的，身体活动过去是，将来仍然是人类最适宜的生长和发展的重要条件[5]8。对于学前教育工作者来说，由于教育目的强调的是幼儿各个方面的生长和发展，教育工作者必须关注认知、情感和动作技能领域间的相互影响作用。而动作教育就是以动作学习为主线，全面、整体地解决幼儿认知、情感和动作技能领域等问题的最有效的行为方案。

第二节 动作发展的意义

一、动作发展对幼儿身体发展的意义

1. 对新陈代谢的影响

动作训练能促进体内组织和细胞对糖的摄取和利用能力，增加肝糖原和肌糖原的储存，改善机体对糖代谢的调节能力。例如，长期在动作训练的影响下，胰高血糖素分泌表现对运动的适应，即在同样强度的运动情况下，胰高血糖素分泌量减少，推迟肝糖原的排空，从而推迟衰竭的到来，增加人体持续运动的时间。

脂肪是人体中含量较多的能量物质，在体内氧化分解时放出能量，约为同等糖或蛋白质量的两倍，长期坚持动作训练能提高机体对脂肪的动用能力，为人体从事各项活动提供更多的能量来源。

2. 对运动系统的影响

坚持动作训练，对骨骼、肌肉、关节和韧带都会带来良好的影响，可使肌肉保持正常的张力，并通过肌肉活动给骨组织以刺激，促进骨骼中钙的储存，促进骨骼的生长，同时使关节保持较好的灵活性，韧带保持较佳的弹性。经常锻炼还可以增强运动系统的准确性和协调性，促进幼儿动作的发展，最终使其有条不紊地完成各种复杂的动作。

3. 对心血管系统的影响

适当的运动是保持心脏健康的必由之路，有规律的运动锻炼，可以减慢静态时和锻炼时的心率，大大减少心脏的工作时间，增强心脏功能，保持冠状动脉血流畅通，更好地供给心肌所需要的营养。

经常参加运动可使心肌细胞内的蛋白质合成增加，心肌纤维增粗，心肌收缩力量增强，促进心脏在每次收缩时将更多的血液注入血管，使心脏的每搏输出量增加。长时间的动作练习可使心室容量增大，从而增强整个心血管系统功能。

动作训练可以增强血管壁的弹性，对健康的远期效果十分有益。随着年龄的增加，血管壁的弹性逐渐下降，会诱发高血压等退行性疾病。因此，通过动作训练，可以预防或缓解退行性高血压症状。

动作训练可以促使大量毛细血管开放，加快血液与组织液的交换，加快新陈代谢，增强机体能量物质的供应和代谢物质的排出。

动作训练可以显著降低血脂含量（如胆固醇、三酰甘油等），改善血脂质量。

4. 对呼吸系统的影响

经常参加动作训练，特别是做一些伸展扩胸运动，可以使呼吸肌力量增强，胸廓扩大，有利于肺组织的生长发育和扩张，使肺活量增加；经常做深呼吸运动，也可以促使肺活量的增长。大量实验表明，经常参加动作训练的人，肺活量值普遍高于不参加运动的人。

由于动作训练增强了呼吸力量，可使呼吸深度增加，以有效地增加肺的通气效率。研究表明，动作训练可以使幼儿的肺通气量增加 30% 以上。

幼儿在进行活动时一般只能利用其氧气最大摄入值的 60% 左右，而动作训练可以使这种能力大大提高，活动时，即使氧气的需要量增加，也能满足机体的需要，而不致机体缺氧。

5. 对消化系统的影响

动作训练可以加速机体能量的消耗速度，而能量物质是通过摄取食物获得的。因此，运动能提升幼儿消化系统功能，使其食量增大，消化功能增强。

二、动作发展对幼儿心理发展的意义

幼儿动作的发展对认知、情绪和社会性行为的发展有着重要影响。例如，坐和爬行给幼儿的生活带来巨大变化，坐着与躺着相比，幼儿观看物体的视角和视线发生了根本的改变。这时，幼儿的视角和视线与所注视的物体处于相对平行的位置，而不像仰卧时只能面向屋顶或从侧面位置与外界物体处于斜位方向，对于形成物体的主体像有很大益处。另外，坐的重要作用还在于将幼儿的双手更好地解放出来，有利于双手的协调操作和手指精细动作的发展。再如，对听觉的作用，当幼儿坐着的时候，双耳对外界物体大体处于对称位置，对形成正确的知觉音调非常有利。由于头部可以自由转动，声音进入双耳的时间差有助于形成幼儿的方位知觉。

爬和行走一方面扩大幼儿接触与探索周边环境的范围，增加他们认识事物的机会，发展他们的思维与解决问题的能力；另一方面，幼儿在爬和行走中可能会做“冒险”的事，会趋向目的物，在目标行动中的坚持和努力使幼儿的体力和意志力得到锻炼。

幼儿双手摆弄物体能力的发展对认识能力的发展十分有益。

1. 促进神经系统的发展

幼儿运动发展的每一步都是中枢神经系统成熟的一个里程碑，运动发展反过来又促进中枢神经系统功能的进一步完善。站和走不仅需要在神经系统作用下的全身肌肉和关节的运动，还需要有肢体的协调动作和身体重心的移动。因此，在促进大脑发育的同时，也促进了小脑的发育。婴儿会站、会走以后，视野开阔了，可以通过看、闻、听、接触、摆弄等，使感觉器官所接受的刺激增多，脑细胞在数量和功能上得到更充分的发展，对智力发育起到积极的促进作用。因此，对 13～14 个月的婴幼儿，家长应有意识地让其练习扶物站立、扶物行走，学习变换身体重心挪动脚步，鼓励其独自行走。

2. 促进认知的发展

幼儿智力发展理论的奠基人之一——皮亚杰从发现认识论的角度认为：“婴幼儿智力起源于动作，通过动作组织结构不断分化、组合与相互协调，由低级向高级发展。”多元智能理论提出智力有六种，其中一种即为身体——动觉智力，说明身体动作与智慧发展有密不可分的关系。可以说，动作是婴幼儿“智慧大厦”的砖瓦。幼儿经常参与活动可使神经系统活动灵敏度增加，促使动作更灵敏、更协调、更准确。早期的全身运动能扩大幼儿的认知范围，使他们主动接触各种事物，从各方面认识物体的形状、颜色、性质等，从而增强他们的活动能力，扩大认知范围，增加感性认知，对幼儿感知觉和思维的发展有着促进作用。同时，动作发展还能开发幼儿的右脑，脑科学研究显示，右脑主要是处理空间定位、想象、颜色、识图等形象性信息。幼儿在爬、翻、站立运动过程中，可以获得空间认识和想象能力的发展，幼儿的右脑潜能能尽早得到开发。同时，随着动作的发展，幼儿将逐步获得运用物体的能力，增强独立的意识，更积极地寻找新的天地，接触更多的新事物，推动认知能力的发展。

3. 保证个性健康发展

体育活动有助于培养幼儿的性格取向，如勇敢、自信、耐心、持久、注意力集中、果断及其他积极的意志品质等。运动训练可以培养幼儿良好的生活习惯和正确的生活态度，如遵守游戏规则、同心协力、互相合作、尊重他人、公平竞争、接受胜利和失败的结果等。

活动以游戏为主，技巧为次，发展幼儿跑、跳、拍、滚等基本运动技能。只要幼儿积极参与，尝试每个动作的学习，目标就可能达成。在体育游戏中，幼儿很容易就能和同伴发展和保持友谊，更乐于参与集体活动，情绪愉快，积极与同伴交往，有助于培养良好的个性。因此，许多在今后成长中必需的素质在运动的过程中得到了培养，如果断、坚忍、合作、自信以及自豪等。虽然这些素质也可以通过其他途径得到发展，然而那些肢体——运动智能发展得很好的幼儿更加容易地获得这些素质。

三、动作发展在幼儿早期发展与教育中的意义

1. “三岁看大七岁看老”的传统命题得到了实证研究

由英国医学研究委员会（Medical Research Council，MRC）开展的一项名为英国全国健康和发育的调查（British National Surveyof Healthand Development），始于 1940 年的出生组（birth cohort）研究，研究至今跟踪长达 80 多年，已经出版了 8 本专著及发表 600 多篇论文。调查显示最重要的结果是，人的早期生活与健康情况确实会影响很多方面。“最终，你在刚成年时选择往哪里去，会受到你从哪里来的强烈影响。”这种观点在遗传学里也许可以找到一个正确答案：早年的生活事件会给 DNA 打上一些化学印迹。3～7 岁儿童的动作经验在人生中具有最重要的价值[6]。

英国国家卫生调查和发展项目在 1946—1999 年期间进行，对 1371 名男性和 1404 名女性进行原创性追踪，研究结果表明，出生体重与身体素质的发展特征对各社会阶层的中老年人的身体形态所具有的肌肉强度有重要影响。唯一可改变的就是动作敏感期中动作规范性的加强，以弥补老年时肌肉纤维不足所带来的必然损失。人类肌纤维数目遗传所造成的赤字可能威胁到今后的生活质量，与其说影响日益老龄化社会生活质量的根源是环境和后天的身体锻炼，倒不如说早期动作技能规范的发展是其关键的因素[7]。

尽管这些研究反复强调不要提倡宿命论的观点，认为后天的环境、教育、社会等因素对人的成长有着积极的促进作用，但通过对儿童早期身体发育、健康、动作发展等方面的长期追踪研究，对“三岁看大七岁看老”这一传统命题得出了实证研究的结论。

2. 早期幼儿的动作发展具有次序性与成熟的准备性特征

美国心理学家格塞尔曾经做过一个著名的实验：他让一对同卵双胞胎练习爬楼梯，其中一个为实验对象（代号为 A），在出生后的第 46 周开始练习，每天练习 10 分钟；另外一个（代号为 B）在出生后的第 53 周开始接受同样的训练。实验结果显示，只练了 2 周的 B 爬楼梯的水平比练了 8 周的 A

还要好，B 在 10 秒钟内能爬上特制的五层楼梯的最高层，而 A 则需要 20 秒钟才能完成同样的任务。格塞尔分析说，孩子 A 没有做好成熟的准备，所以训练只取得事倍功半的效果；而在恰当的时候，孩子 B 做好了成熟的准备，所以训练达到了事半功倍的效果。成熟决定动作发展的观点也得到了 McGraw[8]研究的支持，McGraw 在她的双胞胎踏三轮车训练实验里最早使用了“准备性”的概念。一对同卵双胞胎约翰尼和吉米作为被试对象，也存在格塞尔实验的现象。因此 McGraw 提出，不管双胞胎所受到的刺激经验是多少，其动作发展的准备性对其习得特定动作次序性是至关重要的。

尽管在如何确定动作发展的准备性特征上尚存在很大争论，但是，人们较为一致地认为，动作学习与训练必须基于幼儿身体的发展水平，内容不能跨越或超过其身心承受的阈值范围。幼儿的生长具有明显的阶段性和节律性，如果不重视幼儿生长的需要及时机，而急于得到生长的结果，必然导致拔苗助长，这正是传统幼儿教育的主要弊病之一。所以，在幼儿教育的过程中必须强调学校的一切教育都应以幼儿为中心，按照他们的心理发展规律组织教学。

3. 幼儿是人类动作发展与学习的关键期

美国学者加拉赫（Gallahue）[9] 62-63 认为，2~7 岁是人类基础动作阶段，主要是发展多样的基本动作，这个阶段又包括动作的起始（2~3 岁）、初级（4~5 岁）、成熟（6~7 岁）三个不同而又相互衔接的阶段。起始阶段的婴幼儿，开始表现出有目的、有方向的尝试与探索，试图做出扔、接、踢、跳等动作，任何练习都能提供一定的运动经验，有助于动作发展；初级阶段是介于起始和成熟之间的过渡阶段，此时幼儿的运动发展水平直接奠定了成年以后运动发展水平的基础。

许多成年人运动能力薄弱的原因，就在于基础动作阶段缺乏适当的环境条件，而没有使基础动作获得应有的发展与开发。而成熟阶段是基础动作的成熟时期，表现在身体素质按照任务的要求，把各种动作技能整合为协调、准确、熟练、有效的活动。因此，3~6 岁是基础动作发展的关键时期[9] 62-63。其中，3 岁是幼儿学习动作技能的最佳时期，只要积极地加以指导和训练，此时幼儿可以获得许多动作技能经验。

美国儿童神经学家汉斯提出了人类学习的“关键期”或“时间窗口”，他试图从分子水平上研究该课题[10]。大脑具有很多高级功能，在发育过程中，这些功能大都会经过一段所谓的“敏感期”或“关键期”，其间相应的脑神经回路会依据经验被塑造出来，脑功能突飞猛进，而动作的感知与学习正是其中之一。关键期幼儿能迅速学会辨别同类的面部特征，掌握基本口语，建立动作的空间定位能力。但不出几年，甚至短至数月，各个“学习之窗”会逐渐关闭，此后若想提高或是更新这些功能，就会变得比较困难，尽管不是完全没有可能。人类大脑的大部分神经回路在幼儿时期已经定型[11]。

是否有背景经验或早期学习，会使幼儿以后的学习产生差异。如果幼儿借助以往的经验，可以作为现在学习的媒体而起作用，那么，有效地利用身体和发展知觉技能，就成了儿童教育中最重要的内容[5]8。

人类大脑学习能力一般呈三条曲线样分布[12]。视觉、听觉、触觉等知觉区域的关键期开启于婴儿时期，时间短暂，关闭后不再开启。语言和高级功能关键期稍晚出现，终生都不会完全关闭。曲线后部表示幼儿可以继续学习逐渐复杂的功能技巧。

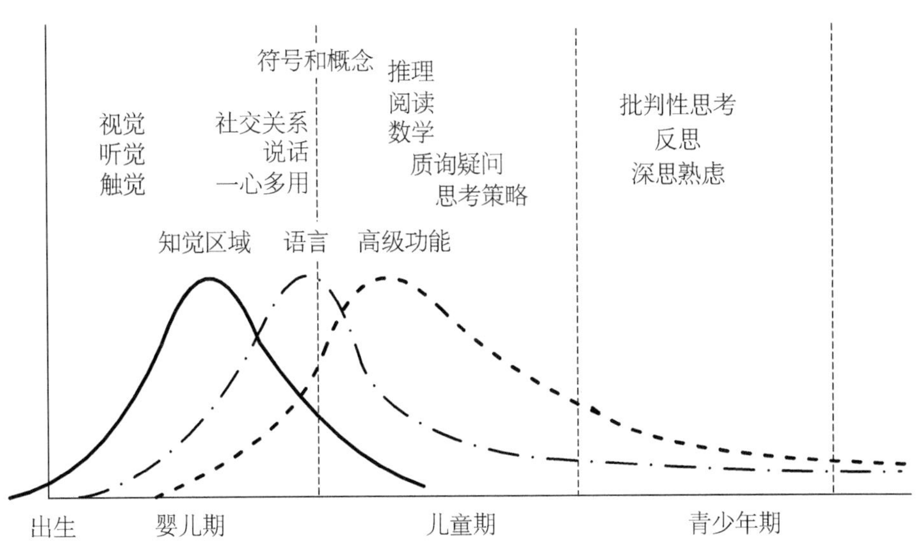

图 3–1 人类大脑学习能力曲线分布图

幼儿的行为是一个整体，认知是最基本的心理过程，感知觉是认知活动的开端，是幼儿一切信息加工所需材料的来源。情绪是幼儿对客观事物与自身需要之间关系的反映，也是幼儿行为的动机，并具有组织功能。幼儿掌握了语言便掌握了思维和社会交往的工具，开始运用语言调节自己的动作和行为，认识世界时就愈加显示出作为人类所特有的思维和交际特点。社会交往为幼儿活动与发展提供了重要的平台。各个领域之间是相互融合、相互影响的。通过多年的追踪观察与研究不难发现，感知觉对认知有很大的促进作用，在此基础上发展了的认知又对提高感知觉产生巨大的反作用。

动作是生活的关键，并存在于生活的一切领域中。当一个人做出有目的的动作时，他是在协调着认知、动作技能和情感领域[5]7。从现代竞技体育的角度来看，动作是运动技术的源头；完成动作时身体知觉能力是掌握完整专项技术优劣的基础；动作的质量决定了整个运动过程的动力和消耗；动作的质量可以提高运动效率并减少受伤风险；高质量的动作是衔接和融合体能与技术的重要通道。人类有“婴儿失忆”（infantile amnesia）现象，最新的研究推断认为，婴儿时期神经元的快速增长会扰乱负责存储以往记忆的大脑回路，使得人脑无法调取旧时的记忆[13]。现代运动训练的最新理论，更多强调练习后不同能力所产生的痕迹效应，并在此基础上得以发展、积累与变化。幼儿动作练习后同样存在肌肉练习所产生的痕迹效应，也就是说，一定要在幼儿良好的动作发展基础上，实施相适宜的动作练习才能更有效地促进幼儿动作教育的效果与质量。

四、动作发展在幼儿阶段的重要功能

幼儿将周围的世界看成是运动的，童年是一个运动的阶段，特别是幼儿这个阶段，惊人的活动量和运动欲、永不停歇的发现欲和持续的尝试是这个阶段的标志。幼儿通过动作发现自己和世界，通过自己的身体和感官适应周围的世界。游戏和动作是幼儿日常活动的基本形式，也是获得感官体验和表达能力的基本途径。

个体功能：认识自己的身体并借此认识自身，区分身体的各种机能，形成自己的认知。

社会功能：和其他人一起做事、交谈、妥协、让步以及获取成功。

创造功能：单独做某件事，制作某个东西，完成某个动作（某项运动技能，如倒立、跳舞等）。

表达功能：表达自己在活动中的感觉和体验，放松身体并尽情享受。

感受功能：感受在活动中产生的各种感觉，如欢乐、愉悦、疲倦等。

探索功能：认识周围物质世界和空间世界，区分物体和器具并掌握它们的特征，适应周围环境并融入其中。

比较功能：和他人比较，相互估量、竞争，学会面对胜利或承受失败。

调节功能：承受压力，了解体能的极限，提高绩效，适应自己或周围环境施加的各种压力。

综上可知，幼儿只有动作发展充分，动作经验才能得到长足的积累，才能较好地在活动过程中拥有这些功能，而这些功能对他们以后的发展具有不可估量的价值。

第三节
国内外幼儿动作发展的研究概况

一、我国幼儿动作发展研究的基本概况

20 世纪 50 年代后，欧美、日本等各国对幼儿动作发展进行了大量的研究，将动作教育纳入国家幼儿教育、基础教育和特殊教育体系，并通过动作教育促进儿童青少年身心和谐发展[4]82–84。在我国幼儿教育改革与发展的历程中，有关幼儿体育的研究一直较为薄弱。20 世纪 90 年代中期以来，国内学者从认知、心理学和教育学等领域对幼儿动作发展进行了大量的研究，如董奇（1997 年至今）、杨宁（2005 年至今）、李静（2005 年至今）等；特别是近几年对儿童动作发展的研究越来越广泛和深入，如张莹（2012 年至今）、吴升扣（2014 年至今）等。

我国教育部于 2012 年 9 月颁布了《指南》，首次将动作发展列为健康的内容之一，虽然将动作发展列为幼儿学习的标准之一，但却与幼儿体质

健康混为一体，真正涉及动作发展的内容很少。根据对广东省幼儿园开展体育活动的调查发现，体育活动处于“说起来重要、做起来次要、忙起来可以不要”的现象还时有发生；体育活动以动作发展和动作学习为主线的幼儿主体性体现不明显；我国的高等院校不仅学前教育专业中没有专门的幼儿动作教育课程，而且在体育教育专业中也没有开设幼儿动作教育课程，可以说动作教育课程在幼儿全面身心教育中处于盲区，甚至与体育运动密切相关的人类动作发展与教育理论也没有引起各类高等院校体育教育训练专业人士的足够重视。可见，动作教育理论与课程在我国的实施与推广任重而道远。

二、国外幼儿动作发展的基本情况

公元前300年，古希腊人就根据青少年身心发展规律提出了按年龄分段教育的主张。0～7岁为第一阶段，以体育训练为主；7～14岁为第二个阶段，以德育为主；14～21岁为第三个阶段，以理智培养为主。体育是基础，智育是最终目的。夸美纽斯[14]468-470非常重视学前教育中游戏活动的作用，主张教育要遵循儿童的自然性原则，有“儿童比黄金更珍贵，但是比玻璃还脆弱”“快乐的身体运动是母亲成功教育子女的基础”等观点。他还提到，所有的知识是通过感官获得的，动作教育可以促进感官的灵活性，从而掌握知识。当然，感知觉的发展也会促进动作的发展，以此循序渐进。可见，动作教育可以促进感知觉、思维等认知能力的发展，从而促进幼儿认知结构的不断改组和重建。

在西方，与幼儿体育密切相关的动作教育理念起步较早。18世纪法国教育家、启蒙思想家、文学家卢梭继承和发展了洛克关于幼儿动作发展教育的体育思想，他赋予体育特别的意义，强调从幼儿出生起，根据幼儿的年龄特点和心理特征采用多样的方法对其要求体育锻炼和进行动作教育，促进幼儿身体的自然发展，增强体质，使他们能适应各种自然环境和社会环境的变化，为以后的教育奠定良好的基础。

国外关于素质教育的理论基础主要包括苏霍姆林斯基的全面和谐发展理论、加德纳的多元智能理论、蒙台梭利的儿童发展观等，而洛克、佩斯泰洛奇等教育家都提出动作教育在幼儿教育中具有重要的作用。

20 世纪 70 年代美国学者佛罗斯特（Frostig）在古代教育家对儿童身心相关性的观念的基础上发展了理论家皮亚杰、布鲁纳等的理论，实施具体而实际的教学计划，并予以体系化，进而形成动作教育理论。

美国幼儿身体发展领域以动作发展为首要目标，详细地规定了幼儿应达到的粗大动作和精细动作水平，以及与其相关的多种能力。在体育活动中，以动作发展和动作学习为主线使幼儿的主体性发挥得非常充分。英国幼儿身体领域的发展包括动作发展、空间感觉发展、健康与身体意识发展、学习使用工具四个方面，其中空间感觉发展和学习使用工具都属于动作发展的一部分。英国不仅将幼儿的动作发展分为粗大动作和精细动作，甚至还细化至移动能力、非移动能力、物体操控能力。从动作发展的角度看，不管是分类还是具体细化目标都具有系统性。澳大利亚与意大利虽未在身体发展领域明确动作发展的要求，但都提出要掌握多种运动模式。运动模式是动作发展领域最重要的研究内容，实际上这两国在身体发展领域也在强调幼儿的动作发展。澳大利亚和意大利都喜欢以韵律形式促进幼儿动作发展。日本以快乐体育为出发点，虽然未涉足动作发展领域，但是在实际进行中促使幼儿掌握多种动作模式。

第四节 幼儿生长发育与动作发展的关系

一、幼儿动作发展的基本概况

幼儿阶段是身体发展的敏感期和关键期，幼儿身体的发展对以后身体活动能力和身体机能的发展具有重要的作用。幼儿的身体发展遵循特定的规律，根据身体发展的规律运用恰当的手段给予干预，安排适合的活动内容，能够有效地促进幼儿身体快速、健康发展。

幼儿身体发展应遵循的规律（表 3–1）：身体自上而下的发展，先发展头部，再发展身体躯干，最后发展腿部和脚部；由身体的近端逐渐向远端扩展，近心部位发展得最早，离心越远的部位发展得越慢、越晚；先大肌肉后小肌肉，先粗大肌肉动作发展，如跑步、跳跃、滑步等，再到大小肌肉综合的动作发展，如投掷、接物、踢腿、托举等，最后到精细动作的发展。

表 3–1　幼儿身体发展规律

自上而下	由近端向远端扩展	先大肌肉动作再小肌肉动作
头部 身体躯干 腿部和脚部	近心部位 远端部位	大肌肉动作 大小肌肉综合动作 小肌肉动作

在不同的年龄段，幼儿动作的发展遵循一个特定的规律（表 3–2），不同年龄段对于不同的动作具有不同的发展顺序，而且每个动作的发展也具有一定的阶段性，不同年龄段完成相同动作的水平也不相同，不同性别幼儿发展的程度不完全相符，具有明显的个体差异性。每一个阶段都有特定的发展敏感期，如果在这一特定敏感期，幼儿的相应动作不能够得到良好的发展，就会错过这一时期的发展，甚至会造成这一能力的终身不足，对下一阶段的发展也会造成巨大的影响。3～6 岁幼儿是个体动作发展的敏感期和关键期，基本动作形式的发展和配合对不同年龄幼儿具有不同要求（图 3–2），怎样才能抓住各年龄段的发展是提高我国学生体质的关键。

表 3–2　儿童年龄与动作发展阶段

年龄 / 岁	对应时期	动作发展阶段
0～1	初生儿	反射行为
1～2	婴儿	未发展的基础动作
2～7	儿童初期（幼儿）	基础运动能力
7～10	儿童中期	一般运动能力
11～13	儿童后期	特殊运动能力
14 以上	青少年及成年	专门运动能力

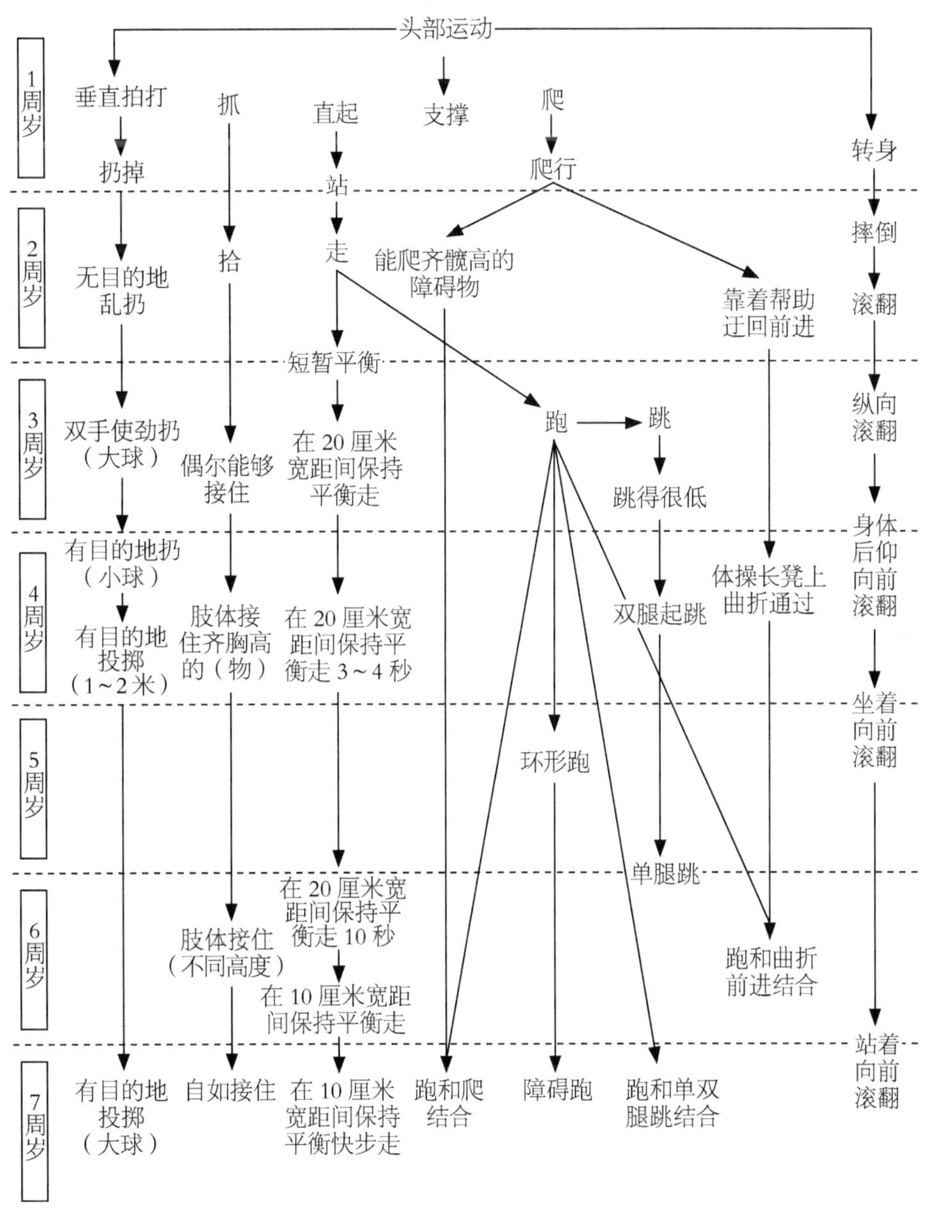

图3–2　1～7周岁儿童基本动作形式的发展和配合情况

在幼儿动作发展过程中，由于年龄的不同而发育和成熟存在差异，在动作发展方面也呈现出许多不同的年龄特征（表 3–3）。

表 3–3　幼儿动作发展基本过程表

年龄 / 岁	动作发展
3	能做基础的移动性动作 走、跑的动作稳定，双脚跳、单脚跳的动作不流畅 可做投接动作，但是协调性欠佳
4	移动性动作可配合阻碍物做各种变化 双脚跳、单脚跳渐渐流畅，并配合不同方向和层级 操作性动作不精熟，学习基础投接动作
5	移动性动作可转换左右脚、可做踢动作，但是准确性和上下协调性差 操作性动作可做重心转移
6	女性幼儿的动作精确性较优，男性幼儿的力量控制较优，已具备踏跳能力 具备重心转移的技能

研究数据显示，60%的男性幼儿或女性幼儿能表现出该年龄段所具备的动作发展能力。经过一些动作干预后幼儿的动作经验储备增加，动作行为特征呈现出超过同龄同伴，而这是正常的动作行为发展现象。

在幼儿发展早期，“幼儿动作发展是其生活、学习顺利进行的直接前提，也是其心理发展的重要表现”，幼儿动作发展受到身体各方面素质发展的制约，“良好的各方面素质将为人一生的发展奠定基础和方向”[15]。根据幼儿的生长发育规律及动作发展特点，3～6 岁是人一生基础动作发展的关键时期[16]。“基础动作为少年期以及专门化运动技能的发展奠定基础”，它包括起始、初级、成熟三个发展阶段（图 3–3），每个阶段幼儿动作发展水平存在差异。

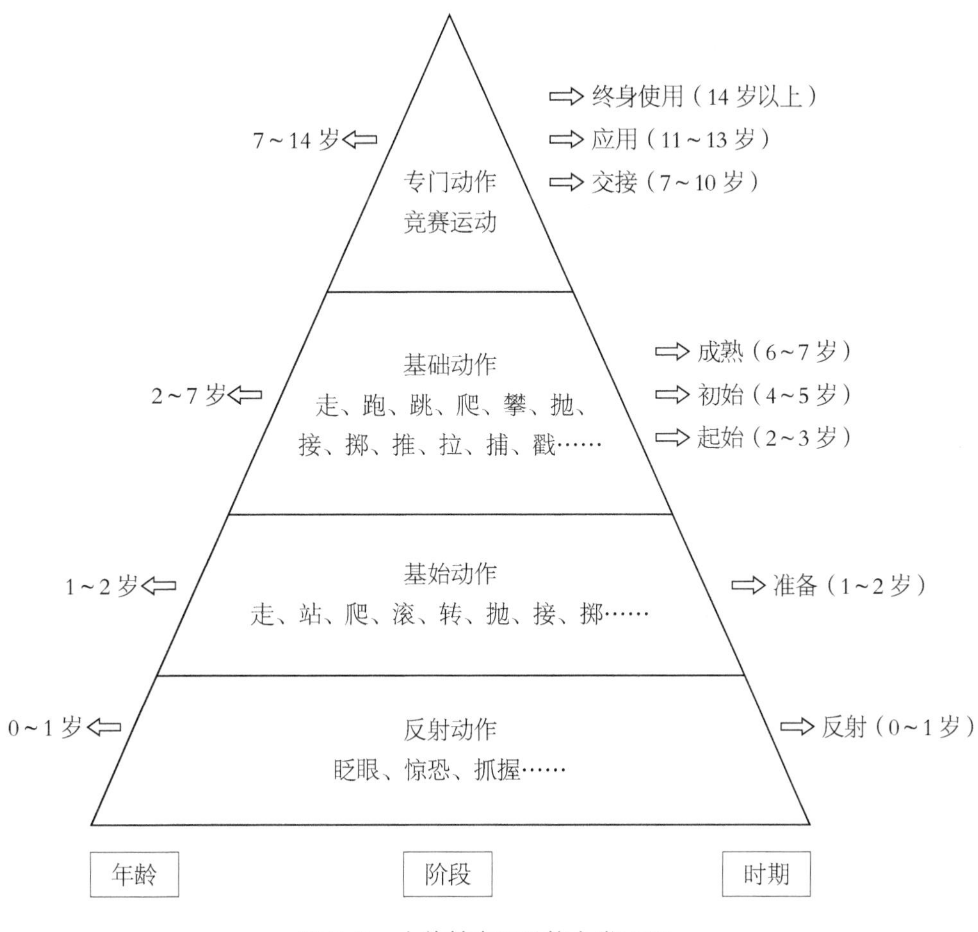

图 3–3 人体基本运动能力发展图

起始阶段（2～3 岁）：幼儿动作发展的特征是身体运动缺乏节奏与协调性，虽然还没有掌握基本的动作要素，但开始表现出有目的、有方向的尝试与探索，试图做出投、接、踢、跳等动作。此阶段的任何练习都能为其提供一定的动作经验，有助于幼儿动作的发展。

初级阶段（4～5 岁）：这个阶段是介于起始和成熟的过渡阶段，此时的动作发展水平直接奠定了成年以后的运动发展水平。许多女性幼儿排斥体育运动和许多成年人运动能力不足，就在于基础动作时期缺乏适当的环境条件而没有使其基础动作获得良好的发展。

成熟阶段（6～7 岁）：这一阶段是基础动作的成熟时期。基础动作的成熟表现在幼儿能够按照动作的要求，把各种动作技能整合为协调、准确、适当的活动。当幼儿达到动作发展的成熟水平时，他们会跑得更快、扔得更远、跳得更高，为下一时期运动能力的专门化发展做充分准备。

从幼儿动作发展的阶段性看，在幼儿动作发展的过程中，不同年龄段幼儿选择的动作不同，动作发展的水平不同，要求也不相同。整体而言，虽然不同阶段幼儿动作发展的重点有所差异，发展的水平也不同，但仍然具有一定的共性。

根据幼儿基础动作发展的范围来看，基础动作技能的发展包括稳定性动作技能、移动性动作技能和操作性动作技能，这三个方面的技能是幼儿在以后的运动过程中动作发展的基础。从图 3–4 可以看出，稳定性动作技能最先发展，是移动性动作技能和操作性动作技能的基础，稳定性动作技能主要维持身体的稳定，包括静态平衡和动态平衡；移动性动作技能是稳定性动作技能的延续，同时又是操作性动作技能的基础，主要是通过不同的方式从一个地方转移到另外一个地方的能力，如通过走、跑、跳、爬等形式完成身体上下、左右、前后的移动；操作性动作技能是人类动作发展过程中最复杂、最晚的一项动作技能，主要是与他人合作或者借助外物完成稳定性动作和移动性动作，是动作发展的最高层级。3～6 岁的幼儿处于儿童早期阶段，应该具有良好的稳定性动作技能和移动性动作技能及不成熟的操作性动作技能。

幼儿基础动作技能概念主要从三个层级进行表述，分别为努力层级、空间层级和关系层级。努力层级是基础，主要是对身体完成动作的熟练程度、用力的大小以及身体运动的时机进行说明的；空间层级主要是身体空间位置（前后、左右、上下）的改变以及完成动作的远近、高低顺序和完成动作的空间范围；关系层级主要是身体与他人或外物协同移动的配合范围以及完成集体活动的默契程度。

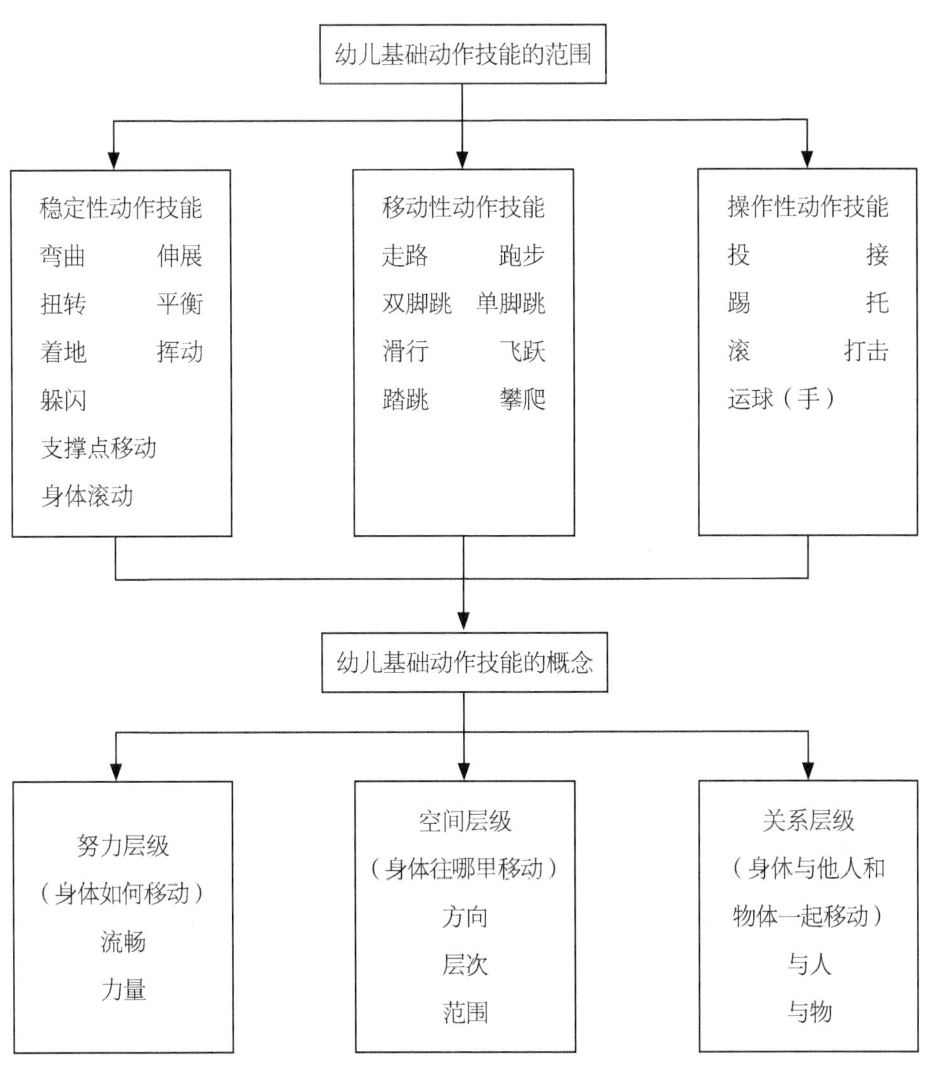

图 3–4　幼儿基础动作技能的范围与概念

由图 3-5 知，投掷类、踢类的动作男性幼儿的发展先于女性幼儿；双脚跳、挥击类的动作发展速度基本相同；接的动作在前三个阶段发展速度相同，第四个阶段和第五个阶段女性幼儿的发展明显优于男性幼儿；单脚跳、连续垫步跳女性幼儿的发展速度要快于男性幼儿，并且连续垫步跳开始发展得较晚，基本是在单脚跳发展到第三个阶段之后才开始发展。其余基础动作的发展基本上都是在一岁半到两岁就开始了。

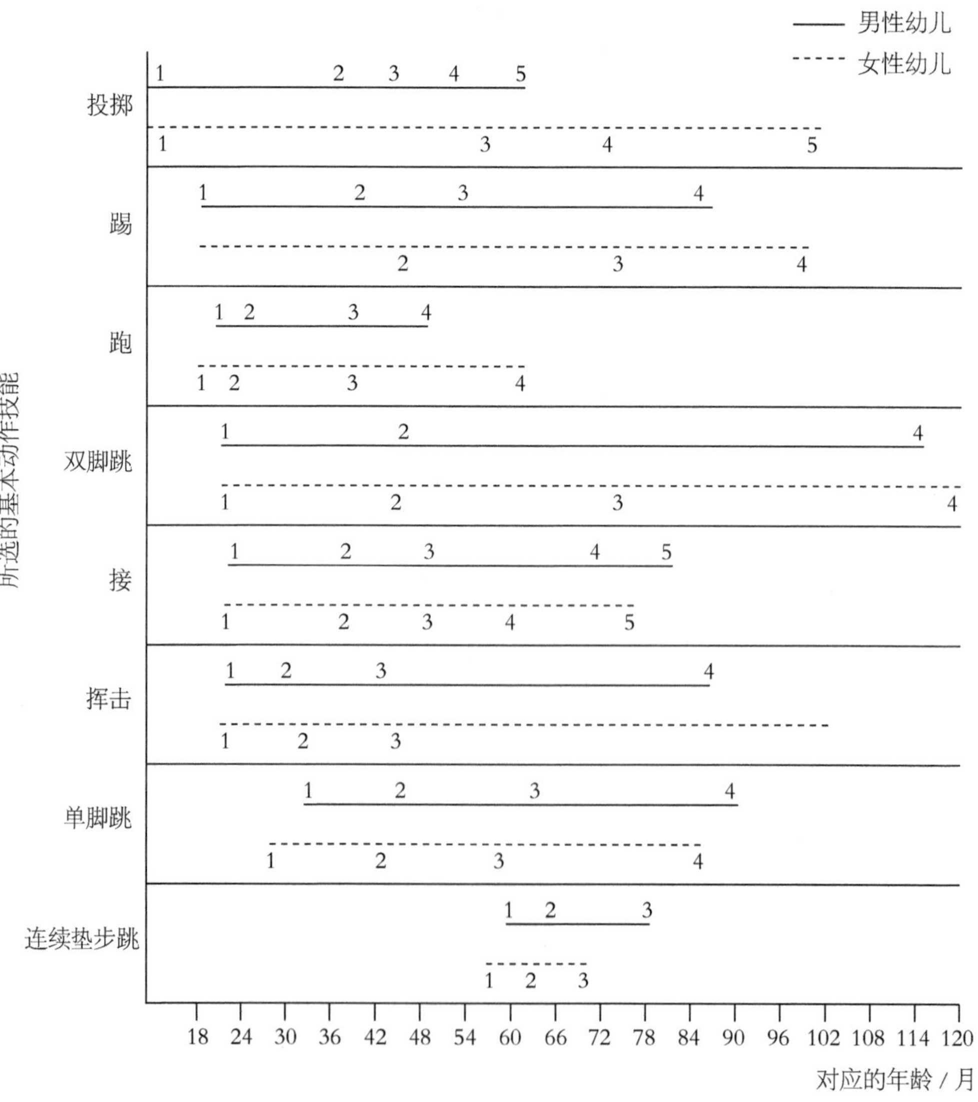

图 3-5　基本动作发展阶段表节选[17]

二、幼儿动作发展的规律

动作的发展是在脑、神经和肌肉控制下进行的，因此，幼儿动作的发展与身体的发展、脑和神经系统的发育密切相关。幼儿身体的发展有先后顺序，动作的发展也有一定的时间顺序，动作发展和身体发展是密切相关的。

1. 从整体动作到分化动作

初生婴儿的动作是混乱笼统的、未分化的大肌肉群动作，随着神经系统和肌肉的成熟以及婴儿自身的反复练习，动作不断分化，婴儿渐渐学会控制身体局部的小肌肉群动作。

当身体某部位受到刺激时，能控制有关部位做出反应，而抑制其他部分的动作。在婴儿获得对各部分的小肌肉群动作控制后，又学会把这些小动作“归并”到一起，整合成为更加复杂的整体动作。动作发展就是从大肌肉群动作到小肌肉群动作，从未经分化的、混沌的整体动作到分化动作，是一个不断分化、不断整合的过程。

婴幼儿最初的动作是全身的、笼统的和混乱的，以后逐渐分化、局部化、准确化和专门化。例如，满月的婴儿受到痛的刺激后，哭喊着全身乱动；3 岁幼儿拿着笔可以认真画画时，不仅是手动，其他肢体的动作也来帮忙。

2. 从上部动作到下部动作

婴幼儿动作的发展从上部动作开始，然后到下部动作，最先发展的是头部动作。其次是躯干部动作，最后是脚的动作。婴儿最早出现的是眼和嘴的动作，其次学会抬头，然后能俯撑、翻身、坐和爬，最后学会站立和行走，即从离头部最近的动作开始发展。这种趋势也表现在一些动作本身的发展上，例如，婴儿学爬行，先依靠手臂匍匐爬行，然后逐渐运用大腿、膝盖和脚，同样是服从“首尾规律”。

3. 从大肌肉动作到小肌肉动作

婴幼儿先出现的是躯体的大肌肉动作，如头部动作、躯体动作、双臂动作、腿部动作，然后才是手部的小肌肉动作。动作可以分为粗大动作和精细动作，粗大动作是活动幅度较大的动作，即大肌肉群的动作，包括抬头、翻身、坐、爬、走、跑、踢等。精细动作是小肌肉群动作，如咀嚼、穿线、画画、剪纸、翻书、串珠子等。从四肢动作来说，是臂和腿的动作先发展，然后才逐渐发展手和脚的动作。例如，婴儿起初是用整只手臂和手一起抓东西，以后才会用手指拿东西。动作发展的这种规律，称为“大小规律”。随着神经系统和肌肉的发育，以及婴幼儿大量的自发性练习，动作逐渐分化，婴幼儿开始学习控制身体各个部位的小肌肉动作。

4. 从中央部位动作到边缘部位动作

接近身体中央（躯干）部分的肌肉和动作总是先发展，身体的肢端部分的动作最后发展，即婴幼儿动作发展从中央部位开始，越接近中央部位的动作发展越早，而远离身体中央部位的肢端动作发展较迟。以上肢动作为例，肩和上臂首先发展，其次是肘、腕、手，手指动作发展最晚。下肢动作也是如此。

5. 从无意动作到有意动作

婴幼儿最初的动作是无意的，以后越来越多地受到心理意识的支配。例如，初生婴儿已会用手紧握小棍，这是无意的、本能的动作，几个月后，婴儿才逐渐能够有意识地、有目的地去抓物体。最初是从无意动作向有意动作发展，以后则是从无意动作为主向以有意动作为主的方向发展，即服从“无有规律”。

三、幼儿动作发展的顺序

动作比智力活动更容易观察和测试，根据对动作发展顺序进行的研究表明，在婴幼儿时期，动作控制是从头部向下发展（首尾方向），从身体中央部位向边缘部位发展（远近方向）。头部动作的控制比躯干和腿部动作的控制早，手臂的协调比手指的协调早。

1. 手和手指操纵物体的顺序

根据格塞尔的研究，许多婴幼儿第一次获得一组相继的技能和大致的时间如下：当手偶然碰到桌上的方块积木时，把它们拿起来（5 个月）；同时弯屈手指抓住积木，并把积木从一只手换到另一只手（6 个月）；用手握牢一个弹丸，并从桌上拾起积木（7 个月）；用部分手指拾起弹丸（8 个月）；拇指与食指呈相对位置捡起积木（9 个月）；用精确的钳抓动作抓住弹丸

（10 个月）；模仿成人写字，用蜡笔乱涂（1 岁）；自发地、充满精力地用蜡笔涂写（1.5 岁）；用蜡笔照样画垂直线（2.5 岁）；按样画圈（3 岁）；勾出菱形轮廓（4 岁）；根据范例画出三角和棱柱（5 岁）。

2. 行走动作发展的顺序

5 个月的婴儿获得从俯卧到仰卧，以后从仰卧到俯卧的滚翻技能，正是从这里开始，决定了以后走和跑的动作顺序。到 8～10 个月时，大多数婴儿能腹部着地蠕动，并用手臂牵引着爬行，或躯干离地用手和膝支撑着爬行。差不多在这个年龄，大多数婴儿能拉住成人行走，到 13～15 个月，婴幼儿便能蹒跚行走，再过几个月就能跑，虽然不怎么灵活。

3. 动作技能发展的顺序

动作技能发展的三个阶段：认知阶段——试图了解动作技能的要求；联合阶段——以尝试—错误学习为主要特征，从先前的“做什么”发展为“如何做”；自主阶段——动作错误减少，能更有效、自主地做出反应，把新获得的动作与其他动作整合起来。

婴幼儿在完成人类一些基本动作的同时，通过大量的练习，开始学习掌握日常生活和游戏中所需要的简单动作技能，如翻书、折纸、搭积木、端碗、拿匙吃饭、穿衣服、脱衣服、用蜡笔或铅笔涂鸦、滚球、上下楼梯、跑步和跳远等。学前期是幼儿学习动作技能的最佳时期，只要积极地加以指导和训练，就可以获得许多动作技能。从手的技能来说，除了学会饮食、穿衣及个人卫生方面的动作，还能较好地接球、扔球，用剪刀沿着画线的样子剪出简单的图形，用橡皮泥塑造自己喜欢的物体，用笔画出人和物体，学会写字。从腿和脚的技能来看，幼儿能学会奔跑、游泳、走平衡木、跳舞等。

综上所述，动作和动作技能的发展状况，影响着幼儿自主发展及与同伴交往能力的发展，影响着个性的形成。掌握一定数量的动作技能，可以帮助幼儿及早摆脱对成年人过多的依赖，学会独立自主地活动，开阔视野，增长知识。同时，动作技能发展得较好容易受到同伴的欢迎和好评。

第五节 幼儿基本动作发展的基本内容与标准

一、幼儿基本动作发展的基本内容

1. 先天反射性动作的基本内容

（1）先天反射性动作的含义

先天反射性动作亦称为“非条件反射动作”，是人生来就有的。这是一种比较低级的神经活动，由大脑皮层下的神经中枢（如脑干、脊髓）参与即可完成。膝跳动作反射，眨眼反射，缩手反射，婴儿的吮吸、排尿反射等都是非条件反射动作。

非条件反射动作与条件反射动作之间既有联系又有区别。非条件反射是条件反射的基础，条件反射提高了动物对环境的适应能力，大脑越发达的动物，建立的条件反射也就越复杂。非条件反射与条件反射最主要的区别在于，条件反射是由于信号刺激引起的，一般建立在学习的基础上，而非条件反射是与生俱来的，恒久不变的，是生物的基本生存能力。就像著名的巴甫洛夫关于反射的实验，狗吃东西时分泌唾液是非条件反射，而听到铃铛声分泌唾液是条件反射，是经验所得。条件反射要经过大脑皮层，而非条件反射不经过，较低级。

（2）主要的先天反射性动作的发生和发展

①原始反射动作

抓握反射动作：将食指放在婴儿掌心，婴儿会立刻抓紧手指，此时可将婴儿整个手臂提升在空中停留几秒钟。抓握反射动作在 3～4 个月消失，以自主抓握取代。若超过 4 个月还未消失，则提示可能有神经病变。

吸吮反射动作：当新生儿口唇触及乳头时，便张口且出现吸吮动作。该反射动作 1 岁后消失。婴儿期，若吸吮反射动作消失或明显减弱，提示脑内病变；若亢进则为饥饿表现。1 岁后仍存在，则提示大脑皮层功能障碍。吸吮反射动作是哺乳动物及人类婴儿先天具有的反射动作之一。这一反射动作在胎儿期便已形成，刺激第 18 周的胎儿，可以观察到唇部的吸吮动作。婴儿出生后吸吮反射动作很明显，并延续4个月。此后这一反射动作逐渐被主动的吸吮动作所替代，但在睡眠和其他一些场合，婴儿仍会表现出自发的吸吮动作。

摩罗反射动作：婴儿遇到突然刺激引起的全身性动作。当婴儿忽然失去支持或是受到高声、疼痛等刺激时，表现出头朝后扬，背稍微呈弓形，经常伴有身体的扭动和双臂立即向两边伸展，然后再慢慢向胸前合拢，像拥抱姿势，同时发出哭声。此类反射动作在出生后4个月左右消失。

巴宾斯基反射动作：当用火柴棍或大头针等物的钝端，由脚跟向前轻划婴儿足底外侧缘时，踇趾会缓缓地上翘，其余各趾呈扇形张开，然后再蜷曲起来。这是因中枢神经通路（锥体束及大脑皮层）还不成熟引起的。此反射动作最早可在4～6个月的婴儿身上看到，在6～18个月逐渐消失，但在睡眠或昏迷中仍可出现，婴儿2岁后则出现与成人相同的足跖反射动作。若再出现此反射，一般是锥体束受损害的表现。

强直性颈部反射动作：在出生后的数周内，强直性颈部反射动作能阻止新生儿由仰卧滚向俯卧或由俯卧滚向仰卧。当婴儿仰躺着的时候，头会转向一侧，摆出击剑者的姿势，伸出他喜欢的那一边的手臂和腿，弯屈另一边的手臂和腿。他喜欢的那一边似乎预示以后的习惯用手。这种反射动作最早在28周时的胎儿身上出现，在出生后3个月左右消失，若继续存在，则为脑性病变。

②姿势反射动作

踏步反射动作：当婴儿被竖着抱起，把他的脚放在平面上时，会做出迈步的动作。从婴儿背后将手放在婴儿手臂下方，并以拇指扶住其头部背侧，使婴儿直立后，以其足部接触地面，小心不可使其足部向足底弯曲，婴儿的反应为髋与膝关节弯曲和受刺激的脚踩住地面。当轻缓地移动婴儿向前走时，以其一脚置于地面，另一脚会举步向前，产生几个一连串步伐交换的运动。这一反射动作在婴儿出生后不久即出现，6～10周时消失。

游泳反射动作：游泳反射动作是婴儿非条件反射动作的一种。将婴儿俯卧在水里，他会用四肢做出协调很好的类似游泳的动作。6个月后，此反射动作逐渐消失。满6个月以后，如果再这样把婴儿放入水中，他就会挣扎活动；直到 8 个月以后，婴儿才拥有有意识的游泳动作。

恢复平衡反射动作：是以平衡器官的活动为中介的姿势反射。与个体保持姿势有关的各肌肉，反射性地处于一定的紧张状态，由此而保持个体的正常体位。

降落伞反射动作：是一个保护自己及保持身体平衡的动作，当支撑婴儿的腹部及胸部并突然往下移动，婴儿的双手、双脚会往外伸展，类似降落伞一样。降落伞反射动作可测试婴儿神经中枢与外围以及婴儿的自我保护机制是否正常运行，代表了婴儿的高层神经系统的发展，进而发展为以后的平衡感、手眼协调、感觉统合及自我保护系统。降落伞反射动作在婴儿 9 个月后开始出现，是终生存在的一种反射动作。

2. 粗大动作的基本内容

（1）粗大动作的含义

婴儿在出生 1 个月左右，出现了简单、主动的动作。这些动作分为有关全身大肌肉活动的粗大动作的发展和主要涉及手部小肌肉活动的精细动作的发展。粗大动作一般指牵涉人体肌肉群的活动，婴儿早期的翻身，以及后期的爬行、行走、跑跳等都是粗大动作。

（2）粗大动作的发生和发展

每个人的身心条件与成长环境不同，发展的速率也有差异，下述是一般幼儿粗大动作的平均发展水平，并不是绝对的。如果发现婴幼儿发展延迟在 2~3 个月内，要持续注意观察；若超过半年以上，最好立即到医院接受进一步的评估与治疗。婴幼儿各月龄段粗大动作发展情况如下：

0~2 个月：俯卧时会转头；俯卧时头能抬至 45°；仰卧时手脚会乱动，且两脚会在空中交互踢；身体被直立抱起时，头虽会往下掉，但脖子会用力使头颈挺直。

3~5 个月：俯卧时会用手肘支撑，将头、胸部抬高，头能抬高至 90°；俯卧时会将手臂伸直，以手掌撑床，将头、胸部抬高；从俯卧翻身至仰卧；从仰卧被拉起时，头不会往后掉；从仰卧被拉至坐时，会主动抓住对方的手坐起；被扶着腋下站立时，双脚仅能支撑一点点身体重量。

6~8 个月：坐在椅子上身体会挺直；被扶着腋下站立时，双脚能支撑身体的大部分重量；仰卧时头会抬高，会从仰卧翻身至俯卧；俯卧时肚子贴地，身体会打转；会肚子贴地匍匐前进；被人扶起站立时，双脚会原地连续跳；坐时仅靠手轻微撑地能独立坐稳 1 分钟；能从趴姿或坐姿转换至蹲姿；从坐姿被拉至站立时会主动抓住对方的手站起来；会从趴姿或蹲姿转换至坐姿；被扶着站立时，会想要跨步出去。

9～11 个月：狗趴姿势时，肚子离地，会用手、膝盖及异侧手脚交错地爬行移动；不需靠手撑地能独自坐稳 10 分钟；坐时会扶着家具站起来；站时身体会慢慢往下蹲至地板；会扶着家具或物体边缘侧走；一手被牵着时会向前迈步；能独立站立。

12～15 个月：能独立行走；能爬上楼梯；站立时会把球丢出去，但无法丢在定点处；行走时起动、停止及转弯皆能控制自如，不会跌倒；能独立从俯卧转换至站立；能倒退着走。

16～19 个月：会跑步但不稳；用一只手扶着扶手上楼梯；能爬下楼梯；会由站姿坐到小椅子上；会爬上大人坐的椅子；扶着时能单脚站。

20～23 个月：能用一手扶着扶手下楼梯；会蹲着玩，且不扶东西能从蹲姿转换至站姿，或从站姿转换至蹲姿，皆能控制自如不会跌倒；原地跳跃，双脚能同时离地。

24～27 个月：会扶着扶手，用双脚同上一阶梯的方式上下楼梯；会双脚同时站在平衡台上不会跌倒；会踢球；双脚会一起从楼梯最后一阶往下跳。

28～31 个月：会以一只脚跟接另一只脚趾的方式行走；会单手抬高过肩丢小球 1.5～2 米远；在平衡台上能以一只脚跟接一只脚趾的方式行走，不会跌倒；能用大人的方式从仰卧转换到站姿。

32～36 个月：能脚踩踏板骑三轮车；能两脚交替上下楼梯；能单脚站立不跌倒；能采用大人的走路模式行走（即走路时，脚着地的刹那，另一只脚脚板抬高，脚趾伸直）；走路时双手交替，摆动自然，走得很平稳。

3. 精细动作的基本内容

（1）精细动作的含义

精细动作指个体主要凭借手指等部位的小肌肉或小肌肉群的运动，在感知觉、注意力等多方面心理活动的配合下完成特定任务，对个体适应生存及实现自身发展具有重要意义。对处于发展早期的幼儿而言，面临多种发展任务（如写字、画画、拿取物体等），精细动作既是这些活动的重要基础，也是评价幼儿发展状况的重要指标。

（2）精细动作的发生和发展

1 岁之前婴幼儿精细动作变化是最快的。从出生就应该开始给婴儿进行抓握练习。要重视婴幼儿出生以后的触碰抓（即碰到什么抓什么），锻炼触碰抓能力。3 个月之后锻炼婴儿主动抓，还有一个非常重要指标就是完成对捏，即由全掌到食指对捏。许多功能，如串珠子、翻书、用剪刀等，都是在对捏基础上完成的。婴幼儿各月龄段精细动作发展情况如下：

0～1 个月：只要触碰婴儿的掌心，他就会紧握拳，这就是抓握反射，随着婴儿逐渐长大，这种能力由被动的抓握发展为主动的抓握。

1～2 个月：婴儿有的时候可以有意识地抓握了，如把一些东西放到其手心里，他可以攥一定时间，1 个月的时候可能拿到后马上扔掉，到 2 个月的时候可以抓握一会儿。

2～3 个月：婴儿抓握时间增长，而且两个小手会搭在一起。

3～4 个月：在约 4 个月大时，婴儿拿不到眼睛看到的物体，除非大人放到婴儿手里。

4～5 个月：婴儿能碰触到物体（在伸臂范围内），但却不能抓握。

5～6 个月：被称为“原始抓握”，发生在 5 个月末，婴儿用手臂圈住立方体，然后再在另一只手或者胸部的支撑（帮助）下使立方体离开支持表面，但这一动作过程中手指的精细动作运动不占据主要地位，并不是真正意义上的抓握动作。

6～7 个月：约 6 个月大的婴儿已经有真正意义上的抓握动作，能够弯屈手指“包住”立方体，然后用手指的力量稳稳地抓住立方体。

7～8 个月：约 7 个月大时，婴儿手指的力量已能克服重力作用，使立方体离开地面，在抓握时拇指保持与其他四指平行，同时抓握立方体。

8～9个月：抓握时拇指与食指相对，可用两个手指抓起立方体。

9～10个月：如把小积木包起来、藏起来，婴儿会把纸打开，然后把积木拿出来。

11～12个月：婴幼儿可以完全掌握笔，会在纸上无意识地乱画。

12～13个月：可以拇指与食指、中指相对，用指尖抓起立方体。

13～15个月：可以自发地画，并能画出痕迹，到15个月就可以自发地画出图形，想怎么画就怎么画，画的时候不会停笔。

15～18个月：可以模仿画出极为简单的线条。

18～21个月：可以做更精细的动作了，如用比较粗的绳子穿过孔比较大的珠子，手眼初步协调。

21～30个月：可以进行搭建活动，如搭积木等，可以搭小桥，因为搭小桥需要有初步的空间感。

30～33个月：可以模仿画圆。

33～36个月：可以进行折纸等精细动作。

二、幼儿大小肌肉动作发展标准

1. 幼儿大肌肉动作发展标准

活动是幼儿心理与外部世界相通的桥梁，幼儿总是通过各种形式的活动，积极地和周围的世界进行交往，形成和发展着自己的心理素质，同时，已形成的心理素质又反过来促进活动的参与。幼儿进行活动的主要身体组织是大肌肉群，例如，走、跑、跳跃、投掷等动作，都是在大肌肉群的配合下完成的。

人体的大肌肉群包括胸、背、腿等，大肌肉活动是涉及全身或局部大肌肉的姿势及动作的活动。如果幼儿的大肌肉运动能力落后，会出现不会拍球、跑步姿势不佳、动作不够灵活协调、肌肉力量和持久力明显不足等情况。

大肌肉动作的发展需要健康的身体组织器官为支撑，例如，成熟的中枢神经系统及具有适当敏感度的接收感觉系统，包括皮肤、眼睛、耳朵等。另外，还要求幼儿能控制肌肉张力，灵活伸展肌肉以及具有良好的关节活动能力。幼儿在进行大肌肉动作时，常伴有能量消耗以及大肌肉收缩刺激全身的运动神经，对人脑的意识产生影响。因此，大肌肉动作能力又是心理发展的“催化剂”。

学习大肌肉活动是有先后顺序的。婴儿出生后，首先学会的是头部控制，然后会做一些基本的席上活动，如转身、俯卧撑起、爬行等，之后才学着站立和走路。3~6 岁幼儿的大肌肉动作进一步娴熟，身体的平衡能力增强，能单脚站立、上下楼梯，而且具备了一些使用器材的技能，如踢球、踏三轮车、攀爬等。

在整个学龄前期，幼儿的大肢体运动技能会稳步增长，而且新的身体技能会逐步养成。3 岁时，幼儿走路的步伐逐渐增大，双腿运动的频率和稳定性明显增强。这些能力的发展不仅训练和提高了粗大运动技能，也提高了幼儿对运动的信心和积极性。

4 岁左右时，幼儿走路时喜欢蹦蹦跳跳，在各种行走活动中享受极大的乐趣。这份天真烂漫和愉悦，真实地反映出幼儿内心的满足感和成熟感。

5 岁左右时，幼儿的粗大运动技能已经相当成熟，会效仿不同人物走路的姿势或做出故意摔倒等淘气行为。同时，他们进行剧烈活动的积极性有所下降，对粗大运动以外的其他活动更感兴趣，会长时间保持固定位置和活动状态。

6 岁左右时，幼儿在父母和教师的指导下，能学习和掌握更加复杂的粗大运动技能，如舞蹈、武术、攀爬和体操等。6 岁以后，幼儿有了自己的运动特长，此时也正是对幼儿进行专业运动训练的开始。

在成长过程中，幼儿往往结合体力和兴趣养成自己的活动方式，例如，在集体生活中，他们会创造性地组织某些新奇的活动。此时，父母应给他们提供充足的时间和空间，释放体力和锻炼运动技能。3~6 岁这一阶段，幼儿的心理、运动技能等方面都在快速发展，他们开始欣赏和羡慕大人的体育活动，喜欢混在成人活动中进行学习和模仿。虽然在学龄前期的前半阶段，大部分幼儿还能适应和进行无组织、无目的的游戏玩耍，但很快会更加喜欢群体性、有针对性和技巧性的体育活动，例如，大部分 4~5 岁的幼儿会满足于乱扔皮球，但 6～7 岁时，他们会要求大人与他们相互掷球、投球等。

3～6 岁幼儿在大肌肉动作的发展涉及 3 个方面的内容：身体平衡能力、身体动作灵敏与协调能力以及具有一定的力量与持久力。父母可以从这 3 个方面入手，关注并引导幼儿加强大肌肉动作的训练，例如，鼓励幼儿进行垫上体操活动，诸如翻筋斗、跳跃、走平衡木等简单且基本的全身性大动作，以此使用肢体和认识肢体。在健康且安全的前提下，尽量让幼儿自行独立完成动作，能走则尽量不要成人背或抱着、能站则不靠、能坐则不躺，能自己做的事则尽量不要旁人代劳等。

（1）衡量身体平衡能力的标准

平衡能力是人体处在一种稳定状态，以及不论处在何种位置、运动或受到外力作用时，能自动调整并维持姿势稳定的能力。当人体重心垂线偏离稳定的支持面时，能立即通过主动的或反射性的活动，使重心垂线返回到稳定的支持面。这不是单一的动作练习，而是通过多种动作练习所形成的一种基本能力。平衡能力的强弱，将直接影响幼儿其他活动能力的发展。坐、立、行、跑、跳等各项身体活动，都离不开身体平衡。

平衡能力包括静态平衡能力和动态平衡能力。静态平衡能力是指人体在无外力的作用下，保持某一姿势，自身能控制身体平衡的能力。静态下的平衡能力主要依赖于肌肉的等长收缩及关节两侧肌肉协同收缩来完成。动态平衡能力是指外力作用于人体或身体的原有平衡被破坏后，人体需要不断地调整自己的姿势，以维持新的平衡的一种能力，主要依赖肌肉的等长收缩来完成，如平衡板上的站立训练等。

平衡能力与人体内耳的前庭器官功能有关。在人的耳朵内部由很多块小骨头组成的“迷宫”里藏着这个平衡器官，它由三个互相成直角的拱道和两个在拱道前庭的小室（小囊和内耳迷路的球囊）组成，里面充满着淋巴液。延伸到三个方向的拱道对大脑全部的转动做出记录，而两个小室负责对线性运动和对重力变化做出反应。

平衡能力的发展从母体的胎位变化就开始了。出生后，婴儿经历了平躺、翻身、坐、爬等步骤，才能站立起来，进而灵活操纵大小肌肉。这些运动既是幼儿平衡能力的体现，又在不断地进一步训练其平衡能力，是进行其他高难度活动的基础。

3～6 岁是各种感知觉能力发展的关键时期，从新生儿开始学会抬头到生命终止，平衡能力的锻炼伴随人的一生。一般情况下，幼儿平衡能力较差，尤其是在重心位置比较高的地方更是如此。幼儿在 5～6 岁时，平衡能力发展很快，能滑冰、骑双轮自行车等。

① 3～4 岁幼儿身体平衡能力的标准：能沿着直线走 4 米以上或在低矮的平衡木（长 300 厘米、宽 20 厘米、高 15 厘米）上行走；能单脚站立 5 秒钟及以上。

② 4～5 岁幼儿身体平衡能力的标准：在平衡木上行走并跨过十几厘米长的小障碍物（如砖块大小的积木），身体能保持平稳；能单脚站立 10 秒钟及以上。

③ 5～6 岁幼儿身体平衡能力的标准：能站在摇摆不定的器材上保持（或行走）一段时间或闭目行走 3 米，方向基本准确；能单脚站立 20 秒钟及以上。

（2）衡量身体动作灵敏与协调能力的标准

很多父母会发现，幼儿过了 3 岁以后，跑、跳、蹦等动作基本都会做了，但动作有些不连贯、不协调，往往会出现容易跌倒的现象。这是身体动作缺乏灵敏与协调能力的表现。

幼儿身体动作协调性是身体或身体不同部位在时间、空间、肌肉做功与技术节奏等方面，具有把握时空与节奏特征、用力强度，同时或依次准确配合，以便适当完成动作的能力，它主要包括大脑皮层神经系统兴奋与抑制转换的灵活性、力量、柔韧性和节奏感等。

幼儿动作协调性并不是单一的运动能力，而是其将人体运动能力资源予以整合之后，表现出来的综合运动能力，它与幼儿其他各项能力，尤其是神经发育状况具有密切联系。

幼儿身体动作的协调性表现在完成动作时具有和谐、流畅、高效等特征，并显得轻松自如。如果幼儿在完成一套动作时能给人一种视觉上的美感，那就说明该幼儿的动作协调性比较强。幼儿动作协调性的发展能有力地推动神经发育，进而促进语言、智力、情感等能力的发展。

身体动作能够协调一致，幼儿的反应才能灵敏。衡量身体动作的另一个指标是动作的灵敏性。动作的灵巧程度是大脑发育成熟与否的具体表现，动作的训练使大脑神经细胞不断接受外界的刺激，从而促进大脑的发育和成熟。

针对身体动作的灵敏与协调能力的指标，不同年龄段的幼儿有不同的标准。日常生活中，父母应该注意培养幼儿身体动作的灵敏与协调能力，要让其多看、多做、多动手，通过不断地培养和训练，使幼儿逐渐掌握身体动作的准确性、平衡性和技巧性。

① 3～4 岁幼儿身体动作灵敏与协调能力的标准：能双脚连续前跳 5 米且中间不停顿；能沿着一定方向连续侧身滚翻 3 米；能连续抛接球 2 个或能连续拍球 5 个；散跑时能躲避他人的碰撞。

② 4～5 岁幼儿身体动作灵敏与协调能力的标准：能助跑跨跳过一定宽度或高度的障碍物，如 65 厘米宽的平行线；能以多种方式爬行，如膝盖悬空手脚着地爬行，匍匐爬行，爬行中翻越障碍物；能连续抛接球 5 个或能运球走；能与他人玩追逐、躲闪跑的游戏。

③ 5～6 岁幼儿身体动作灵敏与协调能力的标准：能连续跳绳 3 个；能以手脚并用的方式爬攀登架、网、绳或树；能连续抛接球 8 个或能运球跑；能躲避他人滚过来的球或扔过来的沙包。

（3）衡量一定的力量与持久力的标准

身体的形态结构是体质的外在表现，生理功能、身体素质、运动能力和心理发展是体质的物质基础，对外环境的适应能力是它们的综合反应。身体素质和运动能力是各器官系统的生理功能在生活中的客观反应，发展、提高身体素质和运动能力的过程又会引起机体一系列形态结构和生理功能的变化，而伴随着这些变化以及身体素质和运动能力的发展、提高，又会产生一定的心理过程和个性心理特征，从而促进人的心理发展，它们之间是存在与价值的统一以及结构与功能的统一。

身体素质是人体活动的一种能力，是人体在活动中表现出来的力量、速度、耐力、灵敏性及柔韧性等。身体素质和运动能力密切相关，它是完成运动技术动作的基础，与人的健康水平、日常生活和工作能力紧密相连。

身体素质中最关键的一个因素是力量素质。力量素质是进行体育活动的基础，人体的运动离不开骨骼、关节和肌肉的相互作用，其中肌肉是动力器官，通过肌腱拉动相应的骨骼，随着肌肉收缩力、收缩速度和持续时间的不同，所完成的运动负荷也各不相同。如果没有肌肉收缩产生的力量来牵拉骨骼进行运动，不要说进行体育活动，就连起码的行走和直立也不可能。

跑、跳、投掷、攀爬等各种运动都离不开力量素质。一个人要想跑得更快，跳得更高和更远，需要有更好的下肢力量；要想投得远、投得准，需要发展上肢力量和爆发力；攀爬和提拉重物等也离不开上肢、腰腹肌及腿部力量。

按照人体表现出的力量与本人体重的关系，力量可分为绝对力量和相对力量。绝对力量就是不考虑与本人体重关系所表现出来的力量，例如，在铅球比赛中，无论运动员的身材高矮和胖瘦差距多大，谁投得最远，谁就能获得冠军，这里比的就是绝对力量。相对力量是指人的体重大小所表现出来的力量，例如，举重比赛分“公斤级”，即体重相当的运动员才能参加同一级别的比赛，这里比的就是相对力量。

持久力也是身体素质的重要组成部分，它是指人体长时间进行肌肉活动的能力，也可看作是抗疲劳的能力。在幼儿身体素质自然发展的过程中，持久力是较薄弱的环节。因此，对幼儿进行持久力练习，应作为全面身体素质练习的一个必要方面，成为家长育儿计划的一部分。父母要循序渐进，逐渐增加运动距离，适当合理安排中等强度的持久力练习，有间歇地、逐步地延长持续时间，以发展孩子的持久力。

① 3～4 岁幼儿具有一定的力量与持久力的标准：能用双手抓住横杠或门框等将自己悬空吊起 10 秒；能单手将 150 克左右的沙包（或替代物）向前方投掷 2 米；能单脚连续向前跳 1 米；能快跑 20 米；能连续行走 1 千米左右（途中可稍做停顿）。

② 4～5 岁幼儿具有一定的力量与持久力的标准：能用双手抓住横杠或门框等将自己悬空吊起 15 秒；能单手将 150 克左右的沙包（或替代物）向

前方投掷 4 米；能单脚连续向前跳 5 米；能快跑 25 米；能连续行走 1.5 千米左右（途中可稍做停顿）。

③ 5～6 岁幼儿具有一定的力量与持久力的标准：能用双手抓住横杠或门框等将自己悬空吊起 20 秒；能单手将 150 克左右的沙包（或替代物）向前方投掷 5 米；能单脚连续向前跳 8 米；能快跑 30 米；能连续行走 2 千米左右（途中可稍做停顿）。

2. 幼儿小肌肉动作发展标准

写字、翻书等此类事情是幼儿生活和学习时必然遇到的，如果要做好，对于幼儿来说并非轻而易举的事，需要具有相当水平的大肌肉和小肌肉的运动能力才能胜任。

小肌肉动作也称“精细动作”，一系列小肌肉动作构成了协调的小肌肉运动技能。精细动作和粗大动作都属于幼儿的动作技能，即需要身体肌肉参与的活动行为。粗大动作是涉及胳膊、腿、足部肌肉或全身较大幅度的动作，如爬、跑、跳等；而精细动作则是较小的肌肉动作，如用大拇指和食指捏起东西、转动脚趾或用嘴唇和舌头品尝食物等。幼儿时期，支配大肌肉群活动的神经中枢发育较早，因此大肌肉动作发育较早，躯干及上下肢活动能力较强；支配小肌肉群活动的神经中枢发育较晚，而 3～6 岁是小肌肉动作发展的关键时期。

为了让幼儿的小肌肉动作得到协调的发展，应遵循循序渐进的原则，制定精细动作的活动内容是十分重要的，而且活动内容一定要丰富。

游戏不仅能培养幼儿敢于尝试的勇气，还能让幼儿手部、腿部的肌肉得到锻炼。游戏活动讲究宽松自主的氛围，而且特别注重游戏的形式多样。例如，穿纽扣、夹彩球、画画、捏泥等活动，可以作为幼儿精细动作操作锻炼的主要内容。这些动作锻炼能使幼儿的小肌肉群动作逐渐发达，为以后的自理生活和使用工具打下基础，如用粗细不同的绳子穿纽扣，能锻炼幼儿手上动作的准确性和协调能力；分类舀、夹彩球游戏，看似简单，但瞬间的夹球动作让幼儿明白怎样用力、怎样协调动作，可以更好地促使手部小肌肉动作协调发展。

除了体育游戏，美术游戏和阅读游戏也能提高幼儿小肌肉运动的能力，例如，幼儿在画画或欣赏图书画面时，会用左手拿蜡笔盒，右手拿画纸；或右手往前翻书看，左手往后翻书看……各种游戏活动都是幼儿运动的平台，能促使幼儿小肌肉动作的发展。

（1）衡量手眼协调的标准

新生儿已具备原始的抓握反射动作，当大人用食指或其他易于抓握的东西放在新生儿手心的时候，他会本能地紧紧抓住。2～3 个月时，他“发现”了自己的小手，开始尝试各种主动的探索活动。

幼儿的小肌肉动作实际上是指幼儿手的活动，一系列精细动作都需要用手来完成。婴儿大约 3 个月时，随着天生的抓握反射动作的消失，开始出现另一种无意识的抓握动作，这标志着手的动作开始发育了。

手部的活动主要包括手眼协调、手指屈伸和指尖动作等局部活动。正是伴随手部动作的发展，幼儿的身体及智力才取得了长足进步，手部动作无论是对身体机能的促进作用，还是对认识思维的影响，都能从幼儿智力发展上体现出来。

科学研究表明，人身体的各个部分均在大脑中有相应的区域支配。相对来讲，支配双手的脑区域是最大的。人们常说的“心灵手巧”是有科学道理的。多活动小手，对大脑是一种非常有效的刺激，手的动作在一定程度上可以促进幼儿智力的发展。幼儿手指的精细动作正是按照神经系统的发育、肌肉骨骼的成熟这种规律发展的。

在脑发育迅速的幼儿期，精细动作的训练无疑是促进幼儿脑发育的有效方法之一。除此之外，精细动作的训练还可提高幼儿的动手能力、自信心和探索能力，为以后的发展打下良好基础。

① 3～4 岁幼儿手眼协调的标准：能用线穿过绿豆大小的孔；能照例画出“十”字，两条线基本垂直。

② 4～5 岁幼儿手眼协调的标准：能用线穿过米粒大小的孔；能画出封闭的三角形，边线较直。

③ 5～6 岁幼儿手眼协调的标准：能用线穿进针眼；能在 1 厘米宽、20 厘米左右长的横格中画横线而不碰到上下线。

（2）衡量使用一定工具的标准

工具的使用在人类的进化历程中起着重要的作用。一方面，使用工具标志着人类的认知能力有了很大的提升；另一方面，各种工具的使用也促进了人类认知能力的进一步发展。幼儿的成长史是简缩的人类发展进化史，工具的使用对幼儿成长的作用可见一斑。《纲要》中明确强调："幼儿园要提供丰富的可操作的材料，为每个幼儿都能运用多感官、多种方式进行探索提供条件。"

手是人类使用工具的主要器官，人类因为有灵活的双手而有别于其他动物，从而具有制造工具和使用工具的能力。人类复杂的神经系统结构是手进行精细运动操作的基础。除了大脑，完整的周围神经和肌肉关节的结构基础也是必要的。

刚出生的婴儿，脑的发育还不完善，要到 2～3 岁才能完成大部分的发育。随着脑的继续发育，幼儿手的功能也逐渐完善。从小有计划地训练幼儿的双手，使其有更多的、适合的操作机会，对幼儿手功能和与手相关的认知功能、手眼协调能力、使用工具能力的提高都大有裨益。

对幼儿来说，周围环境的一切都是学习的内容，只要安全及适合年龄，什么都可以作为玩具，适合幼儿年龄的玩具、工具、游戏等都是十分有益于幼儿脑、手的发育。

① 3～4 岁幼儿使用一定工具的标准：学习用筷子吃饭；能用剪刀沿线剪出 10 厘米长的直线，边线基本吻合。

② 4～5 岁幼儿使用一定工具的标准：能用筷子吃饭；能沿轮廓线剪出由直线构成的简单图形，如三角形、四边形等，边线吻合。

③ 5～6 岁幼儿使用一定工具的标准：能熟练使用筷子夹食物吃；能沿轮廓线剪出由曲线构成的简单图形，如花或蝴蝶等，边线吻合且平滑；能使用简单的劳动工具或用具，如锤子、小刀、钳子、订书机等。

第六节 发展幼儿动作核心经验的基本内容

动作经验是属于个人的，依赖个人的技巧与能力才能有所成就，因此，早期的动作经验对幼儿的自我概念有潜在的促进作用。早期的动作经验还会增加幼儿的自信心，有助于改善他们的学业表现。下面介绍 3～6 岁幼儿适用的八项核心动作经验，向幼儿陈述这些核心经验时要注意以下几点：时间不宜太长；尽量保持简单；要生动有趣；将这些经验加以设计，让幼儿都有成功的经验。

一、跟随动作指令

在跟随动作指令这项核心经验中，幼儿可以跟随教师或其他幼儿学到三种陈述动作指令的方法：口语指令（听觉译解）、动作示范（视觉译解）、手触指导（运动觉译解）。

给幼儿动作指令的原则：一次只给一种陈述方式，以免幼儿混淆；用简单的方式陈述；要确定幼儿能清楚地看见你和听见你的声音或领导幼儿动作时并进行说明；所陈述的动作指令须是所有幼儿都能成功完成的；所陈述的动作指令能允许幼儿可同时移动身体两侧；给幼儿的指令避免标示左边或右边；与幼儿一起愉快地玩耍；鼓励幼儿成为领导者，并以他们独特的方式进行。

二、描述动作（使用语言）

这个核心经验包含四个步骤：谈论或描述动作中哪个部位在行动——将一个肌肉动作带至语言知觉的意识层次；计划将要做些什么——先想一想；回想刚才完成的动作——回想过程中经过的各种步骤；将一个单一的动作与一个单字连接。

三、非移动式的身体动作

非移动式的身体动作是指身体在固定位置上所做的动作，可以是躺着、坐着、跪着和双脚站立等。

四、移动式的身体动作

移动式的身体动作是指身体到处移动，例如，步行、跑步、双脚跳、单脚跳等。移动式的身体动作涉及重心在两脚间的转移，通常比非移动式的身体动作需要更多的力量和平衡能力。

五、与物体一起做身体移动

与物体一起移动身体是指物体伴随身体做非移动式或移动式的动作。

六、在身体动作中表现创意

身体动作中的创意表现，其实可当作是在进行任何持物或不持物的非移动式或移动式的身体动作，以及将这些动作做某些变化。

七、感受及表达节拍

幼儿在学到的一些最重要的技巧中，感受节拍的能力以及借着节拍走路来表达节拍的能力这两项能力被称为“基本时间感”和“节拍能力”。

八、与别人一起随着一般节拍做动作

幼儿早期动作的发展是认知发展的外在表现，同时早期动作的发展也将促进幼儿的认知发展。

第七节 幼儿动作练习主要内容与方法的设计原理

一、幼儿动作发展的原则

1. 成熟准备原则

这是格塞尔理论的核心原则，即认为个体的发展取决于成熟，而成熟则取决于基因表达所决定的时间表。在幼儿尚未成熟之前，有一个准备的状态。这个准备状态实际上就是生理机制由不成熟向成熟过渡的阶段。处于准备阶段的幼儿，相应的学习能力尚未具备，这时如果让他们学习某种技能，就难以达到真正的学习目的。不仅表现为学习难度大，还表现为学习成绩不牢固，危害严重的还会伤害学习动机和学习兴趣。因此，在格塞尔理论中，“准备”是一个解释学习的关键概念。

这里有两点需要着重说明：第一，幼儿在发展过程中的准备状态是一个动态的概念，并不是僵化的或一次性的表现。当一种准备状态达到成熟水平后，另一种新的成熟水平又会处于新的准备状态之中。第二，成熟是受基因表达的程序所控制的过程，外部环境不能改变它的程序。因此，是成熟决定着学习而不是学习决定着成熟。这是格塞尔这一原则的真正含义。

因此，在幼儿的动作发展活动中，要把握动作发展的规律及特点，观察和了解幼儿动作发展的实际水平，以此作为活动设计和组织的依据，切不可盲目训练，更不可人为拔高。

2. 注重个体差异原则

幼儿动作发展的能力个体差异非常显著，分析其原因主要有以下两个方面。

一方面，运动经验不同的幼儿在 0～3 岁时所经历的运动过程是不同的。年龄越小，幼儿的动作可塑性就越大，其差异就越显著；运动得越早，练习得越多，发展就越好。相反，运动得越晚，练习得越少，发展就越有可能滞后。

另一方面，幼儿的性格气质差异影响动作发展。一般情况下，乐观活泼的幼儿经常运动，动作发展得比较好，而内向胆小的幼儿，多数情况下运动比较少，因而能力相对比较弱。

因此，幼儿教育活动中要注重个体差异，因人而异，有针对性地进行个别指导，切不可整齐划一，统一要求。

3. 顺序性原则

幼儿动作发展遵循身体发展的顺序，原则如下：

由头至脚原则。刚出生的婴儿头部动作比身体其他部位活动频繁，直到神经系统成熟后才发展至四肢及躯干的活动控制。

由中央发展至边缘原则。幼儿在抓握物品时，开始是用肩头与手肘，然后才学会用手腕及手指。

由大动作发展至小动作原则。幼儿的动作先出现大关节动作，如肩部动作及髋关节部分的粗大动作，慢慢地发展到准确而精细的手指动作。

每个动作的发展原则上均有一定的顺序，如“抓”的动作发展，每个阶段的发展均发生在一定的时期中。虽然每个阶段不相连，但却会彼此影响。

此外，动作发展具有顺序性，可由幼儿开始走路的时间与整体发展的时间比率得到验证。例如，一个较早学会坐的幼儿，也会比其他幼儿较早学会走路，因为发展速率上的一致性，使我们可以由幼儿其他部分动作发展的速率来推测其学会走路的时间。布雷肯里奇（Breckenridge）及文森特（Vincent）曾经提出一个计算幼儿学会走路的时间，即将开始爬的年龄乘以1.5，或以幼儿能稳稳独坐的年龄乘以2。

4. 愉悦性原则

幼儿对运动本身有很大的兴趣。因为运动能够使人兴奋，从而促使心理上和精神上的愉悦。不同的幼儿趋向选择的活动和游戏各不相同，但总的来说，幼儿在选择运动类型时有以下几种趋向：

其一，自己比较熟悉且能够熟练操作的运动。有的幼儿对攀爬架非常熟悉，能够非常熟练地在攀爬架上攀爬，那么他可能就会常常去玩攀爬架；同样，如果幼儿非常善于玩秋千，那么他选择秋千的可能性就更大一些。

其二，难度适中的新鲜运动，即有一定的挑战性但危险性较小的运动。不经常玩的游戏或器材，对幼儿来说会有一定的挑战性和新鲜感，如果难度不大，且危险性较小，幼儿也会比较愿意选择这样的运动。

其三，能获得成就感的运动，可能是熟悉的也可能是不熟悉的，只要幼儿能通过该运动获得自我满足感或得到教师的支持，幼儿就会趋向于选择这样的运动。

其四，有一定趣味性的运动。幼儿都喜欢富有情节的、好玩的游戏，比较有趣味性的活动也是幼儿选择的一种趋向。

5. 适宜性原则

幼儿的骨骼、肌肉虽然有了一定的发展，但仍然非常柔弱。在进行动作训练时，家长和教师一定要遵循适宜性原则，不宜让幼儿长时间（一般以不超过 10 分钟为宜）进行某种单一的训练活动，也不宜进行大强度的动作训练，以防损伤幼儿娇嫩的肌肉和骨骼。

由于动作发展存在一定的顺序性，所以在动作发展中，一定要遵循从易到难、从简单到复杂，循序渐进、逐步发展的原则。切忌拔苗助长，违背动作发展的规律。

6. 安全性原则

幼儿走路并不非常熟练，上下台阶尚不自如，抓捏东西并不牢固且缺乏技巧。但是，对世界充满了好奇心和探索欲的幼儿却不会认识到自己动作发展的不成熟，往往会极力扩大自己的认知范围，如爬高爬低、三步并作两步跑、尝试开关门等，摔跤、夹手、划伤等意外伤害就会显著增多。家长或教师进行精细动作训练时，往往会给幼儿提供较为细小的物体供其抓捏和穿引。然而，幼儿探索世界的主要途径往往是口腔探索，很多幼儿会将这些细小的物体放入口中，这就很容易造成窒息或者产生其他危害。因此，家长和教师在训练过程中要尽量为幼儿营造一个清洁、安全、温馨的家庭式环境，精心选择进行动作训练的器材和材料。例如，墙壁四周 80 厘米以下采用无污染的软质材料铺设，地上采用弹性软垫，提供的玩具和器材应以无尖角的轻质材料为主，如无毒塑料、软木、棉织品等。

独立行走扩大了幼儿的生活范围，其知识经验也在不断积累，已经能够体验到游戏活动带来的乐趣。因此，在对幼儿进行走、跑、抓握等动作训练时，家长和教师应注意采用游戏化的方式，如模仿法——学成人做家务，比赛法——比一比看谁走得稳、跑得快，表演法——表演老鹰抓小鸡等，在积极愉悦的游戏活动中，使其动作得到发展。另外，玩具是幼儿游戏的主要凭借物，也是促进精细动作发展的重要素材，因此，幼儿园和家庭都应为幼儿提供数量充足的、安全的、能满足多种感知需要的玩具和材料。

二、影响幼儿动作发展的因素

幼儿动作发展的规律和顺序不仅受生理成熟水平的制约，同时早期的教养环境、个体差异及后天的学习和训练都在一定程度上影响着运动技能的发展水平和速度。

1. 生理成熟

心理学家比较一致地认为，生理成熟是影响幼儿动作发展的重要因素。不论经济、文化教育水平如何，全世界的幼儿基本上都以同样的顺序获得各种动作发展。格塞尔从他进行的著名实验中得出结论："不成熟就无从学习，而学习只是对成熟起一种促进作用"，并提出了"成熟—学习"原则。成熟是学习和训练的基础，只有在成熟的基础上进行学习或训练，才能取得成效。否则训练是无效的、浪费的。李惠桐等也认为，成熟是一个重要的因素。成熟有早有迟，在正常的发展范围内，核心是找到什么样的成熟程度才是学习或训练的最佳程度或关键时期。他们在某一项目的调查样组中将70%的幼儿达到的年龄（即100名幼儿有70名能达到的年龄）定为常模年龄，10%的幼儿达到的年龄定为成熟早期年龄。如独站，50%的幼儿达到的年龄为11.9个月，成熟早期年龄为9.2个月，成熟中期年龄为11.2个月，成熟晚期年龄为13.3个月。10%～90%的年龄距离代表这一阶段幼儿动作发展的正常范围。有些在9.2个月，有些在13.3个月，出现独站片刻的动作都属于正常发展。他们的实验研究与格塞尔、希尔加德的研究结果是一致的。无论在成熟的早期、中期或晚期对幼儿进行训练都会成功，成熟有早晚之分，训练效果有优差之别。成熟早期是开始学习和训练的最佳时期且效果最好，成熟中期开始训练比晚期训练效果要好，成熟晚期开始训练比不训练要好一些。

2. 教养环境

根据动态系统理论，幼儿将用于感知和动作的运动技能相结合，这一理论认为幼儿必须对环境中的事物进行感知，以激发他们做出行动，并运用感知觉对运动进行调整。这个新出现的行为是许多因素共同作用的结果，如神经系统发展、身体的生理特性及其进行运动的可能性、幼儿被激发达到的目标、环境为该技能提供的支持等因素。例如，幼儿学走路，只有当神经系统成熟到能够控制特定的腿部肌肉，腿部发育到足以支撑身体重量，以及幼儿想运动时，才可以进行。运动的发展并不是一个按照基因规定技能出现顺序的消极过程，而是幼儿在身体和环境的约束下，通过积极地整合技能，以实现其目的的过程。天性与教养、幼儿与环境，都是不断变化着的系统的一部分，它们共同发挥作用。

3. 个体差异

在动作能力的潜力方面没有两个个体是完全一样的。这一事实为父母和指导者提供的启示具有两层含意。

第一，有研究成果表明，对处在不同年龄水平的幼儿的身材和动作操作技能的研究，并不是每个该年龄的幼儿被认为“正常”而必须达到的绝对标准。相反，这些对身高、体重、体形、力量和持久力的测量，以及操作技能的标准，是对一组具备这种特征的个体的测量而得出的平均结果。简而言之，身体和运动能力的年龄标准仅仅是帮助父母、教师和医务人员建立一个关于特定年龄的幼儿具有哪些特征的普遍概念的一般指导。然而，一个幼儿发育是否正常，应根据以下两个方面来判定：一方面，来自平均值的偏差是否阻碍个体在生活中履行他的独特的发展趋势；另一方面，观察到的平均值偏差是如何适应个体全面生长模式的。例如，一个幼儿在书写方面表现出低于平均水平的眼—手协调，正好与该幼儿的身高、体重和协调等全面成长方面显示出的普遍低于平均发展的模式相符合，因而可以把他看作是成熟较慢的幼儿。

第二，一个训练计划对某个幼儿来说是最好的，而对另一个幼儿来说就不一定是最好的。因此，教师应有各种训练变式，当一种方法不能在一个特定幼儿身上获得成功时，改而尝试另一种方法；如果教师希望每个幼儿都能获得最大的进步，应允许其在学习中发挥不同潜力水平的个体差异，用最恰当的教育方式满足幼儿的需要。幼儿之间不仅存在着能力方面的个体差异，随着两性的身体结构，以及与此相伴的社会期望的不同，会使得一种性别在某些运动中比另一性别更熟练。例如，男性一般被认为有高大体魄且在强大体力的运动中比较占优势，而女性则普遍在手指灵巧方面更高出一筹。

4. 后天的学习和训练

有些研究表明，长期的动作训练可以加速动作发展，但训练可能对某些活动的影响比其他活动更明显。例如，行走训练，泽勒佐（Zelazo）、科尔布（Kolb）进行了这项研究，从婴儿会自然做出踏步反射时开始，训练从出生后第 2 周开始到第 8 周结束。21 名婴儿被分成 4 组，积极练习组的婴儿每天有 4 次练习，每次 3 分钟，在这些时间里他们被人扶住腋下，脚底接触平面；消极被动组的婴儿则躺在小床上，坐在婴儿座位上，或者坐在父母膝上，轻轻屈伸他们的双脚和手臂；无练习组的婴儿没有训练，每周测试一次；控制组的婴儿只是在这项训练计划结束时才测试一次，目的是为了弄清楚，无练习组婴儿确实没有从每周的测试中学到什么东西。研究人员发现，积极练习组的婴儿平均在 10～12 个月时就会走路，比常模年龄（14 个月）提早 2～4 个月。研究者认为，这可能是踏步反射在帮助婴儿产生更大的活动性方面起着一定作用，踏步动作的训练有个关键期，因此应该利用踏步反射，不要让其自然消失。

三、幼儿动作练习设计的基本原理

幼儿动作练习设计，首先，动作设计的难度不能偏离幼儿动作发展的规律，不能太难，太难会让幼儿产生挫败感，使其参加体育活动的积极性降低。同样也不能太简单，太简单会让幼儿体会不到运动的成就感。所以，幼儿动作练习设计首先要遵循各个年龄段幼儿动作发展的规律。

其次，幼儿动作练习设计要遵循幼儿动作练习方法的分类。如图 3-6 所示：

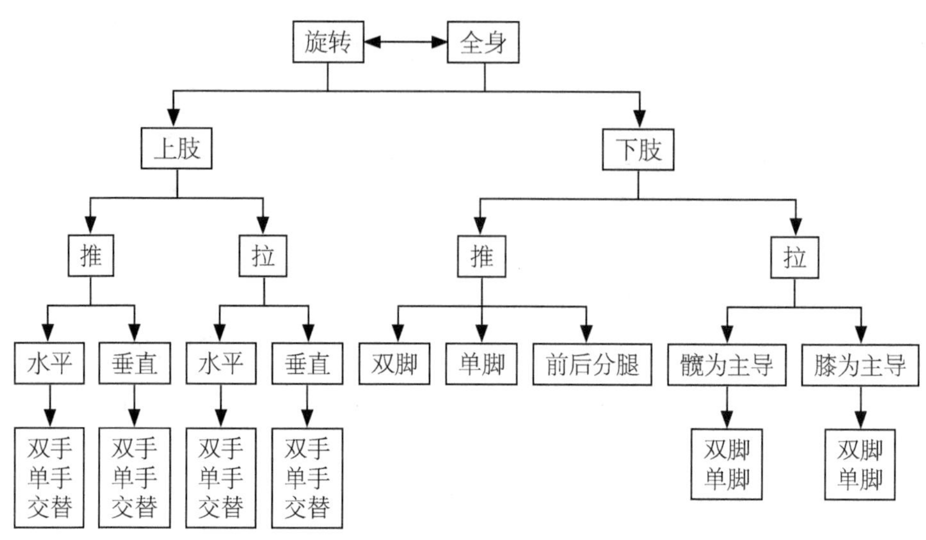

图 3-6　幼儿动作练习方法的分类

单个动作难度的提升方法应从以下几点入手：完成动作空间、完成动作认识、完成动作幅度、完成动作力量、完成动作方向、完成动作路线、完成动作部位、完成动作时间。

幼儿动作练习设计的基本原理：首先，要考虑幼儿生长发育和动作发展的关系，即各个年龄段幼儿动作发展的程度；其次，根据幼儿动作练习方法的分类。结合以上两点进行整合设计幼儿的练习动作。

四、设计幼儿动作练习计划须考虑的要素

1. 动作技能与身体发育的特征

将某项动作技能设定为幼儿动作发展的内容，要先考虑该项技能是否适合在该年龄段进行练习。幼儿动作发展由于受到年龄成熟、生长发育特点及学习经验的影响，会产生学习的顺序性。因此，选择的运动技能要与幼儿动作发展特点相适应。

2. 动作的基本结构与特点

动作的结构不应过于复杂，应与幼儿的身体发育程度及幼儿动作发展水平要适应。过于简单的动作结构不能使幼儿很好的获得运动满足感，过于复

杂的结构又会使幼儿产生挫败感，影响幼儿的心理发展，使其害怕上体育活动课。因此，动作结构要符合幼儿身体发育程度及动作发展水平。

3. 主要肌肉运动链的特征

制订动作练习计划时，首先要考虑清楚练习活动是针对身体哪个部位展开的，练习类别包括练习的多样性和细化程度。这些内容都要与幼儿动作发展规律相适应。

4. 动作练习的负荷

幼儿运动负荷的调控与成人运动负荷的调控是有差别的。体育活动练习，除强调练习的次数、时间、距离、高度及重量，更强调练习动作的难度。变化练习动作的难度是幼儿体育活动中负荷调控的重要方法。幼儿活动的重点不仅仅是发展幼儿身体素质，更重要的是培养幼儿的运动兴趣，提高运动技能，以及培养良好的个性。变换练习动作的难度，既是增强体质的有效途径，也是塑造幼儿良好个性的重要方法。

5. 动作练习的间隔时间

动作练习的间隔时间要根据场上幼儿的具体情况来定。如果幼儿在练习后很快地恢复体力，那么间隔时间就可以短一点。若恢复得较慢，则间隔时间可以长一些。

6. 动作练习的安全与保护

幼儿教学中，首先要注意安全问题。如果在教学活动中有幼儿受伤，不管活动内容再新颖、再有意义，都是一节失败的体育活动课。所以，幼儿课堂中安全问题是重中之重。尤其体育活动课堂中要运用器材，在课堂中要特别注意防止器材导致的伤害。另一方面，在体育器材的使用方面要精心挑选练习动作和练习器材，防止有污染的器材设备。同时，要积极让家长参与到动作学习中，幼儿在家庭中进行动作练习所产生的效果也是非常好的。

五、幼儿动作练习教学计划的制订及动作内容的安排

幼儿动作练习教学计划的制订，要结合幼儿的年龄特征以及此年龄特征幼儿动作发展到何种程度，然后根据情况制订教学计划。

由于幼儿具有个体差异，即使是同一个动作对不同幼儿也会产生不同的难度。合理地设计动作难度，以每一个幼儿都能获得成功作为动作设计难度的标准。动作的难度必须逐步递增，每一次难度的增加都是在上一个动作完成的基础上进行的，上一个动作的练习都是为下一个动作难度的增加做好生理与心理上的准备，后一次的练习都是前一次练习的拓展与延伸。难度不要大起大落，否则不利于幼儿身心发展。

在幼儿体育活动教学计划设计中，以幼儿身心发育为出发点，以动作发展特点与规律为主线，以单元计划的设计为核心，以游戏方法为主要手段，以对幼儿动作发展的诊断为起点，进行整体的幼儿体育活动学期教学计划的设计与编排。

进行单元体育教学计划设计的意义在于，该设计是不同年龄幼儿动作发展水平的具体化，它架起了动作发展水平和课堂之间的桥梁，使动作教学内容和体能更趋于系统性和连接性，是非常有价值的教学设计形式。做好幼儿园不同年龄体育教学活动单元计划，有利于培养幼儿的兴趣，有利于幼儿动作教育的实施，有利于提高体育教师的专业能力。

根据对幼儿动作发展水平、认知、心理等的初步测定与诊断，综合分析与评价，进行幼儿体育活动教学计划的制订（表 3-4）。

（1）确定动作学习主题单元

（2）确定身体素质发展主题单元

（3）确定幼儿认知（相关知识）主题单元

（4）确定幼儿情感体验与发展主题单元

（5）综合设计幼儿体育活动的学期教学计划

表 3–4　3～4 岁小班体育活动教学计划安排表（案例）

设计思路																		
教学计划安排				动作发展与学习的主题单元								能力			心理		方法与手段	
周	课次	达成目标	内容活动	爬	走	跑	接	投	支撑	滚翻	踢	力量	灵敏协调	平衡	情感	认知	游戏	器材
1	1			1									1					
	2			2	1							1		1				
2	3				2								2		1			
	4			3										2				
3	5				3	1							3					
	6			4		2								3	2			
4	7				4		1					2			3			
	8			5		3							4	4				
5	9						2	1							4			
	10					4				1			5					
6	11									2			6					
	12				5		3					3		5				
7	13									3			7		5			
	14							2						6				
8	15										1	4	8					
	16													7	6			
9	17							3			2				7			
	18										3		9	8				

注：动作发展与学习的主题单元、能力和心理下方的数字表示要达成目标所用的课次。

第八节 幼儿动作教育过程中的困惑与误区

一、目前我国幼儿动作教育现状与困境

幼儿的动作发展是身体机能发展状况的重要表现，包括身体大肌肉动作和手部小肌肉动作的发展情况，同时也与幼儿的心理发展具有内在联系。幼儿期是身体动作发展的重要时期，幼儿身体动作的良好发展与学习是适应社会生活必备的基本能力。因此，在幼儿素质教育中以动作发展与学习为核心内容的身体活动练习具有非常重要的教育价值。动作教育在我国基本还处于“三无”状态，即无专门的动作教育培养机构，无专业的动作教育人才，无系统的动作教育理论、计划、大纲、教材和方法，也没有纳入国民教育体系[2] 170-171。

目前，世界各国大量的调查发现：小学生入学时存在的许多问题都可以归因于幼儿在学前期缺乏运动。许多幼儿在身体平衡、力量和协调性方面发展异常，存在体重过重或过轻的现象，特别是电子产品的普遍使用，导致幼儿语言能力发展滞后、行为异常和注意力障碍等。

对广东省幼儿园开展体育活动的调查发现：大部分幼儿在身体活动与练习中，经常表现出动作协调性差和动作不规范；幼儿园的体育活动内容竞技项目化或停留在传统意义上的“体育课”；注重成人对幼儿体育要求的完成；有些幼儿园出于安全考虑，会限制幼儿玩某些大、中型体育活动器材；有些教师在组织体育活动时，只关注幼儿的活动兴趣，认为只要幼儿玩得开心就行，忽视对幼儿基本动作的正确指导以及幼儿身体素质的提高等。当前幼儿期体育活动内容忽视了幼儿动作经验的储备，内容单一，特殊项目技能练习欠缺。在调查中还发现，许多学前教育管理人员、学前教育工作者以及受教育者不知道动作教育是什么，也不能全面理解动作教育，有人把动作教育理解为体育课。

二、对幼儿动作学习核心经验的研究是我国早期幼儿动作教育中最薄弱的环节

幼儿因其身心特点，在动作学习方面有着与成人完全不同的学习模式，欧美学前教育专家将其称为“动作学习核心经验”。在幼儿动作学习和教学中强调，教学内容的设计要着重对幼儿动作学习核心经验的分析与陈述，动作学习和教学内容上的选择千万不要超越幼儿自身动作经验和认知经验的阈值范围，教学内容的设计与选择应以幼儿的动作学习核心经验及幼儿兴趣为核心的协同教学为原则。动作学习核心经验是本文用来描述可促进学前幼儿重要的动作技能发展的各项活动的名词，其内涵是指利用在学前期表现出来的重要智力、社会性及动作技能的活动与过程。动作学习核心经验可以说是教师、保育员用心了解幼儿动作发展、为幼儿安排活动、观察幼儿如何与材料和他人互动及与家长讨论幼儿动作发展的指南[18]。

获得成功是动作经验的基础，幼儿在很小的时候就可以获得，并在幼儿的一生中持续加强，不仅有幼儿群体的共性特征，而且有明显的幼儿身心发展的个性特点。核心经验是幼儿以后成功应对体能及音乐课的基础，对幼儿在学校的整体表现也有影响。这些身体动作方面的核心经验可协助幼儿在学校有成功的表现，为幼儿提供基本身体动作协调的机会；发展幼儿的身体意识及空间意识；加强听力及视觉技巧的学习机会，促进幼儿专心注意的能力；在幼儿学着依节拍移动身体时，能逐渐形成“基本时间感”；更重要的是协助幼儿发展正面的自我概念[14]14-15。如何构建不同年龄学前幼儿动作学习核心经验体系也是本文以后研究的重要课题之一。

三、误区一：将健康领域发展指标作为测试幼儿发展的工具

幼儿教育是基础教育的重要组成部分，中外都将幼儿教育划分为多个领域，健康领域是不可缺少的一个部分。《指南》首次将动作发展列为健康领域的指标，其中动作发展目标分为三个：具有一定的平衡能力，动作协调、灵敏，具有一定的力量和耐力。虽然《指南》中明确规定了动作发展的目标，但与体质健康混为一谈。关键是要有科学的评价体系。研究表明，大肌肉群发展测试法（TGMD-2）能很好地评测反应幼儿的动作发展过程，应

纳入幼儿健康评价体系，作为幼儿体质健康测试动作结果评价的补充。

四、误区二：基于健康领域发展指标对幼儿进行专门训练

幼儿体育活动中应纳入大肌肉群发展测试法，既可作为健康评价体系的补充，为体育教学目标和内容设计提供依据，又可作为体育教学效果评价的指标之一。若早期发现动作发展暂时落后的幼儿，可通过运动干预的手段，促进大肌肉动作的发展，同时也可促进行为和认知功能的发展。

第九节 进行幼儿动作发展与综合训练时应注意的因素

一、幼儿动作发展的测试与评价要先行

要科学地对幼儿实施动作教育，首要的任务是对幼儿的动作发展进行认真的观察与测评，在我国幼儿园中最缺乏的就是对幼儿动作发展的测试与评价。许多幼儿教师、管理者和保育员不仅缺乏这方面的专业知识，而且也不会主动学习与积累这方面的知识。对幼儿动作发展水平的测试与评价是制订幼儿动作学习计划和动作教育方案的关键环节。科学鉴定幼儿个体动作发展的成熟程度，了解实施教育个体的实际发展水平，为进行动作学习做好充分的准备，不可盲目训练，更不能以成人的标准和思维对幼儿进行动作练习，严重的会直接伤害幼儿动作学习的动机、兴趣和自信心。

二、在幼儿动作学习中要重视安全因素

在幼儿动作学习的过程中经常使用一些体育器材，因此在练习中要重视对幼儿身体健康安全因素的考虑，加强相关身体的准备活动，循序渐进地进行身体动作的学习与练习，动作练习的难度不宜太大，要适合幼儿身心发展的特点；精心选择进行动作学习和练习的器材，防止有污染的材料设备。另外，在幼儿动作学习与综合训练中提倡家长的参与，因为家庭对幼儿实施动作学习与练习的效果也是非常理想的。

三、正视幼儿动作发展的顺序性

幼儿动作发展受年龄成熟、生长发育特点与学习经验的影响，会产生学习的顺序性。例如，先发展坐、爬技能，然后发展跑、跳技能，在动作发展中呈现出非常明显的逻辑顺序性。幼儿在动作初始的发展过程中很容易被发觉和观察到，而后进步的幅度则不明显，在动作技能发展过程中也呈现出先快后慢和高原停滞的现象。

四、重视幼儿动作发展的个性差异

不同个体因遗传、环境、成熟与学习各不相同，与环境交互作用后，会产生发展条件的不同，即个性差异。就个人而言，无论生理或心理的发展，都有很大的个性差异，即使同卵双胞胎，彼此之间也只有遗传一个因素相同，其他因素的交互影响，使发展结果变异性仍然很大。另外，由于在生理特征、才能的高低、兴趣的迥异、营养的吸收、神经的发育、肌肉的控制等方面，各种行为发展必然存在较大的个性差异。因此，选定最恰当的动作教育方式以满足不同幼儿个体发展的需要是学前教育工作者的职责。

五、明晰幼儿动作技能与认知和情感的发展互相关联

幼儿个体自身能力间存在较大的差异性，且对其他能力的发展具有关联性影响。例如，动作发展水平和语言表达能力直接影响认知学习效果；情感发展水平间接影响人际关系、自我概念及人格发展。动作发展与动作学习水平较好的幼儿不仅动作技能比别人高，在记忆、理解、阅读、才艺、身高、体重等方面，也常有优异的表现。正如皮亚杰从认识论的角度所说："婴幼儿智力起源于动作，通过动作组织结构不断分化、组合与相互协调，由低级向高级发展。"说明个体自身各种能力的发展是以动作发展为主导，彼此之间存在很大的关联性。

六、幼儿动作发展具有可预测性

尽管幼儿动作发展受遗传、环境、成熟与学习因素的影响，并存在明显的个性差异，但身体动作发展仍有可预测的模式。例如，首尾定律即从头到

脚的发展。幼儿身体发展先从头部开始，逐渐发展到下肢，新生婴儿的头占身长四分之一，显示从母体内即是先发育头部。幼儿直立行走能力的发展，从抬头、翻身、坐、爬、站、走，即遵循首尾定律从头到脚的发展历程。近远定律即不论幼儿身心特质的发展如何，均是从整体大动作或能力的发展至精细动作或能力的发展。大小原则，就身体发展而言，幼儿先发展全身的、笼统的大肌肉，后发展局部的、特殊的小肌肉；就心智发展而言，幼儿的认知判断从前运算期的不具因果逻辑的笼统直觉，至后儿童期可以透过形式概念作抽象的运算等。

七、幼儿的动作练习不足易造成动作发展迟缓

动作发展的迟缓是指幼儿的动作表现较同年龄幼儿落后。造成迟缓的原因很多，可能由于母亲生产时造成幼儿的脑部损伤，或产前、产后环境不佳，更有可能是父母的过分保护或教养偏差，造成缺乏学习动机或学习机会。动作发展延迟会影响幼儿的人格发展与社会适应。由于动作发展延迟，幼儿动作笨拙可能会招致同伴或他人的排斥，使得幼儿在团体中不受欢迎，从而影响幼儿在动作学习方面的自尊心和自信心。在动作教育中要特别关注这类幼儿，正确诊断幼儿动作发展迟缓的原因，有针对性地制定幼儿动作发展迟缓的矫正训练方案，循序渐进地进行动作练习的干预，减轻由于动作发展迟缓所带来的负面影响。

参考文献：

[1] 雷娜特·齐默尔. 幼儿精神运动学手册：精神运动学发展促进作用的理论及实践 [M]. 蒋丽，唐玉屏，王琳琳，译. 南京：南京师范大学出版社，2008.

[2] 刘馨. 学前儿童体育 [M]. 北京：北京师范大学出版社，2012.

[3] 董奇，陶沙. 动作与心理发展：第 2 版 [M]. 北京：北京师范大学出版社，2004.

[4] 钱建龙. 对动作教育的若干思考 [J]. 体育学刊，2007，14（1）.

[5] 哈罗 A J，辛普森 E J. 教育目标分类学：第三分册：动作技能领域 [M].

施良方，唐晓杰，译. 上海：华东师范大学出版社，1989.

[6] PEARSON H. Epidemiology：Study of a lifetime [J]. Nature，2011，471（7336）：20-24.

[7] KUH D，BASSEY J，HARDY R. et al. Birth Weight，Childhood Size，and Muscle Strength in Adult Life：Evidence from a Birth Cohort Study [J]. American Journal of Epidemiology，2002，156（7）：627-633.

[8] MCGRAW M B，TILNEY F，DEWEY J，et al. Growth：A Study of Johnny and Jimmy [M]. New York：Appleton-Century Co.，1935：108-112.

[9] GALLAHUE D L，DONNELLY F C. Developmental physical education for all children：4th ed. [M]. Champaign：Human kinetics，2003.

[10] HENSCH T K，FAGIOLINI M，MATAGA N，et al. Local GABA Circuit Control of Experience-Dependent Plasticity in Developing Visual Cortex [J]. Science，1998，282（5393）：1504-1507.

[11] BARDIN J. Unlocking The Brain [J]. Nature，2012，487（7405）：24-26.

[12] MCCAIN M N，MUSTARD J F，MCCUAIG K. Early Years Study3：Making Decisions，Taking Action [M]. Margaret & Wallace McCain Family Foundation，2012：32.

[13] AKERS K G，MARTINEZ-CANABAL A，RESTIVO L，et al. Hippocampal Neurogenesis Regulates Forgetting During Adulthood and Infancy [J]. Science，2014，344（6184）：598-602.

[14] 任钟印. 夸美纽斯教育论著选 [M]. 任宝祥，熊礼贵，鲍晓苏，等译. 北京：人民教育出版社，2005.

[15] 秦金亮. 儿童发展概论 [M]. 北京：高等教育出版社，2008：6-56.

[16] 张莹. 幼儿期体能练习方法研究 [D]. 北京：北京体育大学，2011：47-48.

[17] 人民教育出版社课程教材研究所体育课程教材研究开发中心. 人类动作发展概论 [M]. 北京：人民教育出版社，2008：194-300.

[18] 米歇尔·格雷夫斯. 理想的教学点子 1：以核心经验为中心设计日常计划 [M]. 林翠湄，译. 南京：南京师范大学出版社，2006：6.

第四章 幼儿体育活动内容体系与幼儿认知和个性发展

第一节
幼儿体育活动内容体系对幼儿认知心理品质的作用

幼儿阶段是基础运动技能迅速发展的重要阶段。从研究目的出发，认为人类发展应该包括四个领域：认知的（cognitive）、社会情绪的（socialemotional）或情感的（affective）、动作的（motor）和身体的（physical）发展，四个领域在人类一生中都是不断相互作用的，动作和身体发展是儿童早期发展与学习的基础[1]。运动技能发展与认知发展、个性发展密切相关，从动作技能与智力技能的同源性来看，动作问题一开始就并不单纯是动作问题，动作发展本身是儿童早期心理发展的重要组成部分，同时也是其早期心理发展的主要构建力量[2]。运动技能发展落后会影响幼儿的社会性、情感和身体的发展，对幼儿入学后适应学校各方面的教育有很大影响。体育活动是幼儿学习运动技能的主要方式，心理学家把体育活动看作是促进幼儿各方面（如认知、社会和情感等）发展的共同通路。

幼儿认知心理品质涉及幼儿的记忆力、观察力、想象力、思维能力、语言表达能力、动手操作能力等方面。在活动过程中，幼儿通过观察、比较、分类、想象等智力活动获得经验，从而丰富与发展认知结构。认知能力的发展水平在很大程度上反映了智力的发展水平，最大程度地发掘个体的智力潜能的过程就是智力开发的过程，它是一个长期、全面地提高个体认知能力的过程[3]。

一、幼儿体育活动对记忆发展的作用

1. 幼儿记忆的特点

记忆是人类高级认知过程形成和发展的基础，基本手段是对生活经验和知识的识记、保持和再现。幼儿在生活实践中曾经经历过的事情，可以在大脑中留下印迹。幼儿的记忆与知觉、思维、想象、语言、情感、意志等发展密切相连。随着幼儿参与活动的复杂化和言语的发展，记忆容量随着年龄增长而不断增加。因此，幼儿记忆力的发展是评定智力发展水平的一个重要标准。

记忆按照记忆力的目的可分为无意记忆和有意记忆两种类型。幼儿在生活中自然而然地记住了的记忆属于没有什么明确记忆目的的无意记忆；有意记忆是幼儿有明确的记忆目的，并有意识地、自觉地去识记。在幼儿期，幼儿的记忆多为机械识记，记忆带有很大的无意性、直观性和形象性，常常只能机械地记住事物的一些外部特征。在自身需要而记忆时，由于某些东西或事情本身生动形象或具体鲜明，能引起幼儿兴趣或强烈的情绪体验，才能自然而然地记住，而且幼儿比较容易记住自己感兴趣的和感官刺激强烈的事物。早期幼儿的许多知识和经验都是通过无意记忆获得的，随着有意记忆的发展，幼儿记忆的发展进入最重要飞跃时期。

2. 幼儿动作记忆发展的生理学基础

在参与各种体育活动时，幼儿通过学习知识和技能，调动视觉、听觉及平衡觉、本体感觉等感官共同参与，各种感觉信息不断地传入大脑皮层的各个神经中枢，从而活化和刺激幼儿的脑细胞。体育活动还可以提高幼儿的血液循环机能，改善大脑的供氧量，在潜移默化中促进大脑皮层的生长发育，使幼儿的注意力得到增强。在体育活动中，从幼儿模仿教师的动作，到重复巩固已识记的动作，再到对进行过的动作实施再现操作，都是对幼儿记忆的培养过程。所以，在体育活动中，幼儿可以产生动作记忆，而身体运动能力在一定程度上依赖于记忆的发展。

体育活动具有复杂性和多样性，基本动作技能是身体活动最基本的元素，包括走、跑、跳、投、攀、爬、钻、踢等，也是许多体育活动和身体组合动作的基础，很多体育活动都是由基本动作技能重复组合而成。当幼儿学习基本动作、体操或某种习惯动作时，会形成动作记忆。动作记忆是以操作过的动作、运动、活动为内容的记忆，即对做过的运动或动作内容进行编码、贮存和提取。例如，幼儿参与徒手体操活动时，能够一个接一个动作学习，这些学习经验以动作形象的形式存储在脑中，在一定条件下再从脑中提取出来，这就是动作记忆形成的过程。动作记忆是形象记忆的一种特殊形式，只是记忆的对象不是静态人物、物体或自然景物的直观形象，而是各种运动的动作形象。动作记忆在个体的发展中比其他记忆发展得更早，它是以身体的运动状态或动作形象为内容的记忆，也是人类获得言语及掌握和改进各种生活技能的基础。与其他文字和图像记忆相比，动作记忆是以操作过的动作形成的动作表象为前提，如果没有动作表象，就没有动作记忆，大脑内容的动作记忆提取再现则需要调动视觉、感知觉、听觉等感官参与。幼儿记忆的保持时间不同，有短时记忆和长时记忆两种。初次输入的动作技能信息成为幼儿的短时记忆，经过重复的练习和体验，动作表象可以长期保持，这些动作的短时记忆就会成为幼儿的长时记忆。虽然幼儿初始识记时比较困难，但一经记住则容易保持和恢复，且不易遗忘，从而在幼儿大脑中保存很长的时间。此外，虽然有些动作幼儿能记得精确些，当动作复杂多变时，幼儿就会产生遗漏或歪曲原有的动作记忆，不一定能完全重复再现。

幼儿在体育活动中表现出明显的有意回忆。这是由于大多数体育游戏或体育活动采用反映幼儿亲身经历事件作为情节，需要幼儿不断地追忆过去的事件，从而使体育游戏或体育活动顺利地进行。例如，以幼儿喜爱的动画片卡通人物为原型，将代表动物特征的动作游戏归纳为形象趣味类游戏（如小猴摘果、小熊秋收乐、小猪盖房记等），幼儿要不断地回忆动画片里卡通人物的日常行为，通过模仿卡通人物的动作完成自己的角色扮演。这不仅促进了幼儿记忆和感知觉的发展，而且使幼儿的有意注意得到发展，注意的集中性和分配能力逐渐增强。因此，体育活动有利于促进幼儿的有意记忆发展。

3. 幼儿在体育活动中发展记忆

在体育活动中，运动技能的学习以身体练习为手段，幼儿需要观看教师示范和自己反复练习以便正确地识记各种动作的顺序和轨迹，形成完整的动作表象，获得更好的控制和精确度，这是幼儿动作记忆的发展过程。这一过程的形成是在大脑皮层的指挥下由运动系统参与完成的。从运动心理学分析，人类的运动技能形成过程是一个紧密相连的、系统的有机整体，依据动作表现的不同特征，经历发动认识动作阶段、粗略掌握动作阶段、改进提高动作阶段、巩固与应用自如阶段。教师应在幼儿体育活动中的动作学习中及时给予指导与反馈，反馈是动作技能获得的另一个必要的教学条件，不仅具有提供信息的价值，而且具有提高幼儿练习积极性的功能，可以促进正确动作技能的形成和发展幼儿的动作记忆[4-5]。

在发动认识动作阶段，教师初步讲解和示范时可以引导幼儿初步地认识和联想。教师最好能把教学内容与幼儿过去曾学过的动作技能和经验联系起来，把已有的技能和经验加以延伸和扩展。初始学习动作技能时，幼儿一般都是模仿教师的示范动作，主要是通过视觉观察教师的示范动作并进行模仿练习，通过自身内在思维的联想过程，唤起大脑皮层的相关区域激发强烈的学习动机和求知欲。由于幼儿的生理及心理特点主要表现为大脑皮层内抑制过程尚未精确建立起来，所以整个神经系统的反应过程处于泛化阶段，动作的条件反射暂时不稳定，神经和肌肉过度紧张而使其动作呈现呆板、僵硬、不协调等特点，因此，幼儿掌握动作的时间、空间不准确，动作不连贯、能量消耗多等，部分幼儿会出现心理紧张。由于幼儿的注意范围比较狭窄，知觉的准确性较低，完成的动作在空间、时间上都不精确，在头脑中形成的技能只是最基本的、最粗略的表象，而且幼儿对动作的概念较为模糊。

在粗略掌握动作阶段，由于幼儿是借助于视觉来直接控制自己的动作，动觉的感受性较差，对于动作的控制力不强，难以发现自己动作的错误和缺点。因此，教师要充分运用直观教学，通过正确的动作示范，使幼儿对动作的形态、方向及运动过程产生初步的视觉表象，把讲解、示范和练习有机地结合并交替进行，从而唤起幼儿大脑神经系统的协调活动，粗略地建立起较为完整和正确的动作表象。示范时教师还要根据幼儿的年龄、身体条件和动作的难易选择合适的示范方法，对于结构简单的动作可做完整的动作示范；对于结构比较复杂、难度较大的动作，示范时可先分解动作，并尽量与以往所学的知识技能联系起来，启发幼儿认识动作之间的内在关系，初步培养幼儿的思维能力和解决问题能力。

在改进提高动作阶段，幼儿通过反复操作身体练习基本动作技能，一般呈现练习初期进步较快、以后逐渐变慢的特点。开始练习时，教师把复杂的动作拆分成简单的动作进行练习，幼儿可以利用已有的经验和方法很快掌握动作技能，这时由于练习兴趣较浓，情绪饱满，幼儿学习较为积极认真；后期随着动作连接形成复杂的任务，幼儿已有的经验相对地逐步减少，因而学习的积极性可能会降低。教师指导幼儿高效率地学习运动技能的最好方法是采用部分练习法，即把比较复杂的技能分解成若干局部动作，先分别掌握这些局部动作，等有一定基础时再把局部动作联合起来练习。例如，拍球和传球就可以作为局部动作进行单独练习。教师要及时、合理地采用阶段性反馈，提高幼儿感知觉的精确度，并针对幼儿所做动作的正误给予口头的分析和鼓励，利用反馈提高幼儿学习的积极性，帮助其形成基本动作技能。

在巩固与应用自如阶段，当幼儿经过一定的练习初步掌握了一系列局部动作之后，正确动作概念的建立和本体感觉越来越准确，这时可以把局部动作联系起来形成整体。在中枢神经系统的高级部分发生内抑制的条件下，大脑皮层的兴奋和抑制过程在空间和时间上逐渐完善和精确，分化、延缓及消退抑制都得到发展。此时幼儿的注意范围有所扩大，紧张程度有所减少，多余动作趋向消除，动作之间的干扰减少，动作的准确性提高，识别错误动作的能力也有所加强，初步形成了一定的运动技能。但连接不同动作时常常会在衔接处出现间断、停顿和不协调现象，并且易受外界刺激的干扰，动作技能会出现多余动作。教师要注意指向技能的细节，注意观察幼儿的练习，及时准确地给予正确技术的信息反馈，如重点部位、关键技术的语言提示和示范信号，不断强化基本动作要求，克服不协调因素，及时纠正错误，不断改进和提高动作质量。这个阶段幼儿的肌肉运动感觉逐渐清晰与明确，可以根据肌肉运动感觉来分析判断，但仍需要教师运用讲解和示范，这主要是为了更好地揭示动作的内在规律，把幼儿的注意力集中到所练习的个别要素上进行分析对比，找出错误的原因及改进的办法，最后把局部动作合并为完整的动作体系。

通过反复练习，幼儿大脑皮层的兴奋和抑制过程在时间和空间上更加集中和精确。经过学习，掌握的一系列动作已经形成了完整的有机系统，各个动作都能熟练自如地表现出来，自动化程度扩大，可在低意识控制下完成动作技能。这时教师应给幼儿提示相应的肌肉运动感觉，讲解示范的任务在于沟通视觉表象与动觉表象的结合，除了细节的示范讲解，还可以在一定程度上提高幼儿的动作质量。动作有少许变动和误差往往不易被察觉，反复多次后会把错误的动作巩固下来，不利于形成正确的动作。因此，即使幼儿已巩固和发展了定型的技术动作，仍需要坚持练习及教师反复检查动作质量，保证幼儿在各种变化的条件下灵活自如地完成动作。

这里要特别注意的是，幼儿园阶段并不以动作技能的学习为重点，主要是学习身体基本活动技能，教学目标是让小、中、大班幼儿按其年龄段目标掌握走、跑、跳跃、投掷、踢、钻、爬、攀登等基本活动技能。因此，相对于学校体育阶段，幼儿园阶段的体育活动更应该强调培养幼儿的体育参与兴趣。同时，促使幼儿在不断的重复练习中，保证动作记忆得到持续的发展。

二、幼儿体育活动对感知觉和观察力的作用

感觉包括视觉、听觉、嗅觉、味觉、触觉等外部感觉和平衡觉、痛觉等内部感觉，而知觉包括空间知觉、时间知觉、运动知觉等。在幼儿的认知活动中，感知觉占据重要地位。幼儿的思维活动虽然已经有所发展，但仍然仅仅依靠感知的形象。

幼儿的感知觉和观察力处于初级阶段，在完成体育活动时有很多方面都不如学龄儿童。例如，幼儿的目测能力差，实施抛球动作后很难接到；幼儿的肌肉本体感觉差，经过反复练习某一动作时不一定能达到指定位置，动作不是偏高就是偏低；幼儿以直觉思维为主，听到教师以抽象语言口头描述动作时，不能根据抽象的语言做出动作；即使教师做出运动安全提示，幼儿仍不能估计和预知运动中的危险。感知和思维有所不同，感知在幼儿的认知活动中占优势，即幼儿的思维常常受感知左右，在体育活动中的观察就是幼儿的感知活动，而且贯穿整个过程。一方面，幼儿通过观察为参与体育活动提供丰富的感性知识，从而保证体育活动的顺利开展；另一方面，幼儿在体育活动中会有意无意地观察周围的环境，包括对运动对象的观察和对运动环境的观察。朱建方等人研究了幼儿健美操练习对智力的影响，实验运用专门的幼儿健美操进行教学，采用“中国韦氏幼儿智力量表”对 64 名幼儿进行测验。实验结果表明，在“中国韦氏幼儿智力量表”的言语量表、操作量表和全量表的得分上，参加幼儿健美操练习的实验组智商得分均高于对照组。该研究指出，健美操练习中包含了大量的时间知觉要素，要求幼儿能精细分配和估计完成动作的时间，掌握各动作间的持续性和连贯性，在练习中需要幼

儿根据节奏的变化准确地把握动作的速度，这对幼儿时间知觉的发展有着极其重要的作用[6]。因此，幼儿参与体育活动能有效地发展感知觉和观察力。

三、幼儿体育活动对创造力的作用

幼儿的创造性主要表现为好奇心和创新性想象，好奇心会驱使幼儿尝试创造性的行为和活动，并且在这些活动中激发出他们的创造性潜力[7]。在体育活动中，当幼儿学会各种身体基本动作技能后，教师还可以引导幼儿采用多种变化的形式拓展基本动作技能，以行走为例，可以设计持物走、跨过低矮障碍物走、在平衡板上走、踮脚跟（提踵）前脚掌走、齐步走、静悄悄走，等等，使行走技能的锻炼趣味化和游戏化，提高幼儿控制身体的能力和动作的协调性，发展身体不同部位肌肉的力量、灵敏性和持久力等。动作表象来源于幼儿对自身动作的知觉以及对别人动作姿势的感知，在体育活动中，幼儿也会通过对已有动作的表象记忆进行加工改造，借助体育活动发展创造性潜力，创造出新的动作表象或不同的玩法，并从体育活动中获得心理上的愉悦感。因此，教师应为幼儿的体育活动提供宽松的课堂环境和气氛，允许幼儿大胆探索，尊重幼儿的意见，激发幼儿的创作动机，对幼儿创新性行为给予鼓励，充分发展他们的好奇心和创造力。

四、幼儿体育活动对智力发展的作用

1. 幼儿智力发展的生理学基础

脑是智力发展的物质基础，人类一切随意动作都必须在大脑皮层的参与下才能实现。20 世纪 90 年代以来，脑科学的研究成果不断丰富，现已证实脑发育自胎儿期一直持续到儿童期。出生后婴幼儿期脑的发育非常迅速，出生前的半年和出生后的第一年是婴幼儿脑细胞数目增长的重要阶段，婴儿出生时小脑发育比较晚，3 岁以后小脑的机能逐渐加强，7 岁左右脑重量基本接近成人。婴儿出生后大脑皮层不断增厚，3 岁到 3.5 岁大脑皮层的厚度达到高峰，该时期是大脑发育的关键期，以后脑细胞的数量不再增加，而是细胞体积的增大和功能的复杂化。婴儿的脑细胞大约有 10 000 亿个，而每个神经细胞都与大约 5 万个其他神经细胞相连，每一个细胞每秒钟能向相邻的细胞发送 100 条信息。细胞间突触的接合是实现细胞间信息传递的重要物质基础，大脑的功能取决于脑神经细胞和神经细胞间神经纤维相互联系的突触数量，脑神经细胞之间的相互联系与出生后的环境密切相关，后天环境在诱导神经细胞突触形成和神经网络的发育中起着重要的作用。

0～6 岁是大脑早期开发的阶段，出生后前三年是大脑皮层增厚的高峰期，此阶段婴幼儿所处的环境对大脑的可塑性最强，越早给予婴幼儿环境信息、人际交流、充分玩耍的刺激，对智力发展程度越好。在幼儿脑发育的关键期开发智力最易获得、最易形成良好的智力，如果此时期得到相应的刺激可以激发幼儿的智力潜能。对双胞胎脑科学的研究表明，遗传和环境因素对具有相同遗传条件、不同生活环境的脑发育所起的作用各占约 50%，遗传赋予幼儿脑发育的潜力，而后天的教育和体育锻炼等可起到增强脑功能的作用。幼儿完成动作是通过大脑中枢神经来支配肌肉活动，而身体各部位的肌肉活动反过来又刺激大脑中枢神经发展。在合理营养和保健的基础上，配合体育锻炼将具有事半功倍的长期效果。

人的大脑左右两个半球分别管理肢体对侧活动，但功能各有不同。左半球具有抽象思维和逻辑思维等机能，负责语言、逻辑和分析方面的思维，支配右侧身体活动；右半球具有整体性、创造性等机能，进行音乐、美术、直觉和感觉方面的思维，支配左侧身体活动。人们日常生活中会不断接收到各种信息，其中使用文字和进行数学逻辑、语言逻辑思维时，支配的中枢神经在左脑，而支配直觉等功能的右脑相对来说使用得少一些，所以一般人都是左半球功能优于右半球。一侧肢体运动时主要由对侧大脑皮层的躯体运动中枢支配，通过体育活动均衡地使用左右脑，可以使左右脑半球的功能平衡发展。从静态活动转为动态活动时，运动使掌管情绪、创造力和想象力的右脑加强活动，主管语言、分析和推理的左脑被抑制而得到休息，有利于舒缓左脑因长时间脑力劳动造成的紧张状态。幼儿参加体育活动有助于开发智力，经常运动的幼儿思维能力不仅比较少活动的幼儿活跃，而且反应能力、协调能力、平衡能力都要优于较少参加体育活动的幼儿。主要原因如下：

第一，在参与体育活动时，身体任何一个部位的动作都会刺激大脑，而大脑作为人体运动的指挥中枢又能指挥和调节全身运动，使之协调、平衡。长期参加体育活动可以使幼儿的神经细胞突触联系增加，使动作反应灵活，对幼儿的视觉、注意力及其他一些心理过程的发展能产生积极的影响。

第二，体育锻炼能增强幼儿抵抗疾病的能力，对智力发展具有间接的保护作用。当幼儿完成静态的学习之后进行体育锻炼，可以使大脑皮层在较长时间的紧张学习后得到一个调整精神状态的机会。通过静态转换为动态的活动方式，可以保证脑得到充足的休息，从而促进智力活动水平得到进一步的提高。

第三，不同体育项目的肢体活动方式有单侧性或双侧性，不同项目对灵敏性、协调性、观察力、注意力也有不同的要求。幼儿经常参加体育活动时，各种身体活动可以同时促进大脑左右半球潜在机能的开发，使个体的整体性、综合性、创造性、思维能力等得到提高。可以选取不同的体育活动开发右脑功能，有针对性地培养幼儿的智力。例如，幼儿的体操、韵律操等伴随音乐的体育活动对智力有促进的作用，因为右脑掌管想象直觉、韵律空间等感性思维，可感知音乐，在音乐伴随下开展的体育活动可以加强右脑的开发。

2. 体育活动实践体系对幼儿智力发展的作用

体育活动的形式多样，不同形式的体育活动对于发展幼儿智力的作用不同。幼儿体育活动实践体系的动作内容编排及组合，根据不同年龄段幼儿的特点制定，并把不同性质的体育活动动作内容进行有机组合。例如，有些体育活动要求幼儿观测活动空间大小、物体的方位、距离和移动目标；有些集体或对抗性的体育活动要求幼儿能迅速准确地观察和判断对方的动作和意图，快速做出正确的反应。充分地利用体育活动的各种形式锻炼幼儿的身体，发展幼儿的动作和智力，促进幼儿创造性思维与合作能力的发展，不断提高幼儿参与体育活动的兴趣。按照动作内容的性质划分为以下 3 种类型：

（1）发展幼儿判断力和注意力的动作内容

球类活动属于发展注意力和判断力的体育活动，可以提高幼儿大脑的判断力和注意力。在球类活动中，由于球体有大小之分，受力时球体处于移动状态，幼儿玩球时要用眼睛盯住球的方向，并将信息传递给大脑以判断球的走向，经过大脑计算和调整发出指令的同时还要传向负责调节肌肉精细动作的小脑，由大脑和小脑协同控制完成击球或接球。例如，准确地接球需要敏捷的思维、快速的反应和准确的判断，幼儿必须在很短的时间内做出准确的判断。这种反应成年人大约需要 0.3～0.5 秒，优秀运动员可以达到 0.1 秒，而幼儿的反应时间会更长，但是经过练习能逐渐熟练起来，减少反应时间并提高准确率，这个练习过程即大脑功能发展的过程。幼儿开始玩球时，推、传、接等动作技术不协调，但是在练习的过程中，经过多次观察和实践能够逐步集中注意力、准确判断球的走向、灵活地做出各种迎球的动作。

幼儿体育活动实践体系中有以弹跳为主的体育活动，例如，4～5 岁组的象限跳、原地单脚转圈跳，5～6 岁组的单脚左右跳等。以弹跳为主的体育活动，可以培养幼儿的灵活性、注意力和判断力。例如，跳绳以下肢弹跳和后蹬动作为主，带动手臂、腰部、腹部的肌群运动，促进呼吸加深加快，吸氧增多，呼出二氧化碳加速，加上绳子刺激拇指穴位，两脚心不断地被地面按摩，通过足反射区刺激大脑，促进思维、记忆、联想能力发展。跳跃动作的变化由中枢神经系统高度准确地控制腿部的动作，可以创新各种花样，例如，“跳房子”可以前后交叉跳、侧交叉跳等；跳绳可以单人跳或双人摇绳跳等；跳皮筋可以结合音乐、伴唱左右交替跳、双脚踩、单脚勾等。这些变化跳法既可以提高幼儿参加运动的兴趣，培养体育创新能力，又能发展神经系统的传导、储存和信息加工功能。

（2）发展幼儿时空知觉感的动作内容

人脑对客观事物的大小、形状、方位、深度和远近等空间特性的反映形成空间知觉。运动知觉是人脑对外界事物和人体自身运动状态的反映。例如，当球体完成抛出、飞行、下落这样的连续运动过程，幼儿通过运动知觉感知球体在空间的变化以做出相应的接发球动作。体操项目中的垫上运动有各种滚翻、旋转、腾跃、团身等基本动作，有助于发展柔韧性、空间感知觉能力。在成年人的保护下，3 岁以上的幼儿就可以开始做这类垫上运动，例如，父母可以有意识地让幼儿在铺有垫褥的床上做各种滚翻动作，在父母的辅助下可以让幼儿体会身体各部位依次着垫的感觉，逐步掌握滚动用力的时机，以培养幼儿的自控能力、柔韧性和空间知觉。感知能力和记忆能力受体育活动的影响，需要各感官特别是动觉和视觉感官协同配合，幼儿可以在长期的体育活动中形成和发展这两种能力。

（3）发展幼儿观察能力、记忆能力和思维能力的动作内容

在动态的体育活动时，幼儿首先对教师示范的体育动作进行全面的观察，特别是动作姿势、运动方法、节奏变化等，进而领会、模仿和演练。在球类活动中，球体在空中飞行的这段时间里位置可能出现变化，幼儿需要观察和判断球的第一落点、反弹的方向及第二落点，然后做出应对动作，这有利于提高大脑皮层的综合分析能力，同时可以提高智力发展水平。

第二节 幼儿体育活动内容体系对幼儿个性心理品质的作用

一、幼儿个性心理品质的初步形成和发展

每个人都有独特的个性，而个性是从幼儿期开始初步形成的，个体在与社会环境相互作用中受到所处社会的各种行为规范、价值观念和知识技能的影响。当个体成为独立的社会成员并逐步适应社会时，个性和社会性也会有进一步的发展，而个性的形成和发展是在社会化中实现的。幼儿在与周围环境的相互作用中逐渐显露出个性，个性与社会性紧密地交织在一起。可以说，社会化的过程就是幼儿个性形成和发展的过程。

在幼儿阶段，个性心理品质的培养目标在于使幼儿能初步地认识自己与他人，培养幼儿的独立性、自信心、自制力、控制与表达情绪等个性心理品质。适应性心理品质更多体现在对社会环境尤其是人际环境的适应，这种适应表现在同情心、合作性、交往礼仪、解决冲突、适应环境等方面，其核心是交往能力。联合国教科文组织曾提出了“学会生存”“学会学习”“学会关心”，这些都突显了个人与周围环境的关系和态度在现代社会中的重要性，即个人在成长过程中，不仅要学会关心自己，更要关注自身与他人和环境的关系，与他人建立良好的关系，具有适应环境的能力。

二、体育活动内容体系对幼儿个性心理品质的作用

幼儿阶段是个性开始形成的时期，独立性、自信心、自制力等心理品质不断发展。发展心理学研究表明，幼儿心理是在活动中发展起来的，游戏是幼儿认知活动的需要，通过体育活动使幼儿认识并能正确处理复杂情感，不断形成新的看法，体验新的感觉，获得喜悦感和成就感，满足幼儿认知和心理发展的需要。在体育活动中，伴随着各种复杂的心理活动，幼儿往往会在体育活动中表现出不同的活动能力、性格、气质等鲜明的个性特征。例如，有的幼儿在运动时容易兴奋，动作速度快，但持久力和准确性差；有的幼儿反应迟缓，动作速度慢，不易激动；有的幼儿在运动中表现灵活，适应能力强，情绪丰富多变，但坚持性差，缺乏毅力和耐心；有的幼儿对运动表现冷淡，教师叫他才被动地运动，运动时反应不灵活，容易惊慌失措，沉默寡言，等等。

体育活动为幼儿求知、发展自主性、能动性、获得各种情绪体验和自我创造性提供良好的平台。幼儿可以在轻松、活泼、愉快的体育活动环境中通过身体动作感知世界，表达自己的思想感情，培养各种能力，从而使幼儿形成活泼、开朗、热情、大方的性格。个性心理品质正是幼儿在各种丰富多彩的体育活动中内化而成的，同时还可以培养幼儿勇敢、果断、自信、冷静等优秀的个性心理品质。因此，体育活动是幼儿形成良好个性的重要途径。

在体育活动中，可根据幼儿表现出来的不同活动能力、性格、气质等个性特征，有目的、有计划、有针对性地选择不同的活动内容来促进幼儿良好个性品质的形成。例如，对于活泼型幼儿，可以让他们多做平衡运动或需要意志伴随的体育游戏等；对于内向型幼儿，可多做各种躲闪跑、跳跃运动以及需要大家协同配合完成任务的体育活动等。好动、好奇、好模仿是幼儿年龄阶段所具有的共性性格特征，运动能使幼儿这些个性特征充分地形成和发展。在体育活动中他们要克服很多困难和障碍，要面对胜利或失败，促使自我控制能力增强。体育活动能帮助幼儿从他人的立场看自己，意识到自己和他人的关系，意识到自己在相互关系中的位置，逐步摆脱以自我为中心的倾向。幼儿通过体育活动可以矫正不良的心理行为，培养良好的意志和人格。

体育活动的功能之一是使幼儿从一个自然人发展成为一个社会人，而幼儿园是幼儿接受社会化过程的重要场所。社会化表现为个人与社会之间相互作用的过程，尤其表现为幼儿对社会的适应和社会规范的习得过程。人作为集体活动的个体或作为社会的一员，在活动时能够表现出许多的特性，如利他性、服从性、依赖性以及更加高级的自觉性等。体育活动中积极引导幼儿与环境中的人和物发生交互作用，使其逐渐获得对人、对事、对物的正确态度，促进幼儿个性和社会性发展[8]。体育活动给幼儿创造了扮演各种社会角色和进行角色学习的平台。体育活动以集体或小组活动形式开展，可以使幼儿身处群体之中，以体育活动为纽带与他人交往。幼儿通过学会与同伴相处而掌握一定的交往技能，遵守体育活动的规则，学会在个人新的地位和角色下习得规范。体育活动对幼儿社会性发展的促进作用在于有利于集体观念的形成、社会角色的体验、学会合作、学会服从和约束以及竞争意识的形成和发展。创编体育活动时可设计角色游戏，让幼儿体验社会中的不同角色，注意培养幼儿的集体观念、与他人友好合作、竞争意识等，并根据幼儿表现出来不同活动能力、性格、气质等个性特征，有目的、有计划、有针对性地选择不同的活动内容，来促进幼儿良好个性品质的形成[9]。

幼儿在和谐、平等、友爱的运动环境中感受集体的温暖和情感的愉悦，学会通过体育活动等方法调控情绪；在经历挫折和克服困难的过程中，提高抗挫折能力和情绪调节能力，在不断体验进步或成功的过程中，增强自尊心、自信心和自立性，形成克服困难的坚强意志品质；培养创新精神和创新能力，形成积极向上、乐观开朗的生活态度。幼儿体育活动具有一系列行为规范和游戏规则，它是建立和谐的人际关系，培养良好的合作精神和体育道德的最佳途径。体育活动要求幼儿与同伴之间相互尊重、互相关心和帮助，竞赛中要遵守规则和秩序，倡导勇敢、坚强和毅力。创编具有一定情感色彩的体育活动，不但能把优良的传统文化寓教于乐，而且能激发幼儿爱祖国、爱集体、勇于创新、自强自立、讲礼貌等优良品德。

第三节
幼儿体育活动内容体系对幼儿社会性发展和行为规范的作用

一、幼儿体育活动内容体系对社会性发展的作用

与幼儿身体发展、认知发展并列的是幼儿的社会性发展，社会性在幼儿发展中具有重要的作用，个体的社会性发展能培养人对身份和地位的认同，规范人在社会中的各种行为，传递知识经验和技能，实现良好的人际关系，也能影响人的价值观和行为取向。个体社会性的良性发展保证了社会文化的积累和传承，既有利于社会发展，也有利于个体的社会适应。幼儿的社会性发展分为社会适应能力和社会交往能力两方面。

1. 幼儿的社会适应能力

社会适应能力是个体为了在社会上更好地生存而在心理、生理以及行为上的各种适应性改变，与社会达到和谐状态的一种执行适应能力。社会适应能力是反映一个人综合素质能力高低的间接表现，也是个体融入社会和接纳社会能力的表现。从幼儿时期开始培养个人的社会适应能力非常重要，幼儿的社会适应能力包括幼儿对新环境的适应能力、对陌生人的适应能力和与同伴交往的适应能力。幼儿从外界环境接收信息形成独特的个性，在社会交往过程中，逐渐学会理性的、社会群体认可的行为规范，学会站在他人的角度看问题，逐步融入更大的社会群体，适应自己与其他社会成员的交往，由此发展自身的社会性。例如，在集体性体育活动中，幼儿可以探索自我身体和情绪体验，同时使用身体动作表达情感，这个过程可以借助动作、姿态和表情了解自我或他人的情绪体验。此外，在体育活动中，幼儿在与他人交往中逐渐学会合作，能从合作中感受到愉快，继而产生合作的需要，形成积极与他人合作的态度，促进社会性发展。

2. 幼儿的社会交往能力

社会交往是生存和发展的方式之一，也是人最基本的精神需求之一。社会交往能力是指能察觉他人情绪意向、能有效地理解他人和善于同他人交际的能力。幼儿的社会交往能力主要表现为亲子交往、师幼交往、同伴交往

等，是善于识别他人的情绪变化、善于与他人合作及参与不同活动获得社会支持的能力。幼儿的社会交往既是生长发育和个性发展的基本需要，也是发展社会适应能力的保证。心理学家皮亚杰认为，产生于同伴关系中的合作与感情共鸣使幼儿获得了关于社会更广阔的认知视野。幼儿与同伴交往在于引起同伴的注意，或者为了使同伴与自己合作或交流等。3 岁以后的幼儿与同伴交往的最重要形式就是游戏或体育活动。在游戏和体育活动中包含了很强的社会交往成分，可以说游戏和体育活动是幼儿进行社会交往的起点，并为幼儿提供了大量交往的机会。在体育活动或亲子运动中，幼儿必然参与亲子之间、同伴之间及师生之间的相互交流，一方面可以表达自己的意愿、主张和态度，一方面可以理解他人的意愿、主张和态度，并做出回应。幼儿在体育活动中形成了两种类型的交往关系，一种是现实的伙伴关系，一种是游戏中的角色关系，无论哪种交往关系，都为幼儿发展社会适应能力创造了有利条件。在体育活动中，幼儿互相观察、教导、模仿、讨论、协商和合作，学习和锻炼各种社交能力，发展适宜的情感、态度、自制力和复杂问题解决能力，掌握社会行为规范，帮助幼儿在交往活动中形成一定的交往技能，有助于成年后形成良好的人际关系。

3. 体育活动内容体系与幼儿的社会性发展

幼儿期是人生社会化的起始阶段，社会教育的核心是幼儿社会化的发展。幼儿是发展的、能动的个体，而不是被动的接受者，幼儿总是以主体的身份参与各种活动并在与外部世界相互作用中发展自己。也就是说，幼儿是在亲自参与的各种体育活动中不断构建以自身为主体的精神世界，并在与他人交往中发展社会性。只有在一个得到承认、支持和获得自主活动机会的环境中，幼儿才能富有情感地、热切地、创造性地从事各种活动。体育活动为幼儿接触外界环境和人群提供了机会，可以把教师、同伴看成对情感和行动提供帮助与支持的人。在体育活动中，幼儿的参与性、主动性、独立性和创造性等主体精神将得到最大的发挥，并迁移至其他学习领域，使社会交往能力得到锻炼和发展。

体育活动内容体系应遵循不同年龄阶段幼儿的特点进行动作内容的编排和组织，在教育教学活动的具体组织过程中，表现为幼儿对活动的参与性、主动性、独立性与创造性，可以为幼儿期教育任务提供途径，培养积极乐观的生活态度、活泼开朗的性格和良好的行为品德，增强社会性，提高社会适应能力。在与同伴的交往中意识到积极的、富有成效的社会交往是通过与同伴的合作而获得的。体育活动能培养幼儿团结合作的精神，增强集体荣誉感，逐渐发展道德责任感及对成人角色的认识和对他人的关心，并学会与他人合作。体育活动中的团体协作可以为幼儿提供解决社会问题的环境条件，而对他人的信任会在关键的时刻创造有利的价值，这在集体性体育活动中体现得更为突出。幼儿集体性体育活动不仅发展了平衡能力、动作协调能力和持久力，更重要的是培养了集体主义精神和团结协作精神。

二、幼儿体育活动对培养行为规范的作用

1. 幼儿在体育活动中的行为规范

良好行为规范的形成需要幼儿在生活、学习中逐渐积累。在体育活动中引导幼儿建立规则意识，可以帮助养成良好的秩序感。规则是人们在日常生活、工作、学习中必须遵守的科学、合理的行为规范和准则。体育规则是指人们在体育比赛和运动锻炼中必须遵守的科学的、合理的、合法的行为规范和准则要求，它是一切体育活动正常有序进行的重要保障。体育活动中的行为规范是幼儿在体育活动过程中所需遵循的规则和准则的总称，也是体育活动中具有一般约束力的行为标准，对幼儿具有引导、规范和约束的作用。体育活动中建立规则是幼儿身心健康和运动技术发展的重要保障，更是确保运动安全必不可少的方法和客观依据。在体育活动中制定的规则，不仅调剂着幼儿间的关系，更是防止伤害事故、加强组织性和纪律性的有力保障。

体育活动是集体能、智能、技能和育人为一体的综合性活动，遵守规则对幼儿养成良好的行为规范具有重要价值。体育活动是在一定规则下进行的，通过体育活动可以培养幼儿自觉遵守规则的意识。将规则教学有机融入体育活动中，让幼儿认识和理解体育比赛及身体锻炼时必须存在的规则，规则包含哪些内容，规则有哪些作用以及怎样执行规则等，逐渐养成遵守规则的习惯。充分利用体育活动，可以让幼儿形成自觉、稳定的行为规范，丰富

社会情感经验，使幼儿在体育活动中获得社会交往的能力以及感受社会交往的快乐。在体育活动中，还可以培养幼儿遵守社会生活准则的意识，使社会技能、社会适应能力和遵纪守法的意识得到充分的发展。

2. 体育活动内容体系与幼儿的行为规范

体育活动具有严格的规则，有利于培养幼儿勇敢、公正、进取的品质，规则的公正是体育活动开展的前提条件，公平的意识是从事体育活动的基本品质。道德行为表现在公平的品质之中，幼儿参加体育活动可以在发展道德的环境下培养公正的品质。随着年龄增长，幼儿已有足够的记忆能力，能通过模仿学习及听从指引掌握行为规范。在体育活动内容体系的各种活动中，对那些积极反馈或表现胆怯的幼儿，可以设计有针对性的体育活动，为不同个性的幼儿提供展示自己能力的平台，让幼儿在体育活动中养成良好的行为规范意识。例如，针对一些胆怯害羞的幼儿，可以让那些活泼大方的幼儿带动或教师多鼓励多引导，逐渐让其加入体育活动中，由原来的害怕到勇敢地表现自己，让幼儿在活动中解放自己和锻炼胆量。通过体育活动，幼儿既可学会利用线索与策略，培养动手动脑解决问题的能力；又可养成克服困难和顽强勇敢的意志品质，进一步增强自信心与进取心，最终将优秀的体育品德内化为良好的行为规范。

参考文献：

[1] 人民教育出版社课程教材研究所体育课程教材研究开发中心. 人类动作发展概论[M]. 北京：人民教育出版社，2008：8.

[2] 杨宁. 儿童早期发展与教育中的动作和运动问题：四论进化、发展和儿童早期教育[J]. 学前教育研究，2011（10）：3-9.

[3] 刘云艳. 幼儿心理素质教育的理论与实践研究[M]. 北京：教育科学出版社，2009：85.

[4] 邓树勋，王健，乔德才. 运动生理学[M]. 北京：高等教育出版社，2009：243-252.

[5] 任绮，高立. 学前儿童体育与健康[M]. 北京：清华大学出版社，2012：88.

[6]　朱建方，崔冬雪，王少英，等．健美操练习对幼儿智力影响的实验研究[J]．湖州师范大学学报，2013，35（03）：78-81．
[7]　刘云艳．幼儿心理素质教育的理论与实践研究[M]．北京：教育科学出版社，2009：114．
[8]　刘馨．幼儿体育活动设计与指导[M]．北京：北京师范大学出版社，2004：4．
[9]　王占春．幼儿园体育活动的理论与方法[M]．北京：人民教育出版社，2002：12．

第五章 幼儿体育活动“三维动作”内容体系的构建

第一节 幼儿体育活动内容

随着国民经济的飞速发展，我国独生子女问题日趋严重，对孩子过度保护，参与体育活动的时间、范围逐渐递减。例如，学生前庭器官发展变差，小肌肉群发展受到影响，学生“笨”、“硬”（韧带僵硬）、“软”（肌肉软弱无力）、“晕”（非正常体位时晕旋）的现象更加明显，身体基本运动能力明显下降，“小胖墩”“豆芽菜”等体态的孩子数量日趋增多。这些问题不仅是育儿观念滞后、营养过剩或不足、区域性经济发展不平衡等原因造成的，最主要的是我国幼儿体育活动内容开展存在滞后性[1]。如何对幼儿体育活动内容进行规律性研究，使幼儿体育活动内容走上规范化、科学化的道路，不仅是国民教育发展的需求，也是促进各年龄段幼儿生长发育及实现全面素质教育的重要基础。

幼儿体育活动是幼儿全面和谐发展教育的重要组成部分，也是幼儿健康教育的重要内容之一。广义的幼儿体育活动是按照幼儿身心发展规律，以维护和促进幼儿身心健康为目的的教育活动[2]，包括晨间锻炼和早操、体育课（或教学活动）、户外体育活动、室内体育活动、亲子运动游戏、运动会、“三浴”锻炼、远足和短途旅行等。体育活动内容是达成活动目标的主要因素，是体育活动的核心组成部分。在进行活动内容的设计时需要考虑幼儿的年龄特点和实际发展水平，要尽可能贴近幼儿的生活经验，还需要结合幼儿的兴趣和实际需要。

幼儿体育活动的重要性在教育部颁布的《纲要》《规程》及《指南》的相关内容里给予了有力的体现。《纲要》中规定“教师应该把保护幼儿的生命和促进幼儿的健康放在工作的首位”。《规程》中明确指出，幼儿园保育和教育的首要目标是“促进幼儿身体正常发育和机能的协调发展，增强体质，促进心理健康，培养良好的生活习惯、卫生习惯和参加体育活动的兴趣”。《指南》指出：“遵循幼儿的发展规律和学习特点。尊重幼儿发展的个体差异，既要准确把握幼儿发展的阶段性特征，又要充分尊重幼儿发展连续性进程上的个别差异，支持和引导每个幼儿从原有水平向更高水平发展。”

任何体育活动内容都离不开人体基本动作的参与，通过基本动作的练习能够达到更好的健身目的和运动技能目标。本文首先从人类基本活动技能的 11 个方面的基本动作入手，构建适合 3～6 岁幼儿体育活动内容体系。

一、幼儿体育活动的内容

在教育改革发展中提出，积极发展学前教育和改革活动内容等，可见我国对幼儿教育重视程度在加强。在幼儿教育内容中，健康领域安排在五个领域之首。目前，国内幼儿教师传授给幼儿的体育活动内容，在时间上，大体经过这样一个纵向发展的过程。1988 年，我国幼儿体育活动内容包括：基本动作，走、跑、跳、钻越、投掷、攀爬和平衡；基本体操，徒手操（包括模仿操）、队列队形练习和轻器材操；幼儿园体育游戏，园中幼儿做的体育游戏与一般性体育活动不同，园中幼儿活动内容是身体练习为主（即各种基本动作），辅助游戏活动的形式，目的是发展幼儿身心的一种有意识的活动[3]。在《学前幼儿体育》一书中，我国幼儿阶段活动内容包括：幼儿基本动作练习，如走步、跳跃、跑步、爬、钻、攀登、投掷等动作，也称“基本运动动作”；幼儿基本体操练习，器材体操和徒手体操、变换队形和排队；幼儿体育游戏活动，基本内容是各种身体动作的练习，而基本形式以游戏活动为主；幼儿运动器械活动，大、中、小型移动性运动器械和固定性运动器械[4]。2001 年，我国幼儿体育活动内容包括：基本动作，走、跳、爬、跑、投、钻、攀登、平衡等；基本体操，徒手操、变换队形和排队、轻器材操。2003 年，我国幼儿体育教育内容包括健身内容、智育内容、德育内容、审美内容、发展个性心理素质的内容。2006 年，我国幼儿体育活动内容主要包括三大类：体育游戏，采用游戏的形式发展幼儿在走、跳、投、跑、攀登、钻越等基本活动能力的众多练习；基本体操，幼儿队列队形练习和体操两部分，其中幼儿体操包括徒手体操、模仿体操和轻器材体操；运动器械活动，幼儿固定性运动器械、可移动运动器械、手持轻器械[5]。至今，我国幼儿体育活动内容有基本活动、体操、律动、大型器材活动、小球活动、玩水、游戏、冰上活动和玩雪等[6]。

二、幼儿体育活动存在的问题

调查发现，大部分幼儿体育活动都是以基本体操、体育游戏、玩各种器材为主，其他练习内容在幼儿体育活动中开展得较少。

在发展幼儿基本动作的练习方面，近些年出现了可喜的变化，幼儿园逐渐改变过去机械的训练，更多地融入了一些基本动作的练习；但是幼儿教师普遍缺乏系统的体育知识，对幼儿不同时期应如何进行体育教育的认识不到位，自身体育理论知识和技术能力匮乏，体育技能教学讲解、示范和组织能力不强，在安排幼儿户外体育活动时不够科学且缺乏教育性。许多幼儿教师不能将正确的动作传授给幼儿，不能发现幼儿在完成活动时出现的问题，更达不到有针对性的指导与纠正。幼儿教师缺乏系统的体育理论知识，存在着随意指导的现象，而幼儿在进行体育活动时又缺乏知识经验，容易出现一些错误的姿势和动作，在动作掌握的程度上达不到规范的要求。如果不及时地给予指导和纠正，将会影响幼儿对基本运动能力的掌握。

从目前幼儿体育教育的现状来看，活动目标不统一，没有具体的要求，存在一定的盲目性。我国幼儿教师在组织体育活动时对体育教学目标把握不清楚，缺乏对幼儿的观察并以此调整自己教育行为的能力，活动材料缺乏吸引力，活动过程缺乏弹性，忽视体育资源的开发与利用[7]。不少教师从竞技体育的层面上认识幼儿园的体育，将一些带有竞技性的运动项目引入幼儿园，如篮球教学、足球教学等，严重脱离了幼儿的身心发展规律，缺少对幼儿基本活动能力的培育、教养和养成。人体的动作总是由上至下，沿着抬头—翻身—坐—爬—站—行走的顺序逐渐发展和成熟[8]。及时地发展幼儿的动作能力，有利于促进幼儿心智和情商的发展，科学的、系统的动作练习能够有效地促进幼儿运动能力的发展。

三、科学合理的体育活动对幼儿身心发展的作用

随着社会的发展、科技的进步、城市化的发展及生活方式的改变。幼儿的活动时间和空间大大减少，取而代之的是看动画片、玩游戏、上网等静坐

的方式。因此，幼儿的身体素质在不断地下降，出现大量的感统失调、肥胖等问题。幼儿体育活动是幼儿全面和谐发展教育的一个重要组成部分，科学的、合理的幼儿体育活动是增强幼儿体质行之有效的方法，也是增进幼儿健康的一种积极手段。因此，科学的幼儿体育活动内容体系及评价标准对幼儿生理和心理的健康发展起着重要的影响与促进作用。幼儿体育活动也是幼儿素质教育中一个重要的部分，它具有独特的价值，是认知、智力、心理等领域发展的基础。因此，幼儿教育必须重视促进幼儿身心的健康发展，同时促进幼儿自我概念、积极情感和健全人格的养成。

第二节 幼儿体育活动内容的分类

一、幼儿体育活动内容分类的依据

幼儿时期是人类身体在生理、解剖、神经系统机能等方面生长和发育的旺盛阶段，在生理、解剖方面存在着独特的年龄段特征。因此，教师组织幼儿参与练习的活动内容及身体素质练习内容时，在练习的方法上应具有特殊性。

幼儿园体育主要是幼儿在园中进行人体基本动作练习，以发展大肌肉群为主。而体育活动是幼儿今后终身体育培养中不可忽视的重要环节，更是幼儿生长发育过程中认知和个性发展的催化剂。

幼儿体育活动内容应以发展幼儿大肌肉群的活动状态为基础，通过选编适合幼儿身体练习的内容，如走、跳、跑、投掷、攀爬、滚翻等基本动作内容或借助器材进行必要的身体练习。在进行体育活动时，活动内容始终离不开人体基本动作的参与，如走、跳、跑、投掷、滚翻、抛接、平衡、攀爬和钻越等，人们通过诸多基本动作方面的练习更好地达到健身目的和提高运动技能目标。毛振明教授曾对人体基本活动能力进行过分类及归纳，他把人体基本活动能力作为划分标准，将身体活动内容分为移动类、跳跃类、钻越类、攀爬类、抛接类、搬运类、滚翻类、平衡类、负重类、支撑类、悬垂类等 11 大类练习形式，系统地归纳了人体全面身体活动的练习内容[9]。本文把人体 11 大类练习形式作为体育活动内容体系设计的依据，呈现出一个开放式结构的体育活动内容框架。不同区域的教师，在实际的教学实践中，可根据幼儿的兴趣在现实允许的条件下自由创编、自主选择不同的单个动作、组合动作内容等，活动内容的选择权掌握在教师或幼儿自己手中。

二、幼儿体育活动内容的筛选

为了获得符合幼儿身心发展特征的体育活动内容，使之更具针对性，根据“幼儿的动作发育依照着自上而下发展，先能抬头、抬胸、翻身，然后会坐，再以后才能完成直立、独走等大肌肉动作；离躯干近的大肌肉动作先发育，待掌握肢体远端的小肌肉活动，然后才有可能出现写字、绘画、用手取物等小肌肉的精细动作，眼手协调能力也逐步趋于完善”[10]的规律，本文选取了各类幼儿体育活动练习动作 129 个、评价指标 52 个。经过 20 名教授、副教授及具有高级职称的幼儿园园（院）长和教师两轮（第一轮在 2013 年 4~5 月进行；课题组将回收的问卷进行归纳、整理、删减与剔除处理，在 2013 年 12 月第二次请专家进行背靠背的权重和效度判断）背靠背匿名问卷，最后确定了体育活动“三维动作”内容体系，分别是平衡动作 28 个，灵敏与协调动作 38 个，力量与持久力动作 37 个。同时确定了三个维度各 12 个及三个年级共 36 个评价指标。

三、发展幼儿体育活动的练习动作及方法

1. 发展幼儿跳的练习动作及方法

（1）原地单脚跳

体能目标：发展幼儿下肢力量及单脚跳跃的能力，锻炼身体的平衡能力和协调性。

动作要领：幼儿单脚站立，另一只腿抬起贴近站立的脚，同时双手放置于腿的两侧，保持身体平衡；支撑的腿屈膝，上体稍向前倾，重心落在起跳的脚上。起跳时，两臂后摆，前脚掌蹬地跳起；落地时，支撑的脚前脚掌先

落地，保持身体平衡，支撑的腿弯屈起缓冲作用。

验证分析：通过对幼儿进行测试发现，不同年龄段的幼儿单脚跳完成情况有所不同。由于腿部力量不足，部分小班幼儿在落地后不能很好地控制重心，需要用非支撑脚落地来维持平衡，跳跃的时候也不能连贯地进行；中班、大班的幼儿已经能够连续地进行单腿跳，并且可以适当地增加难度。由于幼儿腿部力量不足，原地单脚跳不能够维持很长的时间。

（2）单脚向前跳

体能目标：发展幼儿下肢的肌耐力和肢体的平衡能力。

动作要领：从胶带设定的起点处起跳，预备动作时支撑腿屈膝，上体前倾，双臂放置体侧，重心落在起跳的脚上；跳跃时，支撑腿伸展，非支撑腿前后摆动，手臂与摆动的腿相对运动，身体前倾；落地时，支撑脚前脚掌先落地，保持身体平衡，支撑腿弯屈起缓冲作用。

验证分析：不同年龄段的幼儿在单脚向前单次跳的距离具有明显的差异，对于完成动作的质量而言，小班的幼儿不能连贯地向前跳，而中班、大班的幼儿基本能够比较连贯地跳几次，但是跳的距离不太均匀，能力差的幼儿不能很好地控制重心，容易摔倒。

（3）原地双脚跳

体能目标：锻炼幼儿双脚起跳的技巧，提高下肢的肌耐力和肢体的协调能力。

动作要领：跳的时候两脚并拢，双腿自然屈膝，手臂自然摆动，用力向上跳；落地时要轻，前脚掌先落地。

验证分析：幼儿在完成原地双脚跳的时候不能利用手臂向上跳，下落的时候不会用前脚掌先着地，腿不会弯屈做缓冲动作。小班和中班的幼儿在跳的时候不能一直保持双脚跳和双脚落地，会出现不能自控的状况。进行这一动作练习时，必须在柔软的地面进行，跳的次数不宜太多，跳的节奏由慢到快。

（4）立定跳远

体能目标：发展幼儿手脚协调性，促进下肢力量的发展。

动作要领：做准备动作时双臂向后弯屈，同时双腿屈膝；两臂向前上方充分伸展；双脚同时起跳和同时落地；双脚落地时手臂下压。

验证分析：幼儿基本能够按照立定跳远技术动作的要求双脚起跳及双脚落地，但是绝大部分幼儿还是不能利用手臂的前后摆动为向前跳提供动力，更多的是依靠下肢力量向前跳。小班幼儿由于下肢力量比较弱，身体协调控制能力的发展水平也相对较低，会出现落地后不能平稳站立的情况。

（5）双脚连续向前跳

体能目标：发展幼儿腿部肌肉、下肢和腰腹力量及弹跳能力，锻炼幼儿的灵敏性，提高动作协调性和跳跃能力。

动作要领：站在起跳点后，两脚稍分开自然站立，上体稍前倾；起跳时，两臂自然向前挥起，两脚用力蹬地，迅速地向前跳出；落地时，前脚掌轻巧着地并迅速过渡到全脚掌，身体在往下蹲的同时微微向前倾，双臂自然后摆，保持平衡，然后继续向前跳。

验证分析：小班绝大多数的幼儿不能完成连续双脚跳；中班和大班的幼儿虽然能连续地跳，但跳的距离较近，动作也不规范，不能利用手臂的前摆和下蹲助力，落地往往是用全脚掌着地且双腿不会弯屈做缓冲动作。

（6）蛙跳

体能目标：发展幼儿身体平衡、协调能力和腿部肌肉力量。

动作要领：两脚分开成半蹲，上体稍前倾，两臂在体后成预备姿势，两腿用力蹬伸，充分伸直髋、膝、踝三个关节，同时两臂迅速前摆，身体向前上方跳起，用全脚掌落地，屈膝缓冲。

验证分析：蛙跳与双脚连续向前跳动作要素基本相同，基本属于同一动作，只是采用不同说法，动作完成情况也与双脚连续向前跳相同。

（7）连续垫步跳

体能目标：发展幼儿手臂和腿的灵敏性、协调性和动态平衡能力及腿部力量。

动作要领：是一种有节奏的两步式技能，要求先用一只脚进行一次单脚跳步，再用另一只脚进行一次单脚跳步。

验证分析：这一动作由一个一个的跨跳衔接而成，难点在于换脚跳，这一要领幼儿基本掌握不了，幼儿不能快速地进行换脚跳，需要停顿一下，能力稍差的幼儿会出现不换脚直接跳，甚至屡次出现错误后拒绝再尝试的情况，自信心受到打击。

（8）高处向下跳

体能目标：发展幼儿的平衡能力。

动作要领：准备姿势——站在跳台上，目视前下方，双手前平举，屈膝，重心移至前脚掌；腾空姿势——双脚用力蹬踏跳台，向上跳起，充分伸直踝、膝、髋，双手保持前平举姿势；落地姿势——前脚掌着地过渡至全脚掌着地，屈膝缓冲，双手前平举半蹲，动作结束。要求——幼儿上跳台须严格按照顺序，一个跳下第二个再上，站上跳台时须站稳且双手侧平举；跳下时双手前平举，双脚屈膝向上向前用力，落地时屈膝缓冲，双脚同时着地，双手保持前平举，结束。

验证分析：这一动作不存在不能完成的情况，在于幼儿可以从什么样的高度来完成这个动作，主要是发展幼儿在落地时保持身体的平衡能力。测试的过程中发现，幼儿在落地时不存在很大的问题，主要是对高度的恐惧。有些幼儿可以很勇敢地从较低的高处跳下，但换一个高度就不敢往下跳，这主要是恐惧心理造成的。当幼儿可以勇敢地往下跳时，才会在落地时有意地控制身体的平衡，起到发展平衡能力的作用。

2. 发展幼儿跑的练习动作及方法

（1）直线快跑

体能目标：发展幼儿快速力量、灵敏性、协调性和平衡能力。

动作要领：站立式起跑，在听到“预备，跑”的口令后以最快的速度跑向终点，全程计时。

验证分析：动作看似简单，主要是看幼儿的快速奔跑能力，起跑的快慢反映了幼儿的反应能力，跑步过程中动作的协调性也会影响最终的成绩。如果改变运动环境，如换一个场地或设施，对幼儿快速跑能力的发展也有所不同。例如，限定幼儿须在 30 厘米宽的跑道内跑；在高台上跑和在平地上跑有所不同，首先需要幼儿控制好身体的平衡，其次是快速奔跑的能力。

（2）前脚掌直线快跑

体能目标：发展幼儿快速力量和协调性。

动作要领：站立式起跑，在听到“预备，跑”的口令后以最快的速度跑向终点，要求幼儿在跑的全程以前脚掌着地，全程计时。

验证分析：用前脚掌着地会有很好的弹性和反作用力，能够提供向前的动力，减少脚与地面的接触面以增加腿的爆发力，减小对小腿的压力，从而提高跑步的速度。但是，对于幼儿来说这样的要求太高，幼儿还不能掌握用前脚掌快跑的技术。

（3）侧身跑

体能目标：发展幼儿的协调性和快速力量。

动作要领：以站立式起跑，下肢按正常跑的姿势和动作进行快速跑，脚尖朝终点线方向，上体和头部则侧向同一边跑。

验证分析：侧身跑对身体的协调性、平衡能力要求比较高，尤其是在快速运动过程中，幼儿不能从始至终都按照侧身的要求跑。小班幼儿基本上完成不了，身体和头部侧过去就跑不了；中班幼儿在跑的过程中会出现脚绊脚而变成正向跑；大班幼儿不会出现明显的不协调现象，基本都能够坚持跑一段，但也不能完全按照要求完成。

（4）变向跑

体能目标：发展幼儿的灵敏性和快速力量。

动作要领：从右向左变向时，最后一步用右脚前脚掌内侧用力蹬地，同时脚尖稍微内扣，迅速屈膝降重心，腰部随之左转，上体向左前倾，移动重心，左脚向左前方跨出，加速前进。从左向右变向时，动作和用力方向相反。

验证分析：经过教师演示，中班和大班幼儿自己练习两次之后可以独立完成。大班幼儿虽然不能完全按照动作要求完成，但是已经可以在摸到一个标志物之后快速地变换方向；中班的幼儿一部分可以像大班幼儿一样完成，但还有一部分幼儿需要绕过标志物才能跑向下一个标志物，需要多练习几次才能做到在标志处变向；小班幼儿很难按照各个点变向，会漏掉一部分变向标志物，如果把标志物换成不同的可爱物品，先让他们记住这些可爱的物件，然后再依次按照顺序跑，经过几次的练习基本可以完成。

（5）绕障碍物跑

体能目标：发展幼儿的灵敏性和快速力量。

动作要领：在 20 米内准备 8 个障碍物，左右分别放 4 个，在距离起跑线 3 米处放置第一个障碍物，之后每隔 3 米放置一个障碍物，两个障碍物横向距离为 2 米。要求幼儿在注意绕障碍物的同时结合变向跑的技术要领，测试幼儿 20 米绕障碍物跑所用的时间。

验证分析：小班幼儿对方向的变化还不是特别敏感，需要教师在旁边不断地提醒才能完成；中班和大班幼儿在教师演示一遍之后就能够完成，但是完成的质量差异比较大，中班幼儿大多数绕的弯比较大，大班幼儿相对来说能够更靠近障碍物一些。

（6）折返跑

体能目标：发展幼儿的快速力量、灵敏性和协调性。

动作要领：在距离起跑线相应的位置画出明显的标志线，幼儿站立式起跑，在听到“预备，跑”的口令后以最快的速度跑出，当接近标志线时，需用手触摸线后才能转身往回跑。

验证分析：折返跑能很好地发展速度与持久力、灵敏与协调能力，对踝关节的力量要求比较高，而力量差的幼儿不能很快地急停转体。在测试的过程中会出现幼儿不能按照直线跑导致撞到一起的情况。小班幼儿刚开始练习时，在折返点需要教师的提醒才能完成，经过多次练习之后基本能够完成。通过教师的演示，大班幼儿基本可以按照要求完成折返跑。

（7）急停急起向前跑

体能目标：发展幼儿的快速力量、灵敏性和协调性。

动作要领：站立式起跑，以正常跑的姿势在有标志物的跑道上跑；当幼儿遇到标志物的时候要在旁边做出明显的停顿，然后再次跑出，直到终点。

验证分析：小班幼儿在看到停顿标志物后基本上不能停顿，会直接跑到终点，需要教师在旁边指挥才会停顿，并且很多幼儿不能快速地停下来，而是选择以跪地的方式停下来，不能很好地衔接下一次的快跑；中班的幼儿经过多次练习后基本上可以完成；大班的幼儿通过教师的演示后基本上能按照快跑—停顿—快跑的节奏完成。

（8）后退跑

体能目标：发展幼儿的协调性、快速力量和平衡能力。

动作要领：前脚掌支撑，双膝微屈，双臂自然弯屈站于起跑线，听到发令后以最快速度后退跑至终点。要以前脚掌支撑跑完全程，重心微微后仰，控制好重心。

验证分析：后退跑需要控制好平衡以及空间方位，在保证不会摔倒、沿着直线跑的情况下，尽可能快地向后跑。幼儿不仅需要具有良好的平衡能力和协调性，还需要克服一定的心理因素。小班幼儿还不能掌握用前脚掌后退跑，而且空间方位感较差，不能完成后退跑。中班和大班幼儿基本可以完成，但是对动作的掌握程度参差不齐。在进行后退跑时，尽量让左右同时练习的幼儿距离远一点，以免在练习的过程中发生碰撞。

（9）正向后退折返跑

体能目标：发展幼儿的协调性和快速力量。

动作要领：在距离起跑线相应的位置画出明显的标志线，幼儿站立式起跑，在听到“预备，跑”的口令后以最快的速度向前跑，当接近标志线的时候，需用手触摸线后才能以后退跑的姿势跑回起点。

验证分析：正向跑时三个年龄段的幼儿都能完成，差异是后退跑。小班幼儿基本无法完成折返后的后退跑；中班和大班幼儿虽然可以完成，但是有少部分幼儿在到达折返线时不能快速地做出转换，需要一定时间调整。

（10）后退折返跑

体能目标：发展幼儿的协调性和快速力量。

动作要领：在距离起跑线相应的位置画出明显的标志线，让幼儿背对标志线站在起跑线上，以最快的速度后退跑，当接近标志线时，转身用手触摸标志线，然后继续后退跑回来，测试全程所需时间。

验证分析：中班幼儿基本完成不了，大班幼儿基本可以完成。由于幼儿对距离的感知能力较差，不能准确地判断标志线的位置，容易跑过。同时，幼儿的背向空间方位感比较差，进行多人练习时容易跑偏，撞到一起，教师在组织练习的过程中需要特别注意。

（11）原地转圈后正向快跑

体能目标：发展幼儿的协调性、快速力量和平衡能力。

动作要领：让幼儿在起跑线后正常站立，听到发令声后在原地转圈，转完后以最快速度直线正向跑到相应距离。

验证分析：练习的难度主要集中在幼儿转完圈后能保持平衡，并认准方向沿着直线快跑。在进行练习时，教师要根据幼儿的能力安排旋转的圈数，既要起到锻炼的目的，同时又不至于让幼儿摔倒受伤。

（12）原地转圈后后退跑

体能目标：发展幼儿的协调性、快速力量和平衡能力。

动作要领：让幼儿在起跑线上正常站立，听到发令声后在原地转圈，转完后以最快速度直线后退跑到相应距离。

验证分析：主要是转完圈之后保持平衡，在不摔倒的前提下进行后退跑。练习时，教师要根据幼儿的能力安排旋转的圈数，既要起到锻炼的目的，同时又不至于让幼儿摔倒受伤。教师要提醒幼儿在转完圈之后第一时间就跑，而不是等头不晕后再跑。

（13）交叉跑

体能目标：发展幼儿的协调性和快速力量。

动作要领：让幼儿侧向站在起跑线，两臂侧平举，以右腿先动为例，发出起跑命令后，右腿向左侧做交叉步，右脚落在左脚的左上前方，此时髋关节随右腿运行轨迹转动，然后右脚做支撑，左脚向左侧平移，回到开立状，两脚尽量在一条水平线上，右腿再向左腿的左侧做交叉步，右脚落在左腿的左下后方，髋关节同样随右腿轨迹转动，然后左脚向左侧平移，成开立状。重复以上动作完成 20 米的距离，测试全程所需时间。

验证分析：交叉跑需要双脚快速地前后交叉，要保持身体的平衡且在交叉步的时候不绊脚，需要具有较好的灵敏与协调能力，而此时幼儿的协调性发展水平并不能完成交叉跑，即使放慢动作进行交叉走也基本完成不了，但此动作可以作为游戏的一个环节让幼儿进行体验。

（14）高抬腿跑

体能目标：发展幼儿的下肢快速力量和协调性。

动作要领：上体挺直或稍前倾，两臂前后摆动，大腿积极向前上摆动至与地面平行，并稍微带动同侧髋向前，大小腿尽量折叠，在抬腿的同时，另一腿的大腿积极下压，直腿脚前掌着地，重心提起，用踝关节缓冲。

验证分析：小班和中班幼儿由于力量不足，协调性达不到要求，基本无法完成这个练习；大班幼儿虽然可以完成，但两只脚不能连续循环地完成高抬腿。

3. 发展幼儿悬垂的练习动作及方法

斜悬垂

体能目标：发展幼儿的力量与持久力。

动作要领：将单杠的高度调至与幼儿的胸高，让幼儿双手正握单杠（双手与肩同宽），下肢穿过单杠下斜支撑于另一侧地面，两臂伸直成斜悬垂状。要求幼儿身体挺直，两臂与躯干成直角，可以让一个辅助人员将幼儿双脚固定在地面上，在幼儿身体下方放置软垫。从幼儿准备好开始计时（幼儿两臂与躯干成直角及双脚支撑点固定为已经准备好），直到幼儿维持不了这个固定的身体姿势时停止计时，记录幼儿动作维持的时间。

验证分析：幼儿手臂力量不足，很难长时间地支撑身体的全部力量，小班和中班的幼儿虽然可以做斜悬垂，但是大多数幼儿的腰腹力量不足，不能挺直身体。由于幼儿骨骼、关节尚未发育完全，进行斜悬垂会有肩关节脱臼等安全隐患，部分地区的幼儿园为了避免这样的安全隐患，而没有开展这一类的练习。虽然悬垂会有一些安全上的问题，但是能够很好地发展幼儿的上肢力量。在进行这一练习的时候需要教师恰当安排，提前做好安全保护工作。

4. 发展幼儿踢的练习动作及方法

（1）原地踢球

体能目标：发展幼儿的眼脚协调性和静态平衡能力。

动作要领：原地站立在球的后侧，踢球腿后摆，膝关节弯屈，两手臂提起，摆动腿的大腿、小腿依次用力，用脚面踢球，触球时伸腿，把球踢出，踢球时手臂不动，踢完球向前跨一步，以保持身体平衡。

验证分析：小班幼儿都能够把原地不动的球踢出去，但有部分幼儿不能用正确的姿势而是用脚尖踢球；严格意义上讲有些幼儿不算踢球，而只是用脚把球碰出去。

（2）移动踢球

体能目标：发展幼儿的眼脚、手脚协调性和静态平衡能力。

动作要领：脚以较低的弧度向前迈出一步，踢球腿后摆，膝关节弯屈，胳膊反向运动，摆动腿的大腿、小腿依次用力，触球时伸腿，把球踢出，踢完球向前跨一步，以保持身体平衡。

验证分析：小班有部分幼儿能够踢中滚动较慢的球，但踢出的球没有目的性和方向性；中班幼儿基本能掌握移动踢球的技术要领，在大多数情况下能踢准来球；大班幼儿能踢中不同方向的来球，并且能把球踢到自己设想的方向。

5. 发展幼儿滚翻的练习动作及方法

（1）斜坡团身翻

体能目标：发展幼儿的滚翻能力，增强前庭器官机能。

动作要领：双脚并拢，屈膝成蹲撑状，双手抓住两边脚踝，头低下，脚尖蹬地发力，团身从垫子高的一端连续滚到垫子低的一端。在滚动过程中，幼儿身体的任何部位都不能触及地面。

验证分析：在进行斜坡团身翻练习时，有些幼儿由于心里害怕而不敢练习，教师可先通过坡度不大的地方让幼儿体验乐趣，然后逐渐增加坡度和难度。在练习之前，要让幼儿学会自我保护。斜坡团身翻主要是让不能完成前滚翻的幼儿借助外力体验滚翻。由于幼儿园场地设施的差异，完成这个练习时具有较大的区别。进行斜坡团身翻时，滚翻的次数可以从一次开始，等幼儿学会之后再逐渐增加滚翻的次数。

（2）前滚翻

体能目标：发展幼儿的滚翻能力，增强前庭器官机能，调整身体的柔韧性、协调性和平衡能力。

动作要领：双脚并拢，屈膝成蹲状，两手向前撑于身体两侧，两腿蹬直，同时屈臂、低头、提臀、团身向前滚翻。前滚时，头的后部、肩部、背部、臀部依次着垫，当背着垫时，迅速屈起小腿。在整个动作过程中，幼儿身体的任何部位都不能触及地面。

验证分析：能够培养幼儿的平衡能力和协调性，但发展水平较低的幼儿不能滚翻过去，或者翻过去之后向两侧倒，可以让幼儿先借助外力（斜坡团身翻、教师帮助等）滚翻过去，体验成功的喜悦，通过不断的尝试，逐渐能够独立滚翻过去。在进行前滚翻练习之前，要让幼儿学会自我保护。小班幼儿基本上不能独立完成，很多幼儿在滚翻过去之后不知道屈腿，即使在教师帮助下也很难完成；中班幼儿需要多次尝试之后才有部分能独立完成，大部分还需要教师的帮助；大班幼儿大部分通过练习基本可以独立完成。

（3）后滚翻

体能目标：发展幼儿的滚翻能力，增强前庭器官机能。

动作要领：背对滚翻方向蹲撑、提臀，身体稍前倾，团身后迅速倒地，同时两臂屈肘向后翻掌于肩上，经臀、腰、肩、颈、头依次着垫向后滚动，当滚到肩部时，低头推手成跪撑。整个动作过程中，幼儿身体的任何部位都不能触及地面。

验证分析：后滚翻对于幼儿来说难度较大，且幼儿没有足够的腰腹力量，基本上都不能独立完成，必须借助教师的帮助才能完成。教师可以通过斜坡团身后滚翻练习，让幼儿体验后滚翻，次数不要太多，可以从一次开始。

（4）侧翻

体能目标：发展幼儿的滚动能力，增强前庭器官机能。

动作要领：幼儿平躺在垫子上，双手在胸前交叉，利用腰腹力量带动身体向一侧滚翻，直到垫子另一端。整个动作过程中，幼儿身体的任何部位不能从垫子侧面触及地面。

验证分析：侧翻对于小班幼儿来说难度适中，基本上都能完成；对于中班和大班幼儿难度比较小，但可以作为衔接其他动作的一个辅助练习。

（5）侧手翻

体能目标：发展幼儿的支撑能力和滚翻能力，增强前庭器官机能。

动作要领：将垫子平铺在地上，中间标记宽度为50厘米的区域，要求幼儿在指定区域内完成动作。侧向站立，两臂侧平举，重心移至右脚，左腿侧举，头左转，左脚落地，上体向左侧倒，右脚向侧上方摆起，左手外展撑地，左脚用力蹬地摆起，然后右手撑起，经分腿倒立时顶肩、立腰、展髋、分腿继续翻转，左手推离地面，右腿下落，接着右手推离地面，左脚落地成分腿站立。

验证分析：小班幼儿不能领会这个动作，无法完成练习；中班有部分幼儿能两手着地做侧手翻动作，只能完成一次屈腿、塌腰的翻转；大班有少部分幼儿可以伸展地做侧手翻，但是不能连续侧手翻。绝大多数的幼儿无法完成这个动作，基本上没有幼儿能按要求完成侧手翻。

（6）单杠翻转

体能目标：发展幼儿的翻转能力，增强前庭器官机能，调整身体的灵活性。

动作要领：双手正握单杠，一脚在身体前方向上抬起，一脚蹬地，双臂发力，带动身体绕单杠向上翻起，腹部紧贴单杠，双手绕单杠活动，身体绕杠后从起始侧下来并站立。

验证分析：这个动作对于幼儿来说难度太高，不能独立完成，但可以通过教师的帮助让幼儿体验在单杠上的翻转。

6. 发展幼儿支撑的练习动作及方法

（1）俯撑

体能目标：发展幼儿的手脚支撑力量。

动作要领：双手和双脚支撑身体成俯撑状，除手脚，身体其他部位不能触地，触地为结束。

验证分析：各班幼儿都能支撑起来，但支撑时间的长短有很大的差异，上肢力量发展较好的幼儿坚持的时间更长。由于幼儿腰腹力量不足，在做俯撑的时候腰部很容易塌下去，小班和中班幼儿在俯撑的状态下基本上不能保持腿和躯干处于同一平面上，而大班幼儿基本上可以保持几秒的时间。

（2）仰撑

体能目标：发展幼儿的手脚支撑的力量、手脚协调性和腰部力量。

动作要领：身体向后弯屈，双脚自然打开，双手撑地，与肩同宽，手脚撑起身体成拱桥状。以身体其他部位触地为止，记录支撑的时间。

验证分析：仰撑主要发展上肢力量和腰腹力量，在测试过程中发现，幼儿坚持挺腰的时间很短，部分幼儿在塌腰的状态下能够坚持较长的时间。

（3）蹲撑

体能目标：发展幼儿的腿部支撑力量。

动作要领：双腿屈膝蹲下，重心在前脚掌上，双脚平行站立，与肩同宽，双手紧握杠铃片放于胸前，利用腿部力量将身体撑起成站立状，手臂不需要上举。教师先让幼儿从最轻的杠铃片开始练习，并逐步换取重的杠铃片，记录幼儿所能举起的最大重量。

验证分析：练习动作时需要教师做好示范，幼儿基本上都可以跟着教师的示范完成动作。在练习过程中需要教师进行个别指导，尤其需要注意幼儿的安全防护措施。

（4）挺举

体能目标：发展幼儿的手臂上举力量。

动作要领：双脚平行站立，与肩同宽，双手紧握杠铃片放于胸前，利用手臂力量将杠铃片上举并维持 3 秒钟后放下。教师先让幼儿从最轻的杠铃片开始练习，并逐步换取重一级的杠铃片。

验证分析：练习动作主要是通过克服一定的外力发展上肢力量，练习不一定要用杠铃片，也可以用其他的器材代替。幼儿园可以自制一些能够吸引幼儿兴趣的器材，也可以变换形式，不一定是原地的，也可以是移动的。例如，举起一个物体之后走一段距离或举起一个物体之后做一个动作。

（5）头手倒立

体能目标：发展幼儿的头和手臂支撑力量。

动作要领：幼儿在教师帮助下，身体倒立，双脚靠在墙面，双手屈肘，在头部两侧撑地，运用手臂和头部的力量将身体支撑住，幼儿双脚离开墙面触地为结束。

验证分析：幼儿没有办法独立完成，即使大班幼儿也不能独自从正立状态变成倒立状态，必须由教师扶起来才能倒立。幼儿由于上肢力量不足，身体平衡能力较差，很容易向两侧摔倒。因此，在做这个练习时教师需要特别注意场地的设置和保护措施。

（6）仰卧举腿

体能目标：发展幼儿的腰腹力量。

动作要领：身体仰卧于地面，双手放于身体两侧，膝关节不能弯屈，双腿并拢伸直上举，膝关节尽量向身体方向靠拢。

验证分析：小班幼儿在向上举腿时腿伸不直，有一定的弯屈；中班和大班幼儿基本上可以在保持直腿的情况下完成仰卧举腿，部分幼儿在练习的过程中有更深的体会。

（7）坐位支撑

体能目标：发展幼儿的腰腹力量、腿部力量和手臂支撑力量。

动作要领：身体仰卧于地面，双手放于身体两侧，双腿并拢，肘关节弯屈，用双手将上身支撑起，双腿微屈上举，保持身体平衡。

验证分析：大班大多数幼儿基本可以完成动作练习，由于腹部和腿部力量不足，坚持的时间不会太长。教师可以让幼儿双腿在空中做蹬车轮动作，更有利于提高兴趣，让幼儿在不知不觉中达到锻炼的效果。

（8）坐位平衡

体能目标：发展幼儿的腰腹力量和身体平衡能力。

动作要领：身体坐于地面，双手于体侧成侧平举，双腿伸直并拢放于地面。练习时，双腿慢慢抬起（要求高度不低于 20 厘米），同时收腹，上体向前稍做调整，控制重心，尽力保持身体的平衡，身体其他部位触地为止。

验证分析：幼儿基本都能完成动作练习，整体来说，女性幼儿完成得比男性幼儿好，从中可以看出，幼儿阶段女性幼儿的平衡能力的发展水平比男性幼儿好。对于体形偏胖的幼儿来说，动作练习比较困难。

（9）肩肘倒立

体能目标：发展幼儿的肩肘支撑能力及身体平衡能力。

动作要领：由直角坐开始，向后倒肩、举腿、翻臀，当向后滚动至小腿超过头部时，向上伸腿、展髋、挺直身体，同时两手撑腰后侧，夹肘，成肘、颈、肩支撑的倒立姿势。

验证分析：幼儿在动作练习时不能做到翻臀，腿也很难伸直，身体不能挺直。小班幼儿基本不能完成这个动作，虽然中班和大班幼儿基本能完成，但是坚持的时间较短，只有 20 秒左右。

（10）腹部支撑

体能目标：发展幼儿的柔韧性和平衡能力。

动作要领：身体平卧于地面，双手向身后伸出，同时抓住踝关节，双腿向后屈，以腹部支撑地面，身体成反弓，同时抬头，手与踝关节松开为止。记录幼儿坚持的时间。

验证分析：部分幼儿腹部不能完全支撑起来，柔韧性好的幼儿比柔韧性差的幼儿完成动作的质量要好，坚持的时间也普遍较长。腹部支撑的时间不宜过长，要根据幼儿的年龄段和身体特点区别对待，一般 1 分钟左右即可。

（11）肩部支撑

体能目标：发展幼儿的腹部力量与肩部支撑能力。

动作要领：身体平卧于地面，双手放在体侧，双腿自然放平，腹部尽量向上抬起，双腿弯屈成 90° 左右，肩部以下与膝盖以上保持在一条直线上。

验证分析：小班幼儿在动作练习时腹部抬不起来，肩部支撑不住，撑起来很快就会落下。中班和大班幼儿基本能够完成，个别幼儿腹部抬起的高度不够，腰腹力量不足，坚持的时间较短。

7. 发展幼儿走的练习动作及方法

（1）前脚掌走

体能目标：增强幼儿的小腿及脚掌力量，发展平衡能力。

动作要领：脚跟尽量提起，直腰、挺胸、小步幅。

验证分析：通过脚后跟提起，减少脚与地面接触的面积，重心会不自觉地向前倾，接触面的减小以及重心的移动使得保持身体平衡的难度大大增加。由于小班幼儿力量和平衡能力较差，脚后跟只能稍稍抬起以维持身体平衡，走的距离也不宜太长，以 3 ~ 5 米为宜；中班和大班幼儿能把脚跟完全抬起，以脚尖着地向前走，以 5 ~ 10 米为宜。

（2）脚跟走

体能目标：发展幼儿的身体平衡能力。

动作要领：步幅要小，落地轻，支撑腿稍屈，两脚跟间距稍宽。

验证分析：幼儿的骨骼尚未完全发育，练习时尽可能在柔软的地面进行。由于前脚掌抬起，身体重心向后倾，需要上体向前倾以保持身体平衡。小班幼儿重心控制能力较差，练习的距离以 3～5 米为宜；中班和大班幼儿可以适当增加距离。

（3）高抬腿走

体能目标：锻炼幼儿的大腿屈肌力量及髋关节的柔韧性和灵活性。

动作要领：向前走时，尽量将腿往高处抬起；为保持平衡，手臂也相应抬高；抬腿的同时，要用力收腹；腿要抬高，使大腿与腹部夹角尽可能接近 90°，左右腿交替慢走。

验证分析：小班大约一半幼儿不能按要求完成动作，只能稍稍抬高大腿向前走；中班和大班幼儿基本上都可以完成。在练习的过程中，腿抬高的幅度可以从低到高，逐渐增加难度。

（4）蹲着走

体能目标：发展幼儿的腰部和下肢力量及身体协调性。

动作要领：先半蹲，屈臂摆臂走；然后全蹲抱膝走，小步幅，重心随双腿前移时不要站起。

验证分析：蹲着走是在手臂不摆动的情况下利用双腿左右交替协调向前移动，这样大大增加走的难度，对下肢力量的要求更高。小班部分幼儿完全蹲下后无法向前走，部分幼儿会手扶膝盖半蹲走。教师可以设置不同的情境让幼儿逐渐尝试完全蹲下来走，距离以 3～10 米为宜。

（5）弹簧步

体能目标：发展幼儿的下肢力量和踝关节灵活性。

动作要领：腿前摆，绷脚面，支撑脚提踵，上体挺直，脚尖先着地，然后柔和地过渡至全脚掌，膝部随之做弹性屈伸，同时支撑腿前摆伸出，躯干保持挺直，眼向前看，两臂自然摆动。

验证分析：小班幼儿基本不能完成练习，脚面无法绷直，也不能有弹性地向前走；中班和大班幼儿绝大多数通过多次的模仿练习基本上能按要求完成，但练习时脚绷直得不够充分，膝关节弹性屈伸不够。

（6）后退走

体能目标：能较好地锻炼幼儿的腰背、大腿后侧和屈踝肌肉，发展本体感和控制身体运动方向的能力。

动作要领：小步幅，上体挺直，依靠肌肉感觉控制走步方向。

验证分析：后退走需要控制好向后的平衡以及空间方位，在保证不会摔倒及沿着直线走的情况下，能尽可能快地向后走。幼儿在练习后退走时，教师可以做一些标志，先让幼儿低头看着地面的标志慢慢向后走，再逐渐地减少标志，过渡到不看标志就能又快又直地向后走。进行后退走时，尽量让同时练习的相邻幼儿之间的间隔大一点，以免在练习的过程发生碰撞。

（7）变化手臂动作的走

体能目标：能更好地发展幼儿的上下肢协调性，提高控制动作能力。

动作要领：上下肢动作要协调，节奏要和谐，造型要优美。

验证分析：幼儿能够协调、准确地跟着教师做动作，还可以鼓励幼儿自己设计不同的摆臂组合动作。可以通过模仿动物或情境教学提高幼儿的兴趣。

（8）拍响走

体能目标：提高幼儿走步的协调能力。

动作要领：拍响要有节奏，声音要清脆响亮。

验证分析：幼儿能够协调、准确地跟着教师有节奏地拍手。教师可以通过节奏变化、快慢结合以及情境教学，提高幼儿参与的兴趣。在进行拍响走时，小班幼儿的节奏变化不宜太快，要让幼儿击掌的节奏与步伐节奏协调。

（9）持物走

体能目标：培养幼儿的协调能力，发展上肢力量。

动作要领：各种持物走均有用力特点，都应便于用力、省力和保持身体平衡。

验证分析：教师需要根据幼儿的力量大小选择不同重量的器材进行练习，可以通过不同层次的挑战，让幼儿挑战不同重量的器材。

（10）障碍走

体能目标：发展幼儿的眼脚协调能力。

动作要领：将积木随意地散落在场地中，让幼儿在场地中步行，不能踩到散落在地面上的积木。

验证分析：练习前需要给幼儿讲明规则，积木散落的距离要适中，练习人数与场地大小要适宜。幼儿基本都可以在不踩到积木的情况下自由行走。

（11）闭目直线行走

体能目标：发展幼儿的平衡能力和持久力。

动作要领：身体挺直站于始发线外，眼睛蒙上纱巾向前行走，双臂侧平举，保持身体平衡。

验证分析：小班幼儿练习此动作较难，基本上不能闭目行走；中班和大班部分幼儿不能沿着直线走，个别幼儿出现脚步不稳，身体不平衡的现象，有的幼儿还会边走边偷看。教师可以指导幼儿用脚跟并脚尖类似走直线的方法走，效果会更好。

（12）平行线间走

体能目标：发展幼儿的眼脚协调性和平衡能力。

动作要领：在 30 厘米宽的平行线内自然行走，在走的过程中身体的任何部位都不能碰触两边的线。

验证分析：教师可以通过设置情境，让幼儿在情境中完成练习。在练习过程中，要求幼儿注意力集中，以免身体不稳走出线外。教师可以通过改变平行线的间距调整难度，激发幼儿的兴趣，还可以设计有拐角或者弯曲的平行线让幼儿练习。

（13）平衡木行走

体能目标：发展幼儿的上下肢协调性和动态平衡能力。

动作要领：扮演体操运动员，上体挺直，自然挺胸，头正，眼向前看，听音乐，自由选择动作走过平衡木。中间提醒幼儿不断变化手臂动作，如叉腰、上举、侧平举、抱头、屈臂等。

验证分析：小班幼儿站在平衡木上身体会不由自主地晃动，不敢往前走或者两脚不离开平衡木地向前走，而在较宽、较低的平衡木上基本可以正常走，教师可以让幼儿尝试侧向走，再逐渐过渡到正向走；中班和大班幼儿基本可以在 10～15 厘米宽的平衡木上大步向前走，大班幼儿甚至可以在教师的指导下进行后退走平衡木。

8. 发展幼儿投掷的练习动作及方法

（1）滚接球

体能目标：发展幼儿的腕指肌群和腕指关节的灵活性，提高幼儿的手触觉和动觉的敏锐性和准确性，提高手控制球的能力。

动作要领：两脚开立，用手指和指跟触球，用屈腕指的力量拨滚球。

验证分析：幼儿基本都能完成简单的滚接球，中班和大班幼儿可以通过判断和移动完成一些移动范围不大的向左右方向滚动的球。

（2）拍球

体能目标：发展幼儿的腕指肌群和腕指关节的灵活性，提高幼儿的手的触压觉和力度觉敏感性，发展深度知觉、节奏知觉和节奏反应能力，提高手控制球的能力。

动作要领：手指自然分开、微屈，掌指适度紧张，看准球弹起的速度、方位、高度，主动“找”球，拍打球的上部，要有连续拍球的意识。小班幼儿练习原地正手拍球，中班幼儿练习原地左右手交替和变换形式拍球，大班幼儿练习行进间拍球。

拍打球要点：正确判断球弹起的方向和高度，手腕放松，五指自然分开，用伸肘屈腕压指力量按压球；原地拍球时手拍打（或按压）球上部，向前运球则按推球后上方，要用手指和指根触球。

按压球要点：正确判断球弹起的方向和高度，伸臂迎球，触球后屈肘伸腕指缓冲，控制球弹起的高度，然后用伸肘屈腕指力量按压球。

验证分析：拍球是一个循序渐进的过程，需要通过长时间的练习才可以完成，没有能够快速学会的方法。由于部分幼儿园很少让幼儿练习拍球，所以很多幼儿仅仅能够完成该年龄段的不同要求。小班幼儿触觉和力度觉不够，把握不好球弹跳的节奏，需要长时间的练习才能学会拍球；中班幼儿用相对较短的时间就可以学会拍球，但是左右手交替拍球就比较困难；对于练习过拍球的大班幼儿来说，行进间拍球并不好掌握，快速移动中控制好球也比较困难。

（3）正面单手肩上投掷

体能目标：锻炼幼儿的手臂力量，增强幼儿的目测能力和动作的准确性。

动作要领：投掷时，手臂弯屈在肩上，两脚前后分开站，身体稍后仰，用力蹬地，经肩上挥臂，投向前方。

验证分析：小班幼儿只能做到两脚左右站立单手肩上投沙包，部分发展水平靠前的幼儿能够做到两脚前后开立，投出去的沙包不是一个抛物线，而是一个向下的斜线；中班幼儿基本能够做到两脚前后开立投沙包，部分幼儿并不是向远处投，而是向地上扔。

（4）侧身投远

体能目标：发展幼儿的上肢力量和身体协调性。

动作要领：侧身向投掷方向，双脚开立，投掷手臂向上向后引，经肩上挥臂投出。

验证分析：大班部分幼儿投出去的沙包不是经过肩上，而是从体侧把沙包投出，部分幼儿不会侧身向前投沙包，只会正面投。

（5）滚球击靶

体能目标：增强幼儿的手臂、手腕以及相关关节的力量，发展幼儿的目测能力和动作的准确性，以及对移动靶运动判断的准确性。

动作要领：站在靶对面的横线外，蹲下，双手扶球，看准静止或移动中的靶，推球。

验证分析：小班部分幼儿协调性较差，会出现手用力的方向与球滚出的方向有偏差，但是基本上都可以击中静止的标志物；中班幼儿能够在较远距离击中相对较小的标志物；大班部分幼儿可以击中移动速度较慢的标志物。

9. 发展幼儿钻的练习动作及方法

（1）钻过一定高度的障碍物

体能目标：发展幼儿钻的能力，锻炼大肌肉力量，促进幼儿手脚的协调性和空间感知能力。

动作要领：正面对着障碍物蹲下，低头、弯腰、屈腿、缩身，把身体压低至碰不到障碍物，同时手脚向前移动，身体完全钻过去后再站起来。

验证分析：小班部分幼儿需要先停下，再慢慢地钻过，不能根据障碍物高度的变化做出相应的改变；中班和大班幼儿基本能迅速地钻过不同高度的障碍物，可以根据不同的高度做出改变。

（2）钻过圆圈或拱门

体能目标：提高幼儿各种钻的能力、平衡能力和协调性。

动作要领：侧面对着拱门蹲下，伸腿、低头、弯腰、缩身，把身体压低至碰不到拱门，同时另一侧腿蹬地向侧移动，身体完全钻过去后再站起来。

验证分析：小班部分幼儿需要先停下，再慢慢地钻过，不能准确地判断圆圈或拱门的大小；中班和大班幼儿基本能在不碰到圆圈或拱门的情况下迅速钻过。

10. 发展幼儿爬的练习动作及方法

（1）手膝着地爬

体能目标：提高幼儿手膝爬的能力，发展幼儿力量、平衡能力和协调性。

动作要领：依靠跪撑、蹬腿、伸腿、异侧或同侧手臂后推力量推动身体前进，爬时仰头向前看。

验证分析：手膝着地爬是最先学会的一种爬行方式，幼儿在学会走之前都经过手膝着地爬这个阶段，这个动作对于幼儿来说是最简单的，但是部分幼儿爬行时手膝的协调性并不好，爬的速度比较慢。

（2）手脚爬

体能目标：发展幼儿手脚的协调性、上下肢力量和平衡能力。

动作要领：依靠蹬伸腿和异侧手臂后推力量推动身体前进，爬时抬头向前看。

验证分析：小班幼儿在进行手脚爬时会不自觉地屈膝，变成手膝爬，持续的时间不长，部分幼儿出现手脚不协调、身体不平衡的现象，前行速度很慢；中班和大班幼儿能较好地完成。

（3）匍匐爬

体能目标：发展幼儿手脚及全身协调性。

动作要领：躯体贴近地面，以手臂和腿的攀爬力量使身体整体前进；蹬伸腿时，膝部应边蹬边转，防止臂部隆起；爬时应抬头向前看，用鼻呼吸。

验证分析：大班部分幼儿全身协调性不好，主要依靠手臂或腿部的力量向前爬，而不是全身协调用力。

（4）障碍爬

体能目标：发展幼儿各种爬的能力，提高幼儿手脚的协调性、灵敏性、持久力以及空间感知能力。

动作要领：幼儿根据障碍物，自由选择爬的方式，穿过障碍物，以最快的速度爬向终点，爬时抬头向前看。

验证分析：障碍爬主要是培养幼儿在不同情况下的应变能力。小班幼儿要钻过低于正常爬行高度的障碍物时不能选择合适的方式，适合单一或者变化少的障碍爬，重在培养幼儿在各种障碍物影响下的爬行；中班和大班幼儿能在不同障碍物的影响下做出合适的动作完成练习。

11. 发展幼儿攀的练习动作及方法

攀墙（网）

体能目标：发展幼儿协调性和平衡能力，提高幼儿上肢和腰腹肌肉的力量。

动作要领：攀爬时身体自然放松，重心随攀爬动作转换移动，贴近攀爬架或攀爬墙；用手抓紧攀爬架或岩石凸起部分，手脚协调配合；攀爬时要提高安全意识。

验证分析：攀爬能很好地锻炼幼儿四肢的协调性和身体的平衡能力。攀爬是幼儿经常玩的一项活动，幼儿园里一些大型器材都带有一些练习攀爬的功能，部分幼儿园里还有攀爬墙、攀爬网等器材。小班幼儿可以完成固定的攀爬器材，以及一些稳定性比较好且比较低的攀爬网的练习；中班和大班幼儿可以在一些晃动的攀爬网、攀爬绳、攀爬杆上攀爬。攀爬时需要特别注意安全，器材下要有软垫或比较软的地面，尤其是攀爬网的空格距离不宜太大，网相对也要拉紧一些，以增加稳定性。

第三节 幼儿体育活动“三维动作”内容体系

一、发展幼儿平衡能力的体育活动内容

1. 发展3~4岁幼儿平衡能力的体育活动内容

（1）原地单脚跳

动作要求：练习时，幼儿在直径为1米的圆圈内单脚起跳，跳的过程中可以换脚或双脚落地。

场地器材：平坦空地或操场、直径为1米的圆圈。

注意事项：练习前做好充分的准备活动，场地要平整，无障碍物，以免幼儿摔倒而造成伤害。

（2）双脚前脚掌站立

动作要求：两手侧平举，双脚站在一条直线上，双脚脚跟离地，前脚掌撑地站立。

场地器材：柔软地面、秒表。

注意事项：练习前做好充分的准备活动，场地要平整、柔软，无障碍物。练习时旁边要有教师进行保护，以免幼儿摔倒受伤。

（3）双脚脚跟支撑站立

动作要求：两手侧平举，双脚脚跟站立在砖块、低台阶或木块上画的两个脚印上（脚印的大小和该年龄段幼儿脚的大小相符，为脚的一半），双脚前脚掌悬空于砖块或木块外。

场地器材：柔软地面、画有脚印的6厘米砖块、低台阶或木块、秒表。

注意事项：练习前做好充分的准备活动。练习时旁边要有教师进行保护，选取的砖块或木块大小要适宜，以免器材太小不稳定而影响成绩。

（4）单脚站立

动作要求：一脚站立，一脚屈膝抬起，身体正直，非支撑腿不能依靠支撑腿借力，两手侧平举。

场地器材：柔软地面、秒表。

注意事项：练习前做好充分的准备活动，场地要平整、柔软。练习时旁边要有教师进行保护，以免幼儿摔伤。

（5）前脚掌走

动作要求：脚跟尽量提起，直腰、挺胸，前脚掌着地向前走 3 米距离。

场地器材：3 米长跑道、秒表。

注意事项：练习前做好充分的准备活动，场地要平整，无障碍物。练习时旁边要有教师进行保护，以免幼儿失衡摔倒受伤。

（6）脚跟走

动作要求：双脚前脚掌离地，用脚后跟向前走 3 米距离。

场地器材：3 米长跑道、秒表。

注意事项：练习前做好充分的准备活动，场地要平整，无障碍物。练习时旁边要有教师进行保护，以免幼儿失衡摔倒受伤。

（7）后退走

动作要求：背对跑道自然站立在起点处，听到发令后沿着跑道快速后退走 5 米距离。练习过程中，幼儿眼可以看脚或向后看，但脚不能踩跑道两边的线，踩线则视为失败，需重新开始。

场地器材：5 米长跑道、秒表。

注意事项：练习前做好充分的准备活动，场地要平整，无障碍物或其他幼儿。练习时旁边要有教师进行保护，以免幼儿失衡摔倒或发生碰撞。

（8）平行线间走

动作要求：在平行线间走且双脚不能超出平行线，如果超出应返回超出的位置再继续往前走。

场地器材：宽 30 厘米、长 5 米的平行线，秒表。

注意事项：练习前做好充分的准备活动，场地要平整，无障碍物或其他幼儿。练习时旁边要有教师进行保护，以免幼儿失衡摔倒或发生碰撞。

（9）横向并步直线走

动作要求：侧向站在直线一端，一脚向侧跨出一步另一脚并上来，反复做此动作向直线另一端行走。幼儿双脚都不能离开这条直线，如有离开，应返回离开直线的位置再继续往前走。

场地器材：长 5 米的直线、秒表。

注意事项：练习前做好充分的准备活动，场地要平整，无障碍物或其他幼儿。练习时旁边要有教师进行保护，以免幼儿失衡摔倒或发生碰撞。

2. 发展 4～5 岁幼儿平衡能力的体育活动内容

（1）原地单脚转圈跳

动作要求：单脚在直径为 1 米的圆圈内转圈跳，在跳的过程中可以换脚，但不能用双脚起跳或双脚落地。

场地器材：平坦空地或操场、直径为 1 米的圆圈、秒表。

注意事项：练习前做好充分的准备活动，场地要平整，无障碍物。练习时旁边要有教师进行保护，以免幼儿摔倒受伤。

（2）双脚前脚掌站立

动作要求：两手自然放于身体两侧，双脚站在一条直线上，双脚脚后跟离地，前脚掌撑地站立，双脚脚后跟落地或任意一只脚离开原地为结束。

场地器材：柔软地面、秒表。

注意事项：练习前做好充分的准备活动，场地要平整，无障碍物。练习时旁边要有教师进行保护，以免幼儿摔倒受伤。

（3）双脚脚跟支撑站立

动作要求：两手上举，双脚脚后跟站立在砖块、低台阶或木块上画的两个脚印上（脚印的大小和该年龄段幼儿脚的大小相符，为脚的一半），双脚前脚掌悬空于砖块或木块外，闭上双眼。幼儿双脚从砖块或木块上落下或移出脚印为结束。

场地器材：柔软地面、画有脚印的 6 厘米砖块、低台阶或木块、秒表。

注意事项：练习前做好充分的准备活动。练习时旁边要有教师进行保护，选取的砖块或木块大小要适宜，以免器材不稳，造成幼儿摔倒受伤。

（4）闭眼单脚站立

动作要求：两手侧平举，闭上眼睛做单脚站立，非支撑腿不能依靠支撑腿借力，幼儿跳动或非支撑腿落下为结束。当幼儿闭上眼睛，一只脚提起即开始计时，幼儿跳动或保持不了平衡状态落下时停止计时，然后换另一只脚，记录持续站立的时间。最后两只脚的成绩相加，计算两次总成绩。分别测两次，取成绩最好的一次。

场地器材：平地、秒表。

注意事项：练习前做好充分的准备活动，场地要平整、柔软。练习时旁边要有教师进行保护，以免幼儿摔倒。

（5）前脚掌走

动作要求：脚跟尽量提起，直腰、挺胸，前脚掌着地往前走5米距离；练习过程中任意一脚脚跟落地则视为失败，需重新开始。

场地器材：5米长跑道、秒表。

注意事项：练习前做好充分的准备活动，场地要平整，无障碍物。练习时旁边要有教师保护，以免幼儿失衡摔倒受伤。

（6）脚跟走

动作要求：前脚掌离地，用脚跟向前走5米距离，练习过程中任意一脚前脚掌落地则视为失败，需重新开始。

场地器材：5米长跑道、秒表。

注意事项：练习前做好充分的准备活动，场地要平整，无障碍物。练习时旁边要有教师保护，以免幼儿失衡摔倒受伤。

（7）后退走

动作要求：背对直线自然站立在起点处，听到发令后沿着跑道上的分界线快速地后退交叉走，可以向后看或低头看脚。

场地器材：5米长跑道分界线、秒表。

注意事项：练习前做好充分的准备活动，场地要平整，无障碍物或其他幼儿。练习时旁边要有教师保护，以免幼儿失衡摔倒或发生碰撞。

（8）走平衡木

动作要求：双手侧平举于身体两侧，沿着平衡木的一端走到另一端，中途落下为失败，需重新开始。

场地器材：高25厘米、宽15厘米、长300厘米的平衡木，软垫，秒表。

注意事项：练习前做好充分的准备活动，平衡木下面要垫有软垫。练习时旁边要有教师保护，以免幼儿从平衡木上跌落摔伤。

（9）横向并步走平衡木

动作要求：双手侧平举于身体两侧，沿着平衡木的一端并步走到另一端，中途落下为失败，需重新开始。

场地器材：高 25 厘米、宽 15 厘米、长 300 厘米的平衡木，软垫，秒表。

注意事项：练习前做好充分的准备活动，平衡木下面要垫有软垫。练习时旁边要有教师保护，以免幼儿从平衡木上跌落摔伤。

3. 发展 5~6 岁幼儿平衡能力的体育活动内容

（1）单脚左右跳

动作要求：练习时，幼儿在一条直线上连续单脚向左、向右跳（在直线两侧 20 厘米处分别画一个长 15 厘米、宽 10 厘米的长方形）。在跳的过程中，幼儿可以换脚，但不能用双脚起跳或双脚落地。

场地器材：一条直线、秒表。

注意事项：练习前做好充分的准备活动，场地要平整，无障碍物。练习时旁边要有教师进行保护，以免幼儿摔倒受伤。

（2）闭眼双脚前脚掌站立

动作要求：两手上举，双脚站在一条直线上，闭眼后双脚脚跟离地，前脚掌撑地站立。双脚脚跟落地或任意一只脚离开原地为结束。

场地器材：柔软地面、秒表。

注意事项：练习前做好充分的准备活动，场地要平整，无障碍物。练习时旁边要有教师进行保护，以免幼儿摔倒受伤。

（3）闭眼双脚脚跟支撑站立

动作要求：两手上举，双脚脚跟站立在砖块、低台阶或木块上画的两个脚印上（脚印的大小和该年龄段幼儿脚的大小相符，为脚的一半），双脚前脚掌悬空于砖块或木块外，闭上双眼。双脚从砖块或木块上落下或移出脚印为结束。练习时要求幼儿赤脚。

场地器材：柔软地面，画有脚印的 6 厘米砖块、低台阶或木块，秒表。

注意事项：练习前做好充分的准备活动。练习时旁边要有教师进行保护，选取的砖块或木块要足够大，以免器材不稳造成幼儿摔倒受伤。

（4）单脚站物

动作要求：在物体上做单脚站立，非支撑腿不能依靠支撑腿借力，跳动或非支撑脚落下为结束。

场地器材：边长为 4.5 厘米的立方体、秒表。

注意事项：练习前做好充分的准备活动，场地要平整、柔软。练习时旁边要有教师进行保护，以免幼儿摔伤。

（5）前脚掌走

动作要求：脚跟尽量提起，直腰、挺胸，前脚掌着地往前走 10 米距离；练习过程中任意一只脚脚跟落地则视为失败，需重新开始。

场地器材：10 米长跑道、秒表。

注意事项：练习前做好充分的准备活动，场地要平整，无障碍物。练习时旁边要有教师进行保护，以免幼儿失衡摔倒受伤。

（6）脚跟走

动作要求：前脚掌离地，用脚跟向前走 10 米距离；练习过程中任意一只脚前脚掌落地则视为失败，需重新开始。

场地器材：10 米长跑道、秒表。

注意事项：练习前做好充分的准备活动，场地要平整，无障碍物。练习时旁边要有教师进行保护，以免幼儿失衡摔倒受伤。

（7）后退走

动作要求：背对直线自然站立在起点处，听到发令后沿着直线快速后退走 10 米距离。练习过程中，可以看脚或向后看，但脚不能踩跑道两边的线，踩线则视为失败，需重新开始。

场地器材：10 米长直线、秒表。

注意事项：练习前做好充分的准备活动，场地要平整，无障碍物或其他幼儿。练习时旁边要有教师进行保护，以免幼儿失衡摔倒或发生碰撞。

（8）走平衡木

动作要求：双手侧平举于身体两侧，沿着平衡木的一端走到另一端，中途落下为失败，需重新开始。

场地器材：高 30 厘米、宽 10 厘米、长 300 厘米的平衡木，软垫，秒表。

注意事项：练习前做好充分的准备活动，平衡木下面要垫有软垫。练习时旁边要有教师保护，以免幼儿从平衡木上跌落摔伤。

（9）横向并步走平衡木

动作要求：双手侧平举于身体两侧，沿着平衡木的一端并步走到另一端，中途落下为失败，需重新开始。

场地器材：高 30 厘米、宽 10 厘米、长 300 厘米的平衡木，软垫，秒表。

注意事项：练习前做好充分的准备活动，平衡木下面要垫有软垫。练习时旁边要有教师保护，以免幼儿从平衡木上跌落摔伤。

（10）后退走平衡木

动作要求：双手侧平举于身体两侧，沿着平衡木的一端后退交叉走到另一端，中途落下或没按要求交叉步走为失败，需重新开始。

场地器材：高 25 厘米、宽 15 厘米、长 300 厘米的平衡木，软垫，秒表。

注意事项：练习前做好充分的准备活动，平衡木下面要垫有软垫。练习时旁边要有教师保护，以免幼儿从平衡木上跌落摔伤。

（11）平行线间跑

动作要求：从平行线的起点快速跑到终点，在跑的过程中双脚不能踩到两边的线。

场地器材：宽 20 厘米、长 10 米的道跑，秒表。

注意事项：练习前做好充分的准备活动，场地要平整，以免幼儿失衡摔倒或发生碰撞。

二、发展幼儿灵敏与协调能力的体育活动内容

（1）绕障碍跑

动作要求：从起点线出发，以最快的速度绕过每个障碍物，不可踩线，越过终点线才算完成。

场地器材：在一条长 10 米的直线上设置 4 个障碍物（可用雪糕筒等代替），每个障碍物间隔 2 米，秒表 1 块，卷尺 1 把。

适合对象：3～6 岁。

注意事项：注意场地的安全性，不能有石块、凸起、凹陷；测试前做好

热身准备活动。

（2）折返跑

动作要求：从起点线出发，不可踩线，到达终点线时用手摸线，然后迅速返回到起点线处，用手摸线，重复一次。

场地器材：在一条长 5 米的直线两端分别设置起点线和终点线，秒表 1 块，卷尺 1 把。

适合对象：3～6 岁。

注意事项：注意场地的安全性，不能有石块、凸起、凹陷；测试前做好热身准备活动。

（3）变向跑

动作要求：从第一个标志物处出发，沿着“Z”线跑到每一个点，并且一只脚要踩到标志物上，依次踩完每一个标志物才算完成。

场地器材：标志物 5 个，卷尺 1 把，秒表 1 块。

适合对象：4～6 岁。

注意事项：注意场地的安全性，不能有石块、凸起、凹陷；测试前做好热身准备活动。

（4）钻过拱形门

动作要求：从起点线出发后，须钻过每一个拱形门，不可踩线，越过终点线才算完成。

场地器材：在一条长 10 米的直线上设置 4 个拱形门，每个拱形门间隔 2 米，拱形门的尺寸为 48 厘米（中间宽度）×52 厘米（底部宽度）×63 厘米（最高点与地面距离），秒表 1 块，卷尺 1 把。

适合对象：3～6 岁。

注意事项：身体不要左右摇晃，避免摔倒，身体重心不能过于靠后。

（5）重复钻圈

动作要求：从起点处出发，不可踩线，从距离起点 1 米的呼啦圈中穿过去，然后从没有教师站立的一侧绕回，再钻过呼啦圈，共钻圈 5 次后返回起点处。

场地器材：直径为 65 厘米的呼啦圈 1 个，秒表 1 块，卷尺 1 把。

适合对象：3～6岁。

注意事项：大声喊出钻圈的次数，提示幼儿身体不要左右摇晃，以免摔倒。

（6）钻爬

动作要求：从起点线出发，不可踩线，出发后需要钻过每一个拱形门，手膝着地爬过每一个垫子，身体爬过终点线才算完成。

场地器材：在一条长10米的直线上设置2个垂直高度为60厘米（可以使用“钻过拱形门”动作的拱形门）的拱形门，2块长1.5米、宽1米的垫子与拱形门交叉放置，起点到第一个拱形门的距离为2米，第一个拱形门到第一个垫子的距离为1米，最后一个垫子到终点线的距离为2米。秒表1块，垫子2块，卷尺1把。

适合对象：3～6岁。

注意事项：钻爬时，提醒幼儿眼睛要看前方，避免碰撞。

（7）手膝（脚）爬

①手膝着地爬

动作要求：从垫子外沿站立，听到口令后出发，需要手膝着地向前爬行，到达终点后到垫子外沿站立才算完成。

场地器材：长6米、宽1米的垫子若干，秒表1块，卷尺1把。

适合对象：3～4岁。

注意事项：提醒幼儿眼睛要看前方。

②同侧手脚爬

动作要求：从垫子外沿站立，听到“预备，跑”的口令后出发，需要同侧手脚同时向前爬行，到达垫子另一端外才算完成。

场地器材：长10米、宽1米的垫子，秒表1块，卷尺1把。

适合对象：4～5岁。

注意事项：提醒幼儿眼睛要看前方。

③同侧手脚屈膝走

动作要求：从垫子外沿站立，听到“预备，跑”的口令后出发，需要同侧手脚同时向前走，到达终点线才算完成。

场地器材：长 10 米、宽 80 厘米的跑道，秒表 1 块。

适合对象：5～6 岁。

注意事项：提醒幼儿眼睛要看前方。

（8）跳房子

动作要求：站在线后面，听到口令后开始跳，遇到一个格子时并脚跳，遇到两个格子时分腿跳，跳完最后一个格子并跳出线外才算完成。

场地器材：在场地上用胶带贴出一个边长为 50 厘米的正方形格子，3 个格子贴成一个“品”字，共贴出 3 个“品”字。彩色黏性胶带，秒表 1 个，卷尺 1 把。

适合对象：3～6 岁。

注意事项：注意测试场地的安全性，不能有石块、凸起、凹陷，测试前做好准备活动。

（9）原地双脚开合跳

动作要求：双脚的开跳和并拢都是同时进行。

场地器材：彩色黏性胶带，秒表，用胶带贴出两条间隔 25 厘米的平行线。

适合对象：3～4 岁（20 厘米）、4～6 岁（25 厘米）。

注意事项：注意测试场地的安全性，不能有石块、凸起、凹陷，测试前做好热身准备活动。

（10）双脚连续向前跳

动作要求：双脚并拢，同时起跳和落地，跳到每一个格子里，双臂自然摆动。

场地器材：彩色黏性胶带，秒表，用胶带贴出两条间隔 50 厘米的平行线。

适合对象：4～6 岁。

注意事项：注意测试场地的安全性，不能有石块、凸起、凹陷，测试前做好热身准备活动。

（11）反复跳过障碍物

动作要求：站在中间有障碍物的木板上，正面双脚跳过障碍物，采用双脚跳（两脚同时起跳和落地），然后转身，再做正面的双脚跳。

场地器材：长60厘米、宽20厘米、高5厘米的软障碍物，木板，秒表。

适合对象：4～6岁。

注意事项：注意测试场地的安全性，不能有石块、凸起、凹陷，测试前做好热身准备活动。

（12）反复横跨

动作要求：近线的一脚先跨起，另一脚蹬地，跨起脚先落地，蹬地脚后落地，两脚落地后才能跳下一次。

场地器材：彩色黏性胶带，秒表，在平坦的地面上用胶带贴出两条相隔20厘米、长100厘米的平衡线。

适合对象：4～6岁。

注意事项：注意测试场地的安全性，不能有石块、凸起、凹陷，测试前做好热身准备活动。

三、发展幼儿力量与持久力的体育活动内容

（1）单手肩上投沙包

动作要求：自然站立于投掷起点，单手持沙包，手臂弯屈在肩上；另一手臂伸直，指向投掷区方向；沙包出手后手臂伸直。投掷过程中，不能踩线或越线。

场地器材：150克沙包和卷尺1把。在平坦的地面上画一个长20米、宽6米的长方形，以一端线为投掷线。

适合对象：3～6岁。

注意事项：测试前做好准备活动，测试教师先做正确的动作示范；测试时严禁其他幼儿进入投掷区，避免出现伤害事故；测试后统一捡沙包。

（2）双手投垒球

动作要求：自然站立于投掷线前，双手持球于体前，将球引至头顶时，两手用力将球向远处投出。

场地器材：垒球若干和卷尺1把。在平坦的地面上画一个长20米、宽

6 米的长方形，以一端线为投掷线。

适合对象：3～6 岁。

注意事项：测试前做好准备活动；测试时严禁其他幼儿进入投掷区，避免出现伤害事故；测试后统一捡球。

（3）俯撑

动作要求：双手和双脚支撑身体成俯撑状，身体其他部位不能触地，身体呈一条直线。

场地器材：空地 1 块，软垫若干块，秒表 1 块。

适合对象：3～6 岁。

注意事项：做好准备活动再测试，测试过程中要求幼儿不能闭气用力。

（4）仰撑

动作要求：平坐，双手置于身后，双手距离与肩稍宽，以手和脚为支撑，双手手指指向双脚方向，双腿伸直，挺髋，使身体、上肢与地面呈三角形。

场地器材：软垫，秒表。

适合对象：3～6 岁。

注意事项：做好准备活动再测试，胳膊伸直，测试过程中要求幼儿不能闭气用力。

（5）仰卧举腿

动作要求：仰卧在垫子上，双腿伸直，双臂伸直放在体侧，掌心朝下，收腹举腿，腹部卷起到最高点，然后缓慢将双腿放回到平躺姿势。

场地器材：软垫，秒表。

适合对象：3～6 岁。

注意事项：做好准备活动再测试，提醒幼儿要尽量将腿伸到与地面垂直，测试过程中要求不能闭气用力。

（6）快跑

动作要求：站立式起跑，头部与躯干保持正直，躯干放松，抬头，眼睛正视前方，手臂自然下垂，前后摆臂。

场地器材：15 米软跑道，秒表。

适合对象：3～4 岁（15 米）、4～5 岁（20 米）、5～6 岁（25 米）。

注意事项：提醒幼儿前后屈肘摆臂，不要直臂摆臂或左右摆臂。

（7）走与跑

① 50 米走

动作要求：抬头挺胸，直视前方，双臂自然下垂，手臂弯屈，前后自然摆动，双臂紧贴身体两侧，小步快速地自然行走。

场地器材：50 米软跑道，秒表。

适合对象：3～4 岁。

注意事项：手臂不要左右摆动，保持匀速呼吸，步频均匀。

② 50 米走跑交替

动作要求：抬头挺胸，直视前方，肩膀打开，双臂自然下垂，屈臂约 90°，前后自然摆动，双臂紧贴身体两侧，收腹，臀部自然松弛，小步快速地自然行走，走 25 米后，以最快的速度跑向终点。

场地器材：50 米软跑道，秒表。

适合对象：4～5 岁。

注意事项：先走后跑。

③ 100 米跑

动作要求：站立式起跑，以最快的速度跑向终点。

场地器材：100 米软跑道，秒表。

适合对象：5～6 岁。

注意事项：提醒幼儿手臂摆动的幅度，保持匀速呼吸。

（8）立定跳远

动作要求：做准备动作时双臂向后弯屈，同时双腿屈膝，两臂向前上方充分伸展，双脚同时起跳和落地。

场地器材：卷尺；在平坦的地面上画一个长 2 米、宽 1 米的长方形，以一侧端线为起跳线。

适合对象：3～6 岁。

注意事项：起跳时不能踩线，不能有垫跳动作；提醒幼儿落地缓冲，以免受伤。

（9）原地单脚跳

动作要求：单脚站立，抬起的脚贴近支撑腿，保持身体平衡；起跳时，前脚掌蹬地跳起；落地时，支撑脚落地，紧接着跳下一个。

场地器材：平坦的空地，秒表。

适合对象：3～4岁（10秒）、4～6岁（20秒）。

注意事项：教师先做示范动作；两次测试要有间隔，使幼儿有短暂的休息时间；跳的过程中，提醒幼儿向高处跳，非支撑脚不能落地。

（10）单脚连续向前跳

动作要求：自然站立于起跳线前，听到“开始”的口令后，抬起非支撑腿，支撑腿屈膝，向正前方跳，仅支撑脚落地，落地后接着跳下一个。

场地器材：平坦的空地，卷尺，胶带，秒表。

适合对象：3～4岁（2米）、4～5岁（5米）、5～6岁（8米）。

注意事项：提醒幼儿单脚起跳单脚落地，始终是一只脚支撑，落地与起跳紧密衔接。

（11）上下台阶

动作要求：一只脚踏上台阶，然后另外一只脚再踏上去，即上台阶；一只脚先下到地面，然后另外一只脚再下来，即下台阶；一个上台阶和一个下台阶称为“一次上下台阶”。

场地器材：高30厘米的台阶，秒表。

适合对象：5～6岁。

注意事项：上下台阶时手臂协调摆动。

（12）连跳

动作要求：两脚稍分开，自然站立于起跳线后，上体稍前倾；起跳时两臂自然向前挥起，两脚用力蹬地，迅速地向前跳出；落地时全脚掌着地，身体自然下蹲，同时微微向前倾，双臂自然后摆，保持平衡，然后重复以上动作继续向前跳。

场地器材：平坦的空地，卷尺，标志物若干，胶带。

适合对象：4～5岁（三连跳）、5～6岁（五连跳）。

注意事项：提醒幼儿双脚落地时不能移动，落地与起跳紧密衔接。

（13）蹲走

动作要求：抬头挺胸，直视前方；两腿开立，与肩稍宽，深蹲；双臂自然下垂或抱着两小腿，两腿交替向前行走。

场地器材：5米软跑道，秒表。

适合对象：4~5岁（5米）、5~6岁（8米）。

注意事项：做好准备活动，以免脚踝受伤。

（14）悬垂

动作要求：双手正握单杠（双手距离与肩同宽），两臂伸直成悬垂状。

场地器材：空旷的场地，杆绕海绵的可升降单杠，软垫，秒表。

适合对象：5~6岁。

注意事项：单杠下方放置软垫，测试过程中要求幼儿不能闭气用力。

四、幼儿体育活动“三维动作”内容体系评价表

1. 发展幼儿平衡能力评价表

表 5-1　小班平衡能力评价表（男）

10 秒原地单脚跳 / 次	双脚前脚掌站立 / 秒	双脚脚跟支撑站立 / 秒	单脚站立 / 秒	3 米前脚掌走 / 秒	3 米脚跟走 / 秒	5 米后退走 / 秒	5 米平行线间走 / 秒	5 米并步走直线 / 秒	百分位数	四级分制
32	54.25	88.79	45.02	2.50	2.97	3.96	2.01	3.78	99	优秀
31	54.05	70.85	43.32	2.62	3.20	4.20	2.24	3.87	98	
	53.24	64.94	42.08	2.70	3.23	4.28	2.35	4.02	97	
	50.32	61.45	41.30	2.71	3.24	4.47	2.64	4.10	96	
30	48.99	60.03	40.92	2.73	3.27	4.65	2.74	4.22	95	
	48.45	59.94	40.27	2.76	3.29	4.77	2.88	4.30	94	
	48.31	59.59	39.62	2.79	3.39	4.81	3.01	4.32	93	
	46.02	57.42	37.96	2.83	3.41	4.92	3.13	4.45	92	
	43.65	56.33	37.01	2.89	3.48	4.98	3.21	4.48	91	
	43.21	56.17	36.17	2.93	3.56	5.08	3.27	4.50	90	
	43.01	55.21	35.21	2.99	3.61	5.23	3.32	4.54	89	良好
	42.73	54.63	34.56	3.01	3.74	5.37	3.45	4.57	88	
29	42.05	54.15	33.67	3.03	3.81	5.44	3.54	4.59	87	
	41.74	54.10	32.87	3.05	3.88	5.63	3.60	4.64	86	
	41.23	51.84	32.07	3.07	3.90	5.81	3.63	4.73	85	
	39.90	49.99	31.96	3.10	3.92	5.89	3.65	4.81	84	
	39.32	48.88	31.23	3.12	3.97	5.97	3.69	4.91	83	
	38.51	48.50	30.83	3.13	4.02	6.03	3.70	5.02	82	
	37.82	47.34	29.60	3.21	4.09	6.11	3.71	5.09	81	

（续表）

10 秒原地单脚跳 / 次	双脚前脚掌站立 / 秒	双脚脚跟支撑站立 / 秒	单脚站立 / 秒	3 米前脚掌走 / 秒	3 米脚跟走 / 秒	5 米后退走 / 秒	5 米平行线间走 / 秒	5 米并步走直线 / 秒	百分位数	四级分制
	36.68	46.00	29.33	3.25	4.10	6.18	3.76	5.13	80	良好
	36.30	44.70	29.00	3.30	4.12	6.21	3.80	5.19	79	
28	35.77	43.73	28.96	3.33	4.13	6.28	3.81	5.29	78	
	35.31	43.62	28.23	3.38	4.17	6.46	3.83	5.31	77	
	34.58	43.60	28.05	3.46	4.19	6.50	3.85	5.33	76	
	33.46	42.60	27.94	3.52	4.20	6.57	3.89	5.35	75	
	32.40	40.76	27.16	3.54	4.21	6.67	3.91	5.37	74	及格
	31.69	39.80	27.00	3.57	4.24	6.75	3.93	5.38	73	
	30.84	37.98	26.80	3.66	4.27	6.92	3.99	5.40	72	
	30.12	36.75	26.19	3.69	4.28	7.01	4.01	5.48	71	
	30.00	35.51	25.67	3.70	4.29	7.11	4.05	5.64	70	
	29.20	35.19	25.31	3.73	4.30	7.18	4.08	5.74	69	
	28.28	35.11	24.67	3.76	4.32	7.21	4.10	5.85	68	
	27.19	34.18	24.19	3.79	4.33	7.26	4.12	5.89	67	
27	26.65	33.08	23.87	3.80	4.37	7.41	4.17	5.93	66	
	26.15	32.63	23.34	3.82	4.38	7.49	4.19	6.03	65	
	25.07	31.97	22.65	3.87	4.40	7.55	4.21	6.11	64	
	24.46	31.54	22.28	3.89	4.42	7.59	4.24	6.21	63	
	24.14	31.45	22.02	3.90	4.45	7.66	4.30	6.28	62	
	23.68	31.23	21.90	3.94	4.47	7.79	4.32	6.33	61	
	23.45	30.92	21.63	3.96	4.50	7.85	4.34	6.46	60	

表 5-2　小班平衡能力评价表（女）

10 秒原地单脚跳 / 次	双脚前脚掌站立 / 秒	双脚脚跟支撑站立 / 秒	单脚站立 / 秒	3 米前脚掌走 / 秒	3 米脚跟走 / 秒	5 米后退走 / 秒	5 米平行线间走 / 秒	5 米并步走直线 / 秒	百分位数	四级分制
34	52.53	47.56	38.84	2.00	1.94	3.91	2.23	3.28	99	优秀
33	48.90	46.53	34.91	2.12	2.29	4.19	2.37	3.41	98	
32	45.56	43.70	32.86	2.20	2.78	4.28	2.57	3.64	97	
	43.36	41.05	31.89	2.25	2.99	4.48	2.77	3.82	96	
	42.78	40.30	31.04	2.38	3.17	4.58	2.91	3.98	95	
	39.45	39.29	30.54	2.53	3.22	4.78	3.04	4.06	94	
	37.93	37.87	30.19	2.65	3.27	4.91	3.14	4.10	93	
31	36.27	37.39	29.41	2.72	3.30	5.08	3.20	4.14	92	
	35.58	36.59	28.31	2.79	3.37	5.20	3.23	4.18	91	
	35.18	35.96	25.96	2.88	3.40	5.30	3.34	4.25	90	
	34.53	35.41	25.53	2.90	3.42	5.40	3.41	4.32	89	良好
	33.36	34.61	25.08	2.91	3.50	5.49	3.43	4.49	88	
	32.70	34.23	24.74	2.94	3.56	5.60	3.53	4.57	87	
30	32.08	32.72	24.18	3.02	3.58	5.71	3.59	4.62	86	
	31.40	32.29	23.58	3.05	3.61	5.79	3.63	4.68	85	
	31.11	31.42	23.05	3.08	3.69	5.84	3.70	4.71	84	
	30.56	30.92	22.73	3.11	3.71	5.95	3.77	4.75	83	
	30.10	30.57	22.27	3.13	3.73	6.06	3.82	4.81	82	
	29.28	30.10	21.98	3.14	3.80	6.18	3.88	5.01	81	
	29.06	29.55	21.51	3.15	3.81	6.21	3.90	5.17	80	

（续表）

10 秒原地单脚跳 / 次	双脚前脚掌站立 / 秒	双脚脚跟支撑站立 / 秒	单脚站立 / 秒	3 米前脚掌走 / 秒	3 米脚跟走 / 秒	5 米后退走 / 秒	5 米平行线间走 / 秒	5 米并步走直线 / 秒	百分位数	四级分制
	28.92	29.07	21.04	3.18	3.85	6.28	3.92	5.26	79	良好
29	28.47	28.49	20.98	3.21	3.87	6.36	3.98	5.30	78	
	28.22	28.21	20.71	3.24	3.90	6.41	4.01	5.35	77	
	27.70	27.93	20.31	3.26	3.91	6.48	4.05	5.46	76	
	26.91	27.07	20.12	3.29	3.95	6.53	4.06	5.48	75	
	26.30	26.67	20.02	3.31	3.96	6.61	4.08	5.50	74	及格
	25.95	25.56	19.93	3.38	3.98	6.64	4.10	5.57	73	
	25.32	24.59	19.74	3.40	4.02	6.71	4.11	5.67	72	
28	25.08	23.89	19.43	3.41	4.09	6.80	4.12	5.86	71	
	24.30	23.54	19.22	3.47	4.11	6.81	4.15	5.89	70	
	24.09	23.46	19.15	3.49	4.14	6.86	4.17	6.03	69	
	23.74	22.84	19.00	3.51	4.18	6.89	4.19	6.17	68	
	23.39	22.60	18.79	3.53	4.19	6.93	4.21	6.36	67	
	23.04	21.77	18.49	3.54	4.20	7.02	4.25	6.46	66	
	22.53	21.42	18.10	3.56	4.22	7.12	4.30	6.49	65	
	22.32	20.73	17.97	3.60	4.27	7.18	4.31	6.58	64	
27	22.05	20.24	17.90	3.65	4.29	7.29	4.34	6.69	63	
	21.98	20.08	17.53	3.69	4.30	7.31	4.36	6.83	62	
	21.93	19.90	17.05	3.72	4.34	7.35	4.40	6.92	61	
	21.77	19.42	16.95	3.79	4.37	7.44	4.45	7.02	60	

表 5–3 中班平衡能力评价表（男）

10 秒原地单脚跳 / 次	双脚前脚掌站立 / 秒	双脚脚跟支撑站立 / 秒	闭眼单脚站立 / 秒	5 米前脚掌走 / 秒	5 米脚跟走 / 秒	5 米后退走 / 秒	3 米走平衡木 / 秒	3 米横向并步走平衡木 / 秒	百分位数	四级分制
36	57.96	60.80	33.21	2.89	3.18	3.09	2.12	3.98	99	优秀
34	57.09	60.15	32.48	3.06	3.60	3.77	2.29	4.17	98	
33	55.28	59.05	30.33	3.12	3.88	3.99	2.38	4.34	97	
	54.44	58.24	30.11	3.24	4.01	4.02	2.44	4.53	96	
32	54.15	55.71	29.51	3.40	4.05	4.07	2.49	4.65	95	
	53.35	54.94	28.45	3.49	4.08	4.16	2.50	4.69	94	
	52.86	53.57	28.06	3.58	4.19	4.40	2.52	4.74	93	
31	51.88	52.03	27.62	3.64	4.29	4.52	2.53	4.86	92	
	50.75	51.59	27.07	3.71	4.38	4.63	2.54	4.97	91	
	49.16	51.28	26.31	3.86	4.57	4.83	2.56	5.01	90	
	47.84	50.24	25.16	3.93	4.62	4.93	2.60	5.07	89	良好
	46.34	49.20	24.76	3.98	4.72	5.03	2.67	5.10	88	
	44.88	48.40	24.55	4.01	4.80	5.08	2.71	5.11	87	
	44.06	47.98	23.98	4.06	4.86	5.12	2.75	5.18	86	
30	44.03	47.46	23.19	4.10	4.90	5.15	2.79	5.23	85	
	43.03	47.33	22.88	4.12	4.94	5.28	2.88	5.29	84	
	42.05	46.93	22.71	4.16	4.96	5.47	2.91	5.38	83	
	40.84	45.31	22.20	4.20	5.03	5.53	2.94	5.45	82	
	40.33	44.31	21.53	4.22	5.09	5.63	2.97	5.68	81	
	39.98	43.42	21.33	4.27	5.11	5.82	2.98	5.72	80	

（续表）

10 秒原地单脚跳 / 次	双脚前脚掌站立 / 秒	双脚脚跟支撑站立 / 秒	闭眼单脚站立 / 秒	5 米前脚掌走 / 秒	5 米脚跟走 / 秒	5 米后退走 / 秒	3 米走平衡木 / 秒	3 米横向并步走平衡木 / 秒	百分位数	四级分制
	38.77	41.52	21.13	4.39	5.16	5.91	2.99	5.80	79	良好
	37.81	40.05	20.42	4.42	5.27	6.12	3.00	5.81	78	
29	36.88	38.87	20.00	4.45	5.30	6.19		5.84	77	
	36.70	37.93	19.74	4.46	5.31	6.23	3.01	5.89	76	
	36.44	37.07	19.36	4.48	5.40	6.37		5.90	75	
	35.93	37.00	19.08	4.50	5.43	6.46	3.06	5.92	74	及格
	35.48	36.15	18.93	4.51	5.46	6.54	3.09	5.96	73	
	35.16	35.70	18.31	4.52	5.50	6.58	3.10	5.99	72	
	34.76	35.15	17.98	4.58	5.54	6.69		6.05	71	
	34.05	33.54	17.35	4.60	5.57	6.83	3.11	6.15	70	
	33.49	32.94	17.00	4.66	5.59	6.90	3.13	6.19	69	
28	32.97	32.28	16.90	4.71	5.60	6.95	3.15	6.20	68	
	32.03	32.04	16.89	4.78	5.61	7.11	3.16	6.28	67	
	31.34	31.17	16.82	4.80	5.63	7.29	3.18	6.36	66	
	30.62	30.76	16.59	4.87	5.68	7.32	3.20	6.42	65	
	30.22	30.03	16.42	4.90	5.71	7.35	3.21	6.49	64	
	30.01	30.01	16.18	4.92	5.77	7.51	3.23	6.50	63	
	29.60	29.96	16.10	4.97	5.82	7.58	3.28	6.55	62	
	29.05	29.66	15.99	5.01	5.86	7.61	3.30	6.68	61	
	28.33	29.02	15.91	5.09	5.90	7.70	3.34	6.73	60	

表 5–4　中班平衡能力评价表（女）

10 秒原地单脚跳 / 次	双脚前脚掌站立 / 秒	双脚脚跟支撑站立 / 秒	闭眼单脚站立 / 秒	5 米前脚掌走 / 秒	5 米脚跟走 / 秒	5 米后退走 / 秒	3 米走平衡木 / 秒	3 米横向并步走平衡木 / 秒	百分位数	四级分制
36	61.09	63.55	31.09	3.03	3.25	4.10	2.04	4.36	99	优秀
35	60.82	62.01	30.10	3.16	3.92	4.29	2.11	4.81	98	
34	60.11	60.12	28.65	3.33	3.98	4.34	2.39	4.90	97	
33	59.72	58.63	28.33	3.41	4.01	4.53	2.59	5.10	96	
	59.17	57.32	27.64	3.48	4.05	4.77	2.69	5.19	95	
32	58.35	54.54	26.51	3.54	4.07	5.05	2.70	5.23	94	
	57.92	52.95	25.89	3.59	4.11	5.09	2.71	5.25	93	
	57.61	52.62	25.56	3.65	4.20	5.21	2.72	5.27	92	
	57.38	52.56	25.16	3.71	4.28	5.31	2.73	5.28	91	
31	56.72	51.49	24.95	3.81	4.48	5.70	2.78	5.29	90	
	54.80	50.34	24.07	3.92	4.51	5.86	2.86	5.37	89	良好
	54.11	49.10	23.44	3.98	4.57	5.94	2.90	5.39	88	
	52.77	49.03	23.13	4.01	4.69	6.17	2.93	5.42	87	
	52.14	48.60	22.79	4.06	4.78	6.20	2.99	5.64	86	
	51.39	47.21	21.63	4.08	4.89	6.30	3.00	5.74	85	
30	50.52	45.86	20.84	4.09	4.90	6.33	3.01	5.80	84	
	50.22	43.77	20.14	4.10	4.94	6.35	3.08	5.93	83	
	50.06	42.47	19.96	4.12	5.00	6.38	3.12	6.02	82	
	48.74	41.38	19.56	4.13	5.02	6.42	3.15	6.14	81	
	48.53	40.41	19.27	4.22	5.05	6.47	3.16	6.18	80	

（续表）

10 秒原地单脚跳 / 次	双脚前脚掌站立 / 秒	双脚脚跟支撑站立 / 秒	闭眼单脚站立 / 秒	5 米前脚掌走 / 秒	5 米脚跟走 / 秒	5 米后退走 / 秒	3 米走平衡木 / 秒	3 米横向并步走平衡木 / 秒	百分位数	四级分制
	48.28	38.84	19.03	4.29	5.07	6.59	3.20	6.21	79	良好
	46.82	37.68	18.65	4.31	5.09	6.62	3.27	6.34	78	
	45.68	37.15	17.88	4.32	5.10	6.67	3.28	6.36	77	
29	45.09	36.10	17.38	4.35	5.14	6.70	3.29	6.39	76	
	44.33	35.27	17.14	4.44	5.19	6.77	3.30	6.44	75	
	42.92	34.81	16.85	4.47	5.24	6.88	3.32	6.51	74	及格
	41.91	34.62	16.60	4.51	5.30	6.96	3.35	6.67	73	
	41.29	34.54	16.38	4.57	5.33	7.04	3.46	6.69	72	
	40.52	33.39	15.97	4.60	5.40	7.20	3.49	6.72	71	
	40.07	32.82	15.69	4.65	5.49	7.27	3.51	6.78	70	
	39.59	31.33	15.59	4.69	5.57	7.34	3.52	6.87	69	
28	38.59	30.23	15.25	4.71	5.60	7.49	3.56	6.97	68	
	38.41	30.15	15.22	4.72	5.61	7.56	3.60	7.01	67	
	38.12	30.06	15.21	4.75	5.62	7.60	3.62	7.07	66	
	37.96	29.98	15.16	4.80	5.63	7.80	3.65	7.11	65	
	37.63	29.91	15.06	4.82	5.64	7.84	3.69	7.16	64	
	37.15	29.75	14.70	4.89	5.66	7.86	3.71	7.18	63	
	36.77	29.12	14.50	4.91	5.68	7.92	3.79	7.21	62	
	36.27	28.66	14.22	4.94	5.69	8.00	3.80	7.25	61	
	35.18	27.12	14.09	4.96	5.72	8.08	3.82	7.30	60	

表 5–5　大班平衡能力评价表（男）

单脚向左向右跳 / 次	闭眼单脚站立 / 秒	闭眼双脚脚跟支撑站立 / 秒	单脚站物 / 秒	10 米前脚掌走 / 秒	10 米脚跟走 / 秒	10 米后退走 / 秒	3 米走平衡木 / 秒	3 米并步走平衡木 / 秒	3 米后退走平衡木 / 秒	百分位数	四级分制
29	60.42	69.96	96.45	2.94	3.45	3.29	1.72	3.28	4.24	99	优秀
28	60.11	68.52	94.59	3.01	3.88	3.57	1.93	3.47	4.45	98	
26	59.81	65.50	93.35	3.20	4.14	3.83	2.02	3.56	5.54	97	
25	59.37	64.99	89.53	3.30	4.38	3.90	2.10	3.72	5.97	96	
	58.49	64.63	87.10	3.45	4.57	4.07	2.16	3.83	6.12	95	
24	58.43	64.14	83.39	3.66	4.82	4.18	2.19	3.89	6.29	94	
	58.11	62.41	83.20	3.95	5.12	4.51	2.21	4.06	6.46	93	
23	56.75	61.29	79.69	4.20	5.57	5.10	2.27	4.16	6.49	92	
	55.24	60.00	78.56	4.30	5.91	5.60	2.30	4.23	6.82	91	
	53.21	59.92	78.45	4.59	6.33	5.72	2.37	4.31	7.16	90	
22	52.36	59.59	78.25	4.72	6.81	5.98	2.39	4.43	7.42	89	良好
	51.81	58.85	76.89	4.89	7.01	6.11	2.45	4.53	7.49	88	
	50.93	56.64	72.40	5.05	7.11	6.30	2.49	4.60	7.67	87	
	50.44	55.31	71.23	5.30	7.36	6.44	2.58	4.70	7.89	86	
21	50.05	55.04	70.84	5.55	7.58	6.62	2.60	4.78	8.10	85	
	49.46	53.90	69.86	5.78	7.71	6.75	2.65	4.87	8.18	84	
	48.33	52.44	68.39	5.91	7.85	6.81	2.69	4.96	8.37	83	
	47.71	51.86	67.59	6.01	7.94	6.94	2.72	5.09	8.65	82	
	47.38	51.81	67.56	6.12	8.16	7.02	2.78	5.30	8.75	81	
20	46.55	50.33	65.77	6.29	8.20	7.12	2.80	5.34	8.93	80	

（续表）

单脚向左向右跳 / 次	闭眼单脚站立 / 秒	闭眼双脚脚跟支撑站立 / 秒	单脚站物 / 秒	10 米前脚掌走 / 秒	10 米脚跟走 / 秒	10 米后退走 / 秒	3 米走平衡木 / 秒	3 米并步走平衡木 / 秒	3 米后退走平衡木 / 秒	百分位数	四级分制
	46.31	50.13	62.09	6.39	8.30	7.28	2.86	5.44	9.05	79	良好
	45.47	49.95	60.40	6.50	8.40	7.44	2.90	5.50	9.18	78	
	44.98	48.51	60.20	6.61	8.47	7.61	2.95	5.51	9.31	77	
	42.02	48.09	60.07	6.70	8.57	7.71	2.99	5.55	9.67	76	
19	39.93	47.07	59.98	6.79	8.66	7.89	3.02	5.57	9.91	75	
	38.94	46.34	59.94	6.85	8.85	7.99	3.07	5.69	10.10	74	及格
	38.32	45.13	59.86	6.98	9.04	8.17	3.10	5.79	10.34	73	
	37.09	44.38	58.95	7.04	9.10	8.24	3.12	5.81	10.59	72	
	36.46	42.84	58.53	7.15	9.21	8.47	3.17	5.98	10.90	71	
18	36.00	41.09	57.28	7.20	9.28	8.53	3.20	6.00	11.09	70	
	35.33	40.54	56.20	7.27	9.30	8.60	3.21	6.07	11.19	69	
	34.89	40.08	55.83	7.30	9.39	8.63	3.24	6.14	11.37	68	
	34.76	39.43	55.12	7.37	9.48	8.74	3.27	6.30	11.50	67	
17	33.98	39.12	54.67	7.46	9.51	8.79	3.30	6.34	11.60	66	
	33.80	38.39	53.93	7.56	9.56	8.81	3.32	6.49	11.90	65	
	33.70	38.07	53.14	7.58	9.58	8.98	3.34	6.53	12.20	64	
	33.38	37.03	51.67	7.60	9.65	9.08	3.36	6.61	12.34	63	
	32.92	35.68	50.55	7.62	9.72	9.15	3.38	6.69	12.48	62	
	32.44	35.21	48.63	7.63	9.79	9.32	3.40	6.72	12.71	61	
16	32.18	34.68	48.28	7.69	9.88	9.57	3.42	6.87	13.04	60	

表 5–6　大班平衡能力评价表（女）

单脚向左向右跳 / 次	闭眼单脚站立 / 秒	闭眼双脚脚跟支撑站立 / 秒	单脚站物 / 秒	10 米前脚掌走 / 秒	10 米脚跟走 / 秒	10 米后退走 / 秒	3 米走平衡木 / 秒	3 米并步走平衡木 / 秒	3 米后退走平衡木 / 秒	百分位数	四级分制
30	51.95	66.74	67.91	3.06	3.87	3.77	1.81	3.27	4.05	99	优秀
29	51.04	65.34	65.33	3.47	3.97	3.90	1.98	3.37	4.45	98	
28	50.05	63.89	62.93	3.58	4.04	4.06	2.00	3.46	5.46	97	
27	48.74	60.63	60.04	3.60	4.16	4.19	2.09	3.61	6.13	96	
26	47.34	60.02	60.01	3.63	4.42	4.91	2.26	3.88	6.35	95	
	47.18	59.96	59.92	3.83	4.76	5.05	2.30	4.08	6.48	94	
25	45.87	59.13	59.59	3.90	4.94	5.15	2.31	4.19	6.64	93	
	45.15	58.77	57.82	3.99	5.35	5.66	2.33	4.21	7.04	92	
24	44.32	56.91	56.79	4.23	5.73	5.80	2.36	4.24	7.15	91	
23	43.17	56.02	55.97	4.28	6.00	6.39	2.41	4.41	7.29	90	
22	42.38	55.77	55.69	4.36	6.62	6.58	2.45	4.44	7.53	89	良好
	41.35	55.02	55.34	4.50	6.99	6.78	2.49	4.46	7.82	88	
21	40.16	54.05	55.00	4.88	7.34	6.93	2.54	4.48	8.09	87	
	37.96	53.68	54.92	5.08	7.68	7.10	2.59	4.68	8.16	86	
20	36.28	50.81	54.63	5.24	7.91	7.22	2.65	4.80	8.26	85	
	35.44	49.32	53.79	5.68	8.04	7.44	2.68	4.88	8.42	84	
	35.04	47.04	53.49	5.80	8.08	7.61	2.70	4.99	8.66	83	
	33.77	45.82	52.32	6.06	8.18	7.65	2.71	5.19	8.91	82	
19	32.76	43.90	50.81	6.14	8.20	7.85	2.73	5.21	9.22	81	
	31.00	43.07	50.04	6.25	8.25	7.97	2.75	5.25	9.54	80	

（续表）

单脚向左向右跳 / 次	闭眼单脚站立 / 秒	闭眼双脚脚跟支撑站立 / 秒	单脚站物 / 秒	10 米前脚掌走 / 秒	10 米脚跟走 / 秒	10 米后退走 / 秒	3 米走平衡木 / 秒	3 米并步走平衡木 / 秒	3 米后退走平衡木 / 秒	百分位数	四级分制
	30.26	42.90	48.99	6.35	8.34	8.19	2.78	5.32	9.84	79	良好
	29.82	42.18	48.21	6.56	8.40	8.30	2.80	5.39	10.09	78	
18	29.16	41.55	47.54	6.63	8.42	8.37	2.81	5.48	10.20	77	
	28.84	40.46	46.74	6.69	8.57	8.46	2.82	5.51	10.53	76	
	28.44	40.03	46.39	6.79	8.69	8.52	2.85	5.58	10.76	75	
	27.65	38.62	45.11	6.96	8.76	8.58	2.88	5.60	11.08	74	及格
17	27.45	36.61	44.16	7.00	8.91	8.65	2.90	5.67	11.26	73	
	26.30	34.87	43.14	7.03	8.98	8.84	2.92	5.70	11.43	72	
	26.25	32.89	42.63	7.08	9.06	9.00	2.95	5.78	11.88	71	
16	25.95	31.03	40.83	7.10	9.13	9.09	2.98	5.83	12.06	70	
	25.35	30.16	40.46	7.14	9.16	9.18	3.01	5.90	12.07	69	
	25.08	29.99	40.30	7.30	9.20	9.26	3.04	5.99	12.18	68	
	24.61	29.66	40.14	7.45	9.28	9.34	3.05	6.12	12.33	67	
	24.56	27.47	39.84	7.50	9.31	9.46	3.09	6.19	12.54	66	
15	24.13	26.50	39.37	7.53	9.41	9.52	3.11	6.23	12.59	65	
	23.65	25.87	39.11	7.57	9.46	9.61	3.15	6.30	12.83	64	
	23.47	25.31	38.36	7.60	9.56	9.69	3.19	6.38	12.99	63	
	23.13	24.58	37.39	7.62	9.65	9.76	3.21	6.40	13.24	62	
	22.73	24.27	36.91	7.63	9.67	9.87	3.27	6.43	13.40	61	
	22.29	23.83	35.46	7.68	9.78	10.01	3.29	6.46	13.50	60	

2. 发展幼儿灵敏与协调能力评价表

表 5-7　小班灵敏与协调能力评价表（男）

绕障碍跑 / 秒	折返跑 / 秒	钻过拱形门 / 秒	重复钻圈 / 秒	钻爬 / 秒	手膝着地爬 / 秒	跳房子 / 秒	听信号起动 / 秒	原地双脚开合跳 / 秒	百分位数	四级分制
3.94	3.96	5.54	9.25	7.11	3.98	2.44	0.22	3.36	99	优秀
4.02	4.10	5.74	11.01	7.31	4.24	2.76	0.25	3.69	98	
4.10	4.22	5.83	11.54	7.80	4.68	2.81	0.30	3.78	97	
4.17	4.31	5.99	11.83	8.04	4.87	2.86	0.33	3.87	96	
4.24	4.42	6.13	12.10	8.13	5.00	2.95	0.36	3.93	95	
4.30	4.51	6.20	12.57	8.31	5.22	3.03	0.40	4.03	94	
4.33	4.59	6.31	12.82	8.58	5.33	3.12	0.43	4.12	93	
4.37	4.63	6.40	12.98	8.78	5.50	3.16	0.44	4.22	92	
4.40	4.72	6.56	13.11	8.97	5.66	3.25	0.47	4.31	91	
4.44	4.89	6.70	13.20	9.09	5.69	3.29	0.50	4.41	90	
4.47	4.91	6.80	13.32	9.19	5.84	3.30	0.52	4.58	89	良好
4.51	5.00	6.99	13.54	9.26	5.88	3.33	0.53	4.73	88	
4.53	5.05	7.04	13.66	9.37	6.01	3.37	0.54	4.88	87	
4.57	5.14	7.12	13.97	9.59	6.16	3.40	0.55	4.91	86	
4.61	5.20	7.19	14.11	9.74	6.26	3.43	0.56	5.07	85	
4.65	5.24	7.27	14.17	9.90	6.33	3.47	0.58	5.13	84	
4.68	5.36	7.34	14.37	10.05	6.43	3.49	0.60	5.21	83	
4.70	5.43	7.39	14.49	10.12	6.55	3.51	0.63	5.25	82	
4.72	5.47	7.43	14.77	10.20	6.66	3.53	0.66	5.33	81	
4.76	5.56	7.51	14.92	10.27	6.72	3.56	0.68	5.46	80	

（续表）

绕障碍跑 / 秒	折返跑 / 秒	钻过拱形门 / 秒	重复钻圈 / 秒	钻爬 / 秒	手膝着地爬 / 秒	跳房子 / 秒	听信号起动 / 秒	原地双脚开合跳 / 秒	百分位数	四级分制
4.79	5.61	7.62	15.00	10.39	6.81	3.59	0.70	5.62	79	良好
4.82	5.80	7.71	15.10	10.61	6.92	3.62	0.72	5.72	78	
4.84	5.90	7.82	15.18	10.81	7.00	3.68	0.74	5.97	77	
4.88	6.04	7.90	15.30	10.87	7.05	3.70	0.77	6.05	76	
4.90	6.10	7.99	15.38	10.90	7.18	3.73	0.79	6.11	75	
4.93	6.17	8.07	15.57	11.02	7.25	3.78	0.81	6.19	74	及格
4.97	6.23	8.24	15.64	11.14	7.48	3.81	0.82	6.25	73	
4.99	6.35	8.32	15.88	11.24	7.59	3.84	0.86	6.33	72	
5.00	6.39	8.41	15.99	11.32	7.66	3.88	0.88	6.41	71	
5.01	6.47	8.55	16.02	11.48	7.87	3.91	0.90	6.48	70	
5.02	6.52	8.70	16.08	11.55	7.91	3.94	0.91	6.65	69	
5.06	6.69	8.82	16.18	11.64	8.01	3.97	0.93	6.76	68	
5.07	6.73	9.01	16.27	11.71	8.16	4.00	0.96	6.87	67	
5.08	6.84	9.10	16.32	11.88	8.29	4.01	0.98	6.92	66	
5.10	6.96	9.24	16.41	11.90	8.33	4.08	1.00	6.99	65	
5.12	7.08	9.31	16.53	11.93	8.39	4.10	1.03	7.04	64	
5.16	7.28	9.41	16.62	12.00	8.55	4.12	1.05	7.13	63	
5.20	7.49	9.45	16.73	12.03	8.62	4.15	1.08	7.20	62	
5.21	7.61	9.48	16.79	12.09	8.81	4.17	1.12	7.37	61	
5.22	7.87	9.54	17.03	12.15	8.96	4.20	1.23	7.44	60	

表 5-8　小班灵敏与协调能力评价表（女）

四级分制	百分位数	原地双脚开合跳 / 秒	听信号起动 / 秒	跳房子 / 秒	手膝着地爬 / 秒	钻爬 / 秒	重复钻圈 / 秒	钻过拱形门 / 秒	折返跑 / 秒	绕障碍跑 / 秒
优秀	99	3.73	0.20	3.23	4.99	6.90	11.53	3.89	4.43	3.86
	98	3.90	0.22	3.28	5.39	7.71	12.28	5.27	4.54	3.96
	97	3.98	0.27	3.31	5.42	8.42	12.57	6.13	4.73	4.15
	96	4.08	0.30	3.40	5.75	8.56	12.61	6.25	4.93	4.26
	95	4.29	0.31	3.45	5.91	8.68	12.95	6.50	4.99	4.34
	94	4.43	0.34	3.50	6.04	8.76	13.18	6.59	5.09	4.39
	93	4.50	0.36	3.55	6.21	8.90	13.32	6.78	5.22	4.46
	92	4.60	0.39	3.59	6.29	9.04	13.39	6.84	5.32	4.53
	91	4.65	0.41	3.62	6.47	9.20	13.68	7.01	5.40	4.65
	90	4.70	0.42	3.65	6.58	9.33	13.83	7.13	5.48	4.69
良好	89	4.75	0.44	3.76	6.70	9.43	13.94	7.20	5.57	4.71
	88	4.84	0.45	3.80	6.77	9.61	14.15	7.46	5.67	4.72
	87	4.91	0.47	3.83	6.91	9.80	14.30	7.52	5.70	4.75
	86	5.00	0.49	3.89	6.99	9.84	14.49	7.60	5.79	4.78
	85	5.11	0.50	3.91	7.08	9.90	14.75	7.63	5.89	4.80
	84	5.21	0.51	3.96	7.24	10.00	14.93	7.77	5.97	4.81
	83	5.30	0.52	3.98	7.29	10.18	15.10	7.81	6.00	4.86
	82	5.40	0.53	4.00	7.35	10.22	15.30	7.96	6.12	4.89
	81	5.62	0.55	4.01	7.42	10.36	15.40	8.01	6.20	4.91
	80	5.86	0.56	4.02	7.66	10.54	15.51	8.10	6.25	4.96

（续表）

绕障碍跑/秒	折返跑/秒	钻过拱形门/秒	重复钻圈/秒	钻爬/秒	手膝着地爬/秒	跳房子/秒	听信号起动/秒	原地双脚开合跳/秒	百分位数	四级分制
4.99	6.42	8.17	15.56	10.63	7.80	4.05	0.58	6.00	79	良好
5.01	6.45	8.22	15.91	10.72	7.98	4.09	0.60	6.22	78	
5.05	6.59	8.28	16.03	10.91	8.04	4.12	0.61	6.34	77	
5.09	6.76	8.30	16.15	10.98	8.19	4.16	0.64	6.42	76	
5.11	6.80	8.31	16.30	11.16	8.32	4.21	0.66	6.49	75	
5.13	6.83	8.37	16.38	11.20	8.41	4.27	0.69	6.55	74	及格
5.16	6.88	8.42	16.41	11.24	8.44	4.30	0.70	6.67	73	
5.19	6.91	8.48	16.47	11.27	8.61	4.31		6.92	72	
5.20	7.03	8.49	16.62	11.37	8.81	4.33	0.71	7.09	71	
5.21	7.11	8.53	16.81	11.49	8.90	4.40	0.73	7.21	70	
5.26	7.20	8.57	17.00	11.61	8.97	4.42	0.79	7.38	69	
5.29	7.40	8.63	17.10	11.69	9.11	4.48	0.81	7.45	68	
5.31	7.50	8.70	17.17	11.78	9.35	4.50	0.84	7.52	67	
5.32	7.91	8.73	17.23	11.88	9.41	4.56	0.87	7.67	66	
5.35	8.20	8.78	17.34	11.94	9.54	4.60	0.90	7.73	65	
5.38	8.62	8.83	17.39	12.00	9.60	4.62	0.91	7.85	64	
5.41	8.79	8.92	17.54	12.04	9.68	4.64	0.94	7.90	63	
5.44	9.05	8.99	17.62	12.12	9.85	4.68	0.99	7.99	62	
5.45	9.28	9.04	17.71	12.18	9.96	4.70	1.01	8.09	61	
5.47	9.60	9.10	17.88	12.20	10.06	4.72	1.06	8.19	60	

表 5–9　中班灵敏与协调能力评价表（男）

绕障碍跑 / 秒	变向跑 / 秒	折返跑 / 秒	钻过拱形门 / 秒	重复钻圈 / 秒	钻爬 / 秒	攀爬 / 秒	同侧手脚爬 / 秒	象限跳 / 秒	跳房子 / 秒	听信号起动 / 秒	后退跑 / 秒	原地双脚开合跳 / 秒	双脚连续向前跳 / 秒	反复跳过障碍物 / 秒	反复横跨 / 秒	百分位数	四级分制
3.45	3.44	4.11	4.93	8.02	6.75	4.73	4.78	1.71	2.20	0.25	4.40	3.68	3.63	8.57	6.14	99	优秀
3.57	3.62	4.35	5.10	8.97	7.12	5.16	4.98	2.40	2.29	0.30	4.91	3.93	3.77	9.12	6.56	98	
3.75	3.81	4.48	5.30	9.66	7.48	5.36	5.24	2.72	2.36	0.34	5.13	4.10	3.92	10.18	6.82	97	
3.80	3.88	4.59	5.48	10.17	7.65	6.31	5.57	3.01	2.42	0.38	5.21	4.23	3.99	10.56	7.13	96	
3.86	4.00	4.70	5.61	10.68	7.88	6.46	5.81	3.14	2.51	0.40	5.29	4.35	4.12	10.96	7.54	95	
3.89	4.15	4.80	5.64	10.99	7.97	7.32	6.09	3.54	2.59	0.41	5.40	4.44	4.18	11.31	7.66	94	
3.91	4.20	4.89	5.74	11.32	8.03	7.54	6.31	3.78	2.63	0.44	5.53	4.56	4.27	11.60	7.95	93	
3.98	4.26	5.01	5.87	11.47	8.08	8.34	6.96	4.07	2.72	0.46	5.61	4.65	4.31	11.95	8.14	92	
3.99	4.32	5.13	5.96	11.63	8.19	8.71	7.05	4.49	2.81	0.47	5.71	4.82	4.35	12.15	8.26	91	
4.00	4.44	5.27	6.07	11.84	8.29	8.81	7.30	4.84	2.85	0.49	5.78	4.89	4.38	12.34	8.34	90	
	4.51	5.34	6.18	12.00	8.34	9.01	7.80	5.03	2.90	0.50	5.89	4.91	4.42	12.47	8.48	89	良好
4.01	4.58	5.40	6.23	12.16	8.48	9.16	8.08	5.13	2.91	0.51	5.98	5.13	4.48	12.60	8.61	88	
4.02	4.61	5.59	6.33	12.32	8.55	9.33	8.18	5.59	2.93	0.53	6.06	5.27	4.50	12.67	8.77	87	
4.05	4.66	5.74	6.35	12.39	8.59	9.54	8.31	5.71	2.96	0.55	6.15	5.37	4.55	12.73	8.95	86	
4.09	4.75	5.95	6.39	12.48	8.64	9.62	8.58	5.88	3.00	0.58	6.24	5.48	4.59	12.81	9.13	85	
4.10	4.82	6.07	6.48	12.59	8.70	9.64	8.74	6.07	3.02	0.60	6.34	5.61	4.60	12.90	9.19	84	
4.12	4.89	6.25	6.51	12.71	8.79	9.76	8.80	6.22	3.07	0.61	6.46	5.77	4.61	12.96	9.28	83	
4.15	4.92	6.37	6.53	12.81	8.81	10.00	9.47	6.33	3.09	0.63	6.52	5.82	4.63	13.01	9.31	82	
4.19	5.00	6.73	6.58	12.99	8.86	10.15	9.55	6.40	3.10	0.66	6.59	6.01	4.66	13.10	9.41	81	
4.20	5.09	6.95	6.71	13.14	8.89	10.24	9.64	6.50	3.11	0.67	6.71	6.05	4.69	13.12	9.49	80	

（续表）

绕障碍跑/秒	变向跑/秒	折返跑/秒	钻过拱形门/秒	重复钻圈/秒	钻爬/秒	攀爬/秒	同侧手脚爬/秒	象限跳/秒	跳房子/秒	听信号起动/秒	后退跑/秒	原地双脚开合跳/秒	双脚连续向前跳/秒	反复跳过障碍物/秒	反复横跨/秒	百分位数	四级分制
4.23	5.15	7.21	6.77	13.24	8.97	10.40	9.76	6.55	3.15	0.68	6.84	6.13	4.70	13.21	9.62	79	良好
4.26	5.21	7.44	6.81	13.28	9.02	10.60	9.87	6.72	3.19	0.70	6.95	6.42	4.71	13.28	9.67	78	
4.29	5.24	7.81	6.87	13.41	9.10	10.67	10.02	6.82	3.22	0.72	7.03	6.51	4.74	13.35	9.79	77	
4.31	5.29	8.05	6.93	13.46	9.16	11.04	10.16	6.94	3.26	0.75	7.12	6.60	4.77	13.44	9.87	76	
4.37	5.33	8.29	7.00	13.53	9.19	11.23	10.32	7.12	3.29	0.78	7.17	6.78	4.79	13.55	9.97	75	
4.40	5.37	8.38	7.03	13.59	9.22	11.54	10.41	7.30	3.31	0.80	7.19	6.84	4.80	13.59	10.07	74	及格
4.43	5.41	8.50	7.12	13.67	9.26	11.61	10.58	7.48	3.33	0.81	7.21	6.94	4.84	13.65	10.11	73	
4.47	5.46	8.59	7.28	13.74	9.29	12.10	10.90	7.59	3.36	0.86	7.24	7.21	4.86	13.69	10.13	72	
4.50	5.49	8.70	7.33	13.89	9.31	12.28	11.11	7.70	3.38	0.89	7.31	7.31	4.89	13.78	10.23	71	
4.53	5.55	8.80	7.40	13.96	9.42	12.44	11.31	7.82	3.40	0.91	7.40	7.38	4.90	13.80	10.30	70	
4.55	5.59	8.85	7.47	14.03	9.49	12.55	11.66	7.93	3.41	0.93	7.43	7.44	4.91	13.86	10.34	69	
4.59	5.64	8.91	7.51	14.18	9.55	12.68	11.85	8.06	3.42	0.94	7.50	7.63	4.93	13.88	10.47	68	
4.60	5.67	9.01	7.55	14.24	9.61	12.87	11.94	8.18	3.43	0.95	7.56	7.75	4.96	13.90	10.55	67	
4.61	5.70	9.11	7.59	14.31	9.65	13.06	12.00	8.24	3.44	1.00	7.61	7.96	4.99	13.97	10.61	66	
4.63	5.76	9.15	7.63	14.46	9.68	13.23	12.12	8.33	3.45	1.09	7.65	8.05	5.00	14.02	10.69	65	
4.65	5.79	9.19	7.71	14.55	9.72	13.30	12.65	8.43	3.48	1.15	7.67	8.17	5.02	14.12	10.75	64	
4.69	5.82	9.22	7.76	14.66	9.76	13.43	12.79	8.49	3.51	1.18	7.77	8.28	5.04	14.23	10.83	63	
4.70	5.86	9.26	7.82	14.69	9.81	13.70	12.89	8.58	3.53	1.40	7.84	8.36	5.08	14.27	10.94	62	
4.75	5.88	9.28	7.87	14.72	9.85	13.92	13.30	8.61	3.55	1.55	7.89	8.45	5.12	14.39	11.06	61	
4.81	5.91	9.31	7.89	14.79	9.87	14.06	13.46	8.72	3.56	1.63	7.90	8.53	5.14	14.57	11.13	60	

表 5–10　中班灵敏与协调能力评价表（女）

绕障碍跑 / 秒	变向跑 / 秒	折返跑 / 秒	钻过拱形门 / 秒	重复钻圈 / 秒	钻爬 / 秒	攀爬 / 秒	同侧手脚爬 / 秒	象限跳 / 秒	跳房子 / 秒	听信号起动 / 秒	后退跑 / 秒	原地双脚开合跳 / 秒	双脚连续向前跳 / 秒	反复跳过障碍物 / 秒	反复横跨 / 秒	百分位数	四级分制
3.80	3.66	4.17	4.71	8.34	6.46	5.15	4.10	1.72	2.43	0.20	3.02	3.57	3.43	10.22	6.80	99	优秀
3.89	3.93	4.39	5.31	9.56	7.13	5.31	4.90	1.95	2.55	0.30	3.29	3.73	3.57	10.54	7.35	98	
3.93	4.10	4.50	5.47	10.00	7.42	5.61	5.37	2.37	2.59	0.32	3.88	3.84	3.70	11.20	7.67	97	
3.99	4.22	4.60	5.61	10.93	7.51	5.96	6.05	2.74	2.64	0.35	5.04	4.00	3.87	11.76	7.93	96	
4.01	4.36	4.71	5.88	11.32	7.65	6.95	6.89	2.97	2.67	0.37	5.62	4.07	3.93	12.09	8.17	95	
4.07	4.49	4.81	5.92	11.82	7.85	8.00	7.08	3.13	2.71	0.38	5.82	4.20	4.07	12.42	8.32	94	
4.10	4.58	4.84	6.09	12.10	8.04	8.69	7.36	3.43	2.80	0.40	6.05	4.30	4.13	12.56	8.35	93	
4.12	4.65	4.91	6.23	12.37	8.10	9.30	7.71	3.72	2.85	0.43	6.15	4.37	4.18	12.66	8.42	92	
4.16	4.69	4.97	6.29	12.43	8.36	9.74	8.23	4.01	2.89	0.44	6.35	4.50	4.24	12.72	8.50	91	
4.20	4.79	5.14	6.32	12.50	8.63	9.94	8.54	4.34	2.94	0.46	6.47	4.62	4.30	12.79	8.64	90	
4.23	4.80	5.22	6.39	12.55	8.77	10.09	8.65	4.66	2.98	0.47	6.60	4.70	4.33	12.93	8.71	89	良好
4.26	4.88	5.45	6.46	12.68	8.86	10.16	8.83	5.30	3.00	0.48	6.74	4.77	4.39	13.07	8.86	88	
4.28	4.91	5.61	6.50	12.74	8.96	10.28	9.17	5.43	3.01	0.49	6.87	4.87	4.50	13.22	8.93	87	
4.30	4.95	5.84	6.53	12.86	9.01	10.32	9.30	6.02	3.03	0.50	6.94	4.94	4.53	13.26	8.99	86	
4.33	5.03	6.15	6.57	12.97	9.05	10.45	9.50	6.36	3.08	0.51	7.06	5.08	4.60	13.46	9.04	85	
4.36	5.12	6.31	6.62	13.09	9.07	10.68	9.73	6.53	3.10	0.54	7.10	5.12	4.62	13.57	9.13	84	
4.39	5.20	6.69	6.65	13.26	9.09	10.80	9.83	6.62		0.56	7.18	5.18	4.67	13.63	9.20	83	
4.40	5.23	6.78	6.69	13.33	9.12	11.10	10.10	6.78	3.11	0.59	7.24	5.30	4.69	13.67	9.34	82	
4.41	5.27	6.86	6.79	13.45	9.18	11.23	10.32	6.91	3.13	0.61	7.34	5.34	4.73	13.71	9.41	81	
4.44	5.31	7.18	6.82	13.57	9.34	11.60	10.51	7.09	3.17	0.62	7.41	5.45	4.76	13.89	9.45	80	

（续表）

绕障碍跑/秒	变向跑/秒	折返跑/秒	钻过拱形门/秒	重复钻圈/秒	钻爬/秒	攀爬/秒	同侧手脚爬/秒	象限跳/秒	跳房子/秒	听信号起动/秒	后退跑/秒	原地双脚开合跳/秒	双脚连续向前跳/秒	反复跳过障碍物/秒	反复横跨/秒	百分位数	四级分制
4.47	5.37	7.39	6.91	13.65	9.48	11.71	10.67	7.14	3.18	0.64	7.47	5.54	4.79	14.02	9.61	79	良好
4.50	5.41	7.64	7.00	13.74	9.54	12.16	11.01	7.24	3.20	0.66	7.50	5.60	4.82	14.08	9.66	78	
4.51	5.45	7.89	7.06	13.82	9.64	12.26	11.25	7.30	3.21	0.68	7.59	5.68	4.85	14.17	9.70	77	
4.54	5.48	8.14	7.09	13.87	9.67	12.42	11.59	7.42	3.24	0.70	7.62	5.77	4.89	14.27	9.80	76	
4.57	5.52	8.44	7.11	13.92	9.69	12.85	11.76	7.48	3.26	0.71	7.70	5.90	4.91	14.31	9.90	75	
4.59	5.57	8.80	7.21	14.10	9.77	13.19	12.27	7.56	3.30	0.75	7.81	5.98	4.94	14.34	9.97	74	及格
4.61	5.60	8.93	7.27	14.21	9.86	13.40	12.45	7.91	3.33	0.77	7.87	6.10	4.96	14.39	10.02	73	
4.63	5.66	9.02	7.34	14.26	9.95	13.57	12.62	8.00	3.35	0.79	7.89	6.17	4.97	14.47	10.05	72	
4.65	5.70	9.11	7.41	14.33	10.02	13.94	12.91	8.07	3.38	0.80	7.90	6.30	4.98	14.54	10.09	71	
4.69	5.78	9.16	7.49	14.46	10.04	14.07	13.26	8.17	3.40	0.82	7.97	6.41	4.99	14.65	10.13	70	
4.71	5.82	9.20	7.55	14.50	10.08	14.28	13.47	8.31	3.41	0.84	8.03	6.46	5.03	14.77	10.21	69	
4.73	5.86	9.24	7.60	14.55	10.12	14.60	13.64	8.45	3.44	0.86	8.08	6.62	5.07	14.85	10.29	68	
4.79	5.89	9.35	7.71	14.60	10.20	14.79	14.02	8.60	3.47	0.89	8.19	6.68	5.09	14.97	10.31	67	
4.81	5.91	9.39	7.80	14.72	10.25	15.08	14.11	8.67	3.50	0.90	8.23	6.81	5.11	15.09	10.37	66	
4.83	5.97	9.49	7.81	14.79	10.28	15.27	14.31	8.86	3.52	0.93	8.26	6.90	5.14	15.10	10.47	65	
4.88	6.00	9.55	7.87	14.91	10.30	15.83	14.53	8.92	3.53	0.97	8.29	7.02	5.17	15.12	10.56	64	
4.90	6.03	9.63	7.97	15.04	10.33	15.95	14.66	9.02	3.55	1.00	8.35	7.14	5.19	15.14	10.63	63	
4.92	6.07	9.65	8.07	15.18	10.37	16.21	14.90	9.15	3.56	1.03	8.38	7.21	5.20	15.26	10.69	62	
4.95	6.11	9.70	8.15	15.25	10.41	16.44	15.07	9.32	3.57	1.09	8.46	7.31	5.21	15.36	10.78	61	
4.99	6.13	9.74	8.18	15.31	10.51	16.57	15.15	9.48	3.58	1.19	8.50	7.45	5.22	15.38	10.87	60	

表 5–11　大班灵敏与协调能力评价表（男）

绕障碍跑 / 秒	变向跑 / 秒	折返跑 / 秒	钻过拱形门 / 秒	重复钻圈 / 秒	钻爬 / 秒	攀爬 / 秒	同侧手脚屈膝走 / 秒	象限跳 / 秒	跳房子 / 秒	听信号起动 / 秒	后退跑 / 秒	原地双脚开合跳 / 秒	双脚连续向前跳 / 秒	反复跳过障碍物 / 秒	反复横跨 / 秒	百分位数	四级分制
3.38	3.13	3.39	4.82	7.55	5.30	3.89	5.06	2.26	1.90	0.19	4.19	3.08	2.09	6.46	5.13	99	优秀
3.51	3.29	3.54	4.98	8.54	5.53	4.06	5.19	2.48	2.10	0.22	4.48	3.33	2.57	7.15	5.45	98	
3.70	3.34	3.63	5.00	9.05	5.89	4.56	5.34	2.70	2.15	0.25	4.58	3.39	3.14	7.42	5.62	97	
3.78	3.41	3.66	5.14	9.35	6.08	5.09	5.44	2.77	2.21	0.28	4.69	3.48	3.42	8.17	5.94	96	
3.89	3.48	3.70	5.24	10.11	6.28	5.35	5.63	2.95	2.31	0.30	4.76	3.67	3.52	8.46	6.21	95	
3.92	3.51	3.75	5.32	10.34	6.32	5.63	5.89	3.09	2.35	0.32	4.83	3.82	3.63	9.09	6.43	94	
3.99	3.59	3.82	5.35	10.65	6.35	5.88	6.28	3.19	2.39	0.34	4.95	3.93	3.72	9.33	6.52	93	
4.03	3.63	3.91	5.39	10.93	6.47	6.18	6.37	3.26	2.41	0.36	5.00	4.02	3.81	9.47	6.58	92	
4.08	3.69	3.96	5.49	11.06	6.58	6.52	6.43	3.32	2.43	0.37	5.02	4.06	3.89	9.70	6.72	91	
4.13	3.72	4.05	5.50	11.22	6.67	6.87	6.57	3.39	2.45	0.38	5.06	4.10	3.93	9.76	6.88	90	
4.18	3.78	4.09	5.57	11.41	6.79	7.11	6.60	3.42	2.46	0.39	5.12	4.14	3.97	9.88	7.02	89	良好
4.20	3.84	4.12	5.61	11.50	6.85	7.26	6.67	3.54	2.48	0.42	5.15	4.18	4.00	10.06	7.13	88	
4.22	3.90	4.20	5.65	11.68	6.95	7.51	6.80	3.67	2.51	0.43	5.23	4.21	4.03	10.22	7.25	87	
4.23	3.97	4.28	5.67	11.88	7.02	7.71	6.94	3.95	2.56	0.44	5.28	4.22	4.07	10.25	7.40	86	
4.26	4.03	4.31	5.70	11.95	7.06	7.84	7.18	4.17	2.59	0.45	5.35	4.28	4.09	10.32	7.51	85	
4.29	4.05	4.38	5.78	12.06	7.10	7.99	7.23	4.25	2.60	0.47	5.42	4.33	4.11	10.39	7.55	84	
4.33	4.08	4.47	5.80	12.11	7.13	8.13	7.26	4.33	2.61	0.48	5.53	4.37	4.15	10.48	7.62	83	
4.38	4.15	4.50	5.81	12.23	7.19	8.24	7.41	4.41	2.65	0.49	5.63	4.43	4.19	10.62	7.67	82	
4.40	4.19	4.56		12.31	7.21	8.41	7.51	4.45	2.66	0.50	5.69	4.44	4.21	10.73	7.68	81	
4.44	4.23	4.61	5.82	12.44	7.25	8.60	7.58	4.56	2.68		5.73	4.46	4.25	10.80	7.70	80	

（续表）

绕障碍跑/秒	变向跑/秒	折返跑/秒	钻过拱形门/秒	重复钻圈/秒	钻爬/秒	攀爬/秒	同侧手脚屈膝走/秒	象限跳/秒	跳房子/秒	听信号起动/秒	后退跑/秒	原地双脚开合跳/秒	双脚连续向前跳/秒	反复跳过障碍物/秒	反复横跨/秒	百分位数	四级分制
4.49	4.30	4.64	5.84	12.50	7.33	8.72	7.61	4.66	2.69	0.51	5.75	4.52	4.26	10.99	7.79	79	良好
4.57	4.34	4.74	5.89	12.63	7.36	8.84	7.65	4.70	2.70		5.79	4.56	4.29	11.12	7.80	78	
4.60	4.41	4.85	5.96	12.70	7.40	8.99	7.71	4.79	2.71	0.52	5.83	4.60	4.30	11.22	7.89	77	
4.62	4.45	4.89	6.04	12.75	7.49	9.10	7.81	4.86	2.74	0.53	5.88	4.68	4.31	11.35	7.97	76	
4.64	4.48	5.12	6.11	12.77	7.54	9.18	7.92	4.93	2.78	0.54	5.91	4.74	4.33	11.39	8.04	75	
4.65	4.53	5.21	6.16	12.84	7.57	9.24	7.96	5.14	2.79	0.55	5.98	4.76	4.34	11.48	8.11	74	及格
4.67	4.55	5.48	6.19	12.92	7.60	9.27	7.98	5.16	2.80	0.57	6.02	4.81	4.37	11.52	8.15	73	
4.69	4.59	5.57	6.20	12.97	7.65	9.31	8.08	5.28	2.82	0.59	6.03	4.83	4.39	11.63	8.23	72	
4.72	4.61	5.64	6.25	13.03	7.74	9.36	8.14	5.33	2.84	0.61	6.06	4.89	4.41	11.65	8.27	71	
4.76	4.62	5.79	6.32	13.05	7.79	9.46	8.25	5.45	2.85	0.62	6.10	4.90	4.44	11.71	8.28	70	
4.80	4.66	6.10	6.36	13.06	7.84	9.57	8.29	5.54	2.87	0.64	6.11	4.93	4.47	11.78	8.32	69	
4.81	4.68	6.38	6.39	13.07	7.90	9.78	8.38	5.60	2.88	0.67	6.13	4.97	4.50	11.85	8.39	68	
4.83	4.71	6.66	6.46	13.11	8.05	9.89	8.51	5.63	2.89	0.69	6.17	4.99		11.99	8.45	67	
4.87	4.73	7.02	6.49	13.19	8.08	9.97	8.58	5.70	2.90	0.71	6.20	5.05	4.52	12.06	8.47	66	
4.89	4.75	7.55	6.51	13.29	8.17	10.07	8.71	5.81	2.91	0.74	6.24	5.12	4.53	12.10	8.54	65	
4.90	4.78	7.58	6.55	13.42	8.26	10.20	8.80	5.90	2.93	0.76	6.31	5.23	4.56	12.15	8.59	64	
4.91	4.81	7.68	6.58	13.47	8.29	10.30	8.92	6.02	2.94	0.79	6.36	5.33	4.59	12.29	8.63	63	
4.94	4.85	7.79	6.59	13.55	8.36	10.39	9.06	6.09	2.95	0.80	6.40	5.41	4.61	12.33	8.69	62	
4.97	4.89	7.83	6.61	13.65	8.40	10.60	9.12	6.20	2.96	0.81	6.42	5.46	4.63	12.40	8.71	61	
4.99	4.92	7.92	6.71	13.72	8.47	10.68	9.14	6.26	2.97	0.83	6.47	5.56	4.65	12.53	8.73	60	

表 5–12　大班灵敏与协调能力评价表（女）

绕障碍跑 / 秒	变向跑 / 秒	折返跑 / 秒	钻过拱形门 / 秒	重复钻圈 / 秒	钻爬 / 秒	攀爬 / 秒	同侧手脚屈膝走 / 秒	象限跳 / 秒	跳房子 / 秒	听信号起动 / 秒	后退跑 / 秒	原地双脚开合跳 / 秒	双脚连续向前跳 / 秒	反复跳过障碍物 / 秒	反复横跨 / 秒	百分位数	四级分制
3.52	3.01	3.80	5.23	8.42	5.40	4.42	5.23	2.35	1.93	0.28	4.42	3.05	2.76	6.33	5.57	99	优秀
3.59	3.16	3.90	5.43	8.82	6.27	5.15	5.42	2.47	2.29	0.30	4.54	3.29	3.12	6.71	5.82	98	
3.64	3.24	3.97	5.59	9.33	6.67	5.91	5.68	2.62	2.32	0.33	4.80	3.45	3.25	7.22	6.06	97	
3.79	3.43	4.03	5.69	9.84	6.91	6.45	5.76	2.70	2.39	0.35	4.90	3.60	3.46	7.82	6.29	96	
3.86	3.54	4.12	5.78	10.33	6.98	6.73	5.80	2.89	2.44	0.36	4.98	3.80	3.61	8.32	6.55	95	
3.95	3.61	4.20	5.80	10.81	7.11	6.84	5.93	3.01	2.47	0.38	5.06	3.87	3.69	9.13	6.67	94	
4.00	3.70	4.22		11.20	7.15	6.99	6.03	3.09	2.48	0.39	5.12	3.91	3.75	9.28	6.75	93	
4.04	3.79	4.25	5.82	11.52	7.34	7.19	6.06	3.19	2.51	0.40	5.21	4.03	3.80	9.50	6.82	92	
4.10	3.87	4.27	5.85	11.75	7.43	7.49	6.07	3.29	2.58	0.41	5.30	4.12	3.82	9.56	7.05	91	
4.13	3.95	4.31	5.88	11.92	7.48	7.93	6.11	3.40	2.60	0.43	5.36	4.17	3.90	9.71	7.15	90	
4.16	4.03	4.38	5.90	12.03	7.56	8.31	6.14	3.43	2.63	0.44	5.40	4.24	3.96	9.83	7.22	89	良好
4.23	4.06	4.43	5.92	12.15	7.61	8.59	6.30	3.48	2.67	0.48	5.45	4.28	4.06	9.97	7.33	88	
4.31	4.16	4.47	5.94	12.37	7.68	8.73	6.40	3.63	2.69	0.51	5.58	4.29	4.13	10.11	7.45	87	
4.33	4.23	4.50	6.02	12.46	7.81	8.84	6.58	3.72	2.71	0.53	5.63	4.31	4.17	10.23	7.57	86	
4.36	4.26	4.56	6.04	12.54	7.86	9.02	6.66	3.87	2.75	0.54	5.77	4.36	4.20	10.33	7.75	85	
4.41	4.31	4.60	6.07	12.64	7.98	9.19	6.70	3.94	2.76	0.56	5.88	4.39	4.22	10.55	7.80	84	
4.45	4.37	4.63	6.10	12.77	8.07	9.31	6.80	4.13	2.79	0.59	5.93	4.43	4.25	10.90	7.83	83	
4.49	4.43	4.68	6.15	12.94	8.09	9.33	6.87	4.41	2.80	0.61	5.99	4.45	4.29	11.12	7.92	82	
4.52	4.50	4.70	6.17	12.96	8.15	9.52	7.05	4.62	2.81	0.64	6.02	4.52	4.30	11.27	7.99	81	
4.55	4.52	4.72	6.21	13.10	8.25	9.67	7.06	4.88	2.83	0.68	6.09	4.54	4.31	11.36	8.05	80	

（续表）

绕障碍跑/秒	变向跑/秒	折返跑/秒	钻过拱形门/秒	重复钻圈/秒	钻爬/秒	攀爬/秒	同侧手脚屈膝走/秒	象限跳/秒	跳房子/秒	听信号起动/秒	后退跑/秒	原地双脚开合跳/秒	双脚连续向前跳/秒	反复跳过障碍物/秒	反复横跨/秒	百分位数	四级分制
4.63	4.57	4.77	6.31	13.21	8.30	9.91	7.07	5.01	2.85	0.70	6.10	4.58	4.33	11.39	8.16	79	良好
4.66	4.61	4.80	6.35	13.24	8.35	9.96		5.22	2.87	0.71	6.12	4.62	4.36	11.60	8.26	78	
4.70	4.67	4.84	6.37	13.29	8.39	10.01	7.10	5.29	2.88	0.73	6.20	4.64	4.38	11.66	8.28	77	
4.72	4.69	4.92	6.38	13.35	8.47	10.25	7.27	5.32	2.89	0.76	6.27	4.72	4.41	11.75	8.30	76	
4.73	4.72	4.98	6.40	13.44	8.54	10.52	7.34	5.48		0.78	6.33	4.78	4.44	11.86	8.33	75	
4.75	4.80	5.03	6.47	13.48	8.59	10.60	7.40	5.72	2.90	0.80	6.41	4.81	4.48	11.98	8.36	74	及格
4.78	4.82	5.11	6.49	13.54	8.60	10.74	7.46	5.86	2.91	0.84	6.47	4.87	4.49	12.07	8.40	73	
4.80	4.87	5.16	6.50	13.62	8.68	10.89	7.51	6.12	2.92	0.86	6.52	4.97	4.50	12.12	8.46	72	
4.84	4.90	5.25	6.53	13.69	8.70	10.97	7.56	6.29	2.95	0.90	6.55	5.03	4.52	12.26	8.53	71	
4.90	4.91	5.37	6.58	13.76	8.76	11.19	7.62	6.40	2.96	0.94	6.58	5.07	4.56	12.40	8.61	70	
4.92	4.96	5.43	6.62	13.84	8.78	11.28	7.72	6.55	2.97	1.00	6.67	5.11	4.60	12.53	8.67	69	
4.96	4.99	5.50	6.71	13.88	8.83	11.35	7.80	6.59		1.09	6.73	5.14	4.61	12.63	8.71	68	
4.99	5.02	5.65	6.78	14.00	8.87	11.48	7.92	6.64	2.99	1.16	6.80	5.27	4.62	12.68	8.78	67	
5.01	5.07	5.72	6.80	14.09	8.97	11.58	8.08	6.74	3.00	1.30	6.82	5.30	4.64	12.75	8.82	66	
5.02	5.11	5.75	6.88	14.17	9.02	11.66	8.11	6.82	3.01	1.36	6.90	5.34	4.66	12.80	8.84	65	
5.04	5.13	5.79	6.96	14.24	9.09	11.82	8.12	6.90	3.02	1.51	6.93	5.40	4.68	12.89	8.87	64	
5.08	5.18	5.93	7.12	14.27	9.14	12.07	8.17	6.97	3.03	1.59	6.96	5.48	4.70	12.98	8.91	63	
5.11	5.21	6.17	7.24	14.29	9.15	12.17	8.26	7.10	3.04	1.61	6.98	5.55	4.71	13.06	8.93	62	
5.13	5.23	6.37	7.31	14.32	9.21	12.31	8.31	7.18	3.07	1.63	6.99	5.66	4.72	13.15	8.99	61	
5.14	5.25	6.53	7.45	14.40	9.28	12.37	8.37	7.23	3.09	1.64	7.04	5.82	4.73	13.20	9.00	60	

3. 发展幼儿力量与持久力评价表

表 5–13　小班力量与持久力评价表（男）

单手肩上投沙包 / 米		双手投垒球 / 米	俯撑 / 秒	仰撑 / 秒	仰卧举腿 / 个	15 米快跑 / 秒	50 米走 / 秒	立定跳远 / 米	10 秒原地单脚跳 / 个		2 米单脚连续向前跳 / 秒		上下台阶 / 秒	百分位数	四级分制
左手	右手								左脚	右脚	左脚	右脚			
5.89	6.17	5.25	60.19	51.23	12	3.59	13.20	1.28	36	38	1.40	1.32	4.76	99	优秀
5.82	5.91	5.01	60.07	50.06	11	3.77	14.35	1.22	34	37	1.58	1.49	5.56	98	
5.63	5.59	4.91	59.84	49.00		3.90	16.13	1.19	33	35	1.67	1.61	5.96	97	
5.28	5.52	4.69	59.44	47.24	10	4.01	17.55	1.14		34	1.71	1.69	6.52	96	
5.02	5.42	4.61	59.02	45.40		4.09	19.03	1.12	32		1.80	1.72	6.79	95	
5.00	5.28	4.58	58.08	41.93		4.13	20.04	1.11		33	1.84	1.80	7.00	94	
4.95	5.20	4.53	56.51	40.49		4.18	22.03	1.10			1.90	1.89	7.10	93	
4.81	5.11	4.51	54.67	40.06	9	4.21	24.00	1.09	31	32	1.93	1.92	7.33	92	
4.73	5.03	4.39	53.34	39.83		4.23	24.79	1.08			1.98	1.96	7.54	91	
4.55	4.98	4.28	50.79	39.56		4.28	25.23	1.06			2.00	1.99	7.64	90	
4.52	4.90	4.24	50.14	39.19		4.30	25.40	1.05		31	2.02	2.01	7.86	89	良好
4.51	4.83	4.21	49.02	38.35		4.31	26.05	1.04	30		2.09	2.05	8.00	88	
4.47	4.70	4.14	48.58	37.43	8	4.38	27.73	1.03			2.11	2.09	8.19	87	
4.40	4.65	4.11	47.91	36.75		4.40	28.02	1.02			2.13	2.10	8.30	86	
4.31	4.61	4.07	47.80	36.29		4.45	28.95	1.01			2.18	2.12	8.56	85	
4.29	4.59	4.01	46.89	36.11		4.48	29.36			30	2.20	2.17	8.68	84	
4.21	4.56	4.00	43.98	35.30		4.51	29.97	1.00			2.23	2.19	8.80	83	
4.20	4.49	3.99	42.38	35.14		4.55	30.11				2.28	2.21	8.84	82	
4.12	4.41	3.95	41.36	33.49		4.59	30.54				2.30	2.23	8.94	81	
4.10	4.32	3.88	40.88	32.02		4.60	30.91	0.99	29		2.31	2.26	9.02	80	

（续表）

单手肩上投沙包 / 米		双手投垒球 / 米	俯撑 / 秒	仰撑 / 秒	仰卧举腿 / 个	15 米快跑 / 秒	50 米走 / 秒	立定跳远 / 米	10 秒原地单脚跳 / 个		2 米单脚连续向前跳 / 秒		上下台阶 / 秒	百分位数	四级分制
左手	右手								左脚	右脚	左脚	右脚			
4.07	4.27	3.82	40.01	31.71	7	4.66	31.11				2.35	2.29	9.13	79	良好
4.01	4.25	3.80	39.26	31.32		4.71	31.38	0.98		29	2.40	2.30	9.28	78	
	4.22	3.79	38.23	30.56		4.73	32.00	0.97			2.43	2.33	9.43	77	
4.00	4.20	3.71	37.81	30.15		4.78	32.07	0.96			2.45	2.38	9.48	76	
3.99	4.17	3.69	36.79	30.04		4.81	32.11	0.95			2.49	2.40	9.67	75	
3.97	4.14	3.63	36.29	30.02		4.84	32.29	0.94			2.51	2.41	9.85	74	及格
3.91	4.11	3.58	36.11			4.89	32.56		28	28	2.54	2.44	9.95	73	
3.88	4.09	3.51	35.65			4.91	32.76	0.93			2.55	2.47	10.11	72	
3.84	4.06		33.49	30.01		4.95	33.02				2.56	2.49	10.20	71	
3.80	4.05	3.50	33.41			4.99	33.11	0.92			2.59	2.51	10.31	70	
3.79	4.01	3.49	32.50			5.00	33.27	0.91			2.61	2.53	10.45	69	
3.77	4.00	3.48	32.00		6	5.01	33.75			27	2.64	2.56	10.58	68	
3.75		3.42	30.93			5.03	34.08	0.90	27		2.67	2.60	10.76	67	
3.73	3.97	3.41	30.22			5.06	34.16				2.71	2.61	10.82	66	
3.70	3.95	3.39	30.03	30.00		5.09	34.18	0.89			2.73	2.65	10.84	65	
3.67	3.93	3.38				5.11	34.28				2.75	2.70	10.86	64	
3.61	3.92	3.32	30.02			5.12	34.33	0.88	26		2.76	2.72	10.94	63	
3.60	3.90	3.30				5.13	34.54			26		2.76	11.07	62	
3.58	3.89	3.29		29.99		5.15	34.57	0.87			2.77	2.78	11.13	61	
3.51	3.85	3.24				5.17	34.68	0.86			2.78	2.79	11.16	60	

表 5–14　小班力量与持久力评价表（女）

单手肩上投沙包 / 米		双手投垒球 / 米	俯撑 / 秒	仰撑 / 秒	仰卧举腿 / 个	15 米快跑 / 秒	50 米走 / 秒	立定跳远 / 米	10 秒原地单脚跳 / 个		2 米单脚连续向前跳 / 秒		上下台阶 / 秒	百分位数	四级分制
左手	右手								左脚	右脚	左脚	右脚			
4.51	5.03	5.46	70.81	59.92	12	3.09	13.27	1.17	34	39	1.26	1.58	3.00	99	优秀
4.49	4.81	5.17	68.41	59.08	11	3.58	13.52	1.13	33	37	1.51	1.70	3.70	98	
4.29	4.71	4.82	65.05	56.43		3.90	15.08	1.11		35	1.61	1.80	5.41	97	
4.19	4.53	4.58	60.45	54.68		4.06	15.88	1.09	32	34	1.77	1.87	6.42	96	
4.11	4.47	4.48	58.46	52.69	10	4.11	17.22	1.07		33	1.82	1.91	6.78	95	
4.01	4.36	4.28	56.06	50.16		4.17	18.75	1.06			1.87	1.98	6.96	94	
4.00	4.32	4.21	54.41	48.79		4.23	19.49	1.05	31		1.93	2.04	7.11	93	
3.98	4.27	4.18	53.64	47.83		4.30	21.48	1.04		32	2.00	2.09	7.31	92	
3.87	4.21	4.08	52.48	47.45	9	4.38	23.08	1.03			2.03	2.12	7.44	91	
3.81	4.15	4.01	51.53	46.39		4.49	24.53	1.02			2.07	2.17	7.86	90	
3.76	4.10	3.99	49.46	45.51		4.55	26.81	1.01			2.08	2.19	8.00	89	良好
3.67	4.01	3.95	45.70	44.69		4.60	27.80	1.00	30		2.09	2.22	8.12	88	
3.60	4.00	3.87	44.92	43.67	8	4.61	28.16			31	2.11	2.24	8.35	87	
3.54	3.93	3.81	43.05	42.96		4.63	28.68	0.99			2.14	2.28	8.55	86	
3.51	3.89	3.78	41.10	40.41		4.68	29.12	0.98			2.17	2.30	8.89	85	
3.50	3.87	3.67	40.66	39.95		4.70	29.56				2.19	2.31	9.11	84	
3.48	3.80	3.64	40.10	38.94		4.73	29.82	0.97			2.23	2.36	9.25	83	
3.42	3.75	3.61	39.50	38.60		4.77	30.08	0.96		30	2.29	2.38	9.39	82	
3.39	3.70	3.59	39.19	37.67	7	4.81	30.28		29		2.30	2.39	9.63	81	
3.34	3.65	3.56	39.13	36.39		4.87	30.67	0.95			2.33	2.40	9.79	80	

（续表）

单手肩上投沙包／米		双手投垒球／米	俯撑／秒	仰撑／秒	仰卧举腿／个	15米快跑／秒	50米走／秒	立定跳远／米	10秒原地单脚跳／个		2米单脚连续向前跳／秒		上下台阶／秒	百分位数	四级分制
左手	右手								左脚	右脚	左脚	右脚			
3.31	3.61	3.53	38.75	36.09		4.89	31.09				2.40	2.41	9.91	79	良好
3.30	3.58	3.50	37.17	35.65		4.90	31.40	0.94			2.42	2.44	10.07	78	
3.24	3.56	3.49	36.01	34.78		4.92	31.54	0.93			2.45	2.48	10.24	77	
3.21	3.51	3.47	35.76	34.66		4.96	31.70	0.92			2.48	2.50	10.28	76	
3.18	3.50	3.41	35.39	34.06		4.98	31.78	0.91	28		2.50		10.30	75	
3.15	3.49	3.40	35.12	32.95		5.00	31.85			29	2.51	2.51	10.57	74	及格
3.11	3.48		34.32	32.27			31.96				2.57	2.52	10.61	73	
3.09	3.45	3.39	34.10	31.45		5.02	31.99	0.90			2.59	2.53	10.74	72	
3.02	3.41	3.37	33.18	30.80	6	5.04	32.10				2.60	2.54	10.81	71	
3.00	3.39	3.29	32.47	30.54		5.06	32.15				2.61	2.55	10.87	70	
	3.36	3.23	32.12	30.11		5.09	32.45	0.89			2.65	2.56	10.89	69	
2.99	3.34	3.20	31.33	30.02		5.10	32.52		27		2.68	2.59	10.91	68	
2.98	3.32	3.18	31.08			5.11	32.71	0.88			2.69	2.60	10.99	67	
2.95	3.30	3.15	30.83			5.12	32.97	0.87		28	2.70	2.62	11.04	66	
2.91	3.29	3.14	30.46	30.01		5.15	33.15	0.86			2.72	2.65	11.07	65	
2.90	3.22	3.11	30.29			5.18	33.21				2.75	2.71	11.13	64	
2.89	3.21	3.10	30.27			5.20	33.31	0.85			2.76	2.76	11.20	63	
2.88	3.20		30.25			5.22	33.51				2.77	2.79	11.24	62	
2.85		3.09	30.22			5.24	33.66	0.84	26			2.80	11.38	61	
2.81	3.19	3.02	30.20	30.00		5.29	33.82				2.78	2.81	11.41	60	

表 5–15　中班力量与持久力评价表（男）

单手肩上投沙包 / 米		双手投垒球 / 米	俯撑 / 秒	仰撑 / 秒	仰卧举腿 / 个	20 米快跑 / 秒	走跑交替 50 米 / 秒	立定跳远 / 米	20 秒原地单脚跳 / 个		5 米单脚连续向前跳 / 秒		上下台阶 / 秒	三连跳 / 米	5 米蹲走 / 秒	百分位数	四级分制
左手	右手								左脚	右脚	左脚	右脚					
6.69	7.43	6.51	63.08	65.31	18	4.34	8.58	1.48	61	62	1.38	1.87	3.20	4.25	4.44	99	优秀
6.48	6.97	6.34	60.43	60.35	17	4.51	9.56	1.42	60	61	1.67	2.05	3.33	4.16	4.89	98	
6.34	6.78	6.21	59.97	60.00	16	4.60	10.12	1.40	59	60	2.21	2.15	3.51	4.07	5.35	97	
6.26	6.53	6.07	58.80	59.68		4.64	10.54	1.37			2.30	2.31	4.00	4.01	5.67	96	
6.18	6.37	5.80	56.69	59.03		4.73	10.92	1.34	58	59	2.33	2.39	4.17	4.00	6.11	95	
6.11	6.21	5.69	55.45	57.87	15	4.89	10.99	1.31			2.42	2.46	4.26	3.98	6.31	94	
6.00	6.13	5.62	54.22	55.91		4.91	11.08		57		2.51	2.49	4.38	3.94	6.81	93	
5.87	6.11	5.56	51.90	54.76	14	4.93	11.15	1.30		58	2.57	2.50	4.69	3.89	7.08	92	
5.80	6.02	5.50	50.00	52.29		4.97	11.24	1.29			2.68	2.56	5.28	3.85	7.21	91	
5.71	6.00	5.43	49.19	51.29		5.01	11.29			57	2.77	2.66	5.97	3.82	7.49	90	
5.61	5.94	5.33	48.14	50.27	13	5.03	11.32	1.27			2.81	2.70	6.32	3.80	7.55	89	良好
5.58	5.90	5.21	46.19	49.32		5.04	11.37	1.26	56		2.86	2.76	6.42	3.78	7.61	88	
5.50	5.82	5.17	43.02	47.01		5.05	11.71	1.25		56	2.91	2.79	6.67	3.72	7.74	87	
5.47	5.71	5.13	40.37	45.71		5.08	12.12	1.24			3.00	2.81	6.83	3.70	7.94	86	
5.39	5.67	5.09	39.47	44.21		5.10	12.18				3.08	2.88	6.93	3.69	8.07	85	
5.31	5.60	5.03	37.31	42.14		5.15	12.42	1.23		55	3.10	2.92	7.05	3.65	8.15	84	
5.28	5.51	5.00	35.66	40.63	12	5.19	12.53	1.22	55		3.13	2.95	7.22	3.63	8.26	83	
5.21	5.50	4.92	34.86	40.05		5.21	12.76	1.21			3.21	2.96	7.25	3.61	8.35	82	
5.19	5.48	4.90	33.70	39.94		5.23	13.06				3.24	2.99	7.30		8.42	81	
5.12	5.42	4.89	32.60	39.68		5.25	13.15				3.30	3.09	7.42	3.60	8.53	80	

（续表）

单手肩上投沙包 / 米		双手投垒球 / 米	俯撑 / 秒	仰撑 / 秒	仰卧举腿 / 个	20 米快跑 / 秒	走跑交替 50 米 / 秒	立定跳远 / 米	20 秒原地单脚跳 / 个		5 米单脚连续向前跳 / 秒		上下台阶 / 秒	三连跳 / 米	5 米蹲走 / 秒	百分位数	四级分制
左手	右手								左脚	右脚	左脚	右脚					
5.10	5.40	4.86	30.98	39.44		5.28	13.29	1.20	54		3.33	3.11	7.64	3.58	8.58	79	良好
5.02	5.35	4.80	30.58	36.98		5.30	13.48			54	3.35	3.14	7.69	3.54	8.79	78	
4.99	5.31	4.76	30.15	35.98		5.32	13.66				3.36	3.17	7.83	3.52	8.95	77	
4.94	5.27	4.70	30.14	34.84		5.34	13.71	1.19			3.38	3.20	7.98	3.51	9.17	76	
4.88	5.22	4.66		33.08	11	5.37	13.78		53		3.41	3.22	8.10	3.50	9.31	75	
4.82	5.19	4.60	30.13	31.98		5.38	14.07	1.18			3.49	3.29	8.18	3.49	9.35	74	及格
4.75	5.12	4.58		30.29		5.39	14.50	1.17			3.51	3.38	8.21	3.48	9.41	73	
4.67	5.10	4.52	30.12	30.11		5.41	14.70	1.16		53	3.54	3.41	8.27	3.46	9.44	72	
4.61	5.07	4.50		30.10		5.42	15.14	1.15	52		3.55	3.49	8.33	3.44	9.51	71	
4.57	5.04	4.49	30.11			5.43	15.62				3.58	3.53	8.43	3.41	9.76	70	
4.52	5.02	4.45		30.09		5.45	15.91	1.14			3.62	3.57	8.49	3.40	9.91	69	
4.50	5.00	4.38	30.10			5.47	16.09	1.13			3.66	3.59	8.54		10.05	68	
4.49		4.31	30.09	30.08		5.50	16.34				3.72	3.60	8.61	3.39	10.11	67	
4.47	4.98	4.29		30.07	10	5.51	16.39	1.12	51	52	3.79	3.62	8.67	3.36	10.17	66	
4.42	4.92	4.24	30.08			5.55	16.68	1.11			3.80	3.64	8.69	3.33	10.23	65	
4.40	4.89	4.21		30.06		5.59	17.00				3.85	3.66	8.71	3.30	10.31	64	
4.39	4.81	4.19	30.07			5.60	17.24				3.89	3.70	8.79		10.42	63	
4.33	4.79	4.17		30.05		5.61	17.66	1.10	50		3.93	3.75	8.84	3.29	10.46	62	
4.30	4.71	4.12	30.06			5.63	18.09			51	3.96	3.80	8.89	3.28	10.54	61	
4.26	4.69	4.06		30.04		5.65	18.38				4.00	3.82	8.95	3.26	10.62	60	

表 5-16　中班力量与持久力评价表（女）

单手肩上投沙包 / 米		双手投垒球 / 米	俯撑 / 秒	仰撑 / 秒	仰卧举腿 / 个	20 米快跑 / 秒	走跑交替 50 米 / 秒	立定跳远 / 米	20 秒原地单脚跳 / 个		5 米单脚连续向前跳 / 秒		上下台阶 / 秒	三连跳 / 米	5 米蹲走 / 秒	百分位数	四级分制
左手	右手								左脚	右脚	左脚	右脚					
5.69	6.54	5.81	63.76	70.13	17	4.60	11.10	1.38	61	60	2.06	2.30	2.56	5.21	4.50	99	优秀
5.55	6.29	5.62	61.91	66.82	16	4.76	11.14	1.34	60		2.26	2.51	3.48	4.93	4.79	98	
5.32	6.04	5.52	60.18	62.96		4.86	11.21	1.31		59	2.45	2.57	4.11	4.73	5.55	97	
5.29	5.84	5.23	59.87	59.92	15	4.89	11.23	1.30	59	58	2.70	2.66	4.21	4.57	5.89	96	
5.21	5.62	5.18	56.99	58.99		4.91	11.31				2.78	2.74	4.42	4.22	6.29	95	
5.12	5.51	5.02	54.36	57.99		4.96	11.33	1.29			2.92	2.84	4.61	3.99	6.66	94	
5.07	5.45	4.97	51.54	56.13		5.05	11.36	1.28	58	57	3.02	2.88	4.98	3.94	7.01	93	
4.99	5.32	4.89	49.15	53.84	14	5.10	11.51	1.26			3.05	2.90	5.74	3.82	7.27	92	
4.82	5.27	4.80	46.89	52.17		5.14	11.78	1.25	57		3.10	2.93	6.17	3.77	7.41	91	
4.72	5.20	4.69	46.07	50.61		5.18	11.80	1.23			3.12	2.97	6.25	3.74	7.70	90	
4.62	5.07	4.60	44.75	49.42		5.23	11.82	1.21		56	3.19	3.07	6.37	3.71	7.84	89	良好
4.50	4.99	4.53	43.39	48.65		5.28	11.93		56		3.21	3.09	6.71	3.68	7.89	88	
4.49	4.91	4.49	40.79	47.76	13	5.31	12.00	1.20			3.23	3.10	6.85	3.62	7.94	87	
4.47	4.86	4.42	38.95	46.54		5.36	12.27				3.26	3.11	7.04	3.60	8.00	86	
4.41	4.81	4.38	36.23	45.61		5.38	12.40		55		3.29	3.12	7.23	3.59	8.20	85	
4.36	4.71	4.31	35.11	44.14		5.40	12.77	1.19			3.33	3.13	7.29	3.56	8.39	84	
4.24	4.64	4.26	32.88	42.34		5.47	12.78	1.17		55	3.37	3.15	7.50	3.52	8.50	83	
4.17	4.60	4.22	30.78	41.16		5.51	12.85	1.16			3.39	3.16	7.72	3.50	8.67	82	
4.11	4.51	4.19	30.15	40.09	12	5.53	13.11	1.15			3.42	3.21	7.87	3.46	8.80	81	
4.07	4.45	4.16	30.14	40.03		5.55	13.26	1.14	54		3.46		7.92	3.42	8.91	80	

（续表）

单手肩上投沙包 / 米		双手投垒球 / 米	俯撑 / 秒	仰撑 / 秒	仰卧举腿 / 个	20 米快跑 / 秒	走跑交替 50 米 / 秒	立定跳远 / 米	20 秒原地单脚跳 / 个		5 米单脚连续向前跳 / 秒		上下台阶 / 秒	三连跳 / 米	5 米蹲走 / 秒	百分位数	四级分制
左手	右手								左脚	右脚	左脚	右脚					
4.02	4.41	4.12	30.13	39.89		5.56	13.33	1.13			3.51	3.23	7.98	3.40	8.96	79	良好
4.00	4.40	4.09		39.66		5.57	13.50	1.12		54	3.54	3.25	8.11	3.39	9.01	78	
	4.35	4.03	30.12	38.94		5.60	13.62	1.11			3.59	3.26	8.23	3.37	9.11	77	
3.98	4.31	4.00		37.65		5.63	14.10				3.65	3.29	8.31	3.36	9.16	76	
3.92	4.29	3.92	30.11	35.64		5.65	14.60	1.10			3.70	3.34	8.37	3.33	9.30	75	
3.89	4.24	3.90		35.10		5.68	14.89		53		3.71	3.39	8.48	3.31	9.37	74	及格
3.84	4.22	3.89	30.10	34.38		5.71	15.21	1.09		53	3.72	3.43	8.61	3.30	9.45	73	
3.81	4.20	3.87		31.98	11	5.74	15.56				3.79	3.48	8.66	3.29	9.51	72	
3.78	4.17	3.83	30.09	30.70		5.78	16.18	1.07			3.81	3.51	8.71	3.25	9.64	71	
3.71	4.13	3.81		30.19		5.80	16.74	1.06			3.82	3.56	8.80	3.23	9.68	70	
3.69	4.10	3.79	30.08	30.18		5.83	17.10	1.05	52		3.85	3.61	8.85	3.22	9.70	69	
3.65	4.05	3.75		30.17		5.86	17.49	1.04			3.88	3.66	8.90	3.21	9.87	68	
3.61	4.01	3.70	30.07	30.16		5.87	17.76			52	3.89	3.70	9.01	3.20	10.03	67	
3.60	4.00	3.68		30.15		5.88	18.02	1.03			3.90	3.78	9.12	3.19	10.13	66	
3.57		3.65	30.06	30.14		5.91	18.29	1.02	51		3.96	3.82	9.20	3.18	10.22	65	
3.51	3.99	3.60		30.13	10	5.94	18.60				3.99	3.84	9.30	3.16	10.27	64	
	3.94	3.57	30.05	30.12		5.97	19.00	1.01			4.00	3.87	9.33	3.14	10.38	63	
3.50	3.92	3.53		30.11		5.99	19.30			51	4.01	3.88	9.38	3.13	10.44	62	
3.49	3.90	3.52	30.04	30.10		6.01	19.53		50		4.03	3.94	9.45	3.12	10.55	61	
3.48	3.88	3.51		30.09		6.04	19.77	1.00			4.06	3.98	9.52	3.11	10.61	60	

表 5-17　大班力量与持久力评价表（男）

单手肩上投沙包 / 米		双手投垒球 / 米	俯撑 / 秒	仰撑 / 秒	仰卧举腿 / 个	25 米快跑 / 秒	100 米跑 / 秒	立定跳远 / 米	20 秒原地单脚跳 / 个		8 米单脚连续向前跳 / 秒		上下台阶 / 秒	五连跳 / 米	8 米蹲走 / 秒	悬垂 / 秒	百分位数	四级分制
左手	右手								左脚	右脚	左脚	右脚						
8.19	8.94	8.53	60.04	60.31	30	4.02	13.81	1.67	61	64	2.90	3.03	3.08	8.10	5.71	49.98	99	优秀
8.06	8.85	8.30	59.80	59.52	29	4.55	14.53	1.60	60	63	3.20	3.38	3.28	8.02	6.31	49.24	98	
7.93	8.63	7.93	59.00	58.21	28	5.00	15.91	1.56		62	3.26	3.49	4.10	7.91	6.60	48.00	97	
7.79	8.43	7.61	56.54	56.89	27	5.10	17.25	1.54	59	61	3.43	3.67	4.85	7.73	6.81	47.28	96	
7.50	8.25	7.46	55.02	56.05		5.34	18.35	1.52		60	3.48	3.74	4.90	7.53	7.00	46.39	95	
7.34	8.15	7.21	54.35	55.27	26	5.44	20.18	1.51			3.57	3.75	5.32	7.43	7.15	45.82	94	
7.20	7.99	7.10	52.30	53.29		5.48	21.00	1.50	58	59	3.62	3.78	5.37	7.27	7.23	44.94	93	
7.11	7.86	7.05	52.00	50.50	25	5.49	21.61				3.67	3.80	5.47	7.21	7.42	44.04	92	
7.09	7.80	7.00	50.23	50.07		5.51	22.14	1.49	57		3.75	3.87	5.57	7.17	7.55	43.12	91	
7.02	7.69	6.96	49.97	49.80	24	5.56	22.36	1.48		58	3.78	3.89	5.73	7.12	7.62	42.75	90	
6.99	7.55	6.90	49.87	49.03		5.60	22.73	1.46			3.79	3.91	5.87	7.06	7.64	42.13	89	良好
6.91	7.51	6.80	48.78	47.80	23	5.62	23.27	1.44	56		3.83	3.95	5.89	7.01	7.91	41.73	88	
6.80	7.49	6.70	47.75	44.85		5.69	23.47	1.43		57	3.86	3.98	6.07	7.00	8.19	41.08	87	
6.74	7.38	6.65	45.11	43.93		5.70	23.75	1.41			3.92	3.99	6.19	6.99	8.29	40.74	86	
6.69	7.31	6.62	41.27	42.92		5.77	24.13	1.40			3.97	4.00	6.27	6.95	8.54	40.31	85	
6.62	7.30	6.58	40.06	40.17	22	5.79	24.61				3.99	4.01	6.34	6.89	8.59	40.02	84	
6.56	7.27	6.51	39.96	40.00		5.81	24.84	1.39	55		4.01	4.04	6.40	6.82	8.63	39.45	83	
6.41	7.21	6.47	39.30	39.86		5.86	24.97	1.38		56	4.03	4.08	6.48	6.76	8.65	39.02	82	
6.34	7.18	6.41	36.90	38.94	21	5.88	25.17	1.36			4.05	4.11	6.57	6.71	8.77	38.34	81	
6.24	7.12	6.35	35.84	37.63		5.90	25.43				4.07	4.13	6.69	6.70	8.85	38.00	80	

（续表）

单手肩上投沙包/米		双手投垒球/米	俯撑/秒	仰撑/秒	仰卧举腿/个	25米快跑/秒	100米跑/秒	立定跳远/米	20秒原地单脚跳/个		8米单脚连续向前跳/秒		上下台阶/秒	五连跳/米	8米蹲走/秒	悬垂/秒	百分位数	四级分制
左手	右手								左脚	右脚	左脚	右脚						
6.20	7.08	6.31	32.90	36.03		5.91	25.74	1.35				4.17	6.77	6.68	8.94	37.65	79	良好
6.17	7.03	6.29	31.17	34.58	20	5.93	25.98				4.09	4.20	6.84	6.65	9.00	37.27	78	
6.12	7.01	6.28	30.50	33.80		5.97	26.09	1.34	54		4.10	4.21	6.87	6.62	9.11	36.96	77	
6.10	6.99	6.23	30.01	33.22		6.00	26.39	1.33		55	4.11	4.24	6.98	6.59	9.22	36.51	76	
6.06	6.98	6.20		31.61			26.80	1.32				4.27	7.04	6.54	9.32	35.67	75	
6.01	6.87	6.14		30.56		6.01	26.83				4.12	4.28	7.08	6.52	9.33	35.13	74	及格
5.97	6.82	6.10		30.12	19		26.95	1.31			4.15	4.29	7.11	6.50	9.49	33.79	73	
5.90	6.79	6.01				6.02	27.09				4.20	4.30	7.19	6.49	9.65	32.76	72	
5.88	6.71	5.96		30.11		6.04	27.11				4.22	4.32	7.24	6.46	9.68	32.44	71	
5.82	6.61	5.90				6.06	27.14	1.30		54	4.27	4.36	7.27	6.42	9.72	31.97	70	
5.80	6.56	5.80		30.10		6.07	27.23		53		4.30	4.40	7.29	6.35	9.79	31.83	69	
5.79	6.52	5.72				6.09	27.28				4.31	4.43	7.31	6.32	9.86	31.36	68	
5.77	6.50	5.69		30.09	18	6.10	27.44				4.32	4.46	7.32	6.29	9.98	31.12	67	
5.69	6.45	5.67				6.11	27.66	1.29			4.36	4.49	7.33	6.24	10.01	30.56	66	
5.60	6.41	5.62		30.08			27.81				4.41	4.52	7.36	6.21	10.11	30.15	65	
5.53	6.34	5.60			17	6.13	27.83	1.28			4.43	4.55	7.40	6.20	10.17	30.04	64	
5.50	6.29			30.07		6.16	27.85	1.27		53	4.44	4.58	7.42	6.16	10.27	29.95	63	
5.47	6.20	5.57				6.19	27.96	1.26	52		4.49	4.61	7.47	6.13	10.35	29.33	62	
5.40	6.17	5.52	30.00		16	6.21	28.04				4.51	4.62	7.51		10.54	29.06	61	
5.38	6.11	5.49		30.06		6.24	28.13	1.25			4.54	4.63	7.54	6.12	10.67	28.60	60	

表 5–18　大班力量与持久力评价表（女）

单手肩上投沙包 / 米		双手投垒球 / 米	俯撑 / 秒	仰撑 / 秒	仰卧举腿 / 个	25 米快跑 / 秒	100 米跑 / 秒	立定跳远 / 米	20 秒原地单脚跳 / 个		8 米单脚连续向前跳 / 秒		上下台阶 / 秒	五连跳 / 米	8 米蹲走 / 秒	悬垂 / 秒	百分位数	四级分制
左手	右手								左脚	右脚	左脚	右脚						
7.22	8.57	7.00	60.29	60.15	27	4.33	15.72	1.51	62	62	2.69	2.86	4.24	7.27	6.22	60.06	99	优秀
7.11	8.19	6.94	60.01	60.05	26	4.97	16.86	1.49	61	61	2.90	3.15	5.43	7.18	6.39	59.42	98	
7.01	7.94	6.81	59.63	60.01	25	5.09	17.66	1.46		60	3.10	3.30	5.49	7.13	6.79	58.03	97	
6.93	7.59	6.66	58.34	59.55	24	5.17	19.01	1.44	60		3.38	3.50	5.57	7.03	7.17	55.91	96	
6.84	7.40	6.46	56.13	58.93		5.30	20.13	1.43	59	59	3.49	3.57	5.70	7.00	7.70	54.28	95	
6.74	7.29	6.38	54.28	58.15	23	5.40	21.52	1.41			3.62	3.66	5.84	6.95	7.76	54.05	94	
6.68	7.21	6.34	53.19	57.09		5.46	22.66	1.40	58	58	3.68	3.71	5.96	6.89	7.80	53.82	93	
6.59	7.04	6.27	50.13	56.08		5.52	23.85				3.76	3.81	6.02	6.86	7.85	52.65	92	
6.51	6.95	6.19	50.03	54.60	22	5.59	24.50	1.39	57		3.80	3.87	6.06	6.81	8.01	50.12	91	
6.45	6.81	6.13	49.67	53.91		5.67	25.26	1.38		57	3.85	3.91	6.09	6.77	8.12	49.00	90	
6.39	6.74	6.10	48.07	50.95		5.76	25.77	1.36	56		3.91	3.94	6.18	6.71	8.23	47.41	89	良好
6.32	6.69	6.02	45.71	50.16		5.81	25.98	1.35			3.98	4.00	6.21	6.68	8.30	45.34	88	
6.28	6.61	6.01	43.74	50.00		5.87	26.16	1.34		56	4.00	4.01	6.27	6.60	8.47	43.52	87	
6.20	6.56	5.99	42.61	49.76	21	5.91	26.31				4.02	4.04	6.37	6.55	8.69	42.74	86	
6.12	6.47	5.97	41.08	48.80		5.96	26.70	1.33	55		4.06	4.07	6.42	6.50	8.91	40.81	85	
6.09	6.41	5.95	40.22	47.84		5.98	27.01	1.32			4.11	4.10	6.46	6.46	9.15	39.85	84	
6.01	6.29	5.90	39.66	46.27		6.00	27.38	1.31			4.17	4.11	6.52	6.43	9.23	39.13	83	
5.96	6.20	5.85	39.21	44.83		6.02	27.76				4.20	4.14	6.56	6.40	9.39	38.13	82	
5.83	6.10	5.82	37.52	42.66		6.05	27.81	1.30		55	4.23	4.16	6.63	6.37	9.45	37.86	81	
5.80	6.02	5.80	35.82	40.74	20	6.08	27.99				4.25	4.18	6.72	6.33	9.71	36.88	80	

（续表）

单手肩上投沙包 / 米		双手投垒球 / 米	俯撑 / 秒	仰撑 / 秒	仰卧举腿 / 个	25 米快跑 / 秒	100 米跑 / 秒	立定跳远 / 米	20 秒原地单脚跳 / 个		8 米单脚连续向前跳 / 秒		上下台阶 / 秒	五连跳 / 米	8 米蹲走 / 秒	悬垂 / 秒	百分位数	四级分制
左手	右手								左脚	右脚	左脚	右脚						
5.72	6.01	5.79	34.18	40.01		6.10	28.12		54		4.26	4.21	6.77	6.30	10.03	36.85	79	良好
5.69	6.00	5.77	32.64	39.97		6.12	28.23	1.29			4.30	4.24	6.80	6.25	10.07	36.33	78	
5.64	5.98	5.75	30.96	39.79		6.13	28.33				4.34	4.27	6.83	6.21	10.13	35.77	77	
5.59	5.95	5.72	30.20	38.06		6.17	28.47	1.27			4.39	4.28	6.84	6.20	10.23	35.21	76	
5.51	5.91	5.69	30.19	36.31		6.21	28.51	1.26		54	4.40	4.30	6.88	6.17	10.30	34.89	75	
5.48	5.90	5.68		35.08		6.23	28.54	1.25	53			4.32	6.93	6.15	10.36	34.06	74	及格
5.41	5.89	5.61	30.18	34.28	19	6.24	28.62				4.44	4.34	7.00	6.14	10.48	33.39	73	
5.38	5.83	5.59	30.17	32.42		6.25	28.63	1.24			4.51	4.35	7.04		10.63	32.43	72	
5.30	5.80	5.54		31.96		6.29	28.75	1.23			4.54	4.40	7.06	6.12	10.79	32.02	71	
5.21	5.75	5.52	30.16	31.26		6.31	28.76				4.57	4.43	7.11	6.11	11.00	31.42	70	
5.14	5.69	5.49	30.15	31.18	18	6.32	28.80	1.22		53	4.59	4.46	7.13	6.10	11.06	30.38	69	
5.11	5.62	5.43		30.91		6.34	28.91	1.21	52		4.61	4.49	7.17	6.07	11.10	29.76	68	
5.09	5.58	5.40	30.14	30.30	17	6.38	28.95				4.67	4.53	7.20	6.05	11.31	29.65	67	
5.07	5.52	5.36	30.13	30.10		6.40	29.00				4.69	4.56	7.21	6.03	11.33	29.53	66	
5.01	5.50	5.29				6.41	29.08	1.20				4.58	7.24	6.01	11.41	29.25	65	
5.00	5.46	5.21	30.12	30.09	16		29.28				4.71	4.60	7.28	5.99	11.49	28.81	64	
	5.40	5.20	30.11			6.42	29.42				4.74	4.62	7.30	5.96	11.72	28.21	63	
4.99	5.35	5.17		30.08			29.51			52	4.77	4.63	7.33	5.93	11.94	27.50	62	
	5.32	5.15	30.10		15	6.43	29.60	1.19	51		4.78	4.66	7.41	5.92	12.03	27.47	61	
4.90	5.30	5.12	30.09			6.44	29.65				4.80	4.69	7.45	5.90	12.18	27.28	60	

参考文献：

[1] 朱为模．能量平衡：从劳动节省到静坐少动的生活方式[R]．北京体育大学“体力活动与能量消耗”高层论坛，2010：11．

[2] 崔康丽．重庆市幼儿体育教育现状的调查研究[D]．重庆：西南大学，2013：7．

[3] 孙继贤．幼儿园体育活动法[M]．北京：北京师范大学出版社，1988：17-44．

[4] 刘弹．学前幼儿体育[M]．北京：北京师范大学出版社，1998：53-96．

[5] 黄世勋．幼儿园体育创新：基础理论和方法[M]．北京：教育科学出版社，2003：71-73．

[6] 谭星．幼儿园体育[M]．北京：北京师范大学出版社，2001：321．

[7] 叶新新，陈品．我国海岛地区 3～6 岁幼儿的体质研究[J]．北京体育大学学报，2004，27（1）：80-82．

[8] 张晓红．广州市幼儿体育活动现状研究与分析[J]．湖北体育科技，2004，23（2）：253-254．

[9] 许环忠，曹桂珍．浅谈幼儿体能训练的实施方法[J]．江西教育科技，2000（7）：43-46．

[10] 人民教育出版社课程教材研究所体育课程教材研究开发中心．人类动作发展概论[M]．北京：人民教育出版社，2008：160-181．

第六章 幼儿体育活动“三维动作”能力测试指标体系

第一节 幼儿体育活动“三维动作”能力测试研究概述

身体素质作为体质测试的一个重要指标，目前国内针对 3~6 岁幼儿身体素质的研究绝大部分是通过体质测试数据反映出来的。如广西、山西、山东、河南、浙江等地区针对 2000 年以来的几次全国体质测试普查，分别对本地区 3~6 岁幼儿体质状况做出了分析。依据国家体质测试标准，幼儿身体素质测试项目为 10 米折返跑、立定跳远、网球掷远、双脚连续跳、坐位体前屈、走平衡木。针对各个项目进行地区、性别、年龄间的比较分析，甚至跨年度的纵向比较，结果都显示：3~6 岁幼儿各项身体素质随年龄增加而稳定提高；各项身体素质存在地区差异性特点且具有性别差异；力量和平衡能力增长幅度要明显快于其他身体素质；3~5 岁是幼儿身体素质快速发展的重要时期，5~6 岁时身体素质发展速度变慢，部分幼儿身体素质甚至出现下降的趋势。

幼儿身体素质的自然增长是必然的，然而通过有效干预促进幼儿体质增长也是可行的，正常的有效干预必定要经过体育活动内容的教学与练习。从表 6–1 中，可以看出走、跑、跳跃、投掷、攀登、钻、爬等人体基本动作对发展幼儿身体素质影响较大且关系密切。

表 6-1 幼儿基本动作练习与身体素质培养的关系 [1]

身体素质	力量素质			耐力素质	调整素质				
	上肢	下肢	躯干		速度	柔韧性	灵敏性	平衡能力	协调能力
走		★		★				★	★
跑		★		★	★		★	▲	▲
跳跃		★		★	▲		★	▲	★
投掷	★		★			★			★
攀登	★	▲				▲	★	▲	★
钻		★				★	★	▲	★
爬	★	★	★	▲			★		★

注：▲表示次相关，★表示高度相关。

一、幼儿体育活动平衡能力测试研究概述

1. 国内外幼儿平衡能力测试方法研究

目前，平衡功能评定的常用方法主要分为观测法、量表法、平衡测试仪评定法、动作发展测评法和大肌肉群发展测试法（TGMD-2）等。

（1）观测法

观测法主要包括隆伯格（Romberg）法、单腿直立检查法及强化、沃尔夫森（Wolfson）的姿势性应力实验法、闭目原地踏步法、前庭步检测法和平衡木行走检测法。

传统的观测法是临床上医生通过经验观察人体的平衡功能状况。观察法简单易行，不需要特殊设备，但缺乏量化指标，敏感性及特异性均不高，可用来对疑似平衡障碍的患者进行筛查。此方法过于粗略和主观，且缺乏量化，因而对平衡能力的评价不够客观，但其应用简便，目前仍有一定的应用价值，常用于对平衡功能障碍的患者进行粗略的筛选。

（2）量表法

量表法又称“功能性评定法”或“量表评定法”。量表法是借助特定量表进行的一种功能性评定方法，属于主观性评定，该方法不需要专门的设备，便于掌握，在临床上比较容易操作。量表评定易于量化，便于进行统计处理，在临床和科研中应用广泛。常用的平衡功能检测的量表较多，经临床验证应用较广的有以下几种量表：第一种，Berg 平衡量表（Berg Balance Scale，BBS）；第二种，Tinetti 平衡与步态量表（Tinetti Performance Oriented Mobility Assessment，Tinetti POMA）；第三种，计时起立—步行测验（Timed Up and Go Test，TUGT）。

金冬梅、燕铁斌在《Berg 平衡量表及其临床应用》（2002）中提到，Berg 平衡量表在国外的临床中运用非常普遍，通过对 BBS 的详细介绍，为其在国内临床应用提供参考。BBS 由凯瑟·琳·伯格（Katherine Berg）于 1989 年首先报道，此量表的制定过程分为评定项目的筛选和信度检验两个部分。

经过评定项目的筛选和信度检验两个过程，BBS 最终包括 14 个项目：由坐到站、独立站立、独立坐、由站到坐、床—椅转移、闭眼站立、双足并

拢站立、站立位上肢前伸、站立位从地上拾物、转身向后看、转身一周、双足交替踏台阶、双足前后站立、单腿站立。每个项目最低得分 0 分，最高得分 4 分，总分 56 分，测试一般可在 20 分钟内完成，BBS 将得分分为 0~20 分、21~40 分、41~56 分三组，代表的平衡能力分别相当于坐轮椅、辅助步行和独立行走三种活动状态。如果总分少于 40 分，预示有跌倒的危险性[2]。

杨雅琴、王拥军等人在《平衡评价量表在临床中的应用》（2011）中，介绍了 Tinetti 平衡与步态量表和计时起立一步行测验。

平衡与步态量表是由蒂内蒂（Tinetti）在 1986 年首先报道的，包括平衡测试和步态测试 2 部分，满分 28 分。原版中平衡测试部分有 10 个项目，满分 16 分；步态测试部分有 8 个项目，满分 12 分。改良版中平衡测试部分有 9 个项目，满分 16 分；步态测试部分有 7 个项目，满分 16 分。得分越高，平衡及步行能力越好。有研究显示，得分在 19~24 分之间则预示有跌倒风险，低于 19 分有高跌倒风险。米歇尔（Michel）报道此量表预测老年人跌倒风险的敏感性和特异性分别为 70% 和 53%。该量表在国内应用较少。

计时起立一步行测验 1986 年由马赛厄斯（Mathias）等报道，该测试所使用的工具为一把有靠背及扶手的椅子及计时所需的秒表，并在距离椅子 3 米处地板粘贴红色胶带加以标记。测试的起始姿势为患者坐在椅子上，背部靠着椅背，双手分别放置于扶手上。听到“开始”口令后，患者从椅子上站起，直线走 3 米，然后转身走回原来椅子处坐下。

该量表颁布时采用 5 分计分制，后修正为由秒表记录。从施测者口令开始，至行走 3 米折返再坐下时臀部刚碰到椅子为止的时间，记录单位为秒（s）。TUGT 因操作简便在国内外平衡评定的研究中大量应用，其信度较高，并且与其他平衡量表具有较好的同时效度。TUGT 对跌倒也有预测作用，但在不同的研究中报道不同[3]。特鲁布拉德（Trueblood）的研究中 TUGT ≥ 11.0 s 为跌倒预测点[4]，而赖斯利（Wrisley）的研究中 TUGT ≥ 12.3 s 为跌倒预测点[5]。

临床上目前使用的平衡量表很多，有些量表设计简单，有些量表设计非常复杂。量表内容涉及静态平衡、动态平衡、步行及步态、日常生活活动等多个方面。对于临床上可能造成平衡及步态障碍的疾病人群均可进行量表评定，评定时应结合疾病特点选用合适的量表揭示其障碍特点。对于尚未进行信度、效度检验的量表应在不同人群中进行研究，扩大适用范围。平衡量表评定还可结合其他方法和手段进行研究，如电生理、影像学、平衡仪、药物等，从多个方面揭示平衡障碍的原因及机理，为临床平衡障碍康复提供理论依据及训练方法。

总之，运用量表测试的主观性对患者的平衡功能评定会有影响，但它不需要专门的设备，应用方便，且有很高的信度和效度，因此在临床上的应用非常普遍。但是它的使用范围仅在临床上，大多数用于病患者，而对于普通人，尤其是幼儿，仅测试平衡能力的水平就不适用。因此，如果将它的适用范围扩大，量表测试将会对人类有更大的贡献。

（3）平衡测试仪评定法

近年来，计算机化的姿势描记法得到了长足的发展，被用于平衡能力的测定，与简单的动作测试相比，能更准确、客观、有效地评估平衡功能。

国外流行的平衡测试仪主要有 Balance Performance Monitor（BPM）、Balance Master 和 Equitest 等，其中后两者不仅可以对平衡能力进行静态、动态测试，而且可以对平衡功能障碍的患者进行训练治疗，但由于价格过高，非常难以推广，应用受到限制。相比较而言，BPM 价格适中，性能稳定，操作方便，应用前景非常广泛。

国内较常用的平衡测试仪主要有北京林业大学工学院人机工程研究室研制的 BSR−1 型人体平衡功能测试仪，中国科学院合肥智能研究所生产的平衡测力台、计算机及配套软件，北京爱生电子技术研究所研制的 ST−939 人体重心平衡仪，Tetrax 平衡测试仪等。

李文彬、胡传双、门高利的《BSR−1 型人体平衡功能测试仪及其测试指标》（2001）中，主要介绍 BSR−1 型人体平衡功能测试仪，该测试仪由测试平台、计算机和人体平衡功能专用分析软件组成，主要用于便携式林业机械作业时人体负荷、人体生理和心理因素以及机械几何参数对人体平衡功能的影响。文章具体阐述该测试仪的系统构成、测试平台测量人体重心动摇的工作原理、测试仪的主要测试指标及计算方法和人体平衡功能专用分析软件特点等。

崔景辉、付丽敏的《儿童静态平衡能力量化评分标准的建立》（2006）中，选取儿童静态平衡能力的量化评价指标，建立量化评分标准，为技能主导类项群静态平衡能力的选材提供量化评价依据。使用中国科学院合肥智能研究所生产的平衡测力台、计算机及配套软件，对没有从事系统体育训练、无近视、身体形态正常的 140 名 8 岁男童进行 36 项指标测试。运用聚类分析法和因子分析法对这些指标进行分析，归结出评价静态平衡能力的 7 个因子，确立了静态平衡能力的评价指标体系，并依据该评价指标体系建立了静态平衡能力的评价结构。再运用单项指标评分公式和评分结构得出所有被测试者静态平衡能力的综合得分后，建立了 5 个等级的 8 岁男童静态平衡能力评价标准，采用标准百分数评分法对平衡能力单项指标进行评分评价。

汪敏、马芙蓉的《儿童立位姿态平衡发展过程的研究》（2009）中，采用北京爱生电子技术研究所研制的 ST-939 人体重心平衡仪，在睁眼和闭眼两种状态下对各组对象进行立位静态平衡功能的测试，重点观察睁眼和闭眼两种状态下重心的移动速度（open velocity，OV 和 closed velocity，CV），然后应用 Stata 统计软件包进行数据分析。研究结果显示，OV 和 CV 随年龄增长而呈逐渐下降趋势，8 岁以前儿童睁眼闭眼重心移动速度差值与成年人比较有显著统计学意义（$p < 0.05$）。因此，得出结论：儿童姿态稳定性随年龄增长而逐渐趋于成熟，年幼儿童可能以一种与成年人不同的方式利用视觉系统维持姿态的稳定性，8 岁以后类似于成年人的姿态平衡开始出现。

余友林、张建国的《3~6 岁幼儿静态直立平衡能力特征探讨》（2009）中，研究者改变了国内主要采用简易测试法研究幼儿平衡能力的不精确性，运用 Tetrax 平衡测试仪，测定受试者（淮南市市区两所幼儿园 298 名 3~6 岁幼儿和作为成人参照的 76 名大学生）四种状态下（睁眼、闭眼、睁眼—垫上、闭眼—垫上）静态直立时的一般稳定性指数、体重分布等指标，比较分析四种状态下幼儿静态直立平衡机能的年龄和性别特征。得出研究结论：3~6 岁幼儿随年龄增长静态直立平衡能力增长迅速，3~4 岁增长幅度大于 4~5 岁；3~4 岁女性幼儿的前庭功能发育可能先于男性幼儿；3~6 岁幼儿体重分布主要位于脚后跟并有偏左侧支撑的特征。

虽然这些平衡测试仪来自不同的生产商，但是各种平衡测试仪的测试原理大体相同，压力传感器的构成包括测力装置、计算装置、显示装置、专用平衡处理部分和分析模块等。压力传感器检测数据传入计算机，实时计算出重心在水平面上的投影位置与时间关系曲线图，即平衡姿势图。由于姿势图不仅能精确地测试人体重心位置、移动的面积和形态，以评定平衡功能障碍或病变的部位和程度，而且通过对姿势控制（如摇摆轨迹、摇摆幅度、摇摆速度及功能谱分析等）可以更深入地研究在多种情况下身体重心的摇摆特点，有利于对有平衡功能障碍的对象实施针对性的训练。

综上所述，从功能方面而言，国内的平衡测试仪主要是测定人体静态或者动态平衡能力。国外的平衡测试仪，如 Balance Master 和 Equitest，不但可以对平衡能力进行静态和动态测试，而且可以对平衡功能障碍的患者进行训练治疗，这类仪器的测试功能较全面准确，是检测平衡能力的权威测试仪器，但国内没有相当水平的仪器。幼儿的注意力集中时间较短，认知发展水平处于初级阶段。因此，对幼儿进行平衡能力的测试时，不要太复杂，持续时间不宜太久，要符合幼儿的认知水平，尽可能选取幼儿感兴趣但又科学的指标，以达到准确测试幼儿平衡能力发展水平的目的。

（4）动作发展测评法

动作发展测评法主要是通过对某些动作的测试来评价幼儿平衡能力的发展水平。目前，幼儿园测试幼儿平衡能力主要运用以下方法。

第一种方法测幼儿的静态平衡能力。自制一根小木条（长 25 厘米、宽 5 厘米、高 5 厘米），幼儿穿着袜子，单脚站立在小木条上；踩在小木条上的支撑腿要伸直，另一条腿慢慢地离开地面，记录从悬空腿离开地面到脚再次触地的时间，左脚和右脚各测两次，统计时选取最大数值。

第二种方法测幼儿的动态平衡能力。使用平衡木（长 3 米、宽 10 厘米、高 30 厘米；平衡木的两端为起点线和终点线，两端外各加一块长 20 厘米、宽 20 厘米、高 30 厘米的平台）和秒表测试。测试时，幼儿站在平台上，面向平衡木，双臂侧平举，听到“开始”的口令后前进。测试员视幼儿起动开表计时，当幼儿任意一只脚脚尖超过终点线时停表。测试两次，取最好成绩，记录以秒为单位，保留小数点后一位，小数点后第二位数按“非零进一”的原则进位，如 10.11 秒记录为 10.2 秒[6]。

（5）大肌肉群发展测试法（TGMD-2）

TGMD-2 大肌肉群发展测试在美国的体育教育教学和研究中是一项被经常使用的测试，用来评估大肌群在 3~10 岁儿童中的发展作用，而且已经被验证具有高度可靠性和有效性。

TGMD-2 由两大部分构成，即位移运动部分和物体控制运动部分，共包含 12 个动作。其中，位移运动测试的是当儿童从一个方向向另一个方向移动所需要的身体灵活性、协调性和大肌肉群运动能力。物体控制运动测试的是有效地抛、接和击等动作，体现的是大肌肉群运动能力。

位移运动的测试包含六个动作，具体如下：

跑步：按照一定姿势而平稳前进的能力，每一次跑步都需要有两脚离地的瞬间过程。

前滑步：快速与自然跳步的能力。

单脚跳：用单脚跳过有限距离的能力。

跨跳：展现与跳跃有关的能力。

立定跳远：从一定点位置水平跳跃的能力。

侧滑步：从一点直线滑向另一点的能力。

物体控制运动的测试包含六个动作，具体如下：

击固定球：用球棒击打固定球的能力。

原地拍球：脚不移动，完成至少一手 4 次拍球、停下并双手接球的能力。

双手接球：接住球的能力。

踢球：用脚去踢球的能力。

上手投球：用手将球用力投出的能力。

低滚球：用手将球滚入两个标志物之间的能力。

TGMD-2 为美国的幼儿测试提供了很好的工具，但它是否同样适用于我国幼儿，还有待考证。因此，我们不能直接引用过来，需要研究者进行验证后才能下定论。总之，人体平衡功能的测试已研究多年，但是该领域仍存在着许多尚待进一步解决的问题，如平衡机制复杂迄今尚未彻底阐明；平衡功能检测的指征和评价标准尚未统一；平衡功能检测对于疾病的定位、定性及鉴别诊断等还存在局限性。

2. 小结

综上所述，平衡能力评价的方法很多，但各有优劣，观测法过于粗略和主观，且缺乏量化，对幼儿平衡能力的评价不够客观；量表法在临床上的应用非常普遍，但不适宜对幼儿的测试；平衡测试仪评定法虽然客观性强，但是对于幼儿来讲，还是有一定的难度和复杂性等；动作发展测评法是目前常用的方法，但是还不够完善；大肌肉群发展测试法已经被验证具有高度可靠性和有效性，但是基于我国幼儿和美国幼儿的身体差异，评价标准对我国幼儿的借鉴价值就相对减少了。人在不同年龄阶段的动作发展程度是不一样的，不同年龄段在同一个动作的表现形式上也是不一样的，因此，从动作发展的角度出发，能更好地构建适用于幼儿的平衡能力评价体系，为幼儿平衡能力的发展水平提供评价标准。

二、幼儿体育活动灵敏与协调能力测试研究概述

1. 国内幼儿体育活动灵敏与协调能力测试研究概述

在幼儿阶段应该实施什么样的体育教育是学前教育关心的重要问题之一，早在二十世纪六七十年代就有学者对幼儿体质进行调查和研究，但受当时经济、政治和社会等方面因素的制约，研究的空间很有限，大多为自发性的小规模研究。直到 1975 年，幼儿体质的研究才逐渐受到国家的重视，自此，每隔 5 年，卫生部、教育部、体育部等部门联合组织大规模的 3~6 岁幼儿体质测查。2000 年，国家体育总局、国家国民体质检测中心制定了《手册》,《手册》中包含了有关幼儿的一系列体质测试指标。2001 年，由国家体育总局牵头，对全国 31 个省、市和自治区进行国民体质监控工作，其中被测查的幼儿达 49 600 多名，使用的体能测试指标分别是立定跳远、网球掷远、坐位体前屈、10 米折返跑、走平衡木和双脚连续跳，分别评价幼儿的力量、柔韧性、灵敏性、平衡能力和协调性。这些指标一直沿用至今，对幼儿体能研究的文献资料里，大多学者都是沿用《手册》上的测试指标。

1998 年，金嘉燕等在《北京市 3~6 岁幼儿体质状况分析》一文中采用分层抽样，对北京市 8 个区 36 所幼儿园共 4353 名 3~6 岁幼儿进行调查和测

试，金嘉燕早于《手册》以10米折返跑和双脚连续跳两个指标测试幼儿的灵敏性和协调性，并将不同年龄和不同性别幼儿的灵敏性和协调性做了对比，描述了幼儿各年龄段身体素质的发展状况，并与国外幼儿的灵敏性和协调性以及其他能力做比较，得出了北京市幼儿体育教学的一些不足。

2007年，朱琳发表《广州市3~6岁城乡幼儿身体素质的特征》一文，以随机抽样对广州市各区幼儿园共2106名3～6岁幼儿作为调查对象，其中男性幼儿1065名，女性幼儿1041名。研究结果指出：幼儿灵敏性随着年龄的增长而不断提高；3~5岁是身体素质快速发展的时期，5~6岁时身体素质发展速度变慢，部分幼儿身体素质甚至出现下降的趋势；城市幼儿身体素质比农村幼儿身体素质要好些，特别是柔韧性、灵敏性和协调性方面。

2010年，战迅、王新桐在《2004—2009年青岛市幼儿体质状况的动态分析》一文，采取随机整群抽样的原则，在青岛市7个区和5个县级市内抽取805名幼儿，进行了多年的体能发展跟踪研究，同样以10米折返跑和双脚连续跳为测试指标测试幼儿的灵敏性和协调性，研究结果表明，在相同年龄幼儿中，2009年幼儿10米折返跑和双脚连续跳的成绩普遍比2004年幼儿的成绩要好，城镇幼儿提高幅度较大。

2012年，张铭等在文章《我国城乡幼儿身体素质发展水平比较研究》指出，我国城乡幼儿之间灵敏性和协调性存在差异。通过对我国2000年至2010年的3次国民体质监测中城乡幼儿（3~6岁）身体素质的比较研究，结果表明，城市幼儿灵敏性比农村幼儿灵敏性要好，而协调性比农村幼儿要差，但这种差距现在正在缩小。

2011年，刘兴等在《基于身体素质的体操、游戏健身组合对5~6岁幼儿身体素质的干预与评价研究》一文中，以沈阳市8所幼儿园共2132名5~6岁幼儿为研究对象进行实验研究，文章多以体操、游戏为主发展幼儿体能，以10米折返跑和双脚连续跳测试了幼儿的灵敏性和协调性。研究结果证明，体操、游戏健身组合的运动方案对促进5~6岁幼儿的灵敏性和协调性的发展均有积极作用，并以百分位数表制作了5~6岁不同性别幼儿10米折返跑和双脚连续跳的评价标准。与此类似的还有2012年，张海平等以沈阳市8所幼儿园1867名3~4岁的健康幼儿为研究对象的文章《体操、游戏健身组合对沈阳市 3~4 岁幼儿身体素质的影响与评价研究》，同样以 10 米折返跑和双脚连续跳测试幼儿的灵敏性和协调性，设计基于提高灵敏性与协调性的体操与游戏健身组合运动方案。研究结果证明，体操、游戏健身组合的运动方案对促进 3~4 岁幼儿的灵敏性和协调性的发展均有积极作用。此外，文章也以百分位数表的方法制作了 3~4 岁不同性别幼儿灵敏与协调能力评价标准。

2. 国外幼儿体育活动灵敏与协调能力测试研究概述

国外对幼儿体育研究十分重视，美国学者认为，幼儿时期不仅是智力开发的最佳时期，而且还是发展体能的关键时期，幼儿的早期教育应把体育放在首位，切不可片面地追求智力的开发。国外十分重视对幼儿身心发展的保护，他们认为在研究幼儿的同时，也会对幼儿的身心造成一定的伤害。因此，国外对幼儿的研究行为持非常谨慎态度，真正对幼儿体育较深入的实验研究也不多。

1985 年美国密歇根州立大学戴尔 · A. 乌尔里奇（Dale A. Ulrich）博士编制了大肌肉动作发展测试（test of gross motor development，TGMD），专门用于评价 3~10 岁儿童大肌肉动作的发展状况。在 2000 年，经过几年的实践并结合有关专家的建议，Ulrich 博士又对 TGMD 进行了修订，称为 TGMD–2。修订后的测试在美国学前体育教学和研究中被广泛应用，并在多种文化环境下都证实了 TGMD–2 具有良好的信度和效度。在 TGMD–2 中包括位移运动部分和物体控制部分的测试动作，如前滑步、侧滑步、踢球、上手投球和击固定球等动作，从定性和定量两个角度对幼儿灵敏性和协调性以及其他能力做出较客观的评价。

虽然 TGMD–2 在使用中被证实有良好的信度和效度，但是仍有学者认为，TGMD–2 没有很好地反应幼儿的身心发展规律以及在使用上难度过大。哈里特 · G. 威廉姆斯（Harriet G. Williams）于 2009 年在 *A Field-Based Testing Protocol for Assessing Gross Motor Skills in Preschool Children: The CHAMPS Motor Skills Protocol (CMSP)* 一文中，针对 TGMD–2 的一些问题提出了自己的见解，在 TGMD–2 原有内容的基础上改进了位移运动部分和物体控制部分的动作，使这些动作更能反映幼儿的身心发展，也便于测试使用。此外，Harriet G. Williams 把环境影响因素增加到评价内容中，增加了 CMSP 评价的客观性。2008 年，格雷格·佩恩（Greg Payne）与梁国立在著作《人类动作发展概论》中，使用简单的动作发展幼儿的灵敏性和协调性进行研究，由于实验测试对象基本以白人幼儿为主，极少有黄种人幼儿参与，因此，人种的差异性难免局限研究结果在我国幼儿体育教学中的使用。但不可否认的是，该著作的幼儿体育教育观念和思想对我国幼儿体育教育有很大的参考价值。

三、幼儿体育活动力量与持久力测试研究概述

通过文献资料的整理与分析发现，幼儿的力量与持久力通常被分开做研究，而本文主张幼儿相近体能的整体性，将幼儿的力量与持久力作为一种体能进行研究，而以往幼儿的力量与持久力被分开的研究可以作为借鉴。通过研究发现，耐力与持久力既有共同点，也有异同点。共同点都是评价机体坚持时间的长短；异同点则是耐力偏向于评价生理机能持续的能力——肌肉、心血管系统等持续的能力，持久力则更加偏向于评价心理层面——儿童的毅力和意志力。以悬垂动作为例，某幼儿在最后快掉下时还要挣扎坚持 1~2 秒的成绩，则属于持久力评价；有些幼儿觉得悬垂动作很辛苦，刚吊上去没多久就下来了，是因为体能耗尽感觉辛苦不愿意坚持下去，则属于耐力评价。本文主张幼儿的研究使用“持久力”一词，通过练习，在提高幼儿体能的同时，更要提高心理能力。但很多耐力研究和持久力研究区分度不大，两者有共同点，因此，对幼儿持久力的研究，也可以借鉴对幼儿耐力的研究。

目前，通常采用力量素质简易测试指标有握力、背力、引体向上、屈臂悬垂、仰卧起坐、弹跳、投掷力等[7]。

1997 年，广州 3~6 岁幼儿体质常模参考指标将立定跳远、单手沙包掷远、实心球前抛、实心球掷远作为力量素质测试指标[8] 104-107。

《手册》里反应上肢力量的有网球掷远；反应下肢力量的有立定跳远、双脚连续跳，这两个指标一直被沿用至今。

朱琳[9]在《广州市 3~6 岁城乡幼儿身体素质的特征》一文中，按照《手册》中规定的评定方法对幼儿进行测试和统计。选取的力量与持久力测

试指标是立定跳远、网球掷远和双脚连续跳。张健忠[10]在《0~7 岁幼儿动作发展评价》中提到，关于力量与持久力的测试指标有双脚跳的上跳下和连续向前跳。胡虞志、李桂荣等人[11]在《2.5~5.5 岁幼儿基本动作发展趋向的追踪观察》一文中，通过追踪观测健康幼儿的基本动作评价其基本动作的发展水平，用来衡量幼儿体质的强弱。选取包括 20 米跑、肩上投沙包（重 150 克）、立定跳远、纵跳摸高等力量与持久力测试指标。金嘉燕等人[12]在《北京市 3~6 岁幼儿体质状况分析》文章中指出，为了解北京市 3~6 岁幼儿的体质现状，探讨其发展变化的某些规律和制定北京市 3~6 岁幼儿体质的测试标准，1995 年北京市体委、市教委及国家体委科研所共同组织了对北京市城区和近郊 8 个区共 4353 名 3~6 岁幼儿的调查与测试。共选取 13 项指标，其中体能指标 6 项：10 米 ×2 往返跑、立定跳远、垒球掷远、双脚持续跳、走平衡木和圆周单脚连续跳。反应能力、力量与持久力相关的指标主要有立定跳远、垒球掷远、双脚持续跳、圆周单脚连续跳。徐晓红、李鹏[13]在《我国幼儿（3~6 岁）2005—2010 年身体素质状况比较研究》一文中，采用数理统计等方法，对 2005—2010 年间我国 3~6 岁幼儿身体素质状况的变化趋势与规律进行研究，揭示当前幼儿身体素质状况出现的问题，并提出了相关对策。研究对象为 3~6 岁幼儿平衡能力、力量素质、柔韧性、速度素质等多项体质指标 5 年（2005—2010）的动态变化。选取的指标是网球掷远、双脚连续跳和立定跳远，测试幼儿的力量与持久力。李萍[14]提出，20 米节奏往返跑，既可有效测试人体的力量与持久力水平，又有一定的健身价值，比较适宜。沈丽琴等人[15]通过实测认为，小班（3 ~ 4 岁）50 米 ×2、中班（4 ~ 5 岁）50 米 ×4、大班（5 ~ 6 岁）50 米 ×6 作为 3 ~ 6 岁儿童力量与持久力测试指标是合适的。1997 年，广州 3~6 岁幼儿体质常模参考指标将 3~4 岁 100 米耐力跑、5~6 岁 200 米耐力跑作为耐力素质测试指标[8] 104-107。

目前，力量与持久力素质的评价方法很多，但从幼儿自身的角度出发，幼儿的身心能承受的测试是不多的。关于幼儿体质监测和身体素质、身体形态、身体机能的综合测试较多，而将幼儿力量与持久力放在一起的研究还比较欠缺。因此，对幼儿力量与持久力的测评，需要依据幼儿的身心及动作发展特点，做出更加合理有效的设计。

在测试上，国内几乎都用《手册》里的测试指标，这是众多学者测试幼儿体能使用最多也被认为效度较高的测试指标。此外，有文献提到《手册》以外的或国外的一些测试指标，并用来做幼儿体能测试方面的研究。本文认为，既然已有学者使用了《手册》以外的幼儿体能测试指标，说明学者们对幼儿体能测试原有的固定思维已经有所变化，有寻找新的幼儿体能测试指标的倾向。这种倾向变化的好坏尚未能定论，但《手册》从 2000 年沿用至今已有 20 多年，不一定还能完全适合当代幼儿的体能发展特点。因此，应该与时俱进，大胆寻求新的发展，从当代幼儿的实际出发，结合先进的教育理念和思想，在《手册》原有指标研究的基础上，建立以《指南》为依据，构建更符合当代幼儿身体发展特点的幼儿体育活动“三维动作”能力测试指标体系。

第二节
幼儿体育活动“三维动作”能力测试指标设计过程

一、幼儿体育活动“三维动作”能力测试指标的设计

在幼儿体质测试上可以使用的测试指标非常多，并且这些测试指标在很多文献资料上都能找到，这样的指标对本文具有极高的借鉴价值。建立 3~6 岁幼儿体育活动能力测试指标之前，需要收集大量的文献、著作、网页等资料，通过查阅、标记、总结、归纳这些资料，摘录其中数十项幼儿体能发展指标。此外，“头脑风暴”也是一个收集指标的有效办法，集课题组多人之力，运用专业知识和体育运动经验设计了数十项幼儿体能发展指标，共摘录、设计动作指标上百项。经过专家的共同探讨和研究，结合《指南》内容概要，将这些指标分为三大类：平衡能力、灵敏与协调能力、力量与持久力，并在其中筛选部分指标作为幼儿体质测试指标。

经过大面积的指标摘录、设计和分类，建立 3~6 岁幼儿体质测试指标的初步工作已完成，紧接着是筛选测试指标的工作。2013 年 4 月中旬，通过召开课题专家会议，进行 3~6 岁幼儿体育活动能力测试指标的初步筛选，测试

指标初步筛选结果如表 6–2。

表 6-2　测试指标初步筛选结果表

平衡能力	灵敏与协调能力	力量与持久力
闭眼单脚站立	重复钻圈	肩上挥臂掷远
反复横跨	穿过小山洞	拉拉力器
反复横跳	反复跳过障碍	悬垂
单脚站物	听信号起动（反应时）	两臂支撑桌面
反复跳过障碍	后退跑	仰卧蹬腿
前脚掌站立	跑小道	快跑
原地双脚交叉跳	象限跳	俯卧双手撑
原地双脚开合跳	原地双脚交叉跳	前脚掌站立
双脚连续跳	大象走	原地纵跳摸高
走平衡木	10 米折返跑	下台阶
象限跳	同侧与异侧手脚交叉走	立定跳远
	反复横跨	

二、第一轮专家问卷统计结果

问卷调查法是通过事先设计好的问卷向被调查者了解情况和征求意见的一种书面调查方法。“构建广东省幼儿体育活动实践体系测试指标调查问卷”是测试指标初步筛选结果的基础，充分考虑幼儿的身心发展特点及幼儿园实际测试操作情况编制而成。在内容方面，力求普遍反映幼儿身体运动能力，文字表达力求简单、明了，并按照《体育测量学》效度理论中的概念操作化方法，对调查的基本内容进行纲要式的拟订和修改，在专家意见的基础上，将调查内容修正和补充完善，最后将抽象的概念转化为可测试的具体指标选项（附件 8）。

第一轮专家问卷发放两次，一次发放于全国体育领域的专家，另外一次发放于广东省幼儿体育教育工作者（专职体育教师和园长）。

1. 全国专家问卷

问卷调查对象为来自全国的 11 名体育学专家，其中教授 5 名，副教授 6 名。问卷发放时间为 2013 年 12 月，于第二届全国中小学体育教师教学技能比赛会场进行现场问卷调查，现场发放问卷 11 份，现场回收问卷 11 份，回收率 100%，有效率 100%。问卷统计结果如表 6-3。

表 6-3　全国专家问卷结果统计表

年龄 / 岁	能力	测试指标		
3~4	平衡能力	闭眼单脚站立	走平衡木	
	灵敏与协调能力	听信号起动	大象走	
	力量与持久力	上下台阶	仰卧蹬腿	肩上挥臂掷远
4~5	平衡能力	闭眼单脚站立	单脚站物	走平衡木
	灵敏与协调能力	听信号起动	同侧与异侧手脚交叉走	
	力量与持久力	肩上挥臂掷远	仰卧蹬腿	上下台阶
5~6	平衡能力	闭眼单脚站立	单脚站物	走平衡木
	灵敏与协调能力	象限跳	同侧与异侧手脚交叉走	
	力量与持久力	肩上挥臂掷远	悬垂	

2. 广东省幼儿园专家问卷

2013 年 12 月，总课题组举行培训会议，全省 80 多所幼儿园代表出席并参加了会议，其中包括不少专职体育教师及有丰富幼儿教学经验的园长。由于幼儿年龄阶段体育活动的特异性，与小学及其他学龄段的体育活动存在较大的差异，在什么指标适合评价幼儿体质的问题上，每天都接触幼儿的幼儿园体育工作者最具有发言权，因此，课题组十分重视幼儿园体育工作者对测试指标的意见。

同年，在“构建广东省幼儿体育活动实践体系的研究”总课题组培训会议上，对全省幼儿园教师进行问卷调查，调查对象为担任过幼儿园园长或体育教师，问卷进行现场随机发放并回收，共发放 48 份问卷，回收 43 份，回收率 89.58%，有效率 100%。问卷统计结果如表 6-4。

表 6-4　广东省幼儿园专家问卷结果统计表

年龄 / 岁	能力	测试指标			
3~4	平衡能力	闭眼单脚站立	走平衡木	双脚连续跳	
	灵敏与协调能力	重复钻圈	穿过小山洞	10 米折返跑	
	力量与持久力	肩上挥臂掷远	快跑	上下台阶	
4~5	平衡能力	双脚连续跳	走平衡木		
	灵敏与协调能力	大象走	10 米折返跑		
	力量与持久力	肩上挥臂掷远	快跑	立定跳远	
5~6	平衡能力	闭眼单脚站立	象限跳		
	灵敏与协调能力	重复钻圈	后退跑	10 米折返跑	象限跳
	力量与持久力	两臂支撑桌面	悬垂	俯卧双手撑	立定跳远

3. 第一轮专家问卷结果

结合第一轮两次问卷的统计结果，筛选各自选择率最高的指标，统一问卷结果（表 6–5）。由于部分指标选择出现重复，在未实践不确定指标是否适合作为幼儿体质测试指标前，不做剔除处理。

表 6-5　第一轮专家问卷结果统计表

年龄 / 岁	能力	测试指标				
3~4	平衡能力	闭眼单脚站立	走平衡木	双脚连续跳		
	灵敏与协调能力	重复钻圈	穿过小山洞	10 米折返跑	听信号起动	大象走
	力量与持久力	肩上挥臂掷远	快跑	上下台阶	仰卧蹬腿	
4~5	平衡能力	双脚连续跳	走平衡木	闭眼单脚站立	单脚站物	
	灵敏与协调能力	大象走	10 米折返跑	听信号起动	同侧与异侧手脚交叉走	
	力量与持久力	肩上挥臂掷远	快跑	立定跳远	上下台阶	仰卧蹬腿

（续表）

年龄 / 岁	能力	测试指标				
5~6	平衡能力	闭眼单脚站立	象限跳	单脚站物	走平衡木	
	灵敏与协调能力	重复钻圈	后退跑	10 米折返跑	象限跳	同侧与异侧手脚交叉走
	力量与持久力	两臂支撑桌面	悬垂	俯卧双手撑	立定跳远	肩上挥臂掷远

三、行动研究

行动研究有多种定义，其中一种认为，行动研究泛指以实践者为主体，以实践者在实践中遇到的问题为课题，在实践中并为了实践的一种研究活动。在总课题组开题会议上，专家极力提议课题组使用行动研究法对适合进行幼儿体育活动教学的动作发展内容（即摘录和设计的幼儿体能活动指标）进行可行性研究。课题组建立广东省 3~6 岁幼儿动作发展常模，但幼儿由于年龄的限制，存在认知程度、身心发展程度以及基础动作发展和掌握程度等问题，很多指标幼儿不一定能够普遍自如完成，这样的指标属于幼儿阶段的超龄指标。大部分幼儿学习超龄指标是非常困难的，也不利于常模的构建，而且过多使用这类动作指标难免造成拔苗助长，不利于幼儿阶段的体育教学。测试指标亦如此，太难或太容易的测试指标容易造成测试结果普遍低分或高分，这种测试本身造成的系统误差，影响测试的可靠性。对于幼儿来说，难度较大的动作，很难如我们想象的那样通过短暂的学习就能够自如、协调地完成，高难度动作可以作为学龄儿童或专业运动员的测试标准，选取专业人才，但不适合幼儿。因此，体质测试指标必须选择大部分幼儿都能完成的，才能保证有效性和可靠性。课题组需要以幼儿能否完成动作指标为问题设计及研究方案的前提，进行行动研究，第一轮专家问卷筛选的体质测试指标也被纳入这次研究当中。在此过程中，主要措施是测试和观察，动作指标需要幼儿在无额外训练的条件下（测试现场动作示范除外）进行测试，以及观察幼儿能否通过自身能力顺利完成。例如，单脚站立，幼儿能够一只脚站立，另一只脚缩起，保持几乎静止状态，则可判断为动作指标能够自如完成；双脚连续跳，幼儿跳完一次，下次跳起连续性不足，或者不能双脚完成跳跃，则可认定为不能完成指标。

行动研究前半部分历时一个学期，通过专家走访各个地区多所幼儿园，对幼儿动作完成过程进行观察及查看各幼儿园专职体育教师的观察和测试记录，测试指标行动研究结果（附件 10）。

表 6−6 显示，幼儿普遍能够自如完成动作测试的有效性和准确性相对较高。经过行动研究后，象限跳测试幼儿方向变化跳跃的能力应归于灵敏与协调能力，实际上幼儿能够完成的测试指标共有 9 项，其中，平衡能力 2 项，灵敏与协调能力 3 项，力量与持久力 4 项（表 6−7）。对于指标的数量，经过行动研究后专家认为，幼儿动作完成存在较大的不稳定性，影响测试的长度，从而影响测试的可靠性，而且幼儿体育测试可参考的资料不多，测试指标的使用也具有较大的不可预知性。为保证实验结果，需增加测试指标的数量，预计每个年龄段每项指标增加至 4~5 项，指标在幼儿普遍能够完成的动作指标中选取。

表 6-6　行动研究观察结果统计表

年龄 / 岁	能力	测试指标		
3~4	平衡能力			
	灵敏与协调能力	10 米折返跑		重复钻圈
	力量与持久力	上下台阶		肩上挥臂掷远
4~5	平衡能力	闭眼单脚站立		走平衡木
	灵敏与协调能力		10 米折返跑	
	力量与持久力	上下台阶	肩上挥臂掷远	立定跳远
5~6	平衡能力	闭眼单脚站立	象限跳	走平衡木
	灵敏与协调能力	重复钻圈	10 米折返跑	象限跳
	力量与持久力	肩上挥臂掷远	悬垂	立定跳远

表 6-7 行动研究后测试指标汇总表

能力	测试指标			
平衡能力	闭眼单脚站立		走平衡木	
灵敏与协调能力	10 米折返跑	重复钻圈	象限跳	
力量与持久力	上下台阶	肩上挥臂掷远	立定跳远	悬垂

四、第二轮专家问卷统计结果（表 6–8）

此轮问卷（附件 9）旨在增加测试指标的数量，在年龄段上不做区分（表 6–7）。

表 6-8 第二轮专家问卷结果统计表

能力	测试指标		
平衡能力	闭眼单脚站立	走平衡木	双脚连续向前跳
灵敏与协调能力	绕障碍跑	听信号起动	象限跳
力量与持久力	肩上挥臂掷远	悬垂	立定跳远

1. 现场问卷

走访专家并发放 4 份问卷，其中 3 名体育学专家（2 名教授，1 名副教授），1 名学前教育专家（副教授），发放时间为 2014 年 9 月，发放地点为广东省教育研究院、广州体育学院和华南师范大学。

2. 网络问卷

通过互联网发放 8 份网络问卷，其中 1 名体育学专家（教授），1 名学前教育专家（教授），2 名幼儿园园长，4 名幼儿园体育专职教师（1 名小学高级教师，2 名一级教师），发放时间为 2014 年 9 月。

结合表 6–7，由于双脚连续跳在行动研究时幼儿不能连贯跳完，故排除；听信号起动操作难度大，容易造成系统误差，故排除；最后确定平衡能力指标 2 项，灵敏与协调能力指标 4 项，力量与持久力指标 4 项，共 10 项指标（表 6–9）。

表 6-9　两轮专家问卷结果统计表

能力	测试指标			
平衡能力	闭眼单脚站立		走平衡木	
灵敏与协调能力	10 米折返跑	重复钻圈	象限跳	绕障碍跑
力量与持久力	肩上挥臂掷远	悬垂	立定跳远	上下台阶

第三节
幼儿体育活动“三维动作”能力测试指标体系

经过问卷调查以及行动研究，幼儿体育活动“三维动作”能力测试指标体系已渐见雏形（表 6–9），而行动研究发现，幼儿体育活动的特点有别于其他年龄段。3~6 岁幼儿每个年龄段的身体活动能力变化都非常大，主要体现在不同年龄段的幼儿对同一动作的完成程度上。例如，3~4 岁幼儿有大部分不能完成走平衡木，平衡木的高度降低了幼儿的平衡感及增加心理恐惧感；而 4~6 岁幼儿则非常容易地完成走平衡木，该年龄段幼儿已具备了较强的平衡能力，实际上幼儿年龄与动作难度之间存在一定的关系。专家商讨和研究后达成一致意见，可以根据不同年龄段特点调整测试指标的难度。例如，走平衡木可降低为平衡线间走，去掉高度走平衡线难度就大大降低了，3~4 岁幼儿也能够普遍轻松地完成。具体测试指标难度调节如表 6–10、表 6–11、表 6–12。此外，每个年龄段还应有 1~2 项指标能够反映幼儿的年龄特点，主要表现在动作的难度随年龄的增加呈阶梯式上升。

表 6-10　各年龄段平衡能力测试指标展示表

年龄 / 岁	测试指标			
3~4	单脚站立	前脚掌走	平衡线间走	原地单脚跳
4~5	闭眼单脚站立	前脚掌走	走平衡木	原地单脚转圈跳
5~6	闭眼单脚站立	走平衡木	后退走	原地单脚左右跳

单脚站立：简化闭眼单脚站立，难度大大降低，也是评价平衡能力的常用指标，适合 3~4 岁幼儿。

平衡线间走：简化走平衡木，难度有所降低，评价效果较高，适合 3~4 岁幼儿。

原地单脚跳：要求有较好的平衡能力以及下肢力量，难度一般，适合评价 3~4 岁幼儿的平衡能力。

原地单脚转圈跳：要求有较好的平衡能力以及下肢力量，难度稍高，适合评价 4~5 岁幼儿的平衡能力。

原地单脚左右跳：需要有很好的平衡能力与下肢力量，难度较高，适合评价 5~6 岁幼儿的平衡能力。

表 6-11　各年龄段灵敏与协调能力测试指标展示表

年龄 / 岁	测试指标			
3~4	绕障碍跑	折返跑	重复钻圈	手膝着地爬
4~5	绕障碍跑	折返跑	重复钻圈	象限跳
5~6	绕障碍跑	折返跑	重复钻圈	象限跳

手膝着地爬：爬是最能体现人体灵敏性的，也是非常简单的动作指标，适合评价 3~4 岁幼儿灵敏与协调能力。

象限跳：需要幼儿在较小的空间里有良好的转换方向的能力以及下肢力量，适合评价 4~6 岁幼儿灵敏与协调能力。

表 6-12　各年龄段力量与持久力测试指标展示表

年龄 / 岁	测试指标			
3~4	投沙包	立定跳远	上下台阶	俯卧双手撑
4~5	投沙包	立定跳远	仰卧举腿	俯卧双手撑
5~6	投沙包	立定跳远	仰卧举腿	悬垂

俯卧双手撑和悬垂在学龄阶段属于力量与持久力项目，其特点与幼儿生理矛盾较大，是争议性指标，因此，悬垂不适合在 3~5 岁年龄段使用，以难度较低的俯卧双手撑替代。此外，为避免指标过于单一，4~6 岁以仰卧举

腿代替上下台阶，使力量与持久力测试指标体系与幼儿的年龄段特点更加吻合。

参考文献：

[1] 刘馨. 学前儿童体育：第2版[M]. 北京：北京师范大学出版社，2014：36-38.

[2] 金冬梅，燕铁斌. Berg平衡量表及其临床应用[J]. 中国康复理论与实践，2002，8（3）：155-157.

[3] 杨雅琴，王拥军，冯涛，等. 平衡评价量表在临床中的应用[J]. 中国康复理论与实践，2011，17（8）：709-712.

[4] MATHIAS S, NAYAK U S, ISAACS B. Balance in elderly patients：the“get-up and go”test [J]. Archives of Physical medicine and rehabilitation, 1986, 67（6）：387-389.

[5] TRUEBLOOD P R, HODSON-CHENNAULT N, MCCUBBIN A, et al. Per-formance and impairment-based assessments among community dwelling elderly：sensitivity and specificity [J]. Issues on Aging, 2001，24（1）：2-6.

[6] 国家体育总局. 国民体质测定标准手册（幼儿部分）[M]. 北京：人民体育出版社，2003：14.

[7] 中国体育科学学会，香港体育学院. 体育科学词典[M]. 北京：高等教育出版社，2000：238.

[8] 李麦浪，黄兆强. 开展幼儿体质测量与评价的研究[J]. 体育学刊，1998（4）.

[9] 朱琳. 广州市3～6岁城乡幼儿身体素质的特征[J]. 中国组织工程研究与临床康复，2007，11（52）：10428-10432.

[10] 张健忠. 0～7岁小儿动作发展评价[J]. 家庭·育儿，2002（2）：22-23.

[11] 胡虞志，李桂荣，李连玉，等. 2.5～5.5岁幼儿基本动作发展趋向的追踪观察[J]. 同济医科大学学报，1988（04）：307.

[12] 金嘉燕，王逸，培玉兰，等. 北京市3～6岁幼儿体质状况分析[J]. 体育科学，1998，18（4）：45-48.

[13] 徐晓红，李鹏. 我国幼儿（3~6 岁）2005—2010 年身体素质状况比较研究 [J]. 江苏教育学院学报 (自然科学)，2012，28 (5)：74-75，81.

[14] 李萍. 体质健康测量中耐力素质测试指标的有效性述评 [J]. 体育学刊，2005，12 (5)：36-38.

[15] 沈丽琴，魏嗣琼，张建新，等. 学龄前儿童耐力检测指标的研究 [J]. 现代预防医学，1998，25 (1)：22-23.

第七章 创设户外功能性体育活动区域与幼儿体育活动“三维动作”器材的开发

第一节 创设户外功能性体育活动区域的意义与原则

一、创设户外功能性体育活动区域的意义

功能性体育活动区域是指根据幼儿身心发展规律和幼儿园养育目标，能够有效地促进幼儿特定能力的发展而设置的园区（包括场地及器材）。这个区域可以是室内也可以是室外，但大多数幼儿园室内场地有限，因此，构建功能性户外体育区域显得更为迫切和实际。功能性体育活动区域能够“提供广泛的、真实的教育经验给儿童。其中的课程适合儿童当前的发展阶段，以此来促进学习的自主发生与认知结构发展，并且拓展儿童不断出现的智力和社会技能”[1]。

户外活动区域是幼儿园建设的重要组成部分，是幼儿园办园理念和文化特色的主要体现，是幼儿园开展户外游戏和体育活动的主要场地，是幼儿了解社会生活、建立人际关系、发展身心健康、了解和熟悉大自然环境的重要场所，对幼儿的身心发展具有不可替代的作用。

然而，不少幼儿园在建设户外区域时缺乏全局观念，只是为了给幼儿有活动的地方而修建户外活动区域，有的仅仅安装几件联合器材以满足幼儿的活动。归纳起来存在以下几个方面的问题：

第一，户外活动场地及器材的设计和摆放未能遵循幼儿身心发展规律和动作发展规律，缺乏以动作发展为主线的体育活动器材，功能简单和混乱。

第二，户外活动场地及器材的设计和摆放欠缺教育理念。一是器材摆放杂乱无章，器材间的搭配过于随意；二是一味地追求美观、高端和高难度，安装了不少“高大上”的器材，但功能不多且不实用。

第三，户外活动场地及器材的设计和摆放未能满足幼儿的心理及行为需求，器材设置缺乏从简单到复杂、从易到难的规律。

构建功能性的户外体育活动区域能实现幼儿园教育内涵式发展，能够提高户外体育活动质量，是促进幼儿身体发育的重要途径。除了具有户外活动区域的特点，能更有效地贯彻落实《指南》的动作发展目标，有利于帮助幼

儿自发地参与活动和提高主动学习的积极性，对幼儿智力、情感和“三维动作”的能力均有促进作用，能有效地提高幼儿身心健康水平。

目前能够根据《指南》的“三维动作”发展要求而建设功能性体育活动区域的幼儿园并不多，有必要按照“三维动作”发展内容建设功能性户外体育活动区域，即设置发展平衡能力器材区、发展灵敏与协调能力器材区和发展力量与持久力器材区，并根据幼儿身心发展规律，从低级向高级安置各种功能性器材。本文在构建“三维动作”发展内容的同时，试图研发“三维动作”体育活动器材，为幼儿园落实《指南》的要求及构建功能性户外体育活动区域提供安全、简单、有效的器材。

二、创设户外功能性体育活动区域及器材应遵循的原则

体育器材使用的正确与否，直接关系到能否培养幼儿正确使用器材的良好习惯和行为规范。正确地使用器材，可减少意外伤害的发生，延长器材的使用寿命。在设置活动区域和使用器材时，应遵循以下原则：

1. 安全性原则

安全性原则是整个体育活动过程中的首要原则，也是重中之重。若出现安全事故，一切都是空谈。贯彻安全性原则时，最主要、最基本的是在使用器材整个过程时，需要有教师在一旁实时监控，做到同步保护，这是降低幼儿安全事故发生的最根本、最有效的方法。器材多数为坚硬材质，有些甚至棱角比较锋利，3~6 岁的幼儿自我保护意识较差，教师应先采用泡沫等软物品包裹去除其尖锐面，再让幼儿使用。

2. 针对性原则

器材的使用应遵循幼儿动作以及身心发展的规律，尤其要注意“三维动作”领域——平衡能力、灵敏与协调能力以及力量与持久力的发展。以幼儿动作发展的规律为基准，创编出适合幼儿使用的器材动作。根据《指南》指出的三个阶段，小、中、大班的器材使用方法不同，动作创编难度不一。需要特别注意的是，由于幼儿在此时期的差异性较大，可塑性较强，教师要特别加强观察，根据幼儿的差异性进行难度分组，防止拔苗助长现象的发生。对于一些身体素质较差的幼儿，不可要求其完成现有能力之外的动作。

3. 规范性原则

规范地使用器材是器材使用原则的基础。教师要教授幼儿正确使用器材的方法及步骤，不可让幼儿根据自己所想任意使用器材做动作，尤其像回环这样较危险的动作。幼儿在使用器材时要注意动作的规范性，防止错误动作做久后导致身体某关节或部位发生变形，造成不必要的伤害。幼儿不能破坏或随意玩弄器材，在使用一些轻便的器材时，应提醒幼儿轻拿轻放等注意事项。

4. 实用性原则

实用性原则也称“可操作性原则”，主要是指器材能够让幼儿进行正常或顺利的操作，器材的使用说明应做到“教师看得懂，幼儿听得懂”，必要时可采用一些幼儿能看得懂的简笔画进行补充说明，这样更容易让幼儿对器材产生浓厚的兴趣，从而更好地锻炼身体。

5. 合理改造原则

器材设计得是否合理，要通过实践，即幼儿的使用才能发现问题，进而解决问题。对于新设计的器材，需要经过长期的实践、磨合才发展成现在使用的样子，对新器材进行合理的改造，对幼儿的身体发展具有良好的促进作用。

6. 因地制宜原则

根据当地的特色及民族体育文化，开发和利用当地现有的条件，合理地创编、融入当地特色文化的动作情境，调动幼儿学习新动作的兴趣，可以从掌握体育活动动作的角度了解当地特色文化，起到一举两得的效果。

第二节
幼儿体育活动“三维动作”器材的研制与开发

一、幼儿体育活动“三维动作”器材开发的依据

幼儿体育活动“三维动作”器材的研制与开发根据《指南》的要求构建功能性户外体验活动器材，主要分为发展平衡能力、灵敏与协调能力、力量与持久力三大部分的器材，这三大部分目标的制定为幼儿的动作发展和户外体育活动器材研制提供良好的导向。在进行幼儿户外体育活动器材开发时应考虑以下两个方面。

1. 幼儿身心发展特点和动作发展规律

3~6 岁的幼儿为学龄前期，是幼儿从学步期向童年期的过渡。“三岁看老”的俗语也印证了在幼儿期对幼儿进行合理的干预和引导，对幼儿动作以及身心发展都具有极大的意义。幼儿在这一时期身体外形及神经系统都会发生变化，如身高突增、感知觉的改善等，感觉和大脑皮层运动区域的发展能使幼儿更好地协调“想什么”和“能做什么”。在情绪和情感方面，成年人体验到的情绪他们大部分都已经体验到了。幼儿的情绪是外显的、缺少控制力的，并常常极度高涨，如有时会出现极度的恐惧，有时又会莫名其妙地发脾气。此阶段幼儿的自我意识有所发展，已经对自我形成了某种看法，并形成了一定的个性倾向，是幼儿个性形成的关键时期。幼儿控制和调节自己心理活动和行为的能力还不足，易受到其他事物和环境的影响而改变自己的行为，注意力极度不集中，行动表现出很大的不稳定性。

幼儿的肌肉动作技能发展迅速，特别是大肌肉群的发展比较快，并且形成了更加复杂的动作系统。动作方面表现为跑得更快、双脚和单脚跳得更高、把球扔得更远，等等，动作的协调性也得到很好的发展，例如，拿放东西的动作更流畅，绘画时画得更加清晰与漂亮等。

耿培新等人在《人类动作发展概论》中提到：“发展提高基本动作技能对熟练掌握各类运动、竞赛和舞蹈是至关重要的。儿童掌握的基本动作技能是他们有效完成动作的基础，并且是他们探索环境、获取关于周围世界的

知识的重要手段和途径……儿童会在其童年的早期至中期，大约3~8周岁期间，形成多种基本动作技能的基础，这些基本动作技能的基础将使儿童在动作反应中有更多的选择，为他们的动作表现提供更大的自由度。”

在设计和开发器材时，要谨遵幼儿动作发展的规律，不应有器材设计不当所导致的反常或难以想象的异常牵动等不正常现象。器材的辅助作用不但能发展三大领域的素质，也能引起新的刺激，引发幼儿积极参加体育活动的兴趣等。

2.《3~6岁儿童学习与发展指南》

根据《指南》中对3~6岁幼儿动作发展目标的制定，要求幼儿利用多种活动发展身体平衡能力和动作的灵活性与协调性。开展丰富多样、适合幼儿年龄特点的各种身体活动，如走、跑、跳、攀、爬等，鼓励幼儿坚持运动，不怕累。例如，平衡动作练习要采取由低到高、由宽到窄、由慢到快、由易到难、由简单到复杂的循序渐进的原则。在开发幼儿体育活动器材时，要谨遵目标要求，根据幼儿身体的具体情况，设置难度不同的器材，尽量做到一器多用，减少浪费。例如，在设计单杠时，要能调节高度。在平衡能力部分，主要还是以平衡木的行走为基础，但是可以改变器材的难度，如在双杠、木箱、圆木上行走来发展幼儿的平衡能力。在灵敏性部分，主要以跑跳、钻爬、攀登为主，在器材的设计上，可以将两项结合。例如，带圆洞的木箱可以有多种用途，既可以练习平衡行走，又可以进行钻爬的灵敏性练习。幼儿的学习与发展具有整体性，要注重领域之间和目标之间的相互渗透与整合，在器材的开发中也应做到一项器材可以进行多种锻炼，以促进幼儿身心全面协调发展。

二、幼儿体育活动“三维动作”器材的构成与组合

幼儿体育活动全套组合器材由17个简单的器材组成，而基础器材构建的过程如图7-1。

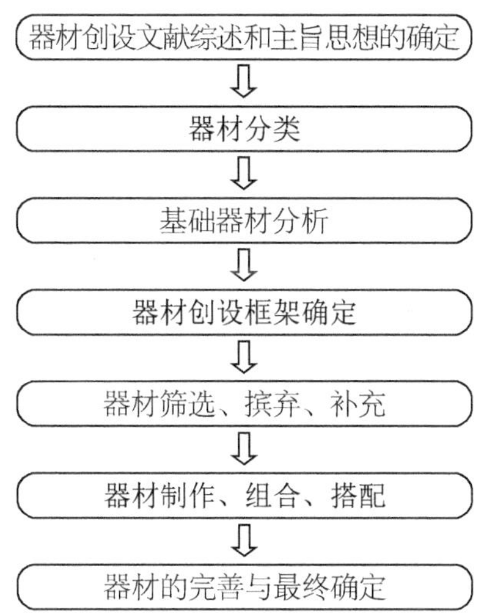

图 7-1　幼儿体育活动器材的构建过程

幼儿体育活动全套组合器材由 17 个安全、简单的器材组成，并可根据幼儿的年龄特点和运动基础任意组合器材，部分器材的展示如图 7-2。

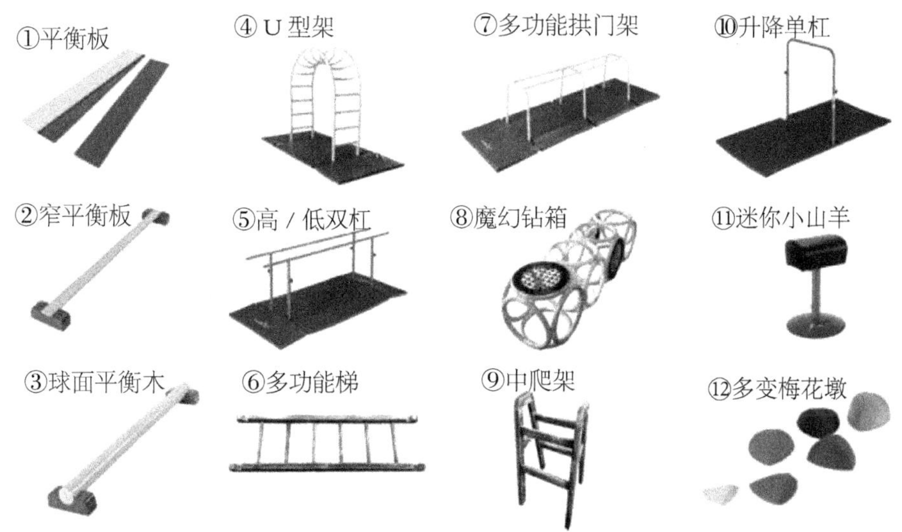

图 7-2　幼儿体育活动部分器材的展示

第三节
幼儿体育活动“三维动作”器材练习路径

根据《指南》的要求，以及不同年龄段幼儿的能力特点，编排与组合从小班到大班三个年级九个路径的练习内容，具体事例详见图 7-3 至图 7-11 组合练习路径。

一、发展平衡能力练习路径

1. 小班平衡能力练习路径

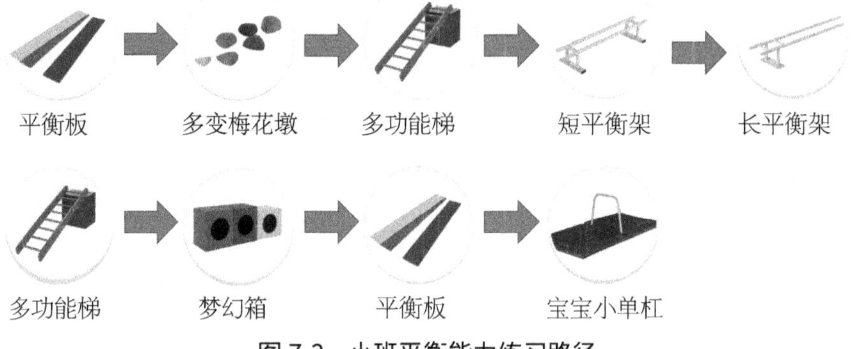

图 7-3　小班平衡能力练习路径

2. 中班平衡能力练习路径

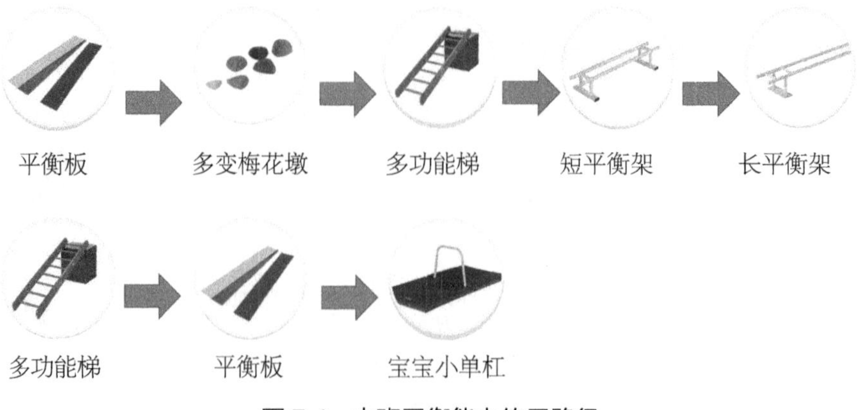

图 7-4　中班平衡能力练习路径

3. 大班平衡能力练习路径

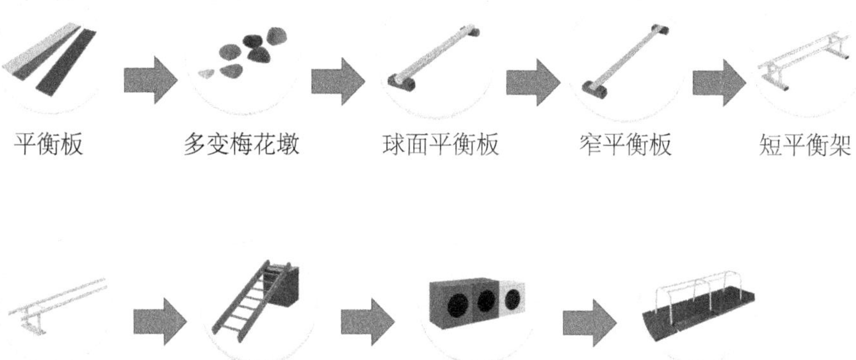

图 7-5　大班平衡能力练习路径

二、发展灵敏与协调能力练习路径

1. 小班灵敏与协调能力练习路径

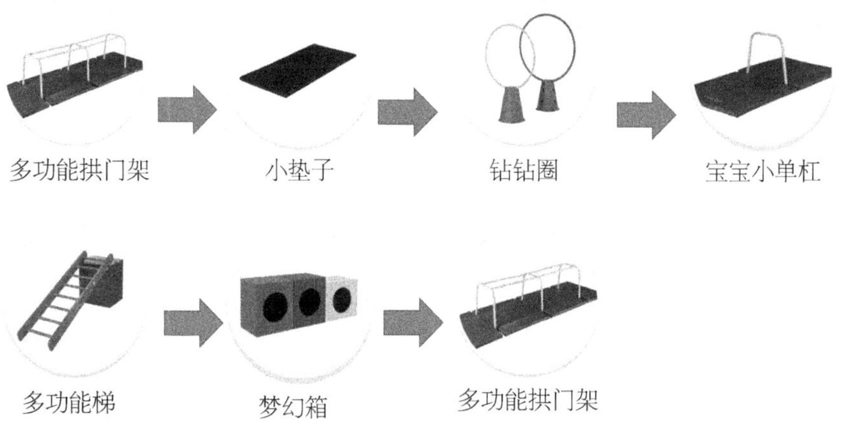

图 7-6　小班灵敏与协调能力练习路径

2. 中班灵敏与协调能力练习路径

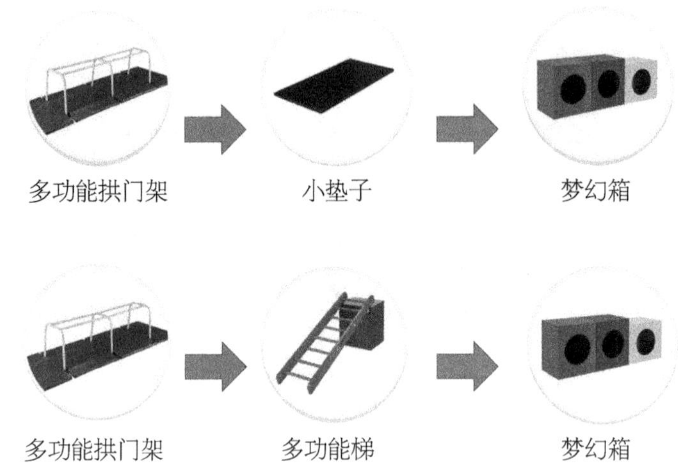

图 7-7　中班灵敏与协调能力练习路径

3. 大班灵敏与协调能力练习路径

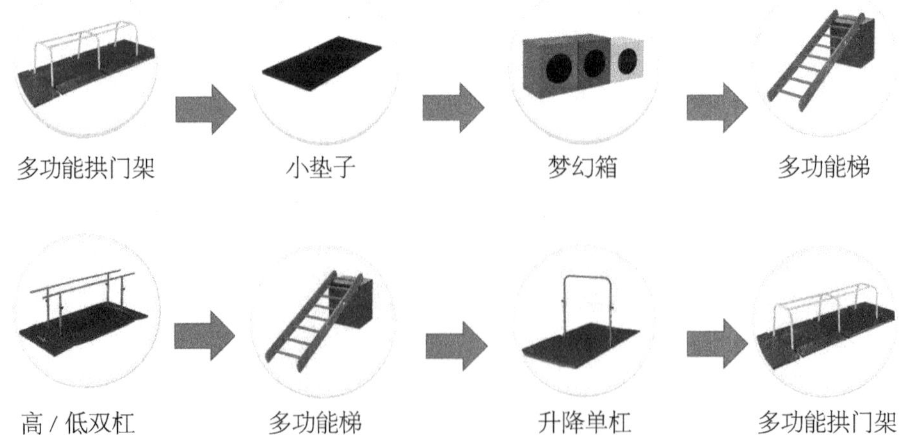

图 7-8　大班灵敏与协调能力练习路径

三、发展力量与持久力练习路径

1. 小班力量与持久力练习路径

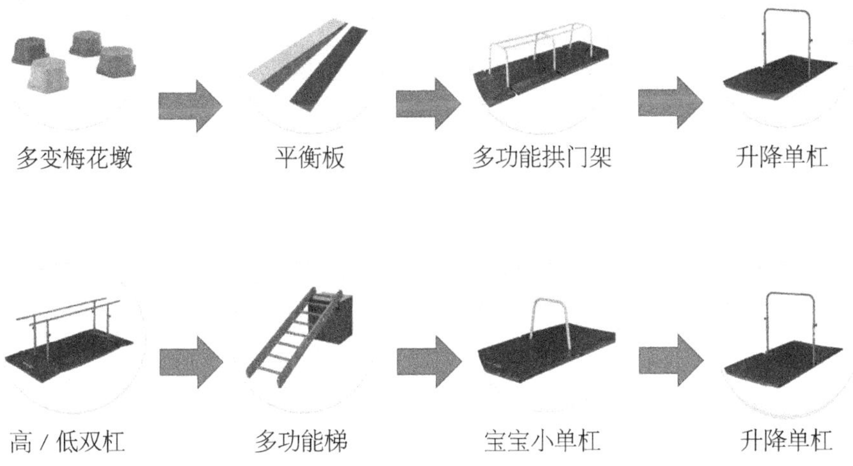

图 7-9　小班力量与持久力练习路径

2. 中班力量与持久力练习路径

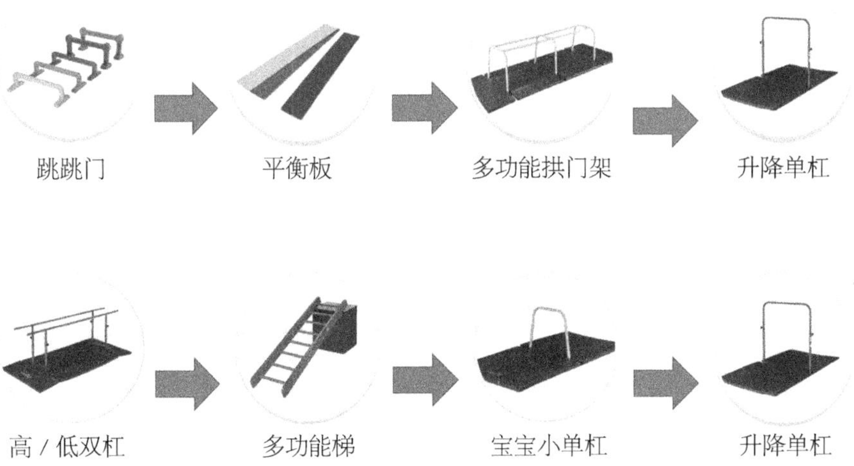

图 7-10　中班力量与持久力练习路径

3. 大班力量与持久力练习路径

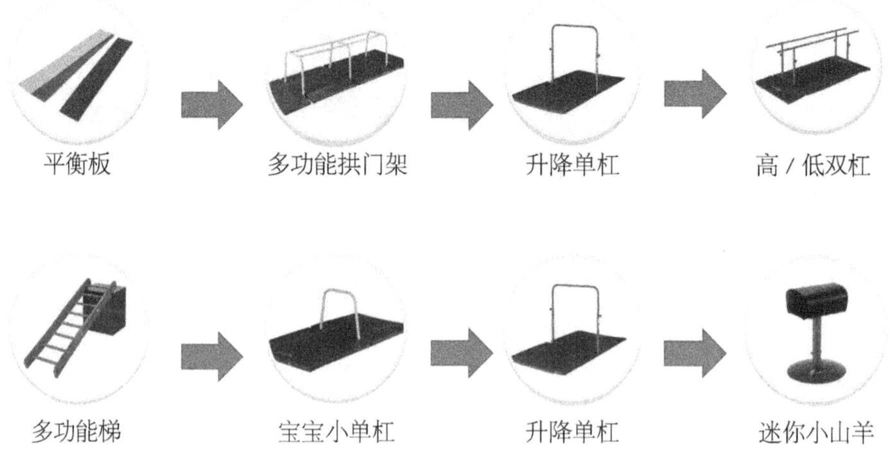

图 7-11 大班力量与持久力练习路径

三个年级九个路径的练习内容可以根据幼儿的身体条件及能力不断地进行调换和组合，可以按照从小班到大班循序渐进的进行练习，也可以混龄进行练习，最终以获取最好的效果来决定器材的配置及练习的具体内容。

第四节
幼儿体育活动“三维动作”器材的实验分析与效果

幼儿体育活动“三维动作”器材的设置及应用，使《指南》的动作发展目标能够真正落实到幼儿园的日常活动中，只要幼儿园按照“三维动作”把三个年级的户外体育活动进行合理的编排，就能够起到事半功倍的效果。无论是体育教师还是保育员，只要安排得当并将幼儿带到“三维动作”体育活动器材上，每天完成一条路径的练习，“三维动作”能力就能够自然得到发展。广东省育才幼儿院一院通过一年使用“三维动作”体育活动器材的实验，收到了良好的效果[2]。以下是实验报告的主要内容。

一、抽样

在幼儿园随机抽取 90 名幼儿，其中 3～4 岁、4～5 岁和 5～6 岁幼儿各 30 名，再平均分成实验班和对照班，采用等组法以控制无关变量的影响。本实验采用随机的方法决定实验班和对照班，以控制系统误差，平衡无关变量。

考虑到年龄与性别对实验效果可能存在影响，对这种影响准备了分析检验，实验将 90 名幼儿分配如下（表 7-1）：

表 7-1　90 名幼儿分组一览表

年龄 / 岁	组别	人数 / 名	男性幼儿人数 / 名	女性幼儿人数 / 名
3～4	实验班	15	9	6
	对照班	15	7	8
4～5	实验班	15	7	8
	对照班	15	8	7
5～6	实验班	15	7	8
	对照班	15	9	6

二、实验设计

1. 前测

利用总课题组的测试效标（表 7-2）对实验班和对照班进行前测。

2. 干预

实验班利用创设好的 4 套器材（表 7-3）进行为期 10 周（表 7-4）的练习，每周五次，每天一小时，而对照班只进行常规的体育教育教学活动。实验班在固定式器材上进行练习时，可以根据幼儿的情况改变动作的方式和动作的难度；在非固定式器材上可以改变器材的组合与搭配方式，从而改变动作的内容、方式和难度。

3. 控制无关变量的因素

实验班和对照班教师的教学水平近似，培训方法相同；两个班每次户外体育活动的时间相同；两个班幼儿均来自广东省育才幼儿院一院，均为日托或全托等。

4. 后测

实施 10 周练习计划后进行后测，后测效标同前测。

三、实验结果分析

1. 小班实验结果分析

实验结果显示，实验班与对照班有 5 个项目具有显著性差异（表 7–2），平衡能力、灵敏与协调能力、力量与持久力三个目标领域均有一项显著性差异，而其他项目表明是有效的，只是不具备显著性差异，从实验班和对照班数据看，运动能力均有一定的提升。

表 7-2　小班实验班与对照班实验数据后测对比分析表

（$p < 0.05$ 具有显著性差异，$p < 0.01$ 具有非常显著性差异）

项目	实验班	对照班	t	p
单脚站立（左）	24.94 ± 14.19	21.51 ± 10.95	0.74	0.46
单脚站立（右）	20.85 ± 10.33	15.87 ± 8.98	1.41	0.17
前脚掌走	3.19 ± 0.39	3.78 ± 0.45	−3.84	0.00
走平衡木	4.82 ± 1.21	8.99 ± 2.37	−6.07	1.52
原地单脚跳（左）	20.40 ± 5.12	17.92 ± 3.12	1.60	0.12
原地单脚跳（右）	20.33 ± 5.39	18.46 ± 4.72	1.01	0.32
绕障碍跑	5.29 ± 0.60	6.16 ± 0.77	−3.45	0.00
折返跑	10.25 ± 0.70	12.51 ± 1.22	−6.22	5.03
重复钻圈	26.96 ± 2.63	31.07 ± 4.29	−3.16	0.00
手膝着地爬	6.61 ± 0.97	7.84 ± 1.02	−3.38	0.00
投沙包（左）	3.56 ± 0.74	2.56 ± 0.46	4.44	0.00
投沙包（右）	3.73 ± 0.96	3.24 ± 1.01	1.36	0.18
悬垂	39.15 ± 13.43	33.14 ± 10.23	1.38	0.18
立定跳远	93.20 ± 12.91	65.27 ± 9.92	6.64	3.29
上下台阶	8.27 ± 0.92	10.15 ± 0.97	−5.44	8.19

小班实验班和对照班均是刚入园新生，入园初期幼儿还处于适应阶段，并且无相关的运动经验，因此，实验班和对照班无法进行前测，只能对实验后测数据进行比较分析。

实验是特定的项目进行测试，小班幼儿没有相关的动作经验，而实验干预也并非测试项目，因此，测试的结果并不具有绝对的说服力，但是从教师和家长的观察发现，实验班幼儿通过 10 周创设器材的练习，整体动作的平衡能力、灵敏与协调能力和力量与持久力均明显好于对照班幼儿，如幼儿排队、走路的速度等。同时，实验班幼儿的日常活动常规也相对比较好。

2. 中班实验结果分析

实验班和对照班的前测数据（表 7–3）可知，实验前实验班和对照班运动能力相当，并无显著性差异，说明抽样合理。

表 7-3　中班实验班与对照班实验数据前测对比分析表

（$p < 0.05$ 具有显著性差异，$p < 0.01$ 具有非常显著性差异）

项目	实验班	对照班	t	p
闭眼单脚站立（左）	7.88 ± 2.54	8.26 ± 2.83	−1.16	0.25
闭眼单脚站立（右）	8.66 ± 3.21	8.41 ± 2.94	0.29	0.77
前脚掌走	8.02 ± 1.62	8.11 ± 1.36	−0.16	0.87
走平衡木	5.17 ± 1.34	5.19 ± 1.03	−0.05	0.96
原地转圈跳（左）	9.07 ± 7.06	6.67 ± 6.55	0.97	0.34
原地转圈跳（右）	8.80 ± 6.74	9.20 ± 6.32	−0.17	0.87
绕障碍跑	5.65 ± 0.48	5.57 ± 0.42	0.10	0.92
折返跑	12.38 ± 1.48	12.03 ± 1.18	0.72	0.48
重复钻圈	29.65 ± 4.78	30.29 ± 5.23	−0.35	0.73
象限跳	6.80 ± 7.39	12.00 ± 5.96	−2.12	0.04
投沙包（左）	3.14 ± 0.35	3.21 ± 0.27	−0.61	0.54
投沙包（右）	3.22 ± 0.46	3.35 ± 0.52	−0.73	0.47
俯撑	30.00 ± 0.00	30.00 ± 0.00		
仰卧举腿	12.20 ± 2.14	12.87 ± 2.29	−0.83	0.41
立定跳远	84.67 ± 13.58	84.87 ± 9.67	−0.05	0.96

通过实验后测数据（表 7-4）可知，除折返跑、仰卧举腿两个项目差异性不显著，及俯撑可能存在测试问题，其他各项目差异性非常显著。说明通过创设器材 10 周的练习，中班幼儿的差异性是显著的，对中班幼儿动作的促进是有效的，尤其是平衡能力和灵敏与协调能力类动作的表现极为突出。

表 7-4　中班实验班与对照班实验数据后测对比分析表

（$p < 0.05$ 具有显著性差异，$p < 0.01$ 具有非常显著性差异）

项目	实验班	对照班	t	p
闭眼单脚站立（左）	16.35 ± 11.17	9.42 ± 6.19	−2.72	0.01
闭眼单脚站立（右）	13.32 ± 5.01	8.77 ± 3.66	2.84	0.00
前脚掌走	4.20 ± 0.31	5.20 ± 0.80	−4.51	0.00
走平衡木	3.38 ± 0.39	4.00 ± 0.62	−3.28	0.00
原地转圈跳（左）	26.47 ± 2.70	21.47 ± 6.28	2.83	0.00
原地转圈跳（右）	26.93 ± 3.26	24.27 ± 3.15	2.27	0.03
绕障碍跑	4.90 ± 0.42	5.50 ± 0.34	−4.30	0.00
折返跑	10.73 ± 0.75	11.26 ± 1.05	−1.59	0.12
重复钻圈	21.48 ± 2.02	26.95 ± 6.73	−3.01	0.00
象限跳	10.61 ± 1.98	13.15 ± 3.00	−2.74	0.01
投沙包（左）	3.89 ± 0.78	3.15 ± 0.40	3.27	0.00
投沙包（右）	4.26 ± 0.80	3.41 ± 0.53	3.43	0.00
俯撑	30.00 ± 0.00	30.00 ± 0.00		
仰卧举腿	19.00 ± 2.14	14.07 ± 2.34	6.02	1.73
立定跳远	94.13 ± 10.68	84.73 ± 9.41	2.56	0.01

3. 大班实验结果分析

从大班实验班与对照班的前测数据（表 7-5）可知，两个班级实验前运动能力相当，并无明显的差异性，说明抽样较为合理。

表 7-5　大班实验班与对照班实验数据前测对比分析表

（$p < 0.05$ 具有显著性差异，$p < 0.01$ 具有非常显著性差异）

项目	实验班	对照班	t	p
闭眼单脚站立（左）	13.63 ± 3.33	15.05 ± 7.52	0.67	0.51
闭眼单脚站立（右）	13.76 ± 5.01	14.16 ± 9.89	0.14	0.89
走平衡木	4.54 ± 1.20	4.62 ± 0.83	0.21	0.83
后退走	19.47 ± 4.21	19.57 ± 2.78	−0.08	0.98
单脚跳（左）	2.33 ± 2.64	1.20 ± 2.48	1.21	0.24
单脚跳（右）	1.80 ± 2.43	2.20 ± 2.96	0.40	0.69
绕障碍跑	6.24 ± 0.70	6.32 ± 0.70	0.31	0.76
折返跑	10.43 ± 1.41	10.83 ± 0.84	0.94	0.36
重复钻圈	26.73 ± 4.52	26.99 ± 3.19	0.18	0.86
象限跳	11.43 ± 1.32	9.95 ± 4.53	1.21	0.24
投沙包（左）	4.04 ± 0.85	3.94 ± 0.69	0.35	0.73
投沙包（右）	4.80 ± 1.00	5.02 ± 0.94	0.62	0.54
仰卧举腿	13.33 ± 2.09	13.47 ± 2.29	0.17	0.86
立定跳远	99.80 ± 13.48	99.07 ± 10.27	0.17	0.87
悬垂	34.65 ± 14.66	34.53 ± 15.96	0.02	0.98

实验后，从实验班与对照班数据（表 7-6）可知，走平衡木、后退走、绕障碍跑、重复钻圈、仰卧举腿、投沙包等六个项目实验班能力远远优于对照班，且前五个项目具有非常显著性差异，而其他各项差异性并不明显，因此，本实验结合实验班前后测的数据（表 7-7）进一步分析，可以看出，实验班通过创设器材 10 周的练习，除悬垂的差异显著性稍微弱点，其他项目均具有显著性差异并且具有非常显著性差异的高达 11 项。综合表 7-6 和表 7-7 数据可知，通过创设器材的练习，实验班各项动作指标的优势比较明显，同时对照班也有一定程度的提升，主要可能是大班幼儿的身心成熟度比较高，动作经验的累积也比较丰富，因此，大班幼儿对各类测试项目动作的掌握程度较高，完成度也比较好。其次，广东育才幼儿院一院幼儿特别是大班幼儿的体育活动相对比较丰富，幼儿在其他类型的体育活动中也可以在一

定程度上补充创设器材的练习效果。

表 7-6　大班实验班与对照班实验数据后测对比分析表

（$p < 0.05$ 具有显著性差异，$p < 0.01$ 具有非常显著性差异）

项目	实验班	对照班	t	p
闭眼单脚站立（左）	23.23 ± 17.17	17.91 ± 11.93	0.99	0.33
闭眼单脚站立（右）	33.19 ± 35.46	22.17 ± 23.24	1.01	0.32
走平衡木	2.34 ± 0.44	4.01 ± 1.92	3.28	0.00
后退走	10.89 ± 1.77	15.59 ± 3.55	−4.03	0.00
单脚跳（左）	10.27 ± 6.19	9.87 ± 5.88	0.18	0.86
单脚跳（右）	13.20 ± 3.53	12.47 ± 5.08	0.46	0.65
绕障碍跑	5.24 ± 0.37	5.99 ± 0.55	4.38	0.00
折返跑	9.44 ± 0.77	9.49 ± 0.70	1.19	0.85
重复钻圈	18.36 ± 2.10	20.74 ± 1.93	3.23	0.00
象限跳	7.92 ± 1.45	8.86 ± 2.15	1.40	0.17
投沙包（左）	5.45 ± 1.58	4.41 ± 1.23	2.01	0.05
投沙包（右）	6.42 ± 1.87	5.38 ± 1.83	1.54	0.14
仰卧举腿	20.60 ± 2.72	16.20 ± 2.60	4.53	0.00
立定跳远	112.53 ± 13.04	108.87 ± 14.02	0.74	0.47
悬垂	46.52 ± 20.18	37.81 ± 20.09	1.18	0.27

表 7-7　大班实验班实验数据前后测对比分析表

（$p < 0.05$ 具有显著性差异，$p < 0.01$ 具有非常显著性差异）

项目	前测	后测	t	p
闭眼单脚站立（左）	13.63 ± 3.33	23.23 ± 17.17	2.13	0.05
闭眼单脚站立（右）	13.76 ± 5.01	33.19 ± 35.46	2.10	0.05
走平衡木	4.54 ± 1.20	2.34 ± 0.44	6.67	0.00
后退走	19.47 ± 4.21	10.89 ± 1.77	7.44	0.00
单脚跳（左）	2.33 ± 2.64	10.27 ± 6.19	4.57	0.00
单脚跳（右）	1.80 ± 2.43	13.20 ± 3.53	10.30	0.00

（续表）

项目	前测	后测	t	p
绕障碍跑	6.24 ± 0.70	5.24 ± 0.37	4.89	0.00
折返跑	10.43 ± 1.41	9.44 ± 0.77	2.39	0.03
重复钻圈	26.73 ± 4.52	18.36 ± 2.10	6.50	0.00
象限跳	11.43 ± 1.32	7.92 ± 1.45	6.93	0.00
投沙包（左）	4.04 ± 0.85	5.45 ± 1.58	3.04	0.00
投沙包（右）	4.80 ± 1.00	6.42 ± 1.87	2.96	0.00
仰卧举腿	13.33 ± 2.09	20.60 ± 2.72	8.21	0.00
立定跳远	99.80 ± 13.48	112.53 ± 13.04	2.63	0.01
悬垂	34.65 ± 14.66	46.52 ± 20.18	1.84	0.07

从小、中、大三个组别的实验数据来看，实验对中班、大班幼儿动作发展的影响非常积极有效的，并取得了可喜的实验结果，小班幼儿的实验数据虽然不是非常显著，但也在一定程度上体现了创设器材的实验效果。毕竟实验只进行了 10 周，而且小班幼儿存在众多的不确定性因素，因此不能完全依靠数据进行全面分析。但从教师和家长的观察可以发现，实验班幼儿的动作灵活性、稳定性以及学习动作的能力明显优于对照班幼儿。在器材活动中，实验班与对照班进行同一器材活动时，实验班幼儿表现出来的动作稳定性更好，完成动作的速度更快，从侧面也佐证了创设器材能促进幼儿“三维动作”能力的发展。

其次，实验还发现，实验能够促进小班幼儿的日常常规，如幼儿排队更加有序和快速，走路的速度明显提升等。

从家长的感想中还能感受到实验对幼儿的个性发展比较有利，幼儿做事相对更加专注，更愿意与同伴一起互动，平时的情绪也比较稳定和愉快，能够坚持完成一些相对较难的任务。

四、实验结论

其一，实验证明，幼儿体育活动“三维动作”器材能充分促进幼儿动作的发展，可以完成《指南》要求的平衡能力、灵敏与协调能力、力量与持久力三个动作领域目标。同时，还可以促进幼儿动作经验的累积，对幼儿运用动作的能力具有促进作用。

其二，从实验个案和家长的反馈可知，幼儿体育活动“三维动作”器材不仅能促进幼儿动作的发展，而且在一定程度上促进了幼儿的智力与个性发展。

其三，幼儿体育活动“三维动作”器材具有设计新颖、安全可靠、功能丰富、玩法多样、色彩鲜艳等特点，既可单独练习又可组合练习，在一定程度上填补了当前幼儿动作发展在平衡能力、灵敏与协调能力、力量与持久力三个维度成套器材设计的空白。

由此可见，合理安排“三维动作”器材的练习，可以有效地促进幼儿“三维动作”能力的发展。在应用“三维动作”器材时，最好是固定在一定的户外区域内，从而完整地落实构建功能性户外体育活动区域的目标。幼儿园根据场地条件，结合体育活动计划，每天按照“三维动作”器材安排一条功能性练习路径，可以更好地达到发展幼儿动作能力的目的。

参考文献：

[1] 周采. 比较学前教育[M]. 北京：人民教育出版社，2010：290.

[2] 彭卫群，刘秀红，傅国敢. 3~6岁儿童动作发展的器材创设研究：第12届亚洲幼儿体育科学大会论文集[C]. 北京：中央民族大学出版社，2016：85-88.

第八章 幼儿教师与体育活动内容体系

第一节 幼儿教师的体育活动组织技能

2001 年，教育部颁布的《纲要》强调：“教师应成为幼儿学习活动的引导者 、支持者、合作者。”因此 ，幼儿教师在组织体育活动时必须结合幼儿身心发展的一般规律、相关体育知识以及地域特征，这就要求幼儿体育教师具备娴熟扎实的体育技能和灵活多变的创新能力。

体育是幼儿园的常规活动，涉及每个幼儿、每个班级和每项活动，因此，幼儿园教师需要具备良好的体育教学技能。

一、幼儿体育活动的目标和任务

从体育的多维效应看，幼儿体育活动目标包括体育的生物效应、心理效应和社会效应。

体育的生物效应可以理解为促进幼儿正常的生长发育，形成正确的身体姿态；改善幼儿器官系统的功能，提高身体素质和基本能力；提高机体对环境的适应能力和对疾病的抵抗能力等。体育的心理效应可以理解为促进幼儿智力与非智力因素的发展，如促进大脑发育、激发活动兴趣、培养自信心、锻炼意志力、培养勇敢精神等。体育的社会效应可以理解为幼儿与环境中的人和物发生交互作用，学习扮演社会角色，培养角色意识，学习对人、事和物的正确态度，养成良好的品德、行为和习惯等。

我国在 2001 年颁布的《纲要》指出，教师应该把保护幼儿的生命和促进幼儿的健康放在教育工作的首要位置；身体的健康和心理的健康是密切相关的，要高度重视良好人际环境对幼儿身心健康的重要性；幼儿不是被动的“被保护者”。教师要尊重幼儿不断增长的独立需要，在保育幼儿的同时，帮助他们学习生活自理技能，锻炼自我保护意识；体育活动要尊重幼儿身体生长发育的规律和年龄特征，不进行不适合幼儿体育活动的项目训练。幼儿园体育教学的任务是培养幼儿参加体育活动的兴趣，使幼儿养成积极锻炼身体的良好习惯；促进幼儿身体正常生长发育和技能的协调发展，发展身体素质和基本活动的能力；通过身体运动，丰富幼儿的知识和经验，发展智力，促进社会性的发展，激发愉快的情绪，培养良好的心理品质与个性，以增进心理健康。

二、常规体育课幼儿教师的组织技能

幼儿园体育课有其独特的特点。首先，在体育教师上课的同时会有1~2名带班幼儿教师配合，体育教师主要负责组织课堂，带班幼儿教师主要配合协助体育教师上好体育课，负责从整体上观察幼儿，做好对幼儿的组织管理、个别照顾、保育工作以及突发事件的处理等。其次，幼儿园体育课不像中小学体育课那样有统一上课、下课的信号，具体上课时间是由带班幼儿教师和专职体育教师在规定的时间内自由掌握。

依据王鲁克[1]43-45对体育教学技能的研究，结合幼儿园体育课、体育活动特点以及体育教师的情况，体育课中教师体育教学技能可分为导入技能、示范技能、讲解技能、教学组织技能、安全意识技能以及结束技能等六种技能。结合研究需要，选取了广州市6所幼儿园的20节体育课进行观察记录。

1. 导入技能

体育教学中的导入技能是指教师在一节体育课开始阶段，引导学生快速进入学习状态的行为方式，导入既包括身体上的，也包括心理上的，导入的形式多种多样。课堂教学中，合理的、有趣的导入不仅可以激发幼儿学习的兴趣，吸引他们的注意力，还可以提高课堂的效率。

体育课的导入包括导入形式和导入动作。

导入形式。通过对广州市6所幼儿园20节小、中、大班体育课的观察，其导入形式如表8-1所示：

表 8-1　体育课的导入形式情况

导入形式	课时数 / 节	所占比例 / %
故事导入	3	15
角色导入	8	40
直接导入	9	45

故事导入是指教师在一节课开始的时候通过语言向幼儿描述一个情境，一节课的活动围绕着这一情境或主题展开。故事导入符合幼儿的认知特点，可以快速地引起幼儿的注意。角色导入是指教师在一节课开始的时候通过语言先赋予幼儿一定的角色，然后幼儿在这个角色下进行活动。通常以幼儿喜欢或熟知的人物角色和动物角色的形式出现，可以激发幼儿进行活动的欲望，使幼儿保持活动的兴趣。直接导入是指教师在一节课的开始通过语言直接宣布学习内容。

导入动作。体育课的导入不同于其他课，它不仅需要语言的导入，还需要动作的导入，即组织准备活动，使幼儿做好热身，活动关节，避免受伤等。

2. 示范技能

幼儿园体育教学中经常使用直观的示范。教师正确、大方、形象的动作示范不仅有利于幼儿进行模仿并形成正确的动作，而且有利于调动幼儿对动作学习的兴趣，如“请你跟我这样做，我就跟你这样做”，形象地说明了幼儿学习动作的方式——模仿。幼儿年龄小，以具体形象思维为主，模仿能力强，动作学习主要依赖于模仿，因此，在幼儿园体育教学中，动作示范起着十分重要的作用，这就要求教师掌握动作示范技能，并结合幼儿的年龄特点进行示范。首先，应该做到正确示范，给幼儿提供可以模仿的标准。其次，要多角度、多方位地示范，做到示范的多样性，使幼儿对模仿的动作有一个完整的、清晰的印象，利于幼儿模仿。最后，教师的示范动作要有模仿性，模仿幼儿的动作，更有利于幼儿模仿。示范技能的要求主要体现在正确的示范、示范面和示范方式的合理使用以及教师的模仿示范。

3. 讲解技能

幼儿的年龄特点决定了幼儿教师的讲解应该具有特殊性。首先，教师的讲解要结合动作示范进行。幼儿语言理解能力差，学习、练习动作主要依赖于模仿，教师讲解配合动作示范，使幼儿能直接模仿教师的动作。其次，教师的讲解语言要具有启发性、形象性、趣味性，语言要亲切，有感情色彩。启发性是指教师的语言应该能够诱发幼儿思考并让其领悟；形象性是指教师必须运用语言创造直观形象，使他们更容易理解和接受教师的讲解；趣味性是指教师的语言应当能够激发幼儿的兴趣，把幼儿的积极性充分调动起来。讲解的节奏要符合幼儿的理解能力，确保幼儿能够听懂。

4. 教学组织技能

教学组织技能是指教师根据学生情况、教材内容，不断地组织学生注意、管理纪律，科学地组织安排场地器材、合理地组织学生学习和练习、建立和谐的教学环境，帮助学生达到预定课堂教学目标的行为方式。教师的教学组织水平在一定程度上不仅影响着课堂的教学质量，而且影响着课堂的教学秩序。

体育课的教学大多是在户外进行的，再加上幼儿本身注意力容易分散，这就要求体育教师在体育课的教学中“教”与“管”相结合。幼儿园体育课面对的是3~6岁的幼儿，对他们来说上课不是义务，游戏才是一天的主要活动方式，幼儿正是通过游戏进行学习。因此，教师的教学组织不能像中小学那样主要依靠纪律组织幼儿注意，教师应该做到以下几点：有较强的管理意识，建立一定的教学常规，培养幼儿的规则意识，从而使活动有序进行；合理布置场地器材，根据教学内容、幼儿实际采取适当的措施布置场地器材；熟练掌握口令技能，做到口令准确，合理调动幼儿的队列队形；结合幼儿身体发展特点，合理选择活动内容，使幼儿通过活动达到锻炼身体的目的；科学设计活动方式，根据幼儿学习特点合理选择教学方法，用幼儿感兴趣的方式组织教学，从而吸引幼儿的注意。

5. 安全意识技能

安全意识技能是指教师在组织体育课的过程中，加强对幼儿的安全保护并且对幼儿进行安全教育，提高幼儿自我保护意识和能力的行为方式。安全是开展体育课的前提和基础。《纲要》要求，“幼儿园必须把保护幼儿的生命和促进幼儿的健康放在工作的首位”[2]，因此，体育课必须把安全工作放在所有工作的第一位。

在幼儿园体育教学中，教师的安全意识技能体现在很多方面，要求教师要做到以下几点：根据幼儿年龄特点选择活动内容；合理安排场地器材；对幼儿进行安全教育及保护，培养幼儿的自我保护意识和能力；教给幼儿正确的活动方式；活动时要注意活动前的热身，活动中对幼儿观察，控制活动量，活动后放松等；教师之间的互相配合。

6. 结束技能

结束技能是指教师在完成教学任务或活动时，使学生身体机体逐渐过渡为正常状态，并对授课内容进行归纳总结，使学生所学知识形成系统所采用的一系列行为方式[1]45。放松是一节课的结束部分，它同导入一样也是一节课的重要组成部分，不仅可以使幼儿身体从剧烈运动状态恢复到正常状态，疲劳的身体得到放松，还可以使幼儿兴奋的心情得以平静。

对于幼儿体育课来说，放松不仅要让幼儿的机体恢复正常，而且还要让幼儿的心情平静并保持对体育活动的兴趣。这就要求体育教师要结合活动内容、幼儿练习方式等合理组织放松活动。体育教师的结束技能主要体现在教师是否组织放松活动及以何种形式组织放松活动。

三、户外体育活动幼儿教师的组织技能

户外体育活动由带班幼儿教师负责组织实施，这种全员参与的特点对带班幼儿教师的体育活动组织技能提出了更高的要求。户外体育活动与体育课相比相对宽松和随意，主要是以活动为主，着重于身体的参与。在安排上具有时间相对随意、内容自由、组织松散等特点。

结合户外体育活动的特点，将户外体育活动幼儿教师的组织技能分为导入技能、指导技能、组织管理技能、安全意识技能、结束技能等五种。

1. 导入技能

导入形式一般以直接导入为主，教师直接宣布活动内容，或者幼儿直接进入场地进行活动，因此，户外体育活动幼儿教师的导入技能主要体现在是

否组织准备活动上。在进行体育活动前，适当的、必要的准备活动既可以集中幼儿的注意力，调动幼儿参与的积极性，还可以从一定程度上避免运动损伤，为开展体育活动做好充分的准备。

幼儿教师在户外体育活动时一般很少有组织准备活动，一方面可能是自身体育知识缺乏，另一方面也说明了对准备活动的不重视。

2. 指导技能

户外体育活动的内容比较丰富，既包括基本技能的练习，又包括各种运动器材的活动；既包括各种体操动作的练习，又包括各种游戏的开展。这就对幼儿教师的指导能力提出了更高的要求，特别是技能性强的活动内容更需要有相关的体育专业知识和技能，主要是指导目的要明确、指导要具体、指导要具有针对性和启发性。

通过观察发现，在户外体育活动中，很多情况是教师把幼儿带到活动区域或者为幼儿提供活动器材，由幼儿自由活动。例如，幼儿在攀爬区、大型玩具区等区域自由玩耍，或教师为幼儿提供轮胎等活动器材，幼儿在规定的区域内自由滚轮胎等。这种情况对教师的指导技能要求并不高，幼儿不需要教师在动作、玩法等方面过多指导，只需要有序地进行活动。因此，在户外体育活动中，幼儿教师的指导技能主要体现在对跳绳、跳远、拍球等技能性较强活动的指导上。

观察发现，对于技能性较强的活动内容，如跳绳、跳远等，多数幼儿教师没有给予幼儿具体和有针对性的指导。原因有两个：一个是不会。幼儿教师在职前教育中所接受的体育教育欠缺，没能很好地体现“职业性”，不能满足工作的需要，导致其在职后的工作中不会指导幼儿进行体育活动，特别是一些技能性较强的活动内容，教师本身不会，指导幼儿也就无从谈起。另一个是不愿。幼儿教师是带班教师，全天候跟班，全科教学。相比室内，户外活动每天 2 次，长期如此，教师难以坚持每天每次都是有组织、有意识地指导幼儿完成动作，而多数采取“放羊式”活动。

3. 组织管理技能

户外体育活动对幼儿来说就是走出教室进行自由地玩耍，可以到处跑、玩滑滑梯、拍球等，活动范围要比体育课广，活动自由度也比体育课更高。

这就要求幼儿教师要有较强的组织管理技能，使幼儿在每天每次的玩耍过程中达到一定的运动量如运动强度，以便能够更好地促进幼儿身心健康的发展。在户外体育活动中，教师的组织管理技能体现在多个方面，包括场地器材的布置、活动内容的选择、活动形式的设计等。教师的组织管理水平在一定程度上不仅影响着体育活动的秩序，而且影响着幼儿户外体育活动的质量。

（1）场地器材的布置

所观察的6所幼儿园都能够根据自身实际条件，将现有场地划分为不同的区域，例如，攀爬区、球区、车区等，幼儿园对活动区域进行分配，确定每个班级某一时间段某一区域的使用权。教师能够有效地选择活动场地，避免幼儿在活动过程中扎堆，造成拥挤，在有效地利用活动场地的同时避免了安全事故的发生。在活动器材方面，都能够提供充足的活动材料，满足幼儿的玩耍需要。

（2）活动内容的选择

活动内容是户外体育活动的载体，是实现户外体育活动目标和任务的手段。户外体育活动是对体育课和早操的补充和延续，其内容比较丰富，可以是小、中、大型的体育器材，也可以是体育游戏，还可以是练习某一活动能力等。

整体来看，幼儿园开展的户外体育活动的具体内容如表8–2所示：

表8-2　户外体育活动内容

动作类别	户外体育活动内容		
	小班	中班	大班
身体姿态	跳舞、学早操、练早操	跳舞、学早操、练早操	幼儿广播体操、模仿操、早操、跳舞
平衡能力	单脚站立、直线走、走独木桥、沿直线走、沿马路牙子走、玩平衡板	玩滑板	风火轮、滑滑板、踩高跷
灵敏性	开飞机、开火车、红绿灯游戏、跑过障碍物、跳呼啦圈、开小车、玩蹦蹦床	双脚跳方格、开飞机、跳绳游戏、走山洞	踢毽子、跳绳、游戏

（续表）

动作类别	户外体育活动内容		
	小班	中班	大班
协调性	玩球、拍球、爬行、骑车	拍球、拍篮球、跳绳、骑车	跳绳、拍篮球、拍球、骑车、玩保龄球、跑动中跳绳、转呼啦圈、托球
上肢力量	攀登、滚羊角球、滚大圆球、玩软棒	投沙包、投篮、攀爬、滚轮胎、玩游戏棒、悬垂	投掷、攀爬、悬垂前进、投沙包、悬垂、扔飞盘、投篮、扔球
下肢力量	跑步、走、慢走、双脚跳、跳圈、双脚连续向前跳、踢足球、跳远、慢跑、跟着走、圆圈走	跑步、跳远、骑车、跳绳、分腿跳、	跳绳、踢球、跑步、跑动中跳绳
速度	速度跑	各种距离的跑、游戏形式的跑	一定活动量的跑、追逐跑、接力跑
其他	滑滑梯、玩沙、区域体育活动	滑滑梯、早操、组合游戏、钓鱼、区域体育活动	滑滑梯、早操评比、区域体育活动

从上表可以看出，幼儿园开展的户外体育活动的内容比较丰富，注重用不同的活动形式发展幼儿的各种能力，具有全面性。通过体育教育以及体育活动等形式，开展丰富多彩的户外游戏和体育活动，培养幼儿参加体育活动的兴趣和习惯，增强体质，提高对环境的适应能力。[2]

（3）活动形式的设计

活动形式是幼儿参与体育活动的一种方式。幼儿是否参与活动，参与的程度如何，除了与活动内容有关，更主要取决于教师的组织以及活动的形式。

一方面，幼儿不仅可以走出教室在户外进行活动，享有较大的自由，符合幼儿喜欢自由玩耍的天性，这是任何室内活动所不具备的，因此户外体育活动对幼儿有着巨大的吸引力。另一方面，户外体育活动的内容丰富，幼儿既可以滑滑梯、自由攀爬、跑步，也可以骑车、玩跷跷板，还可以参与教师组织的各种游戏活动。因此，幼儿在小、中、大型器材及体育游戏等活动中可以自由玩耍，没有太多的束缚，参与度非常高。

户外体育活动的内容除了有小、中、大型器材活动和体育游戏，还有体操和基本能力活动，对于这两种活动，幼儿的参与度主要取决于教师组织活动的方式，活动形式有趣就能引起幼儿的兴趣，幼儿的参与度就高。相反，幼儿的参与度就低。

4. 安全意识技能

安全是幼儿园进行户外体育活动的前提。幼儿天生就是一个探索者，对各种新颖的动作和运动器材又极富好奇心，如看到皮球就用脚踩上去，看到荡桥就想走，等等。[3]户外体育活动中，环境干扰因素较多，幼儿又是处于自由活动状态，当幼儿处于兴奋状态时更不会考虑自身的安全问题，这样就极容易发生安全事故。在幼儿园中，户外体育活动开展的频率较高，每班每天两次，参加的人数多，全体幼儿分散进行活动，很容易出现问题，因此，安全对户外体育活动尤为重要。

在户外体育活动中，教师的安全意识技能主要体现在教师的组织、场地器材的安排、活动内容与活动时间的安排以及教师的配合等方面。

（1）教师的组织

教师的组织是否合理在很大程度上影响着户外体育活动的安全。观察发现，教师在组织幼儿进行活动时存在一些问题。首先，大部分教师没有组织幼儿进行准备活动和放松活动，这在一定程度上存在着较大的安全隐患。其次，大部分教师组织幼儿进行活动时安全意识不高。

（2）场地器材的安排

整体来看，所观察的 6 所幼儿园都非常注重场地的安全，例如，园中所有的水泥硬地均铺上了一层塑料软垫，在滑梯的出口处都放置了一个大软垫，大型玩具区的地面也都进行了地面软化等。器材方面，幼儿园有许多教师自制器材，如废纸做的各类球、风火轮等，这些都为体育活动的安全开展提供了一定的便利条件。

（3）活动内容与活动时间的安排

观察发现，在户外体育活动中大部分教师能够根据幼儿身心特点合理安排活动内容，控制活动量和时间。少数教师在活动内容及活动时间的安排上存在安全隐患，主要体现在一次活动内容过多，持续时间过长。

幼儿肌肉的发育正处于不平衡阶段，大肌肉群发育得早，小肌肉群发育尚不完善，而且肌肉的力量差，特别容易受损伤。幼儿骨骼硬度较小，弹性非常大，如果幼儿长期姿势不正确或受到外伤，就会引起骨骼变形或骨折，还容易产生疲劳。根据幼儿的年龄特点，一次户外体育活动的时间不宜过长，应控制在 20~25 分钟。

（4）教师的配合

观察到的户外体育活动有两种情况，一种是全体幼儿共同进行活动，另一种是幼儿分组进行活动。为了更好地贯彻保教结合原则，当全体幼儿共同进行活动时，一般会有两名教师跟随，其中一名教师主要负责组织幼儿进行活动，另一名教师主要负责整体观察幼儿的行为。当分组进行活动时，教师分工合作，照看好幼儿，及时对幼儿进行个别照顾以及做好保育工作等，以免发生危险。在户外体育活动中，教师的互相配合对确保幼儿安全地进行活动是非常重要的。

5. 结束技能

幼儿教师的结束技能主要是指教师在户外活动结束后，组织幼儿进行一些简单的放松活动，使幼儿的身心得到放松。在体育活动结束后，适当的放松活动有利于幼儿的身心发展，可以使幼儿的身体和心理从兴奋的活动状态转为平静状态，同时也可以培养幼儿良好的运动习惯，为终身体育奠定基础。

由于户外体育活动在组织、活动内容以及活动形式等方面都相对随意，一般情况下全体幼儿进行活动，参与人数较多，有时候是以教师收拾器材、清点幼儿人数结束活动。因此，教师的结束技能主要体现在活动结束后是否组织幼儿进行放松。放松活动可以有多种形式，例如，游戏、放松操、呼气、吸气、组织幼儿互相按摩等。

第二节 幼儿园男性体育教师的专业发展

随着经济的发展，社会的进步，越来越多的人关注到幼儿的健康，幼儿体育也受到了空前的重视，男性体育教师进入幼儿园工作，助力幼儿体育活动的开展，是社会发展的必然。全国范围内幼儿园男性体育教师较之前有所增加，并且在不断壮大，有男性体育教师，成为幼儿园特色。

广东省作为全国经济发展相对较好、人文环境比较开放的地区，幼儿园男性教师的数量相对较多，幼儿园男性体育教师的数量也在壮大，并且发挥着越来越重要的作用。通过问卷调查，了解幼儿园男性体育教师专业发展的状况和影响专业发展的因素。通过访谈成功个案，分析总结幼儿园男性体育教师专业发展的不同特点，为其更好地规划专业发展路径，为政府和幼儿园制定相关政策，高效管理幼儿园男性体育教师提供必要的参考。

一、广东省幼儿园男性体育教师的基本状况

通过对全省各级各地幼儿园 80 名男性幼儿体育教师的调查，结果表明：

1. 基本状况

26~34 岁的幼儿园男性体育教师人数最多，占总调查人数的 65.0%，学历为本科及以上的占 78.9%，其中大部分为体育专业，在公立幼儿园工作人数占 73.75%。

2. 职业状况

教龄在 5 年以内的人数占 62.5%，6~20 年教龄的人数占总调查人数的 37.5%，在 2012 至 2017 年期间，幼儿园男性体育教师入职人数较之前增长更快，总数远远超过了过去 15 年的总人数。职称为一级或以上的占总调查人数的 53.8%。上过区级或以上公开课的人数占总调查人数的 78.7%，大多数上过市级或以上公开课。说明一级职称较多，大部分人借助上公开课，提升个人的专业技能，这对其专业发展很有利。

二、广东省幼儿园男性体育教师的专业发展

教师的专业发展分为三个维度：专业知识、专业能力和专业态度。问卷调查结果表明，三个维度的均值超过理论中值，专业知识均值为 23.19 分、专业态度均值为 66.09 分、专业能力均值为 28.23 分，说明幼儿园男性体育教师专业发展水平较高，尤其专业能力强、专业态度端正。具体内容如表 8–3 所示。

表 8-3　广东省幼儿园男性体育教师专业发展得分统计表（n=80）

	最高分 / 分	最低分 / 分	理论中值 / 分	（均值 ± 标准差）/ 分
专业知识	30	6	18	23.19 ± 4.34
专业态度	80	20	48	66.09 ± 10.94
专业能力	35	7	21	28.23 ± 4.43

1. 不同教龄的幼儿园男性体育教师专业发展分析

幼儿园男性体育教师专业知识、专业态度、专业能力的得分，随着教龄的增长而增加。教龄越长，得分越高，说明随着教师任教时间的增加，年龄的增长，教学知识、教学能力在积累、在进步、在提升，个人专业发展水平越高。这与现实中教师教龄的长短对其专业成长的影响是相符合的。

2. 不同职称的幼儿园男性体育教师专业发展分析

不同职称的幼儿园男性体育教师，职称越高，专业知识、专业态度、专业能力得分越高，无职称的教师得分低于有职称的教师，说明专业发展好坏对于职称的评定有较大的影响。教师专业发展较好，对其职称的评定有很好的促进作用。

3. 不同专业的幼儿园男性体育教师专业发展分析

体育专业的幼儿园男性体育教师专业知识、专业能力、专业态度与其他专业的教师相比发展更好，这说明专业背景对幼儿园男性体育教师的专业发展有很大影响。教师工作岗位与专业对口，能促进专业发展，发挥更有益的作用。

4. 不同级别所属园的幼儿园男性体育教师专业发展分析

省市一级的幼儿园男性体育教师专业发展好于区一级的，说明在实际工作中，省市一级幼儿园作为一个地区的示范园，担负着幼儿教育示范引领作用，幼儿园男性体育教师获得的专业发展机会相对更多。

广东省不同类型幼儿园男性体育教师专业发展存在差异。不同教龄段的体育教师在发展的专业知识、专业态度、专业能力三个维度上得分随教龄的增长均上升，说明工作积累、阅历增加是专业发展的主要因素。其中，工作5年期是专业发展发生变化的转折点，而工作10年以上，可能遇到职业发展的瓶颈期、倦怠期等，致使专业发展受阻。不同职称、专业，有无事业编制，不同级别所属园的男性体育教师专业发展存在差异。但从分值上看，存在个人职前状况、幼儿园状况、条件等较好的分值较高，说明职前教育、专业和幼儿园的条件对专业发展有一定影响，但不是重要因素。

三、幼儿园男性体育教师的专业发展优势

1. 幼儿园男性体育教师拥有良好的专业发展背景

目前幼儿教育受到国家和社会前所未有的关注，国家出台新的政策，教育主管部门颁布《指南》，社会空前关注幼儿的健康成长，为男性体育教师提供了成长发展的空间。幼教体育来自体育专业，较强的专业背景为其尽快融入行业提供了更好的条件。

2. 幼儿园男性体育教师的专业性得到拓宽

幼儿园的“体”是德智体美劳的首位，其地位决定了幼教体育人的重要性。幼教体育专业特长在幼儿园经过与幼儿身心发展特点的结合和改良，通过观察、学习、反思，得以全面施展并不断尝试、摸索、发展和进步，形成了这一职业所独特的专业能力，专业性得到全面拓展。

3. 幼儿园男性体育教师专业发展的平台支持

平台支持包括社会和谐环境、国家教育政策及幼儿园重视等方面。幼儿园重视与教师的专业发展有着直接的关系，影响较大。幼儿园主管领导大胆地、创新性地招收男性体育教师进入幼儿园，不仅体现了睿智和胆识，还可以提高幼儿体育教育活动水平。园长和主管领导尽可能地给予其发展空间，

信任、鼓励、支持，促使他们进步，这种宽松的环境，让男性幼儿体育教师觉得有安全感，获得自信心，进而找到自身的价值，获得成就感，并最终提升专业认同感。

4. 幼儿园男性体育教师自身努力的重要性

幼儿园男性体育教师专业发展初期，幼儿园因素和家庭因素起主导作用，直接影响着教师的专业发展。走过瓶颈期后，个人因素的主导作用贯穿整个专业发展，自身努力程度对专业发展至关重要。

从幼儿教育行业角度来讲，教育政策和教育理念保持不变，所处社会背景相似，幼儿园和家庭给予的影响基本相同，教育行政部门在其专业发展方面给予信任、鼓励、支持和帮助。但是幼儿园男性体育教师在各自的岗位上做出的成绩却有所不同，由此说明自身努力的重要性。

达到一定专业发展水平的幼儿体育教师，此时所有外部力量都很难改变其留在幼儿园的坚定决心，这是专业自我认同感提升的表现，是他们专业发展、专业认同的最好见证。

5. 幼儿园男性体育教师多元化的专业发展道路

体育教师的专业发展是多元化的，各不相同，各有千秋。如脚踏实地，找准专业发展的切入点，投入精力，专注于关键点；如勤于思考，经常对自身、职业生涯、专业发展方向进行思考；如规划适合自身发展的路径，利用平台，助力自身专业成长；如敢于创新、善于总结、坚持不懈；如依托幼儿园特色体育项目，将项目特色尽可能地变成幼儿园的特色，让两者有机地结合，提升自己的专业发展水平，体现自身价值。

男性体育教师的专业发展方向大概可以分为专家教师型、行政管理型和幼教团队导师型等三种类型。

专家教师型：发展成为专家型的教师，需要了解幼儿体育学科知识，钻研幼儿身心发展规律，学习幼儿体育和教育方面的知识，将这些知识科学、有效地传授给幼儿，教学能力要强，还要具备教学反思的习惯，并热爱自己的工作。

行政管理型：主要参与幼儿园日常行政管理，在专业方面成绩突出，表现出很强的组织协调能力，不仅自身得到发展，还能带动并帮助周围的教师成长。参与幼儿园的日常管理，把握幼儿园整体体育工作。这将成为他们今后专业发展全新的方向。

幼教团队导师型：组建幼儿体育名师工作室或以体育为特色的名师工作室，主要任务是完成幼儿体育研究，负责组建幼儿体育教师团队，培训、考核团队成员，带领团队成员帮助更多的教师科学、有效地组织幼儿体育教育活动。

总之，幼儿园男性体育教师具有性别独特、学历较高、专业性强等优势，同时对幼儿体育的重视、幼儿园的需求和幼儿的喜欢为其专业发展提供了较好的平台。幼儿园男性体育教师可以走专家教师型、行政管理型和幼教团队导师型的多元化发展路径，成为幼教领域中一股充满阳光气息、朝气蓬勃的新生力量。

四、对幼儿园男性体育教师专业发展的建议

1. 体育教师方面

男性体育教师应专注于幼儿教育，做好职业规划，加强专业知识学习，提升专业能力，端正工作态度，保持自身的专业个性，发挥性别优势，传递刚性教育和刚性力量，用积极的心态、顽强的意志战胜职业生涯中遇到的困难，在本园幼儿体育教育方面起到引领和带动作用。同时可以借助中国幼教男教师联盟平台，提升幼儿园男性体育教师职业的自我认同和社会认同，以期获得更多的支持，为幼儿教育添砖加瓦。

2. 教育行政主管部门方面

一是重视职前培养，开设人才培养的途径；二是搭建教师交流学习的平台。教育行政主管部门应完善幼儿园教育人才培养模式，与高校合作，开设幼儿男性体育教师培养通道，培养更多有体育专业知识技能又懂幼儿教育的专门人才，并引导他们进入幼儿园工作；对已有男性体育教师的幼儿园，加强监管，用好人才和管好人才，引领男性体育教师做好自身职业规划，加强职后培养和培训，搭建男性体育教师专业发展的平台；提高男性体育教师的工资待遇，解决后顾之忧，让优秀的幼儿体育教师人才发挥更大的作用。

3. 幼儿园方面

重视这一特殊且重要的群体，发挥其作用，采取“请进来、送出去”的方式，为其提供交流、学习、展示的机会，完善幼儿园体育教师岗位设置。幼儿园要充分考虑男性体育教师在幼儿园工作的特殊性和重要意义，在工作安排方面考虑其性别和专业特点，尽量安排与性别和专业相符的工作，发挥实施刚性教育的优势，为幼儿受到全面的教育创造条件。另外，要尽可能增加男性教师人数，或者鼓励不同地区间、不同幼儿园间男性教师的交流和学习，提供展示的机会，创设男性群体环境，创造条件提高男性体育教师的待遇，增强男性体育教师的归属感。

第三节　幼儿教师体育组织技能的培养

一、幼儿体育教师的职前教育情况

幼儿体育教师大多毕业于本科或专科体育专业的学校，职前所接受的教育对体育教学技能起着决定性作用。师范类院校体育教育的培养目标是培养适应基础教育改革和发展需要的合格的中小学体育教师或社会其他体育工作者。课程设置主要有体育导论、体育心理学、学校体育学、人体解剖与运动生理学、中小学体育教材教法、游泳、健美操、田径、体操、武术、球类以及民族传统体育等。不论是从培养目标来看，还是从课程设置来看，目前体育教育专业主要是为中小学培养体育教师，而不是为幼儿园培养专职体育教师。从幼儿园引进的专职体育教师的实际情况来看，他们都是毕业于体育教育专业，没有接受过幼儿教育方面的知识和技能的教育，这就导致了专职体育教师的专业性很强，但对幼儿的身体、认知特点等不了解，也就不可避免地在教学中出现不符合幼儿特点的教学现象。可喜的是，近年我国已出现培养幼儿体育教师的院校和幼儿体育专业，其培养目标更加有针对性和实用性。

二、幼儿体育教师的职后培训情况

幼儿体育教师的职后培训主要有园内、园外体育研讨课，幼教系统组织的有关幼儿体育理论方面的培训等，但较少针对幼儿教育方面进行培训。这也使得专职体育教师在幼儿教育方面的知识存在欠缺。

幼儿体育教师能否参与各类培训取决于幼儿园给予的机会及教师自己的学习精神和学习态度，在实践中学习、进步和提升，在公开课中成长，是幼儿体育教师迅速适应、进步和提高的主要途径。研究发现，多数优秀幼儿体育教师的成功例子证明了这一点。

三、幼儿教师的职前体育教育情况

幼儿教师主要毕业于中等师范学校或高等师范学校的学前教育专业，学前教育专业的培养目标是学前教育专业发展的方向性选择，具有非常重要的意义。

学前教育专业的培养目标是培养德智体美劳全面发展的、能够适应学前教育事业发展需要的、有一定教育专长的学前教育大学专科水平的幼儿教师。在课程设置上，教师的语言技能、音乐技能、舞蹈技能以及美术技能都作为专门的技能被列入，而作为幼儿教师重要技能之一的体育技能并没有单独出现在课程设置中，体育教育或学前教育专业课程中没有受到应有的重视。

可以看出，学前教育专业重视理论知识，体育课作为公共必修课存在，而非专业课。对于幼儿体育方面的知识涉及很少或根本没有，大学里的体育课只是发挥了对学前教育专业学生的体育教育作用，体现了其“个人性”，然而学前教育专业的学生不仅仅是学生，他们还是未来的幼儿教师，担负着对幼儿进行体育教育的重任，大学体育课没能很好地体现其“职业性”。导致学前教育专业学生体育知识缺乏，体育素养不高，不能有效地应对幼儿教师的体育教学任务，而对于学前教育专业学生应该具有哪些体育教学技能，应该如何培养则更无从谈起。

四、幼儿教师的职后体育培训情况

职后体育培训对幼儿教师职业技能的发展具有重要的意义，能够提高幼儿教师的职业素质，使教师适应不断发展的幼儿教育，提高工作能力。

我国对幼儿教师的在职培训有学历培训、园本培训、教育局组织的培训、出外观摩和交流学习及自费自愿参加的培训等多种形式[7]，这种培训使幼儿教师得到了成长。然而，在职培训也存在一些问题，例如，培训机会少、培训内容针对体育内容的偏少、幼儿教师轮流等。通过访谈得知，目前幼儿教师以园本培训为主，园本培训以园内教师集体教研的形式进行，注重实践性和操作性。有专职体育教师的幼儿园能充分发挥专业特点对园内幼儿教师进行体育培训，侧重于具体的实践操作。其他形式的培训有教育部门组织的理论学习、公开课观摩等，这种机会偏少，而且专门针对幼儿体育进行的培训更加缺乏，系统性和系列性并未体现。

五、幼儿教师体育活动内容培训现状及形式

幼儿教师职前教育体育活动教学技能的欠缺与幼儿园首“体”、重“体”的现实产生矛盾，使职后体育活动技能的培养显得更为重要，幼儿园领导、骨干教师和一线教师都有切身体会。因而采取各种措施和方法提高幼儿教师的体育活动技能，满足工作的需要是当前亟需解决的问题。

体育教师在幼儿园是专职教师，工作职责除了上好体育课和负责园内体育活动设计与实施，还应担负其他幼儿教师和保育人员的体育培训和培养工作。这是体育教师的责任和义务，只有培养好其他教师及保育人员，才能保证幼儿园的体育活动更到位、更全面。近年来，国家增加了学前教育体育师资的培训力度，培训形式从单纯的教育部门组织的继续教育培训，延伸向社会团体（包括各级教育学会、学前教育学会、各培养幼儿体育教师的高校和研究机构、幼教集团、社会教育培训机构等）组织的论文报告会、研讨会、主题沙龙、专题培训以及专家型体育教师的送教（支教）培训等形式。

1. 教育部门的继续教育培训

近年来，各级教育部门组织的体育培训活动内容，从单纯的理论培训转向理论与实践相结合的培训，培训的对象包括幼儿园园长、教学（后勤）等

主管副园长、主任、专职教师、保育员等各种人员，培训内容包括基础性培训（政策性培训、师德师风培训、幼儿园各种常规性培训等）、成长性培训（注重教师的专业化发展、现代信息技术等方面的培训）和实践性培训（早操和课间操的组织、体育活动课的组织、户外体育活动及户外功能性体育器材的活动组织等）。教育部门组织的幼儿园体育教师技能展示和体育教学观摩活动也是提高教师专业能力的培训活动。

2. 社会团体的培训

社会团体的培训门类众多，包括论文报告会、研讨会、主题沙龙、专题培训等形式，这些活动补充了教育部门的培训内容，为幼儿园教师提供了开阔视野。比较有代表性的中国教育学会学前教育专业委员会以及各省市教育学会的学前教育专业委员会、体育卫生专业委员会等，都会定期举行有关《指南》健康领域、“三维动作”发展等方面的培训。在国内外的体育专业社团中，最具影响力的是国际幼儿运动与游戏协会、国际幼儿体育协会、亚洲幼儿体育学会等组织，每年举行研讨会或论文报告会，尤为突出的是成立以来每年都举行一次“亚洲幼儿体育科学大会”，到 2019 年已经连续举办了 15 届，2020 至 2021 年由于受新型冠状病毒的影响暂停举办。在国内，全国体育运动学校联合会幼儿体育分会组织的幼儿体育大会、北京大学体育教研部组织的未名幼儿高端论坛、长沙师范学院组织的健康中国与幼儿体育发展高峰论坛等活动，已经成为提升幼儿体育教师专业素养的重要途径。

3. 专家型体育教师的培训

男性体育教师走进幼儿园，经过多年的锻炼和培养，已发展成幼儿园的体育专家，影响着幼儿园整体的体育发展水平。如广东省一所幼儿园的 M 教师，在幼儿园是幼儿最喜爱的男性体育教师，他独特的幼儿篮球教学模式，使幼儿领略了篮球的魅力；其负责组建的阳光小子篮球俱乐部吸引了幼儿和家长的全面参与。通过学习、练习、比赛，幼儿学会了娴熟的篮球技能，享受着篮球文化，交往着篮球小伙伴，体验着遵守规则和公平对待的原则。在本园特色篮球开展得如火如荼的情况下，M 教师并没有局限于本园篮球特色项目的开展，而是不断把体育新的理念、教学技巧传授给幼儿及其他幼儿体育教师。专家型体育教师的培训参与主体多样，有幼教骨干教师、幼儿园园长及幼儿教师、家长等。

4. 幼儿体育专题培训

幼儿园借助名师工作室或体育培训机构提供针对幼儿园普遍需要的早操活动设计、一日体育活动的组织、幼儿园体育环境的设计、幼儿感统训练、幼儿教师的口令和礼仪、安全教育与防范、游戏活动设计等各类培训（表8-4）。

表 8-4　幼儿体育教师主题培训

主 题	讲座名称
体育活动设计	创新体育活动组织艺术经验分享 幼儿园体育活动设计与组织实施经验分享
体育特色活动	幼儿园足球、篮球活动策略分享 “三维动作”内容的组织和实施 校园足球、校园篮球特色课程计划与设计分享 YBA 组织策划与实施开展
体育特色教学	主题特色教学设计经验分享
户外体育活动	户外功能性体育活动场地的设置
幼儿园安全防护	幼儿园体育活动安全防护技巧及案例分析
家园联合	如何调动及保持家长对足球、篮球等体育活动的积极性和关注度
教师成长	特色路上做一个积极主动的教师 特色路上做一个有追求的专业型教师

由于幼儿体育活动培训工作还没有形成完整的体系，对培训方式、参与人员、效果及实际运用，即如何实现培训多方面、参与有机会、实施有效果等还值得深入探讨。

参考文献：

[1]　王鲁克. 体育教师的教学技能[J]. 济宁师专学报，1998，19（6）.

[2]　教育部. 幼儿园教育指导纲要（试行）[EB/OL]. (2001-09-01) [2019-11-20]. http://www.moe.gov.cn/srcsite/A06/s3327/200107/t20010702_81984.html.

[3] 冷小刚. 幼儿体育活动中的卫生与安全[J]. 南京体育学院学报（社会科学版），2002，16（5）：117-118.

[4] 刘蓉慧. 幼儿园教师在职培训及其效益研究[D]. 上海：华东师范大学，2008：17.

第九章 开展幼儿体育活动的保障

第一节 开展幼儿体育活动的制度保障

一、国家政策法规的颁布

国家对幼儿教育越来越重视，而幼儿体育也受到前所未有的关注。1979年，幼儿教育被列入我国教育科研规划，幼儿教育和研究开始受到重视，而幼儿体育教育作为学前教育的一部分也备受关注。

1981年，教育部颁布了《幼儿园教育纲要（试行草案）》，首次以纲要的形式将体育放在幼儿教育的重要位置，并将体育和智育放在同等重要的位置上，目的是让人们重视幼儿体育教育。

2001年，教育部制定了新的《纲要》，作为健康领域重要部分的幼儿体育，也随着幼儿健康教育位置的不断提升，其重要性得到进一步确认。

2012年，教育部颁布了《指南》，更多的专家和学者将关注的目光投向了幼儿体育，在很大程度上扭转了这个领域实践研究和理论研究比较欠缺的局面，为幼儿体育活动的全面发展及科学有效地实践研究带来了契机。

二、地方政策法规的实施

国家政策法规的支持带来了地方幼儿体育活动制度的不断更新和优化，其中包含了对幼儿体育活动开展的时间、场地、器材、教师等方面的制度要求。

《广东省幼儿园等级评估方案》对幼儿园体育活动场地和体育活动时间都有很明确的规定，在“卫生保健工作”方面提到：积极创造条件，充分利用阳光、空气、水等自然因素，开展丰富多彩的适合幼儿年龄特点和个性特征的户外游戏和体育活动，培养幼儿参加体育活动的兴趣和习惯；幼儿两餐间隔不少于3.5小时，按时开餐；根据不同年龄、季节及气候特点，科学合理地安排幼儿户外活动的时间和内容，保证每天不少于2小时（寄宿园3小时）的户外活动，其中体育活动1小时以上。在“场地园舍”方面提到：户外活动场地使用面积生均4平方米以上。有满足幼儿开展各类体育活动需要的大型玩具和体育运动器材、器具；有保证幼儿在阴雨天活动的场地或设备。

幼儿园专职体育教师的专业地位日益提升。目前，虽然幼儿园专业体育教师配备方面没有准确的统计数据，但是在幼儿园体育专职教师职称评定方面，也从过去套用幼儿园带班教师的评审办法，提升到有专门为幼儿园专职体育教师职称评审的办法。广州市骨干教师培训也允许幼儿园专职体育教师与中小学体育教师一起以体育专科的形式开展培训；各级教育行政部门对幼儿体育活动的支持更体现在各种教育教研活动上；广东省教育厅引领的面向一线带班教师的幼儿教师体育技能培训公益活动也逐渐增多。

三、幼儿体育活动“三维动作”内容体系的保障

幼儿体育活动“三维动作”内容体系是从平衡能力、灵敏与协调能力、力量与持久力三个维度为幼儿体育活动的开展设计动作，提供专门的器材，提炼更有效的锻炼方法，细化《指南》有关“动作发展”的要求，更加具体地保障幼儿体育活动科学有效地开展，使得《指南》对幼儿动作的要求更加具体、更有操作性。

第二节 开展幼儿体育活动的安全保障

一、幼儿体育活动事故发生的类型

要做好幼儿体育活动的安全保障，必须先了解幼儿体育活动事故发生的类型。通过检索相关文献，部分文章对幼儿体育活动事故发生的类型做了相关研究，类型主要集中在教师、学校、学生、环境等四个方面。例如，刘旭阳[1]在《幼儿体育参与风险研究》一文中，归纳总结了 2003 至 2012 年期间关于学校体育活动伤害事故的致因，研究主要包括以下几个方面（表 9-1）：

表 9-1　学校体育活动伤害事故的致因

来源	类别	具体表现（举例说明）
教师方面	课前准备	备课不充分，教学计划不合理
	技术水平	缺乏体育专业知识
	心理水平	侥幸心理：多年都没出事故
学校方面	管理水平	缺乏对器材的有效检修
	指导水平	缺乏对教师进行安全教育
	其他方面	不重视体育这项工作
学生方面	生理水平	有特异体质而不告知
	心理水平	好胜心或好奇心过剩
	社会水平	同伴过失导致损伤
环境方面	器材方面	器材设备陈旧
	自然环境	发生地震等自然灾害

郭春发[2]在《幼儿园常见事故类型及教师的义务》一文中，总结了幼儿园体育活动伤害事故发生的形式：幼儿游戏时受伤。这种情况一般都是由意外事故引起的，幼儿在活动中很难对自己的行为进行有效的控制，如活动时不小心绊倒、相互之间碰撞以及其他的伤害事故等，即使教师在现场，伤害事故往往也是不可避免的。因教学设施引起。滑梯、攀爬架、小城堡、海洋球、蹦蹦床、秋千等大型玩具年久失修，存在着安全隐患。

二、幼儿体育活动事故发生的因素

1. 教师组织对体育活动安全的影响

教师的体育活动组织能力应该理解为教师在掌握一定深度和广度的体育专业知识和体育教育理论的基础上，通过体育教育实践积累，逐步形成和发展的一种在体育教学活动中将幼儿有效地组织起来、有序地进行教育教学活动，并进行有效的管理，从而达成教育教学目标的职业能力。它是教师必须具备的一项重要的基本功，也是教师体育教学能力的一种体现。

在幼儿园体育活动中，教师的教育组织策略是否合适，直接影响到幼儿体育活动的安全。在实践研究过程中，因教师组织发生的安全事故在幼儿体育活动事故的占比最高。有些教师的教学组织能力不强，方法简单，导致幼儿体育活动兴奋度不够，过于僵化；有些教师会出现“管不住”，甚至不能继续进行教学的现象，在活动过程中埋下了许多的安全隐患；等等。

（1）集体体育教学活动

体育教学活动是教师实现体育知识和技能传授的主要途径，是幼儿学习体育技能必不可少的关键环节，要促进幼儿健康成长，必须保证体育教学活动的正常进行。因此，体育课的安全问题成为幼儿园和教师最关心的问题。从体育教学活动的结构来看，体育教学活动分为准备部分、基本部分和结束部分三个阶段。

准备部分是体育教学活动的重要组成部分，它的任务是将幼儿的注意力集中到活动中来，使幼儿了解活动内容及要求，激发学习动机，让他们情绪饱满地投入活动；做好准备活动，使幼儿的机体迅速进入活动状态，为学习体育技能做好充分的身心准备。由于准备部分是体育教学活动的开始阶段，幼儿的身体和心理都处于“发动”状态，因此，教师不仅要在活动前将场地、器材准备就绪，同时要对准备活动的具体内容进行妥善安排，做到防患于未然，最大限度地减少伤害事故的发生。

幼儿在体育教学基本部分发生安全事故的数量比体育教学准备部分和结束部分发生的安全事故总和还要多，原因主要有教师对活动组织不力、教学方法不当、教学内容不合适、教师能力和经验不足、指挥不当、幼儿的安全意识薄弱、活动纪律涣散，等等。

结束部分的主要任务是有组织地使幼儿的身心逐渐恢复到相对平静的状态，是活动的尾声，教师和幼儿身体在放松的同时，往往容易引起思想上的麻痹大意。因此，教师在放松内容的选择和安排上要谨慎，课后认真组织幼儿进行体育器材的回收，预防体育活动事故发生。

（2）户外体育活动

户外体育活动不仅仅是指在户外进行的体育活动。首先，与户外进行的集体体育教学活动相比，这里所说的户外体育活动是指非正规的、低结构化的幼儿体育活动。一般来说，它并不强调活动组织的严密性，教师大多采取间接指导的方式组织和实施活动；而集体体育教学活动作为一种正规的、高结构化的体育活动，往往比较强调活动组织的严密性，教师主要采取直接指导的方式组织和实施活动。其次，与户外进行的体操活动相比，户外体育活动在时间的安排上更为灵活，形式更加多样，内容更为广泛。而在户外体育活动发生事故的主要原因一方面是幼儿在活动过程中没有用正确的方法使用器材或发生碰撞时不会躲避，自我保护能力较差；另一方面是教师没有讲清楚规则或在活动过程时没有及时纠正幼儿的错误动作所致。

（3）户外区域体育活动

相比其他体育活动，区域体育活动极大限度地开发了幼儿园的环境资源。幼儿园可以充分地利用园所环境和场地进行区域划分，各区域之间自然隔离，使幼儿在开放的环境中可以自主地选择自己感兴趣的材料器材、玩伴和游戏方式，分享不同运动环境资源，让幼儿在熟悉的环境中大胆、自由地游戏。在这种开放的环境下，教师在安全把握方面是个很高的挑战。根据观察结果，教师的观察指导不到位和幼儿规则意识差是发生活动事故的主要原因，而场地器材布置不合理、幼儿着装不合适也存在一定的因素。

户外区域体育活动其实就是幼儿、教师、场地三者之间的一个互动，所存在的活动事故也必然与三者相关。如在同一区域的同一活动内容，材料的难易程度有差异，若是中班的幼儿尝试三轮车，就很容易发生摔碰伤。在区域划分上，要减少不必要的干扰，如果车区和球区放在相邻的区域，皮球的滚动会影响车区的活动，导致活动事故的发生。

2. 幼儿自身对体育活动安全的影响

（1）幼儿规则意识对体育活动安全的影响

在活动事故的观察记录中，因违反活动规则而导致的活动事故所占的比例较大。主要表现为以下几个方面：有的幼儿规则意识较弱，不认真听教师讲解，违规操作；有的幼儿有一定的规则意识，但控制能力差，最后没有遵守活动要求，出现意外；有的幼儿希望被教师关注，故意违规，捣乱秩序，伤己伤人；有的幼儿受逆反心理、性格气质和性别因素的影响，文静一点、内向一点、胆小一点的幼儿遵守规则的能力强一些，活泼、好动、外向的幼儿违规现象就多一些，男性幼儿违规的比例比女性幼儿高；当活动强度超过幼儿的能力水平时也容易发生活动事故。

在实践的过程中建议教师通过制定相应的规则要求幼儿在活动中遵守，并以活动中的奖惩提升幼儿的规则意识，养成一定的规范行为，从而为幼儿在集体中能够真正从事自主活动提供保障。具体有如下规则需要教师和幼儿在体育活动中遵守。

活动准备规则。衣服上不要别胸针、校徽、证章等；上衣、裤子口袋里不要装钥匙、小刀等坚硬、尖锐锋利的物品；不要佩戴各种金属的或玻璃的装饰物；头上不要戴发卡；患有近视的幼儿，如果不戴眼镜可以参加体育活动就尽量不要戴眼镜，如果必须戴眼镜则做动作时一定要小心谨慎，而做垫上运动时必须摘下眼镜；不要穿塑料底的鞋或皮鞋，应当穿球鞋或一般胶底布鞋；衣服要宽松合体，最好不穿纽扣多、拉链多或者有金属饰物的服装；最好穿运动服。

集体运动规则。运动前要对锻炼的部位做好相应的准备活动，把身体活动开；短跑等项目要按照规定的跑道进行，不能串跑道，特别是快到终点冲刺时，更要遵守规则，由于身体的冲力很大，精力又集中在竞技上，思想上毫无戒备，一旦相互绊倒，就可能严重受伤；进行投掷练习时，要按教师的口令进行，令行禁止，如果擅自行动，就有可能砸到别人，造成伤害；练习跳高时，器材下面必须准备好厚度符合要求的垫子，如果直接跳到坚硬的地面上，会伤及腿部关节或头部；进行爬行时，要注意动作协调，眼睛向前面看，避免拥挤碰撞和互相打闹，发生扭伤；开展篮球、足球等项目活动时，要学会保护自己，不要在争抢中蛮干而伤及他人；在比赛游戏中，自觉遵守比赛规则，这对于安全也是很重要；运动后要及时放松，并把器材整理好，以免影响其他活动。

随着活动的多样和深入，规则内容也越来越细致全面，幼儿在反复地练习和实践中，逐渐学会控制自己的情绪，知道不能随心所欲，要严格遵守活动规则，久而久之，自制力就会得到锻炼和提高，注意力更加集中，同时还能促进运动技能的发展，形成良性循环，从而保障运动的安全。

根据认知理论，在健康教育过程中，人们在接受环境（自然环境和社会环境）刺激时，往往不能直接引起健康行为的出现，只有通过对刺激的评价和行为的认知加工，才有可能改变危险行为，养成健康行为，其中规则的约束就起到重要的作用。教育对象不是被动的知识接受者，而是积极的信息加工者，教育对象改变危险行为，形成健康行为，取决于教育对象对健康信息的认知加工过程。其学习不是被动接受信息刺激，而是主动构建意识，是根据自己的经验背景，对外部信息进行主动的选择、加工和处理，从而获得自己的意识。幼儿的规则意识一旦形成，就会自觉抵御危险信号，学会自我保护，并终将转化为安全的运动行为。规则意识的养成和提高，既能帮幼儿控制自己的行为、保障运动安全，也能逐渐发展运动技能、促进安全运动。

（2）幼儿自我保护意识对体育活动安全的影响

幼儿年龄较小，缺乏一定的生活经验和社会常识，头脑中没有“危险、伤害、不安全”等概念，缺乏分辨安全与危险的能力，更谈不上具有安全意识和自我保护能力，而且自身动作的协调性和灵活性较差，对一些突发事件不能做出准确的判断，当处于危险时，也缺乏自我保护的能力。在实践研究中发现，幼儿自我保护能力的强弱对活动事故的发生具有一定的决定性作用。

知道自我保护常识。良好的运动和生活习惯是自我保护教育的第一道门槛，幼儿要知道必要的自我保护常识，养成良好的运动习惯。例如，在活动时，要穿上运动鞋，不能带玩具等危险的物品上体育课；出汗时，要学会主动擦汗，以免着凉；如果不慎跌倒，要尽可能地用双手支撑身体，防止头部着地；等等。

增强自我保护意识。培养规则意识。幼儿以自我为中心的意识比较强，游戏规则的概念较为淡薄，有时一玩起来，往往把规则抛之脑后，容易造成伤害。因此，在游戏活动中，培养幼儿遵守游戏规则是幼儿获得自我保护意识的一个重要因素。学会观察环境。幼儿在活动中自我控制能力较差，往往以自己的情绪支配行为，一旦遇到自己感兴趣的活动或心里着急，就不顾一切地按自己的意愿行事。因此，培养幼儿观察周围的环境是增强自我保护意识和能力的一个重要方面。例如，从高处往下推轮胎时，如果前面有人，就不应该松手让轮胎滚下去，这样可能会砸到别人；在跳圈圈时，应等前面的幼儿跳完之后自己再跳；等等。

掌握自我保护技能。掌握基本的动作。幼儿发展的基本动作有走、跑、跳、投、掷、钻、爬等，由于生理关系，幼儿动作的协调性和灵活性较弱，因此，要教会幼儿掌握基本动作的方法。例如，从高处往下跳时，膝盖要微微屈蹲；踩高跷时，要拉直绳子，双脚交替走等。正确地使用各种运动器材。体育活动的开展往往需要运动器材，使用各种功能的器材不仅能提高幼儿参与体育活动的兴趣和积极性，而且能促进幼儿动作协调、身心发展和增强体质，正确地使用运动器材是确保体育活动安全的基础。例如，从高处往下推轮胎时，应该任由轮胎自由滚下坡，而不是双手交替地、不离开轮胎面地滚下去。教师可以及时纠正错误的动作，帮助幼儿掌握滚轮胎的技能，这样才能有效地防止因动作不当而发生的事故。

学会向周围的人寻求帮助。在幼儿自我保护技能方面，除了自己要学会躲避危险，还要学会向周围的人寻求帮助。如在活动过程中，幼儿身体不舒服却没有主动跟教师说，这样很有可能会造成运动伤害。幼儿在身体不适的情况下进行较大运动量的活动，会超出身体负荷的能力，造成身体的损伤。因此，要帮助幼儿在活动中养成良好的运动习惯，有异样应及时寻求帮助，在运动中学会自我保护。

3. 活动场地和器材对体育活动安全的影响

幼儿园体育场地设施是幼儿园进行体育教学、户外体育活动所必需的物质保障，设施不安全，是体育活动中引发运动伤害事故的主要原因之一。活动场地和器材必须要有专门人员进行管理，对场地器材的牢固性、磨损程度等进行检修。体育活动场地是幼儿活动必备的空间条件，也是幼儿进行体育活动的重要保障，合理、科学地场地布置可以使活动更加有序和畅通，保证活动的效果。如果活动场地不合理，不仅会使活动效果差，还可能会导致活动存在一定的安全问题。

（1）场地布置应适合幼儿年龄特点

《纲要》指出，在教育活动内容的选择上应体现以下原则：既适合幼儿的现有水平，又有一定的挑战性；既符合幼儿的现实需要，又有利于其长远发展；既贴近幼儿的生活来选择幼儿感兴趣的事物和问题，又有助于拓展幼儿的经验和视野。同样，场地的布置也要根据幼儿的年龄特点，过于简单或太难的内容都不利于幼儿的发展，难以引起幼儿的活动兴趣，或给幼儿带来严重的心理负担，引发一定的安全问题。教育是幼儿发展的外部条件，要实现教育对发展的作用，必须根据年龄特点，将其转化为幼儿自己行动的动机。同时，《纲要》指出，幼儿园教育应尊重幼儿的人格和权利，尊重幼儿身心发展的规律和学习特点，以游戏为基本活动形式，保教并重，关注个体差异，促进每个幼儿富有个性的发展。

（2）场地布置应提高幼儿活动信心

《指南》在健康教育领域里指出，营造温暖、轻松的心理环境，让幼儿形成安全感和信赖感。当幼儿情绪处于安定愉悦的状态时，机体会分泌出对身体有益的物质，有助于幼儿积极探索环境，这种情绪与幼儿在活动中能否建立信心有很大的关系。在体育活动中，通常会有一部分的幼儿因为对活动的完成没有把握，动作稍有高出他们的活动能力时，就会产生消极的情绪反应，如低落、焦虑、紧张、对活动不感兴趣等。这种消极情绪若不及时予以引导和缓解，容易导致幼儿在练习过程中出现失误而受伤。因此，教师在进行场地布置时，对活动中容易使幼儿害怕的环节应高度重视。要根据幼儿的不同要求安排不同难易程度的内容，让每个幼儿有获得成功的机会。这不仅对树立幼儿的自信心会有很大的帮助，还可以避免因为活动信心不足、动作紧张而导致的运动损伤。

（3）场地布置应利于幼儿安全保护

《指南》中指出，要加强对幼儿的安全保护与安全指导，幼儿运动的场地要开阔、平坦，有一定的弹性。幼儿的运动器材要牢固、安全，并适合于幼儿活动。幼儿生理和心理发展尚未完善，自我保护能力与意识较弱，幼儿能否安全、开心地进行活动，场地布置的科学性与合理性占很大的成分，场地小的更要加强安全措施。例如，场地要平整，不能有尖硬的不安全物体；要为攀爬和跳的活动提供软质地场地；器材和材料要便于幼儿取放；易损的材料要及时更换；跑的活动安排在相对独立的、空旷的场地，避免相互间的碰撞等。为了避免不良外界因素对幼儿造成的伤害，教师在布置体育活动场地时，需要把幼儿的安全放在首位。

（4）场地布置应有调控功能

场地布置是幼儿体育活动的准备环节，是体育教学物质环境创设的具体体现，也是幼儿进行体育活动时最关注的物质条件。利用幼儿易引导、可塑性强的特点，进行细致的户外体育活动场地的布置，让幼儿与活动场地亲密接触，让场地“告诉”幼儿怎样进行活动。幼儿在活动过程中，由于比较兴奋，往往会忽略或忘记教师要求的活动规则，对活动路线不能准确把握，容易出现秩序混乱而造成安全事故。所以，在场地布置时如果能使用比较直观的、幼儿易懂的标志（如箭头）进行提示，幼儿会更清晰地知道该往哪里走。场地布置时也可以通过器材的摆放来引导幼儿的活动路线，如在垫子的两端用绳子拦住，幼儿一看就知道往哪里走。合理的场地布置可以调控幼儿运动的路线及方向，确保无重叠或交叉点，避免出现安全事故。

幼儿园户外体育活动场地是幼儿进行体育锻炼活动的专用场地。一个成功创设的户外体育活动场地能够吸引幼儿主动探索各种体育活动器材、自由地发明新动作和新玩法、兴高采烈地参与各种集体性体育活动，让幼儿获得锻炼身体的快乐的同时，也发展了动作技能。教育者要充分利用环境与器材，巧妙地为幼儿布置体育活动场地，保障幼儿运动安全，确保幼儿体育活动顺利进行，促进他们的身心和谐发展。

4. 幼儿着装对体育活动安全的影响

因为幼儿着装出现的安全问题一般都是衣服不合适，如衣服穿得过多、衣服偏大、裤子较长等阻碍活动的动作幅度，或者是有些幼儿穿裙子、牛仔裤、鞋较硬不合脚等影响进行相对激烈的活动。

幼儿着装可能是教师或者家长在运动安全方面关注度比较低的一个指标，家长通常认为幼儿进行体育活动就是简单地玩，不像专业运动员需要专业的服装。其实幼儿在园的每一天都需要进行体育活动，而且在活动的过程中经常会在大型器材上做大幅度的钻、爬、攀等动作，如果穿的衣服不适合，可能会出现衣服挂在器材上等现象。幼儿进行体育活动时一般都是以班级为单位进行的，经常要排队，活动时相互之间的距离有时难以把握。在观察过程中发现，有的幼儿因为穿过长的裤子绊倒摔跤，还有一些幼儿因为穿裙子让别的幼儿踩到而导致往前扑倒。所以，幼儿在进行体育活动时，服装应轻便、舒适，避免过多、过厚、过长的衣服，也不宜穿有绑带的衣服，保证幼儿在活动过程中不会因为衣服和鞋子等外在因素而导致安全事故的发生。

三、保障幼儿体育活动安全开展的对策

1. 教师个人方面

（1）提高体育活动组织能力

教师的体育活动组织能力是一种职业能力，是教师必须具备的一项重要的基本功，也是教师体育教学能力的一种体现。教师要努力提高自身的体育活动组织能力，合理、科学地活动组织能大幅度降低安全事故的发生。

幼儿园体育活动基本上都是在户外进行的，受环境的影响很大，存在许多不确定性因素，因而对教师的组织管理能力提出了更高的要求。如果缺乏这方面的能力，幼儿体育活动的安全就难以保证，因此，教师必须提高自身的体育活动组织能力，避免安全事故的发生。幼儿体育教师提高体育活动组织能力应从以下几个方面着手：尊重科学，遵循教育教学规律，熟练掌握教育教学方法；根据教材的特点、幼儿的年龄特点、场地器材的特点组织体育活动；根据安全的要求组织体育教学。

（2）提升幼儿体育专业能力

教师须按照《指南》对健康领域的要求，结合“三维动作”内容体系，全方位提高自身的幼儿体育理论水平。从平衡能力、灵敏与协调能力、力量与持久力三个维度，深刻理解幼儿在自然生长、动作发展过程中的规律，再结合科学的教育教学方法指导实践，逐步提升教师的幼儿体育专业能力，促进幼儿体育活动高效、安全地开展。

从幼儿生理学角度看，幼儿的骨骼、肌肉、关节以及控制和协调运动的神经系统尚未发育完善，动作的协调性、平衡能力较弱，反应不够灵敏，动作力量有限。然而，幼儿天生好奇、好动，喜欢探索新鲜事物，认知水平较低，缺乏运动经验，安全意识薄弱，体育活动中极易发生安全事故。教师在组织开展体育活动时，应遵循规律，尊重幼儿自身发展的特点，灵活调整教育教学方法，以达到教学目标，保障幼儿体育活动过程中的安全。

运动强度和密度适宜原则。运动量过小，达不到适当的运动负荷，起不到锻炼身体的效果；运动量过大，则会造成身体过度疲劳和损伤。所以，很多体育动作应受到限制，否则有碍幼儿的生长发育或导致伤害事故。幼儿的体育活动不能太强烈，活动时间不宜过长，活动内容要多样化，并且要避免

产生憋气和静力性练习（如屈臂悬垂等）的活动。幼儿的骨盆未定型，要控制单脚跳跃和负重跳跃练习（女性幼儿尤其要注意），应多做肢体伸展练习（如跳绳、踢毽子、跑、球类运动等），运动量不宜过大。

循序渐进原则。幼儿体育锻炼的动作技能应由易到难，运动量由小到大，不可骤然猛增，以防造成关节脱位和肌肉酸痛。幼儿心脏发育尚不完善，不宜过早进行专项耐力训练和过长距离的竞赛活动。因此，在组织体育活动时，应该包括基本的热身环节—基本动作练习—主体活动—放松练习。

动静结合原则。幼儿大脑皮层的兴奋和抑制功能不均衡，兴奋过程占优势，易被新鲜刺激的事物吸引，有时会表现出超乎寻常的精力，这是由心理发展特点决定的，并不意味着幼儿的体力、肌肉、关节处于较好的状态。此外，幼儿身体机能恢复比成人快，但在长时间、单调重复运动后，幼儿工作能力和植物性功能的恢复、氧债的清偿比成人恢复得慢。因此，在一段时间的活动之后应及时安排放松和休息，而在活动的组织上可以分组交替进行。

教师在教学和幼儿活动过程中应留意观察幼儿的外部表现，如面色、呼吸、排汗量、精神状态、动作的正确性、控制身体的能力、注意力集中的程度以及询问幼儿的自我感觉等，还可以观察幼儿运动后的疲劳程度、食欲、睡眠和其他生理反应等。及时、合理地调整幼儿活动内容和强度，并且针对不同发展水平的幼儿提出不同难度、强度的活动要求，以保障幼儿体育锻炼与身体健康同步发展。总之，幼儿自身的生理特点影响幼儿运动项目的选择及运动密度和强度的安排，只有考虑了这些因素，体育活动组织才能在保障幼儿安全的基础上，实现体育活动的价值，促进幼儿身体运动能力的发展以及生理机能的正常发育。

2. 幼儿园方面

（1）建立幼儿体育活动安全制度

没有规矩，不成方圆。制度是保障，只有建立相应的规则和准则，才能使得教师在组织体育活动时有据可依、有章可循，把各项工作都做到位了，才能保障幼儿体育活动的安全。例如，教师在组织体育活动前要进行安全教育；对服装、鞋不符合活动要求的要给予更换；在学习新动作技能时要说明动作要领，做出正确的示范；对于有一定危险的动作要给予保护；在活动中出现幼儿不舒服或受伤的情况要及时处理；等等。只有把这些制度制定好，教师才能根据这些活动安全制度指导组织活动，在一定程度上避免很多因疏忽或者经验不足等造成的安全事故。

（2）定期检查场地器材

场地器材是幼儿进行体育活动必要的物质条件，幼儿园应当担负起定期检查的责任，保障幼儿体育活动环境的安全。定期派专人检查运动场地器材安装是否松动，零件是否老化，器材是否变形，塑胶跑道是否有破损、隆起等现象。同时，要及时解决存在的安全问题，需要更换的要及时撤出活动场。

（3）培训教师体育技能

研究结果显示，教师组织体育活动能力的高低，对幼儿运动安全有着直接的影响。体育教学技能水平决定了教师组织体育活动的能力，大部分从幼儿高等师范院校毕业的教师没有接受过系统的体育教学技能学习。杨平通过对幼儿教育特点的分析，指出幼儿教师体育知识结构的重要性和幼儿高等师范学前教育专业体育课程存在的主要问题：体育课程比例失调且分布不均衡；课程开设项目重复太多；体育职业技能培养力度不够；没有相对的核心课程；幼儿体育专业实践课程所占比例太小。基于现状，幼儿教师在参加工作后，必须提高自身的体育知识和技能，保障幼儿的运动安全。幼儿园是教师的直接管理者和领导者，应担负起有关方面的培训工作，提高教师的体育教学技能水平。

第三节
开展幼儿体育活动的器材保障

一、幼儿体育活动器材的使用现状

近年来，国家越来越重视幼儿教育，幼儿体育也引起了更多的关注，而幼儿体育活动器材的使用虽有长足的发展，但仍然存在诸多问题。由于缺乏相关专业知识和研究内容的支撑，特别是一线专业体育师资的缺乏，绝大多数一线幼儿教师对体育活动器材的使用理解不尽相同，导致幼儿体育活动的开展和器材使用效率不高且质量低下，多倾向于形式化和空洞化。如“不同等级和不同办园性质幼儿园之间的体育设施现状存在差异，在种类、数量及配备上不均衡；小中型体育设施在数量和种类上满足不了户外体育活动的开展；大型户外体育游乐设施功能单一，缺乏层次性和拓展性；在器材材质方面主要以塑钢、硬性塑料、木质、铁质为主，在幼儿使用时存有安全隐患；器材开发落后，缺乏针对学前儿童的体育器材；场地人均面积少、地面材质单一、使用不科学、安全性待提高；教师有关体育教学知识储备欠缺，影响器材的有效利用，不能根据现有器材进行拓展练习；由于教师专业知识水平不高，在自制器材方面难以令人满意；不同学历、背景的教师和家长对幼儿体育器材的关注程度有所不同”。

1. 对幼儿体育活动器材的作用认识不足

体育器材是幼儿开展体育活动的物质基础，体育器材的高效利用能协助教师开展幼儿体育活动，弥补幼儿教师体育技能不足和体育师资缺乏带来的弊端。当前，绝大多数的幼儿园有条件开展园本幼儿体育器材规划和研究，但是真正能够实施的幼儿园较少，原因有很多。其一，传统幼儿教育方式的影响，重视智力忽视体育，重视喂养忽视运动等；其二，目前关于幼儿园体育器材方面的研究与指导较少，即使有也并没有确实可行的操作指导；其三，缺乏对整个体育教学资源的整合利用，关注点偏向于幼儿体育课、幼儿早操和户外活动本身，如重视教师的组织和活动的精彩程度，忽视体育器材作为一种环境教育资源对教师和幼儿的影响。另外，对幼儿体育器材与幼儿健康之间的关系，如哪些器材适合发展哪些动作、器材如何搭配组合、搭配组合的原理和指导规则等问题关注不够。

尽管体育器材对于幼儿园开展体育活动非常重要，但目前并没有相关政策法规对幼儿园所用体育器材有明确的要求。对于幼儿园体育器材的使用关注度和重视程度不够，主要归于对幼儿体育活动器材的作用认识不足。而“三维动作”内容体系以幼儿体育器材的创设作为支点，对撬动幼儿体育活动的高效开展，无疑是一个极好的突破口。

2. 专业的幼儿体育活动器材供应少

如何采购到专业的幼儿体育器材，是困扰幼儿园的一大问题。幼儿体育器材无非来源于外购和自制，而当前外购类的器材基本都是针对中小学或者成人市场的器材，极少有针对幼儿专门设计制作的器材，除少量的大中型固定器材。即使有少量的专门针对幼儿设计的体育器材，由于厂家没有真正理解幼儿的需要，往往过于花哨而缺乏实用价值。市场上能购买的幼儿教育器材的种类极少，而且各类器材的联系不够紧密，无法组成系统的器材体系，器材开发连续性不够，大大增加了器材创设的难度。

自制器材是一个解决幼儿体育器材缺乏的好方法，也是幼儿园较为常用的方法，但从当前幼儿体育器材自制情况来看，主要出现设计不合理、制作简单粗暴、安全性和耐用性极差等现象，浪费了大量的人力和物力。当然，也有致力于打造系统化幼儿体育器材的幼儿园，但受困于技术和制造条件，又缺少合作的厂家，多半中途流产。

“三维动作”内容体系对幼儿体育器材的研究较为科学，可系统地研制出一套操作性强、简单实用的器材，以丰富幼儿园体育器材的供应。

3. 幼儿体育活动器材使用的有效性不够

由于幼儿园缺少专业的体育教师，而带班教师又缺乏相关的体育专业知识，对体育器材的使用思考较少，导致原本可以多样使用的器材也只能发挥其中某一单一的功能，最终形成惯性。例如，跳绳只能当跳绳用，雪糕筒只能当障碍物用。在同样器材上变通的动作有限，既单一又无趣，使得器材的利用陷入死胡同。

究其原因有两个：一个是教师自身方面。大多数幼儿教师在学习阶段没有使用各种体育器材促进自身动作发展的经验，而经验的缺乏导致当前使用的困境。如果教师能够逐一的对本园的各类体育器材进行探索与研究，应该能获得很多的使用方法，从而在原有基础上有更多的创新。另一个是幼儿园方面。幼儿园极少组织教师开展关于体育器材使用方面的培训，而职后培训可以让教师了解动作发展的规律、原理以及促进动作发展的手段和方法，这样教师在使用器材上的变化就会更多，方法也更科学。归根结底，只有充分使用各类器材才能发挥其最大效应，充分了解各类器材的特性、使用方法、注意事项和锻炼效果，利用器材的特性进行搭配组合，发展幼儿的平衡能力、灵敏与协调能力、力量与持久力。

二、根据“三维动作”目标创设幼儿体育活动器材

1.“三维动作”目标

（1）“三维动作”目标

《指南》在健康领域动作发展目标中要求幼儿“具有一定的平衡能力，动作协调、灵敏，具有一定的力量和耐力；手的动作灵活协调”。因此，在开展幼儿体育活动时要紧紧围绕动作发展目标，整合幼儿园、教师、器材场地等方面的资源，形成合力，帮助每一个幼儿的学习与发展，促进幼儿平衡能力、灵敏与协调能力、力量与持久力“三维动作”目标的实现。

（2）人体基本运动发展理论

《指南》在动作发展目标中列举了部分具体动作，但比较有限，需要参照人体基本运动能力的相关理论，帮助理解“三维动作”内容体系，进而更好地创设幼儿体育活动器材。

众所周知，幼儿动作发展阶段并非专门性动作或竞技性动作的发展，而是促进生活、保护生命健康成长的基本动作发展，如搬、抬、扛等都是人体基本运动能力。人体基本运动能力是指为满足日常生活、劳动所必需的走、跑、跳、投掷和攀爬等基本活动能力。它反映了身体运动的一般性质和特征，而不是任何特殊形式的运动技术。因此，又可以把它理解为区别于竞技运动能力的一般运动能力。1964 年巴罗把基础运动能力定义为：“先天固有的和后天获得的，完成一般的或基础运动技巧的能力，而高度专门化的运动或专门技术不包括在内。”

从第三章图 3-3 可以详尽地看出人体动作发展脉络，0~1 岁所形成的动作技能终身受用，如平衡能力、协调性等，对老年人的健康仍起重要作用；2~7 岁是基础动作的发展阶段，也是最重要和最核心的阶段。

（3）人体基本运动能力的分类

我国学者把人体基本运动能力分为跳、跑、悬垂、踢、滚翻、支撑、走、投掷、钻、爬、攀十一大类，并能从中演化出各种类型的动作方式，具

体详见表 9–2。

表 9-2　适合幼儿具体练习的动作列举表

类别	适合幼儿具体练习的动作（列举）
跳	原地单脚跳、向前单脚跳、原地双脚跳、双脚连续向前跳、前跨跳、立定跳远、蛙跳、连续垫步跳、高处向下跳
跑	直线跑、前脚掌直线跑、侧身跑、绕障碍跑、变向跑、折返跑、急停急起向前跑、后退跑、正向后退折返跑、后退折返跑、原地转圈前后跑、交叉跑、跨步跑、高抬腿跑
悬垂	斜悬垂
踢	原地踢球、移动踢球
滚翻	前滚翻、斜坡团身翻、后滚翻、侧翻、侧手翻、翻转
支撑	俯撑、仰撑、蹲撑、挺举、头手倒撑、仰卧举腿、坐位撑、坐位平衡、肩肘倒立、单脚支撑、腹部支撑、肩部支撑
走	自然走步、前脚掌走、脚跟走、小步走、高抬腿走、蹲着走、弹簧步、后退走、变化手臂动作走、拍响走、击响走、持物走、协同走、障碍走、闭目直线走、平行线间走、平衡木行走
投掷	滚接球、拍球、正面单手肩上投掷、侧身投远、滚球击靶
钻	钻过一定高度的障碍物、钻过圆圈或拱门
爬	手膝着地爬、手脚爬、匍匐爬、障碍爬
攀	攀登、攀爬

（4）人体运动能力的时序

结合幼儿动作发展的时序性，创设器材是十分必要的，在某些动作发展的时间窗口创设相应的器材，对该动作的发展有着积极的促进作用，因此，有必要了解人体运动能力的时序。人体基本运动能力即动作发展具有时序性，2~7 岁是最重要的时期，抓住幼儿动作发展的时间窗口将会为幼儿一生的健康成长打下坚实的基础。

2. 幼儿体育活动器材的分类

幼儿体育活动器材包括固定式大中型器材、非固定式中小型器材和特制类成套器材。

幼儿体育活动器材有多种分类形式，按照器材的摆放形式可分为固定式器材和非固定式器材；按照器材的来源可分为外购器材和自制器材；按照器材锻炼功能可分为平衡类器材、灵敏协调类器材和力量持久力类器材；按照器材适合的年龄段可分为小、中、大班适用器材；等等。

器材分类的多种形式并不互相矛盾，而是通过多种分类，更有效地利用器材的特性和功能发展幼儿的动作，具有互补性。如非固定式器材基本为小型器材，主要是给幼儿手持或者支撑身体，发展的动作主要集中在走、跑、钻、爬、投掷等；而固定式器材大多为中大型器材，具有很好的稳定性，更利于发展幼儿的悬垂、攀爬、旋转、跳跃等动作。因此，在动作的锻炼效果上就有了更好的互补性，同时固定式器材基本无须摆放和回收，更方便教师和幼儿使用，而非固定式器材需要摆放和回收，相对来说需要更多的时间；固定式器材的动作形式相对固定，而非固定式器材的动作变化较多。总之，充分利用器材种类的特性，彼此互补，整合利用才能更全面地发展幼儿的动作。

3. 幼儿体育活动“三维动作”器材的创设

人体基本运动能力的发展为幼儿体育器材的创设提供了更多的参考和依据，也开阔了器材创设的领域。立足幼儿体育活动“三维活动”器材的创设就是通过尽可能多的创设器材来发展幼儿的基本运动能力，以此促进幼儿动作发展的全面性和综合性。如平衡动作的发展可以提供平衡木、过河石等硬性器材；也可以提供平衡碗、平衡垫、波速球等不稳定性器材；还可以提供转椅、荡桥等旋转性器材。

（1）幼儿体育活动器材的整理分类

幼儿体育活动器材的种类繁多，经过几十年的积累以及不定期的更新，数量已经十分庞大了，但如何分类却一直困扰幼儿体育从业人员，因此，如何进行整理分类是亟待解决的问题。而《指南》的颁布为此指明了方向，动作发展指出了平衡能力、灵敏与协调能力、力量与持久力三个维度的目标，根据“三维动作”目标进行划分不失为一个科学的方法，具体详见表9-3。

表 9-3 幼儿动作发展目标与体育活动器材列举表

动作发展目标	体育活动器材（列举）
平衡能力	羊角球、波速球、平衡木、平衡碗、过河石、轮胎、梯子、平衡蛋、脚踏车、滑梯、转椅、高跷、荡桥、专门设计类器材等
灵敏与协调能力	垫子、拱门、钻圈、雪糕筒、跳箱、篮球、足球、“S”型攀爬架、摇摆车、爬行袋、专门设计类器材等
力量与持久力	攀爬墙、爬网、攀爬架、小型单杠、小型双杠、沙包、布包、网球、爬杆、跳袋、专门设计类器材等

对器材进行整理分类主要有以下三个目的。首先，能更科学合理地规划器材，明确各器材的功能，让教师有参考依据；其次，能对现有器材进行评估，哪些器材需要维修和补充，哪些器材需要淘汰，还有什么器材需要外购或自制等；再次，明确各功能器材的内部关系，如力量类器材中哪些是以练习上肢为主的，哪些是以练习下肢为主的，哪些是可以锻炼全身的，以及适合什么年龄段等。科学合理的器材整理分类，是器材创设研究的第一步，更是基础部分，十分有必要。

丰富非固定式器材的种类和数量。首先，对整理分类的器材进行分析，把存在的问题罗列出来。如“三维动作”器材的种类和数量是否足够，是否覆盖全部动作的发展需要，如果不足需要添置哪些，是外购还是自制等。其次，收集整理园内当前幼儿体育活动器材的现状，了解器材的使用情况。如哪些器材使用率比较高，哪些器材的锻炼价值比较高，哪些器材幼儿比较喜欢，哪些成人使用的器材可转化成幼儿使用的，国外幼儿体育活动的器材发展现状如何，哪些是可以参考并购置的，等等。

针对以上问题，首先，把收集的资料进行汇总，确定购买清单，按照前面的相关要求和理论进行搭配，从市场上外购器材，如三轮车、平衡木、过河石、平衡碗、平衡垫、平衡蛋、垫子、沙包、篮球、足球、波速球、梅花桩等。其次，组织人员进行器材自制，自制器材基本是在幼儿园长期使用并且效果显著的，如布包、布袋、纸皮钻爬袋、梯子等。最后，做好废旧材料的回收与利用，如各种旧轮胎、纸皮等。

固定式器材的完善与新增。目前，幼儿园基本都有各类组合的固定式器材，但是整套器材或单个器材的数量比较少，功能相对简单，而且基本只适合中班和大班幼儿的活动，并未形成系统的动作发展体系。针对这些情况，可以从以下几个方面着手进行改善。首先，确定固定式器材的整体设计思路。如设定四套固定式器材外加一套小班小型固定式器材，小班器材以钻爬为主，其他四套器材各有侧重：以平衡和力量为主的一套、以平衡和灵敏协调为主的一套、以力量和灵敏协调为主的一套、以攀爬为主的一套，整个固定式器材覆盖了《指南》所要求的动作发展的所有目标体系。其次，选择合适的器材组成体系，既要考虑发展动作的需要，又要考虑年龄层次的不同，还要考虑各固定式器材的互补性。目的是让幼儿园的各个固定式器材形成体系，最终形成动作发展的大生态圈。

（2）设计“三维动作”器材的思考

“三维动作”器材的设计首先要体现《指南》中有关动作发展的三个目标维度，即具备一定的平衡能力、灵敏与协调能力、力量与持久力的发展。其次，器材既要体现独立功能又要体现组合功能，即器材可以单独用来练习也可以组合起来综合使用。再次，器材需要有一定的工业标准，从设计、功能、安全、材料使用、色彩搭配、制造等方面，保障使用时的安全且便于操作。

厘清幼儿动作发展目标、动作、器材三者的关系。幼儿动作发展目标、动作、器材三者的关系是指导实践的一把钥匙，厘清三者间的关系为促进动作发展提供实践参考依据，具体详见表 9–4。

表 9-4　幼儿动作发展目标、动作、器材三者的关系对应表

动作发展目标	动作（列举）	器材（列举）
平衡能力	原地单脚跳、向前单脚跳、高处向下跳、前脚掌直线快跑、侧身跑、原地转圈后正向前快跑、原地转圈后后退跑、前滚翻、斜坡团身翻、后滚翻、侧手翻、头手倒立、坐位平衡、肩肘撑、单腿支撑、腹部支撑、肩部支撑、脚跟走、小步走、后退走、闭目直线行走、平衡木行走	羊角球、波速球、平衡木、平衡碗、过河石、轮胎、梯子、平衡蛋、脚踏车、滑梯、转椅、高跷、荡桥、大中型固定式器材、专门设计类器材等

（续表）

动作发展目标	动作（列举）	器材（列举）
灵敏与协调能力	连续侧翻、折返跑、攀爬、绕障碍跑、侧身跑、变向跑、急停急起向前跑、后退跑、正向后退折返跑、后退折返跑、交叉跑、原地踢球 、移动踢球、螃蟹倒爬、坐位行、自然走步、前脚掌走、变化手臂动作的走、拍响走、击响走、持物走、协同走、障碍走、平行线间走、滚接球、拍球、滚球击靶、钻过一定高度的障碍物、钻过圆圈或拱门、手膝着地爬、手脚爬、匍匐爬、障碍爬	垫子、拱门、钻圈、雪糕筒、跳箱、篮球、足球、“S”型攀爬架、摇摆车、爬行袋、大中型固定式器材、专门设计类器材等
力量与持久力	蛙跳、连续垫步跳、低单杠翻转、原地双脚跳、双脚连续向前跳、前跨跳、立定跳远、直线快跑、跨步跑、高抬腿跑、斜悬垂、俯撑、仰撑、下肢蹲撑 、蹲撑爬跳、上肢臂撑、仰卧举腿、高抬腿走、蹲着走、弹簧步、攀登、正面单手肩上投掷、侧身投远	攀爬墙、爬网、攀爬架、小型单杠、小型双杠、沙包、布包、网球、爬杆、跳袋、大中型固定式器材、专门设计类器材等

表 9-4 清晰地阐明了幼儿动作发展目标、动作、器材三者的关系。通过以上表格，不仅能轻易地选择特定器材发展幼儿特定动作，还可以选择多样器材发展幼儿的多种动作，甚至可以达到选择多样器材和多种动作发展幼儿某一动作的目标。在实践操作中，教师可以灵活地运用三者的关系发展幼儿的动作，通过不同的器材，丰富幼儿动作的种类，更全面地发展幼儿的动作。

幼儿的运动能力有显著性的差异，而且每个年龄段的幼儿有各自动作发展的时间窗口，如何利用时间窗口发展某一特定年龄段幼儿的动作显得极为重要。梳理各年龄段幼儿动作发展的情况（第三章表 3-3），可以更好地根据幼儿的年龄特点创设器材，促进幼儿动作的全面发展。

器材创设的目的是更好地促进各个年龄段幼儿在该时期内的动作发展，同时也是给动作发展有一定的提前量。因此，在使用创设好的器材时，既要选择适合特定年龄段的器材，也要选择具有一定挑战性的器材。

器材的功能设计需要多变性。幼儿喜欢新奇的事物，器材创设应充分考虑到幼儿的喜好，如何使器材创设保持活力，变化则是工艺设计中必不可少的部分。可以从多个角度改变器材，如器材摆放的方向、层次和范围，幼儿通过器材时的努力程度、速度和使用时间等。通过器材创设的多样变化既可以增加器材类型，又可以发展幼儿动作的多样性，丰富幼儿同类动作的发展方式，提高器材的可玩性和趣味性。

参考文献：

[1] 刘旭阳. 幼儿体育参与风险研究[D]. 大连：辽宁师范大学，2013：20.

[2] 郭春发. 幼儿园常见事故类型及教师的义务[EB/OL].（2001-8-23）[2018-9-30]. https://www.edu.cn/edu/shi_fan/you_shi/200603/t20060323_11923.shtml.

附　件

附件 1

幼儿体育活动内容体系对 3～6 岁幼儿智力发展的实验研究——瑞文标准推理测验（改良型）分析报告

1. 研究背景

1.1 问题的提出

幼儿教育是基础教育的组成部分，也是学校教育和终身教育的起始阶段。在幼儿时期通过最优化的早期教育可以为幼儿的近期和终身发展奠定良好的素质基础，在各种素质当中，智力素质是很重要的方面。随着中国城市化进程的快速推进，生活方式及育儿观念不断地发生变化，反映在幼儿身上就是家长更注重早期教育和幼儿的智力开发。很多家长都把重心放在通过学习各类课程来开发幼儿的智力上，大部分家长为使幼儿获得更好的教育和更高的发展起点，都更倾向于选择英语、绘画、音乐、拼音、书法等静态活动方式为主的培训课程来开发幼儿的智力，而对幼儿的运动锻炼却不够重视；部分家长并不了解运动有开发智力的功能或担忧幼儿运动的安全问题，甚至还有抵触心理[1]。在这种境况下，虽然幼儿的智力得到了提前开发，但幼儿的身体活动时间减少，导致身体素质发展滞后。其实，在幼儿时期智与体的发展并不分家，实践和理论证明：科学的体育锻炼能较好地促进幼儿的智力发展。对幼儿而言，参与更多体育运动，不仅能提高幼儿的抵抗力和免疫力以增强体质，还能促进智力的开发，对幼儿各方面综合素质的提高和健康成长起着很大的促进作用。

1.2 研究意义

智力包括多个方面，如观察力、记忆力、想象力、分析能力、判断能力、应变能力等。本研究在研制幼儿体育活动内容体系的基础上，根据前期研究成果开展体育活动干预的实验研究，定量分析检验幼儿体育活动内容体系对发展智力的有效性，探讨幼儿体育活动内容体系对发展智力的有效性。本研究成果对于科学地、客观地评价幼儿体育活动内容体系促进幼儿发展的作用，完善幼儿体育活动目标和计划，形成科学、合理、规范、有效的幼儿体育实践活动内容都具有重要的研究价值。

2. 研究方法

2.1 实验研究法

2.1.1 实验设计

本研究以前期构建的幼儿体育活动内容体系为干预方法，并在严格控制各种干扰因素后构建科学设计实验方案。首先，按照三个年龄组划分的测试动作内容进行编排，选取其中 4～5 岁和 5～6 岁年龄组的干预方案；其次，在参与课题研究的多所幼儿园中随机抽取若干名男性和女性幼儿，分为不同性别的实验班和对照班进行干预效果的比较，对照的形式采用实验班和对照班各自的自身比较，以及实验班与对照班的组间比较。本研究实验方案属于班间和班内的混合设计，即通过对实验前后对照班和实验班的混合比较得出结论。

2.1.2 测试工具

（1）测试工具的选取

1938 年，英国心理学家瑞文创制了瑞文标准推理测验（Raven's Standard Progressive Matrices，简称 SPM），用以测验一个人的观察力及清晰思维的能力。瑞文标准推理测验内容是按逐步增加难度的顺序分成 A、B、C、D、E 五组，每组都有一定的主题，题目的类型略有不同。

（2）测试工具的改良

本研究在研制了科学、规范的符合幼儿身心发展规律的动作内容体系后，由课题组心理学专家对测验中的某些项目进行了改良，选取瑞文标准推理测验的 12 题形成改良型测试问卷，修订形成“瑞文标准推理测验实验（改良型）”测验卷，于 2014 年 9 月至 2015 年 7 月进行实验研究。

（3）测试工具的使用

本实验测试前，课题组先聘请专家对幼儿园教师及测试人员进行专门培训。在整个测试过程中，测试人员严格遵循指导手册对受试幼儿进行测试。

教师要求幼儿根据图案内图形间的某种关系进行思考，然后由幼儿考虑选取哪张最合适的图片填入，这个测验卷主要用于了解幼儿的智力、观察力及清晰思维的能力，测验规定 4～5 岁幼儿在 8 分钟内完成，5～6 岁幼儿在 5 分钟内完成。

2.1.3 实验方法

（1）实验器材

改良的瑞文标准推理测验题目材料、笔、计时器、各类体育器材和测试工具。

（2）实验步骤

① 先发答题卷，幼儿在家长的陪同下逐栏填写答卷纸上部的姓名、性别、出生日期等基本信息，填写完毕发测验卷。

② 告知幼儿试卷上的每一张图上面的图案是缺了一部分的，图案下面的每块形状都与空白部分一样，但内容不同，不是每块都能补全上面的图案，让幼儿用手指点出一块最合适的图形填入空缺部分。

③ 分别指导 4～5 岁幼儿在 8 分钟内、5～6 岁幼儿在 5 分钟内完成测验卷。

④ 全对得 12 分，选错不得分。得分等级评定为：10～12 分为优秀；7～9 分为良好；4～6 分为合格；1～3 分为一般。

（3）教学实验条件的控制

① 在实验前实验班幼儿的授课教师参加课题组培训班学习，能够保障幼儿体育活动课程的合理实施、顺利进行，并能达到实验目的。

② 各年龄段幼儿的动作编排及组合难度由低到高，强度由小到大，内容由简到繁，实验班和对照班除施加的上述处理，其他条件尽量保持相同。

③ 实验过程中争取幼儿同教师的配合，实验班和对照班幼儿除体育活动时间和活动内容不同，园内其他时间活动均按照幼儿园教学活动大纲进行，保持幼儿正常的午休作息时间。

④ 保证参加本实验的幼儿所在的幼儿园从饮食、生活习惯、课余活动等影响实验结果的因素上均与对照班幼儿没有任何区别。

⑤ 取得家长的支持，保持幼儿实验前的家庭生活习惯，不参加其他的体育训练班，尽量保证出勤率，做好出勤登记。

2.1.4 研究对象及分组

在广东省范围内征集课题研究实验队伍，共 88 所幼儿园（院），有规模较大的省一级幼儿园，也有规模比较小的幼儿园，涵盖了各种规模及水平，其中公办园、私立园、院校办院以及其他性质的幼儿园比例分别为 54%、42%、2%、2%。按照 4～5 岁和 5～6 岁年龄段各建立实验前对照班（男）、实验前对照班（女）、实验前实验班（男）、实验前实验班（女）、实验后对照班（男）、实验后对照班（女）、实验后实验班（男）、实验后实验班（女）共八个组别。

表 1　各年龄段参与智力测试实验研究幼儿人数

年龄 / 岁	男性幼儿 / 人	女性幼儿 / 人
4～5	1444	1396
5～6	1845	1701
合计	6386	

2.2 逻辑分析法

在阅读文献的基础上，运用辩证逻辑思维方法对研究的内容进行分析，通过抽象的概括，提炼出有关幼儿智力的问题与理论，通过归纳和演绎，从中找出影响幼儿智力发展等因素的特点及相互关系，并进行深层次的剖析和研究，寻求其内在的逻辑关系并得出结论。

2.3 数理统计法

采用 IBM SPSS Statistics 22 体育统计软件对有关数据进行统计学分析处理，多个样本均数以均数 ± 标准差（$\overline{X} \pm SD$）表示，用单因素方差分析（One-way ANOVA）比较全随机设计的多个样本均数间，统计推断各样本所代表的各总体均数是否相等，显著性为 $p < 0.05$。

3. 结果与分析

3.1“三维动作”对 4～5 岁男女性幼儿智力发展的影响

从表 2、图 1 和图 2 可见，实验后 4～5 岁对照班(男)的智力评分比实验前有所提高，但没有显著性差异（$p > 0.05$）；实验班(男)的智力评分显著性高于实验前（$p < 0.05$）；对照班(女)和实验班(女)的智力评分均显著性高于实验前（$p < 0.05$）。组间对比表明，实验后 4～5 岁实验班(男)的智力评分显著性高于对照班(男)（$p < 0.05$）；实验后 4～5 岁实验班(女)的智力虽然与对照班没有显著性差异，但自身对比明显高于实验前。研究结果表明，对于 4～5 岁男女性幼儿，实验班幼儿评分均呈高于对照班幼儿评分的趋势，实验班幼儿往往能更快速、准确地指出缺少部分的图形，显示了“三维动作”促进了实验班幼儿的观察力(平衡能力)和快速反应能力(灵敏与协调能力)，从而促进了 4～5 岁幼儿智力的发展。

表 2 “三维动作”对 4～5 岁男女性幼儿智力评分的影响（n=2840）

	例数 / 人	实验前	实验后	p 值
对照班(男)	1444	6.94 ± 2.56	7.88 ± 2.57	＞ 0.05
实验班(男)		7.02 ± 2.34	8.72 ± 2.21 ①	＜ 0.05
对照班(女)	1396	7.10 ± 2.44	8.21 ± 2.51	＜ 0.05
实验班(女)		7.09 ± 2.32	8.44 ± 2.30	＜ 0.05
合计	2840			

注：①与实验后对照班(男)比较，$p < 0.05$。

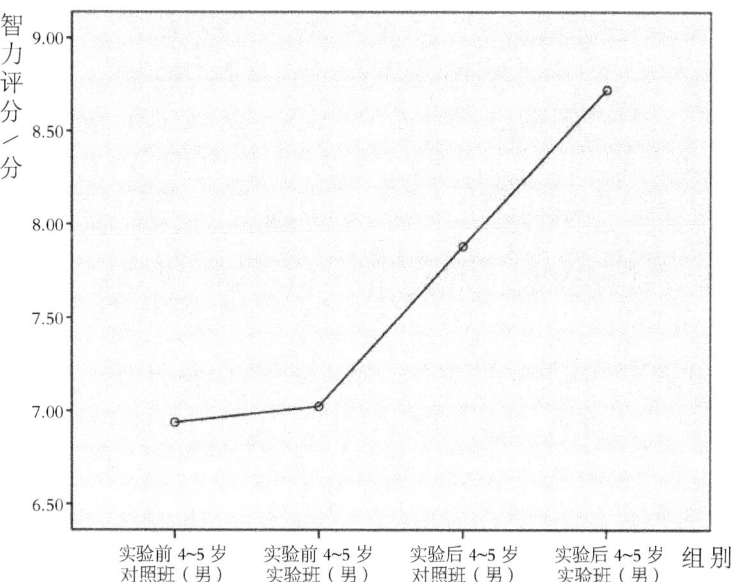

图 1 “三维动作”对 4～5 岁男性幼儿智力评分的影响均值图

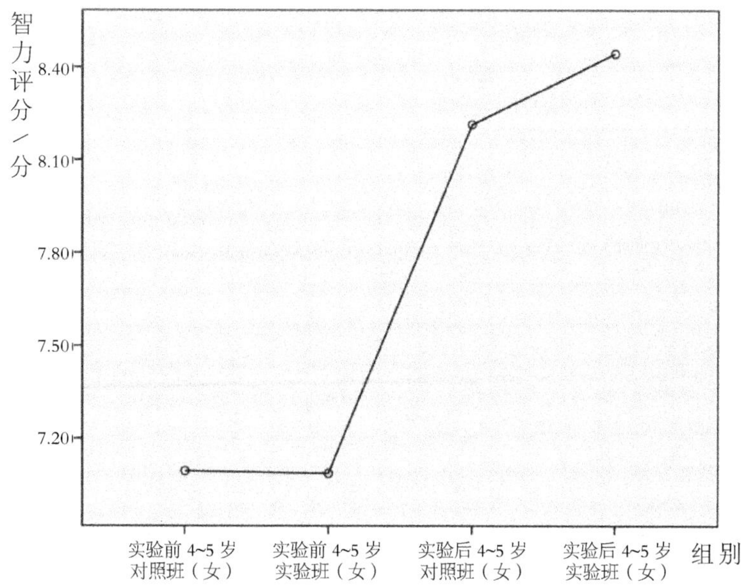

图 2 “三维动作”对 4～5 岁女性幼儿智力评分的影响均值图

3.2 “三维动作”对5～6岁男女性幼儿智力发展的影响

从表3、图3和图4可见，实验后5～6岁对照班（男）的智力评分高于实验前，但没有显著性差异（$p > 0.05$）；实验班（男）的智力评分显著性高于实验前（$p < 0.05$）；对照班（女）和实验班（女）的智力评分均高于实验前，具有显著性差异（$p < 0.05$）。组间对比表明，实验后5～6岁实验班（女）的智力评分显著高于对照班（女）（$p < 0.05$），实验后5～6岁实验班（男）的智力虽然与对照班（男）没有显著性差异，但自身对比明显高于实验前。研究结果表明，对于5～6岁男女性幼儿，实验班评分均呈高于对照班评分的趋势，实验班幼儿往往能快速、准确地指出缺少部分的图形，显示了“三维动作”促进了实验班幼儿的观察力（平衡能力）和快速反应能力（灵敏与协调能力），从而促进了5～6岁幼儿智力的发展。

表3 “三维动作”对5～6岁男女性幼儿智力评分的影响（n=3546）

	例数/人	实验前	实验后	p值
对照班（男）	1845	8.04±2.18	9.48±1.94	> 0.05
实验班（男）		8.12±2.56	9.73±2.06	< 0.05
对照班（女）	1701	7.76±2.34	9.34±2.25	< 0.05
实验班（女）		7.96±2.38	9.85±1.80②	< 0.05
合计	3546			

注：②与实验后对照班（女）比较，$p < 0.05$。

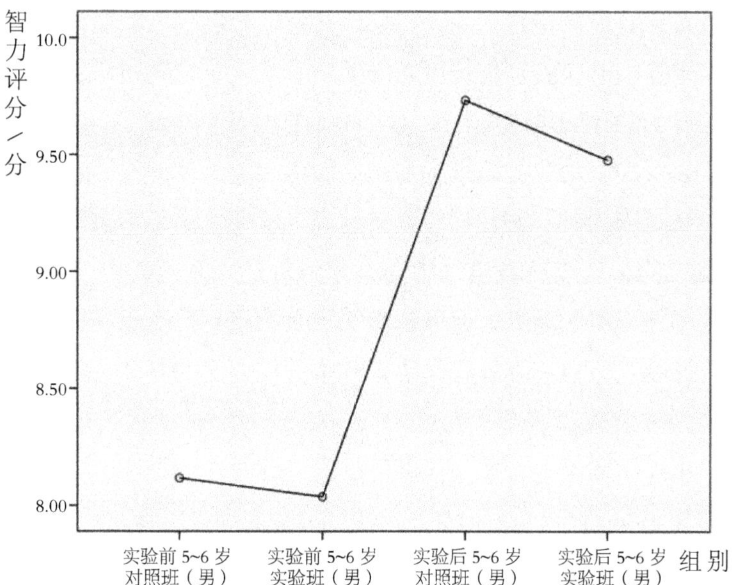

图 3 “三维动作”对 5～6 岁男性幼儿智力评分的影响均值图

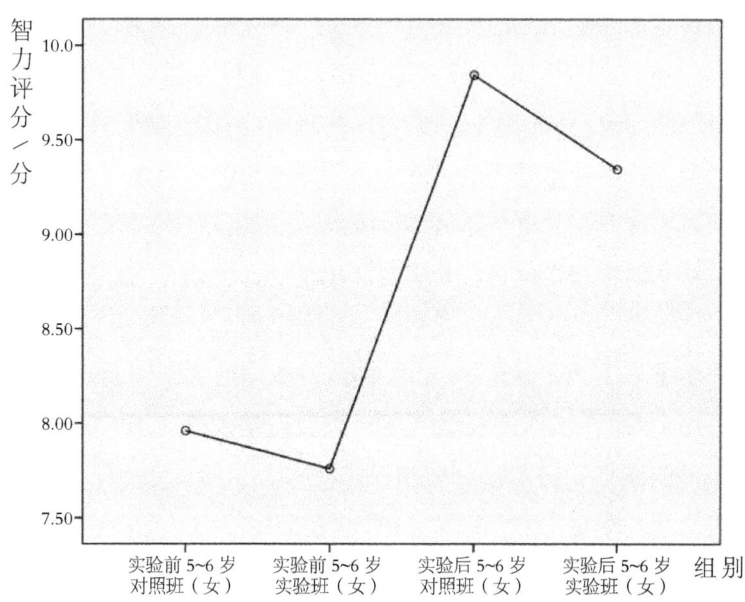

图 4 “三维动作”对 5～6 岁女性幼儿智力评分的影响均值图

思维是人脑借助语言、表象和动作实现的对客观现实概括的、间接的反映。思维是智力的核心，也是智力的集中表现，早期智力开发的关键是思维能力的培养。幼儿的思维是在婴儿时期思维水平的基础上，再以言语发展为前提逐步发展的。幼儿的思维主要是凭借事物的具体形象或表象进行的，具体形象思维是因为幼儿的知识经验贫乏。在整个学龄前期，幼儿的思维特点是不断发展的，也改变着思维中语言和行动的关系。其中，4～5 岁的幼儿缺乏词语逻辑思维的能力，但保留着相当大的直觉行动思维的成分。虽然有具体形象的特点，但在理解成人语言时常凭借自己的具体经验，而动作主要是受视觉映象或表面调节；到了 5～6 岁，幼儿的抽象逻辑思维开始有一定的发展，出现萌芽状态，也为其学习奠定了智力基础。

从研究结果可见，4～5 岁男女性幼儿之间没有显著性智力差异，5～6 岁男女性幼儿的智力显著性高于 4～5 岁幼儿。研究发现，幼儿的思维带有极大的具体形象性，到幼儿后期，在其经验所及的事物范围内，幼儿能初步进行抽象逻辑思维，即幼儿在感性认识的基础上可以通过概念、判断、推理来揭示事物的内在联系和本质联系的过程。思维是体育活动中最重要的认知成分，体育活动的整个过程都离不开思维，所有动作技能的形成与运用都是在中枢神经系统的支配与调节下进行的。幼儿只有通过思维进行分析、综合、判断，以形象思维与逻辑思维协同作用才能掌握动作。智力的培养首先依靠感知觉，其中感觉是人脑对直接作用于感觉器官事物产生的反应，而知觉是人脑对直接作用于感觉器官事物的属性及其各个不同部分相互关系的综合反映。幼儿的感知觉是在活动中发展起来的，在体育活动中幼儿利用感知觉收集和辨别事实，使人的心理和外界联系起来，从而发展感知觉功能。

研究结果表明，无论是 4～5 岁还是 5～6 岁的男女性幼儿，实验班幼儿评分均呈高于对照班幼儿评分的趋势，实验班幼儿往往能更快速、准确地指出缺少部分的图形，显示在自然成长伴随的智力增长外，“三维动作”促进了实验班幼儿的观察力（平衡能力）和快速反应能力（灵敏与协调能力），各种体育活动可以为幼儿变换各种方式进行活动提供平台。例如，幼儿通过在不同的体育活动中做出不同的设想和行为，能扩大幼儿与体育活动中各对象间相互作用的范围，增加幼儿彼此间的相互作用及其接触频率，使幼儿的思维得到充分的训练。按照年龄段划分来编排和组合的体育活动内容符合幼儿的年龄特征，经检验属于幼儿该阶段的体育活动能力范围。实践证明，幼儿的创造性思维只有在自由、轻松、愉快的气氛中才能产生，因此，参与这种符合年龄段特点、科学编排和组合的体育活动，可以为幼儿提供宽松的心理氛围。幼儿完成这样的体育活动，能够获得成功体验，其成功的行为还能得到教师或者同伴的接纳、赞赏，而这又会成为一种信息反馈，强化幼儿的创造性思维。体育活动能使思维的深刻性得到发展，思维能力是伴随着体育锻炼的整个过程，随着时间的推移，思维能力也在不断地发展和提高，为幼儿的感知能力、观察能力、注意能力、记忆能力、想象思维能力都提出了更高的要求，使得这些心理能力得到综合锻炼，而这些能力的组合正是实验班男女性幼儿的智力提高幅度高于对照班的原因。

在瑞文标准推理测验实验（改良型）中主要是采用“图画补缺”测试幼儿的智力，测试中要求幼儿在规定时间内指出每幅图画中缺少的部分，测试成绩主要反映了区分重要因素与细节的视觉辨识和观察的细致程度等能力。多元智能理论之父霍华德·加德纳在《智能的结构》中明确地阐述了运动与大脑的关系，“人的身体的任何活动，特别是协调运动都是智力的体现，身体的运动受大脑指挥，反过来，运动本身又促进了大脑的发育”[2]。该测试对比结果表明，无论是男性还是女性幼儿，实验班幼儿评分有高于对照班幼儿评分的趋势，实验班幼儿往往能更快速、准确地指出缺少部分的名称，结果具有高度显著性差异（$p < 0.05$）。这可能是因为按照年龄特点编排和组合的体育活动符合相应年龄段幼儿的发育规律，活动内容不仅要求大肌肉群参与运动，更动员了许多小肌肉群与小关节参与运动，这就要求幼儿在练习过程中不仅要注意观察比较明显部位的动作，更要注意观察包括眼神、手腕、脚尖、手指等细微部位的动作变化，并能准确地做出来。幼儿体育活动内容体系的发展目标之一是幼儿的协调性，动作教学主要采用模仿法和重复练习法，要求幼儿有目的、有重点地认真观察、模仿教师的动作。因此，在体育活动内容体系的练习活动中，动作和练习之间存在密切相关的内在联系，受教师的引导，幼儿的观察具有选择性和针对性，这可以促使其形成技能和主动观察的良好习惯。动作内容既有单个动作，也有由单个动作组成的

综合动作，这就要求幼儿必须掌握各动作间的联系，而且在教学中教师的指导可以提高幼儿观察的细致性。研究结果显示，当教师要求幼儿仔细观看示范时，他们自然会有目的地去观察，而实验班幼儿长期处在这种接受和完成任务的状态下，能够快速、准确地按教师的示范选出符合空缺规律的填补图块。从实验结果可见，实验班的得分要远高于对照班，显然实验班的幼儿在观察目的性方面比对照班的幼儿强，说明体育活动内容体系提高了幼儿观察的细致性。

体育锻炼使幼儿的大脑获得大量的动作信息和运动环境刺激，身体运动时产生的各种动作通过运动肌肉内神经末梢传入大脑，提高了大脑皮层神经细胞活动的强度、灵活性、均衡性以及分析综合能力，加强各种复杂神经联系之间的建立，使整个神经系统的功能得到加强，有益于智力水平的提高。厉丽玉[3]采用“韦克斯勒学前及学初智力测验量表”，通过对合计 369 人次 4～6 岁的幼儿园幼儿进行智力测试，并跟踪调查和横向对比研究，结果表明，运动学习对幼儿的视觉记忆能力、视动协调能力和模仿能力等有显著的良好影响，表现在运动学习干预后的幼儿的操作活动完成得较为迅速、准确，操作智力较为突出，反映了运动学习对幼儿智力发展的良性影响，也揭示了运动学习的幼儿在智力发展上的潜能。崔云霞[4]的研究采用由专家编撰的“启智律动操”作为教学操干预，对 60 名 4～4.5 岁的幼儿进行了为期 5 个月的教学实验。并采用国际公认的“韦氏学前及学初智力量表”（WPPSI）进行了实验前后的智力测试，通过对照班与实验班之间比较及各自自身前测与后测进行对照分析。研究结果表明，律动练习能够促进幼儿各方面智力因素的发展，尤其是对幼儿操作能力的影响较大。该研究构建的体育活动内容体系注重指标的量化以及技术评价，安排教师先以单个动作进行学习，最终形成综合性的练习内容，并通过体育活动或体育游戏等形式呈现出来。例如，给 5～6 岁幼儿安排变向跑等快速灵活的动作，这能提高大脑神经细胞信息的传导速度；给 4～5 岁的幼儿安排象限跳、反复横跨等体育游戏，能使神经细胞之间建立起各种复杂的神经联系；给 3～4 岁幼儿安排听信号起动等协调性的动作练习，大脑皮层细胞的灵活性得到提高。这些简单或复杂的练习有利于幼儿进行积极的思维活动。

体育活动对于提高幼儿的认知能力和开发潜能具有重要的作用。体育活动过程为幼儿提供了大量需要运用视觉、听觉、本体感觉等方面感官才能接收的信息，而各种动作通过感受器不断地对大脑皮层进行复合性的强化刺激，从而产生刺激效应，使大脑皮层的兴奋与抑制功能更加深刻、更加集中。这样可以提高幼儿大脑皮层细胞的强度、灵活性和分析综合能力，使整个大脑的功能得以增强，提高大脑的反应能力。同时，幼儿在进行体育活动时，身体的各器官、各系统参与工作，并伴随着心理活动与外界环境相互作用促进其认知发展，每种体育游戏和各种基本动作组合练习有一定的复杂性，幼儿进行体育锻炼时可以促使自己敏捷地思考、分析情况并随时改变自己的行动，通过个体的不断操作与练习，其思维能力、想象力、主动性及灵活性都能得到充分的发展，并获得智力的提升。在各种不同形式的体育活动中，幼儿能积极探索周围环境的变化，通过观察、比较、体验、学习等活动获得运动经验，从而丰富、完善和发展认知结构，主体作用得到充分发挥。而幼儿主体性的发挥，又会进一步提高幼儿的认知能力，促进智力的良性发展。

体育活动内容体系有助于幼儿丰富知识和运动经验，与其认识活动也有着密切的联系。在体育活动时，幼儿伴有大量的认知活动，例如，教师示范动作时，幼儿会注意观察并形成一定的运动表象，而且根据教师的提示认识并记住身体部位的名称或运动器材的名称。在建立体育活动规则时，教师的讲解能让幼儿加深理解和学会各种体育游戏活动的方法和规则，幼儿在想象中模仿并表现大千世界的事物、人、动植物的活动和姿态。对于很多抽象的空间概念（前、后、左、右、上、下等）、时间概念（快、慢等）和多方面的知识，幼儿在体育活动中可以学习、理解并运用；而在体育活动中变化的多种情况发生时，幼儿能反复接收信息，逐渐学会并迅速做出判断等。

此外，幼儿的心理活动不断地得到刺激，从而促进幼儿在智力、个性、情感、社会性等各方面的发展，久而久之就会形成一种较稳定的心理，最终促使幼儿观察得更加准确细致、知觉更加敏捷、运动经验更加丰富，使幼儿的理解能力、记忆力、想象力、思维能力和判断能力均得到发展。

4. 研究结论

4.1 从样本整体智力分析看，5～6 岁幼儿的整体成绩均高于 4～5 岁幼儿，男女性幼儿在各个维度上的 p 值均大于 0.05，显示男女性幼儿之间智力无显著性别差异。经过“三维动作”的教学干预，无论是男女性幼儿，实验班评分均呈高于对照班评分的趋势，说明教学干预促进了实验班的智力发展。

4.2 从男性幼儿整体智力分析看，4～5 岁对照班（男）的智力评分比实验前有所提高，但没有显著性差异（$p > 0.05$）；5～6 岁实验班（男）的智力评分显著性高于实验前（$p < 0.05$）。组间对比表明，实验后 4～5 岁实验班（男）的智力评分显著性高于对照班（男）（$p < 0.05$）；实验后 5～6 岁实验班（男）的智力虽然与对照班（男）没有显著性差异，但自身对比明显高于实验前。

4.3 从女性幼儿整体智力分析看，4～5 岁对照班（女）和实验班（女）的智力评分均显著性高于实验前（$p < 0.05$）。5～6 岁对照班（女）和实验班（女）的智力评分均高于实验前，具有显著性差异（$p < 0.05$）。组间对比表明，实验后 4～5 岁实验班（女）的智力虽然与对照班（女）没有显著性差异，但自身对比明显高于实验前；实验后 5～6 岁实验班（女）的智力评分显著性高于对照班（女）（$p < 0.05$）。

参考文献：

[1] 苏坚贞，冷小刚，王琛夏，等．上海市3～6岁幼儿参与园外体育运动的现状分析 [J]．学前教育研究，2012（9）：41-44.

[2] 霍华德·加德纳．智能的结构：经典版 [M]．沈致隆，译．杭州：浙江人民出版社，2013：249.

[3] 厉丽玉．运动学习对4～6岁幼儿智力发展的影响 [J]．体育科学，2002，22（6）：103-106，119.

[4] 崔云霞．律动训练对幼儿智力影响的实验研究 [J]．体育与科学，2010，31（3）：81-87.

附件 2

幼儿体育活动内容体系对幼儿个性心理品质影响的实验研究

1. 研究背景

1.1 问题的提出

幼儿园的体育教育是幼儿未来进入学校阶段学习体育课程的基础和铺垫。体育活动不仅能提高幼儿运动能力和有效地促进幼儿身心健康发展，还能给幼儿带来愉悦的情绪体验和运动的成功体验，为幼儿个性发展提供良好的条件，促进幼儿身心和谐地发展。但是，现有的幼儿园体育活动内容并未形成规范化的体系，在教学实践过程中暴露出了诸多问题。例如，很多教师把增强体质仅仅理解为教会幼儿掌握几个基本动作，把体育活动成人化、训练化，过于注重动作的规范、技术的掌握和活动的规则，而忽视了幼儿对运动本身的兴趣与需求，未能体现让幼儿主动、快乐地参与体育活动；体育活动的组织、内容与实施途径都比较单一；幼儿体育锻炼时间和运动负荷普遍不足；没有按照不同年龄段幼儿的特点制定和编排有利于幼儿个体全面发展的体育活动方案；等等。幼儿时期是个体生理和心理发展的重要时期，也是幼儿个性的形成和行为的养成最为关键的时期。采用科学、合理的体育活动内容作为培养幼儿良好个性心理品质的有效途径与措施，有利于促进幼儿的健康成长。

1.2 研究意义

在体育活动中不断地培养幼儿大胆、自信、勇敢、团结的个性心理品质，有效地对幼儿施以个别教育和重点指导，有利于每一个幼儿良好个性心理品质的形成和发展。本研究在完善幼儿体育活动内容体系的基础上，根据前期研究成果开展体育活动干预效果的实验研究，通过建立实验班与对照班进行定量分析检验，科学地、客观地建立幼儿动作技能的评价标准，探讨幼儿体育活动内容体系对发展幼儿个性和认知的有效性。研究内容能够完善幼儿体育活动目标和计划，形成规范的组织，对幼儿体育活动内容具有重要的指导价值。

2. 研究方法

2.1 实验研究法

2.1.1 实验设计

首先，按照三个年龄段划分的测试动作内容进行编排，组合构成体育活动干预方案；其次，在参与课题研究的多所幼儿园中随机抽取若干名男女性幼儿，分为不同性别的实验班和对照班进行干预效果的比较，对照的形式采用实验班和对照班实验前后的自身比较，以及同性别同年龄的实验班与对照班的比较。本研究实验方案属于班间和班内的混合设计，即通过对实验前后对照班、实验班的混合比较得出结论。

2.1.2 测试工具

（1）测试工具的选取

本研究的“儿童个性调查表”是根据格雷沙姆与艾略特（2008）等人研发的 SSIS 问卷——教师卷评定部分改编而成。正式问卷的修订与确立经历了四个阶段：问卷的翻译与回译、问卷的编制与修订、问卷的预实验及后续修改、正式问卷的施测。课题研究伊始，研究团队对 SSIS 问卷——教师卷进行翻译与回译。为了保证翻译与回译信息的有效性与准确性，首先由本科专业为英语、硕士专业为学前教育的研究人员进行，然后由研究团队指导教师给予修改意见。在对 SSIS 问卷——教师卷英文原版借鉴的基础上，综合考虑中西方文化差异、环境差异及话语习惯的不同，对教师卷进行相应的修订，并对问卷的格式、排版进行了调整。同时，在对被试者的基本信息进行了解时，删除了原英文版本问卷中不适用于我国的部分问题，如种族、是否残疾等，只保留了测查中必要信息的询问，如被试者的出生日期、年龄、性别等。

问卷初步编制完成后，研究者将问卷分发至广州市 5 所幼儿园，每所幼儿园分别请 2 名主班教师对本班 5 名幼儿的社会技能进行评定，并提前沟通问卷填写需要注意的事项。填写完成后，研究者征求、汇总教师的问卷修改建议，经过研究团队共同探讨，对预实验问卷进行最终修订。为了使问卷调查数据更加客观，问卷由教师及家长同时进行填写，再取平均值，最后得出各项评价趋向。

（2）测试工具的使用

实验测试前，课题组先聘请专家对幼儿园教师及测试人员进行专门培训。在整个测试过程中，测试人员严格遵循指导手册要求对受试幼儿进行测试。教师要求家长完成问卷填写。

2.1.3 实验方法

（1）实验器材

“儿童个性调查表”材料、笔、各类体育器材和测试工具。

（2）实验步骤

① 先发答题卷，家长逐栏填写答卷纸上部幼儿的姓名、性别、出生日期等基本信息，填写完毕发测试卷。

② 根据幼儿动作技能的评价标准开展实验前后的测试工作。

（3）教学实验条件的控制

① 在实验前实验班幼儿的授课教师参加课题组培训班学习，能够保证幼儿体育活动课程的合理实施、顺利进行，并能达到实验目的。

② 各年龄段幼儿的动作编排及组合难度由低到高，强度由小到大，内容由简到繁，实验班和对照班除施加的上述处理，其他条件尽量保持相同。

③ 实验过程中争取幼儿同教师的配合，实验班和对照班幼儿除体育活动时间和活动内容不同，园内其他时间活动均按照幼儿园教学活动大纲进行，保持幼儿正常的午休作息时间。

④ 保证参加本实验的幼儿所在的幼儿园从饮食、生活习惯、课余活动等影响实验结果的因素上均与对照班没有任何区别。

⑤ 取得家长的支持，保持幼儿实验前的家庭生活习惯，不参加其他的体育训练班，尽量保证出勤率，做好出勤登记。

2.1.4 研究对象及分组

在广东省范围内征集课题研究实验队伍，共 88 所幼儿园（院），有规模较大的省一级幼儿园，也有规模比较小的幼儿园，涵盖了各种规模及水平，其中公办园、私立园、院校办园以及其他性质的幼儿园比例分别为 54%、

42%、2%、2%。按照3～4岁、4～5岁、5～6岁年龄段各建立实验前对照班（男）、实验前对照班（女）、实验前实验班（男）、实验前实验班（女）、实验后对照班（男）、实验后对照班（女）、实验后实验班（男）、实验后实验班（女）共八个组别，实验幼儿人数如表1。

表1　各年龄段参与认知与个性测试实验研究幼儿人数

年龄/岁	人数/人
3～4	3986
4～5	3747
5～6	4460
合计	12193

2.2 调查研究法

依据社会学调查要求和研究目的制定大班、中班、小班个性调查问卷，对广东省各地级市幼儿园进行随机抽样问卷调查，了解体育活动内容体系对幼儿认知和个性发展的影响。为保证问卷工作的顺利开展，在进行家长问卷调查前，充分做好家长工作，讲清问卷调查的意义及对幼儿身体发展的作用。

2.3 逻辑分析法

在阅读文献的基础上，运用辩证逻辑思维方法对研究的内容进行分析，通过抽象的概括，提炼出有关幼儿认知和个性发展的问题与理论，通过归纳和演绎，从中找出影响幼儿认知和个性发展等因素的特点及相互关系，并进行深层次的剖析和研究，寻求其内在的逻辑关系并得出结论。

2.4 数理统计法

采用IBM SPSS Statistics 22体育统计软件对有关数据进行统计学分析处理，多个样本均数以均数 ± 标准差（$\overline{X}$ ±SD）表示，用单因素方差分析（One-way ANOVA）比较随机抽取的多个样本均数，统计推断各样本所代表的各总体均数的差异，显著性为$p<0.05$。

3. 结果与分析

3.1 体育活动对3～4岁、4～5岁及5～6岁幼儿情绪稳定和愉快的影响

情绪是人类最原始、简单的感情，是人们从事某种活动时产生的兴奋心理状态，具有外显性、可观性和可控性，是人的需要得到满足时所产生的一种内心体验，持续时间长而不一定外显。幼儿在早期生活中获得健康和良好的情绪体验，对他们未来的心理健康至关重要。新生儿对饥饿、不适、寒冷等会表现出不安、啼哭等消极情绪。幼儿阶段还会分化出不同类型的情感，如信任感、安全感、荣誉感等。2岁开始，幼儿的情感表现日渐丰富和复杂，如喜、怒、爱、憎等，也会有一些不良的情绪、情感反应，如恐惧等。随着年龄增长，幼儿有意识控制自己情绪的能力增强，情绪逐步变得比较稳定。学龄前期的幼儿能有意识地控制自己情感的外部表现，如故意不哭等。

本研究选取"儿童个性调查表"的第4、9、14、20和25题分析体育活动对幼儿情绪的影响。从表2、表3可见，在3～4岁和4～5岁各班级，幼儿遇到什么意外的令人烦恼的事，不太能做到很快安定下来。经过体育活动内容体系教学干预后，对照班（男）和对照班（女）能达到"基本符合"；实验后实验班（女）没有显著性变化，但是仍高于对照班（女）；在"情绪容易激动""孩子经常挑剔、哭、急躁、难取悦""容易心烦不安""心情不好时，有激烈的反应"选项的变化不大。研究表明，运动不但具有促进身体健康和调节神经—内分泌—免疫的功能，还可以使个体的情绪状态趋向稳定。研究结果可见，幼儿参加体育活动可以宣泄负面情绪和压力，增强自信心。随着运动时间的增长、次数的增加和体验愉快的时间增多，幼儿维持心理健康的水平越高，体育锻炼所产生的良好心理效应就会越强。从表4可见，在5～6岁幼儿各班级，男女性幼儿出现"经常挑剔、哭、急躁、难取悦"基本符合的情况，随着年龄增长幼儿的情绪出现明显的变化，而且幼儿经过体育活动体系内容教学干预后，实验班（男）和实验班（女）的情绪出现明显的改善。研究结果表明，体育活动可以帮助幼儿充分认识、体验、接纳和管理自己的情绪，用合适的方法和途径来表达自己的情绪和愿望，更有益于身心健康。在3～4岁、4～5岁、5～6岁各班级，所有幼儿的"心情不

好时，有激烈的反应”“容易心烦不安”都是“有一点儿不符合”，实验前后各班的变化不显著。研究结果显示，实验班幼儿经过一年的体育活动内容体系教学的干预，接受了适宜年龄段特征编排和组合的体育锻炼，呈现出体力充沛、精神饱满、情绪愉快的状态。

表 2　体育活动对 3～4 岁幼儿情绪稳定和愉快的影响（*n*=3986）

组别	第 4 题	第 9 题	第 14 题	第 20 题	第 25 题
实验前对照班（男）	2.82±0.98	2.71±0.87	2.20±0.94	2.25±0.80	2.87±0.89
实验前对照班（女）	2.80±0.74	2.67±0.96	2.25±0.84	2.22±0.78	2.85±0.87
实验前实验班（男）	2.81±0.78	2.71±0.92	2.23±0.89	2.25±1.22	2.93±0.90
实验前实验班（女）	2.76±0.78	2.59±0.89	2.20±0.88	2.19±0.77	2.80±0.85
实验后对照班（男）	3.08±1.15	2.78±0.93	2.36±1.10	2.32±0.85	2.99±0.85
实验后对照班（女）	3.03±0.77	2.70±0.91	2.26±0.96	2.35±0.88	2.89±0.81
实验后实验班（男）	3.03±0.84	2.68±0.89	2.17±0.84	2.17±0.76	2.83±0.86
实验后实验班（女）	2.97±0.78	2.61±0.91	2.15±0.86	2.14±0.72	2.74±0.88

表 3　体育活动对 4～5 岁幼儿情绪稳定和愉快的影响（*n*=3747）

组别	第 4 题	第 9 题	第 14 题	第 20 题	第 25 题
实验前对照班（男）	2.79±0.78	2.73±0.89	2.25±0.83	2.31±0.83	2.91±0.87
实验前对照班（女）	2.91±0.76	2.59±1.25	2.18±0.85	2.18±0.77	2.81±0.84
实验前实验班（男）	2.84±0.76	2.73±0.92	2.11±1.18	2.25±0.81	2.85±0.86
实验前实验班（女）	2.91±0.75	2.58±0.85	2.11±0.84	2.16±0.76	2.76±0.84
实验后对照班（男）	2.91±0.74	2.81±0.94	2.18±0.90	2.27±0.77	2.84±0.92
实验后对照班（女）	3.07±1.56	2.67±0.82	2.14±0.80	2.12±0.70	2.76±0.78
实验后实验班（男）	3.02±0.71	2.70±1.03	2.00±0.80	2.16±0.76	2.75±0.82
实验后实验班（女）	3.03±0.78	2.49±0.87	2.04±0.75	2.20±0.76	2.67±0.91

表 4 体育活动对 5～6 岁幼儿情绪稳定和愉快的影响（n=4460）

组别	第 4 题	第 9 题	第 14 题	第 20 题	第 25 题
实验前对照班（男）	2.95 ± 0.79	2.72 ± 0.88	2.20 ± 1.14	2.28 ± 0.83	2.86 ± 0.84
实验前对照班（女）	2.97 ± 0.76	2.51 ± 0.91	2.06 ± 0.82	2.13 ± 0.73	0.75 ± 0.87
实验前实验班（男）	2.92 ± 0.80	2.69 ± 1.19	1.99 ± 0.80	2.15 ± 0.75	2.75 ± 0.99
实验前实验班（女）	3.03 ± 0.77	2.47 ± 0.88	1.96 ± 0.81	2.07 ± 0.76	2.61 ± 0.86
实验后对照班（男）	2.99 ± 0.77	2.82 ± 0.93	2.11 ± 0.87	2.20 ± 0.86	2.86 ± 0.90
实验后对照班（女）	3.07 ± 0.77	2.65 ± 1.04	2.14 ± 0.85	2.18 ± 0.83	2.72 ± 0.87
实验后实验班（男）	3.05 ± 0.76	2.78 ± 1.01	2.06 ± 0.85	2.22 ± 0.77	2.76 ± 0.86
实验后实验班（女）	3.10 ± 0.79	2.57 ± 0.89	2.10 ± 0.80	2.13 ± 0.73	2.68 ± 0.88

幼儿的自我情绪体验由与生理需要相联系的情绪体验（愉快、愤怒等）向社会性情感体验（委屈、自尊、羞愧感等）不断深化和发展，同时又表现出易受暗示性。幼儿的自我评价能力还很差，成人对幼儿的评价在幼儿个性发展中起着重要作用。在成长过程中，幼儿会产生各种情绪反应，幼儿阶段的情绪反应与其社会性发展密切相关，例如，幼儿希望引起他人的注意，渴望要求被满足，他人对幼儿的态度会直接影响幼儿的情绪反应；成人的表扬能使幼儿情绪高涨，同伴的拒绝会使幼儿情绪低落。部分幼儿在被溺爱的环境中成长，容易以自我为中心，成人或同伴的否定性语言会使幼儿产生不自信、焦虑、愤怒等负面情绪。

引导幼儿疏导情绪或学会自我管理情绪是有效避免幼儿产生负面情绪或情绪进一步恶化的保证。体育活动能减少幼儿不良情绪的产生，参加一定活动量的体育活动可以使他们体内过多的能量得到消耗，产生满足和轻松的情感。在体育活动中获得的成功体验、教师的语言鼓励都可以给幼儿创建一个安全的心理环境。体育活动还能转移幼儿的注意力，使其不良的情绪得以释放和消除。体育活动内容体系中编排的动作，如跳房子、象限跳、在草地上或柔软的垫子上滚翻、反复跳障碍物等，既有趣味性又符合各年龄段幼儿的生理特点，幼儿容易完成并能获得成功体验。因此，教师在体育活动中要善于对幼儿作出恰当的评价，使幼儿感到自信，能够从中体验到自我价值，从而产生积极的自我肯定，这对于今后提高生活的满意度和幸福感、降低压抑和焦虑以及改善学校生活和社会关系等都非常有益。

3.2 体育活动对3～4岁、4～5岁及5～6岁幼儿意志健全和行动协调的影响

意志是人们自觉地克服困难，实现预定目标的心理过程。新生儿无意志，到婴幼儿才会有意行动或抑制自己某些行为，这时可以视为意志的萌芽，而3岁有表达意愿的词语，如“我想”“我要”等。幼儿的年龄越小，自觉性、坚持性、自制性等积极的意志就越弱，而依赖性、顽固性、冲动性等消极的意志却越强。培养幼儿的健全意志，对于发展幼儿的创造性思维活动、行为、个性及学习能力非常有益。随着年龄增长和教育程度的增加，幼儿逐步学会服从别人或按自己的目标行事，减少受外界环境的干扰影响。研究表明，在教育的影响下，幼儿自我意识各因素（自我评价、自我体验、自我控制等）发展的总趋势是随年龄的增长而增长。自我评价表现为自我感觉、自我观察、自我分析和自我批评等；自我体验表现为自我感受、自爱、自尊、自恃、自卑、责任感、义务感和优越感等；自我控制表现为自立、自主、自制、自强、自卫、自律等。

本研究选取“儿童个性调查表”的第1、2、7、10、17和24题分析体育活动对幼儿意志健全和行动协调的影响。从表5、表6、表7可见，在3~4岁、4~5岁、5~6岁各班级，“做任何事情都能一直做下去，直到成功”“遇到困难时就放弃正在做的事”“走路的速度很慢”“能忍受挫折”的选项都是“有一点儿不符合”，而“整天忙个不停”“精力充沛”的选项都是“基本符合”，实验后实验班（女）的变化没有显著性，但是经过体育活动内容体系干预后有轻微的改善。从表7可见，在5~6岁的各班级，经过体育活动内容体系干预后，实验班（男）的精力充沛选项是“符合”，而且比实验前有所提高。可见在3~4岁幼儿中自我控制能力还不明显。研究表明，从缺乏自我控制到有自我控制的转折年龄是4~5岁，而5~6岁幼儿绝大多数都有一定的控制能力。总的来说，幼儿的自控能力还是较弱。意志是个体自觉地确定目的、支配行动、克服困难，以实现预定目的的心理过程，属于非智力因素中的重要组成部分，良好的意志品质是在克服困难中形成并在经

历克服困难中表现出来。《纲要》要求幼儿能努力做好力所能及的事，不怕困难，有初步的责任感。对于比较胆小、懦弱和对自己缺乏自信心的幼儿，他们在体育活动中接受成年人的鼓励，经历克服困难的过程，有利于磨炼其意志，增强克服困难的信心和勇气。幼儿对自己和别人身体运动的正确知觉非常重要，例如，从最简单最基本的手形变化、脚腕的屈伸、头部的摆动等细节动作，直至需要有序协调身体各肢体动作都要依靠知觉。在体育活动内容体系的练习中，设计和编排的教学内容都是符合相应年龄段幼儿的特点，可以为幼儿感知自己和别人身体运动的正确知觉提供机会。研究结果显示，经过体育活动内容体系的练习，实验班幼儿在时间知觉、空间知觉和运动知觉三种复杂知觉的发展上优于对照班幼儿，经历克服困难的机会更多，更易增强克服困难的信心和勇气。

表 5　体育活动对 3～4 岁幼儿意志健全和行动协调的影响（n=3986）

组别	第 1 题	第 2 题	第 7 题	第 10 题	第 17 题	第 24 题
实验前对照班(男)	2.74±0.76	2.68±0.69	3.10±0.92	2.06±0.75	3.83±0.81	2.68±1.17
实验前对照班(女)	2.87±0.75	2.58±0.68	3.04±0.88	2.16±0.82	3.73±1.05	2.69±0.73
实验前实验班(男)	2.74±0.75	2.61±0.72	3.29±0.89	2.11±0.81	3.90±0.82	2.62±0.83
实验前实验班(女)	2.71±0.69	2.56±0.68	3.16±0.95	2.22±0.82	3.74±0.86	2.56±0.70
实验后对照班(男)	2.91±0.85	2.77±0.75	3.33±1.36	2.25±0.90	3.84±0.86	2.90±1.39
实验后对照班(女)	3.06±0.84	2.69±0.72	3.13±0.89	2.34±0.89	3.64±0.83	2.93±0.75
实验后实验班(男)	2.98±0.84	2.71±0.77	3.35±1.38	2.25±0.91	4.00±0.79	2.83±1.41
实验后实验班(女)	2.98±0.79	2.60±0.70	3.24±0.96	2.18±0.86	3.89±0.88	2.74±0.79

表 6　体育活动对 4～5 岁幼儿意志健全和行动协调的影响（n=3747）

组别	第 1 题	第 2 题	第 7 题	第 10 题	第 17 题	第 24 题
实验前对照班(男)	2.77±1.06	2.67±0.76	3.21±0.93	2.20±0.86	3.92±0.83	2.61±0.74
实验前对照班(女)	2.90±0.75	2.60±0.68	3.03±1.02	2.19±0.80	3.81±1.22	2.73±0.72
实验前实验班(男)	2.72±0.72	2.60±0.67	3.27±0.94	2.20±0.87	3.84±0.85	2.71±0.73
实验前实验班(女)	2.91±0.79	2.58±0.68	3.12±0.87	2.28±0.87	3.70±0.82	2.76±0.73
实验后对照班(男)	2.98±0.82	2.61±0.90	3.31±0.92	2.28±1.25	3.89±0.82	2.78±0.77
实验后对照班(女)	3.04±1.15	2.52±0.71	3.15±0.92	2.23±0.77	3.85±1.26	2.85±1.11
实验后实验班(男)	2.93±0.75	2.51±0.72	3.38±0.92	2.12±0.88	3.91±0.81	2.81±1.39
实验后实验班(女)	2.97±0.75	2.51±0.73	3.16±0.93	2.32±0.83	3.69±0.70	2.75±0.72

表 7　体育活动对 5～6 岁幼儿意志健全和行动协调的影响（n=4460）

组别	第 1 题	第 2 题	第 7 题	第 10 题	第 17 题	第 24 题
实验前对照班(男)	2.90±0.76	2.62±0.71	3.22±0.91	2.17±0.91	3.88±0.86	2.77±0.73
实验前对照班(女)	2.98±0.79	2.54±0.73	3.02±0.94	2.24±0.84	3.77±1.26	2.83±0.73
实验前实验班(男)	2.91±0.82	2.60±0.71	3.16±0.96	2.10±0.84	4.01±0.94	2.76±0.75
实验前实验班(女)	3.00±0.78	2.52±0.72	3.07±0.97	2.22±0.86	3.85±0.82	2.80±0.78
实验后对照班(男)	2.98±0.81	2.64±0.73	3.10±0.92	2.17±0.86	3.90±0.82	2.81±0.77
实验后对照班(女)	3.04±0.79	2.52±0.72	3.02±0.95	2.27±0.84	3.74±0.85	2.82±0.77
实验后实验班(男)	2.99±0.86	2.61±0.78	3.08±1.01	2.19±0.86	4.10±0.75	2.77±0.75
实验后实验班(女)	3.16±1.13	2.56±0.75	2.97±1.09	2.27±0.91	3.82±0.87	2.79±0.75

体育活动有利于幼儿自我概念的形成和意志的健全。对幼儿来说，既有合作竞争，又有相互鼓励。在运动环境中，可以使幼儿不知不觉地接受审美、道德等社会价值观，从而大大地缩短幼儿课堂教学中社会空间和个人空间的距离。通过体育活动，有目的、有计划、有组织地发展幼儿的智力和个性，有利于自信心的培养。同时，有利于增强幼儿参与各项体育活动的主动性和积极性。教师可以鼓励幼儿多结交新朋友，及时表扬在活动中主动与同伴交往的幼儿；对一些在交往中遭到排斥的幼儿，教师运用分析比较、说理移情、榜样示范、行为训练的方法，启发幼儿调整自己的交往行为，尝试用商量、宽容、友好的方式进行交往，使自己感受到被同伴接纳和喜爱的快乐，这样可以更积极地引导幼儿建立自信心和独立性。体育活动内容体系的动作编排和组合是以不同年龄段幼儿的发展水平为前提，设计内容既有一定的挑战性，又能为幼儿创设各种条件来锻炼意志，使幼儿在活动中通过努力能够做到。幼儿的骨骼肌肉系统尚未发育成熟，易疲劳，幼儿活动能坚持的时间与年龄成反比；而且由于运动经验少，心理承受能力差，越是年龄小的幼儿在体育活动的过程中越易遭受挫折，久而久之，就会产生惰性和畏难心理。教师在体育活动中给予及时的鼓励，对于幼儿掌握动作要领、坚持运动非常必要。幼儿学会在遇到困难的时候自己去解决问题，能更好地磨炼自己的意志。

3.3 体育活动对 3～4 岁、4～5 岁及 5～6 岁幼儿性格的影响

性格是指表现在人对现实的态度和相应的行为方式中比较稳定的、具有核心意义的个性心理特征，是在后天社会环境中逐渐形成，即个体把自己看成什么样的人，对自我的评价和对自己的印象将成为一个人的行为倾向，是一种与社会相关最密切的人格特征。性格主要体现在对自己、对他人、对事物的态度和所采取的言行上。

本研究选取“儿童个性调查表”的第 3、12、21、22 和 23 题分析体育活动对幼儿性格的影响。从表 8、表 9、表 10 可见，在 3 ~ 4 岁、4 ~ 5 岁、5 ~ 6 岁各班级，“害羞”“早上一醒来，就蹦蹦跳跳，跑个不停”“愿意玩那种安静、被动的游戏”“单独一个人时，会感到孤独”的选项都是“有一点儿不符合”，实验后实验班没有显著性变化。5 ~ 6 岁幼儿中有在“平时比较孤独”的选项为“非常不符合”，明显少于 3 ~ 4 岁、4 ~ 5 岁幼儿。一般来说，大部分独生子女很孤独，平时在家没有兄弟姐妹陪玩，只能和家长玩。随着年龄的增长，幼儿体育活动日渐丰富，与外界同伴的接触机会增加，在玩的过程中孤独感会逐渐减少。体育活动可以为幼儿提供必要的体育器材、游戏材料、空间与时间，让幼儿与教师、同伴在游戏中交往，参与各种类型的集体体育活动，以增进幼儿的参与热情和积极性。尤其是 5 ~ 6 岁的幼儿在情绪上能够克制自己，开始对自己的行为进行思考，有时对自己的行为产生顾虑，此时幼儿的个性开始形成，但仍处于初步形成时期，其可塑性还相当大，环境和教育对其发展产生极大的促进作用。体育活动内容体系不仅能对幼儿身体各方面进行锻炼，也能对性格进行锻炼，它能让幼儿克服某些不良行为，使幼儿在体验成功、快乐的过程中培养开朗、活泼、乐观的性格。同时，通过克服困难在获得成功体验的过程中增强自身的自信心和承受能力，形成坚强、勇敢、独立自主的个性。

表 8　体育活动对 3～4 岁幼儿性格的影响（n=3986）

组别	第 3 题	第 12 题	第 21 题	第 22 题	第 23 题
实验前对照班（男）	2.58±0.92	2.76±1.00	2.04±0.81	2.30±0.80	2.74±0.81
实验前对照班（女）	2.64±0.89	2.67±0.92	2.00±0.78	2.42±0.80	2.76±0.84
实验前实验班（男）	2.57±0.90	2.83±0.94	1.95±0.75	2.32±0.79	2.73±0.86
实验前实验班（女）	2.68±0.99	2.78±0.98	1.99±0.77	2.36±0.78	2.71±0.87
实验后对照班（男）	2.66±0.97	2.93±1.00	2.29±0.97	2.39±0.93	2.78±0.94
实验后对照班（女）	2.78±1.00	2.79±0.92	2.25±0.96	2.53±0.85	2.74±0.92
实验后实验班（男）	2.68±0.99	2.88±0.98	2.05±0.92	2.33±0.81	2.66±0.93
实验后实验班（女）	2.73±0.91	2.71±0.95	1.94±0.99	2.35±0.78	2.68±0.96

表 9　体育活动对 4～5 岁幼儿性格的影响（n=3747）

组别	第 3 题	第 12 题	第 21 题	第 22 题	第 23 题
实验前对照班（男）	2.53±0.91	2.72±0.88	1.99±0.77	2.32±1.32	2.75±0.86
实验前对照班（女）	2.58±0.89	2.59±0.93	1.96±0.74	2.45±0.80	2.75±0.88
实验前实验班（男）	2.52±0.93	2.77±0.98	2.03±0.82	2.33±0.91	2.66±0.89
实验前实验班（女）	2.70±0.91	2.64±0.88	2.02±0.76	2.48±1.25	2.77±0.87
实验后对照班（男）	2.64±0.93	2.70±1.01	2.05±0.81	2.36±0.80	2.82±0.87
实验后对照班（女）	2.64±0.84	2.60±0.86	2.02±0.76	2.48±0.71	2.88±1.24
实验后实验班（男）	2.50±0.90	2.79±0.94	1.99±0.83	2.35±1.09	2.74±0.94
实验后实验班（女）	2.67±0.87	2.63±0.92	2.01±0.78	2.48±0.78	2.68±0.86

表 10　体育活动对 5～6 岁幼儿性格的影响（n=4460）

组别	第 3 题	第 12 题	第 21 题	第 22 题	第 23 题
实验前对照班（男）	2.55±0.93	2.77±0.99	2.10±0.84	2.28±0.83	2.83±0.99
实验前对照班（女）	2.58±0.92	2.53±0.91	1.96±0.74	2.41±0.81	2.84±0.89
实验前实验班（男）	2.48±0.86	2.67±0.98	1.94±0.77	2.33±0.81	2.65±0.87
实验前实验班（女）	2.60±0.92	2.52±0.96	1.92±0.80	2.44±0.98	2.72±0.91
实验后对照班（男）	2.62±0.86	2.73±0.97	2.05±0.85	2.33±0.86	2.83±0.93
实验后对照班（女）	2.53±0.89	2.61±0.95	2.06±0.83	2.39±0.85	2.77±0.89
实验后实验班（男）	2.52±0.88	2.72±0.98	1.87±0.77	2.36±0.82	2.65±0.94
实验后实验班（女）	2.70±0.92	2.52±0.91	1.99±0.90	2.47±0.80	2.73±0.94

对于幼儿来说，身体运动的能力越强，越能成为影响他们一切行动或行为的基础。他人对幼儿身体运动能力的肯定，可能会成为幼儿形成良好个性的外在因素。例如，能勇敢而独立地走过较高、较窄平衡木的幼儿，能比别人先学会跳绳的幼儿，能比别人投中更多目标的幼儿，往往更容易得到教师的赞许以及同伴的羡慕，进而感受到自己的能力在增强，从而逐渐地形成自我肯定的概念，自信心得到增强，也更愿意在今后的体育活动中大胆地尝试新的活动，甚至碰到困难或挫折时，也会充满自信地去克服。这种在体育活动中获得的良好体验，对幼儿形成良好的自我价值感以及个性会产生积极的影响。各种体育活动提供的宽松心理氛围和幼儿对运动的专注，有利于缓解幼儿的紧张和焦虑感，如让幼儿在草地上或柔软的垫子上滚翻、用力击球、集体合作等，都可以降低幼儿的焦虑感，运动过程中产生的内啡肽也可以提供愉悦的感受。在幼儿体育活动内容体系里，各种活动内容的编排可以照顾到不同年龄段的幼儿特点，如采取由易到难，或难易不同的编排和组合，以逐渐提高幼儿身体活动的能力，让其体验到成功的快乐，感受到教师、同伴对他的肯定，帮助他们形成和发展自我概念，促使他们的自尊心、自信心、自强不息等良好个性的逐渐形成。

3.4 体育活动对3～4岁、4～5岁及5～6岁幼儿人际交往和谐的影响

幼儿出生至2个月时积极情绪增多，6～7个月时会产生与双亲的依恋及对陌生人的胆怯情绪，8～10个月时会对分离产生焦虑、不安的情绪。幼儿与亲人间的这种依恋感情是社会性发展的最早表现，影响着未来成长过程中能否善于与人相处和很好地面对现实等个性特征。

本研究选取“儿童个性调查表”的第6、8、11、13、16、18和27题分析体育活动对幼儿人际交往和谐的影响。从表11、表12、表13可见，在3～4岁、4～5岁、5～6岁各班级，“喜欢和别人在一起”“愿意和别人一起玩，不愿意一个人玩”“容易交上朋友”“孩子觉得和别人玩最有趣”“跟别的孩子合得来，是合群的孩子”的选项都是“基本符合”，而在3～4岁各班级“遇到陌生人要很长时间才活跃起来”“对陌生人友好”的选项既有“基

本符合”也有“有一点儿不符合”。3～4 岁处于幼儿期的初期阶段，也是幼儿园的小班年龄，这时期幼儿在生活和活动上发生了重大的变化，身体比以前更加结实和健壮，活动精力更加充沛，睡眠相对减少，动作的发展已经比较自如，能够进行各种游戏活动，语言能力已基本发展起来，可以与别人进行初步的交流活动。幼儿从仅仅与亲人接触的小范围，扩大到有更多教师和同伴的生活范围。在体育活动中，幼儿与教师、同伴的互动会引起心理上的许多变化，使幼儿的认识能力、生活能力以及人际交往能力得到迅速发展。在 4～5 岁、5～6 岁各班级，“遇到陌生人要很长时间才活跃起来”是“有一点儿不符合”，“对陌生人友好”是“基本符合”，显示幼儿的人际交往由被动到主动的过程。从出生后到独立就是从“自然人”转变成为“社会人”的过程，锻炼人际交往能力是为幼儿未来适应社会作铺垫。活泼好动是 4～5 岁、5～6 岁年龄段幼儿的天性，表现为能动、能说、能跑，尤其是 5～6 岁时，幼儿大肌肉群的发展使其能不知疲倦地从事各种跳跃类的体能活动，小肌肉群的发展能够参与更多综合身体运动技能的体育活动，活动量增大，对什么都感到好奇和新鲜，思维活跃，但自我控制能力还不强。所以，这个时期的幼儿表现为活动积极性极高，时刻处于活动状态，而且已经能够在日常生活中遵守一定的行为规范和生活规则。在集体性质的体育活动中，幼儿从开始不能主动合作到在教师的引导下慢慢地体会团结协作带来的成功体验和乐趣，继而主动与同伴形成团队，培养了幼儿良好的合作意识和相互谦让的品质。体育活动内容体系中相当一部分编排和组合的活动内容都可以进一步组织为集体性质、班集体形式或多人合作形式的体育活动，例如，钻过拱形门、绕障碍跑等各类动作，学习完动作后，可以开展小组比赛，让幼儿在比赛中学会团结、协作、互帮互助，在获取成功的同时培养幼儿的合作意识和团队精神。

表 11　体育活动对 3～4 岁幼儿人际交往和谐的影响（n=3986）

组别	第 6 题	第 8 题	第 11 题	第 13 题	第 16 题	第 18 题	第 27 题
实验前对照班（男）	3.55±0.90	3.22±0.88	3.23±0.89	3.42±1.01	3.50±0.85	2.68±0.88	3.02±0.85
实验前对照班（女）	3.61±0.91	3.32±1.43	3.33±0.93	3.46±1.22	3.60±0.90	2.79±0.87	2.95±0.88
实验前实验班（男）	3.71±1.15	3.32±1.05	3.35±0.86	3.55±0.84	3.60±0.84	2.73±0.90	3.13±0.90
实验前实验班（女）	3.72±0.88	3.27±0.91	3.30±0.90	3.49±0.84	3.58±0.87	2.77±1.10	3.06±0.89
实验后对照班（男）	3.65±0.85	3.43±0.90	3.35±0.90	3.66±1.11	3.61±0.89	2.76±0.93	2.84±0.94
实验后对照班（女）	3.64±0.86	3.42±0.89	3.32±0.92	3.47±0.89	3.62±0.91	2.79±0.90	2.93±0.92
实验后实验班（男）	3.88±0.82	3.53±1.92	3.53±0.88	3.76±0.84	3.73±0.92	2.59±0.89	3.21±0.87
实验后实验班（女）	3.96±0.84	3.44±0.96	3.62±1.00	3.75±0.85	3.77±0.98	2.62±0.89	3.15±0.94

表 12　体育活动对 4～5 岁幼儿人际交往和谐的影响（n=3747）

组别	第 6 题	第 8 题	第 11 题	第 13 题	第 16 题	第 18 题	第 27 题
实验前对照班（男）	3.85±0.85	3.47±0.94	3.49±0.87	3.71±0.90	3.76±0.96	2.61±0.85	3.20±1.38
实验前对照班（女）	3.80±0.88	3.50±0.93	3.57±0.91	3.77±0.96	3.86±1.37	2.69±0.87	3.13±0.88
实验前实验班（男）	3.76±0.84	3.36±0.90	3.45±0.86	3.62±0.82	3.66±0.82	2.61±0.92	3.11±1.07
实验前实验班（女）	3.79±0.83	3.48±0.90	3.43±0.88	3.65±0.86	3.74±0.88	2.75±0.88	3.19±0.93

（续表）

组别	第 6 题	第 8 题	第 11 题	第 13 题	第 16 题	第 18 题	第 27 题
实验后对照班（男）	3.82±0.84	3.49±0.92	3.55±1.01	3.70±0.85	3.72±1.03	2.68±0.90	3.14±0.89
实验后对照班（女）	3.87±0.83	3.69±0.85	3.55±0.86	3.74±0.90	3.77±0.83	2.75±0.87	3.09±0.86
实验后实验班（男）	3.98±0.73	3.59±0.88	3.62±0.85	3.72±0.83	3.80±0.79	2.66±1.28	3.13±0.91
实验后实验班（女）	3.86±0.76	3.43±0.92	3.60±1.03	3.62±0.84	3.87±0.81	2.69±0.80	3.08±0.92

表 13　体育活动对 5～6 岁幼儿人际交往和谐的影响（*n*=4460）

组别	第 6 题	第 8 题	第 11 题	第 13 题	第 16 题	第 18 题	第 27 题
实验前对照班（男）	3.91±0.83	3.56±1.31	3.53±0.84	3.75±1.23	3.81±0.84	2.58±0.88	3.12±0.88
实验前对照班（女）	3.89±0.83	2.51±0.89	3.57±0.84	3.79±0.82	3.85±0.82	2.69±0.87	3.11±1.28
实验前实验班（男）	3.97±0.80	3.56±0.96	3.70±0.87	3.86±0.82	3.98±0.82	2.48±0.86	3.20±1.08
实验前实验班（女）	3.93±0.84	3.58±0.92	3.68±0.86	3.89±1.29	4.01±1.26	2.60±0.94	3.19±0.91
实验后对照班（男）	3.84±0.79	3.49±1.11	3.54±1.08	3.81±1.43	3.79±0.81	2.60±0.90	3.06±0.94
实验后对照班（女）	3.87±0.76	3.55±0.88	3.59±0.84	3.74±0.88	3.80±0.85	2.64±0.93	2.90±0.89
实验后实验班（男）	3.97±0.84	3.61±0.92	3.64±0.85	3.86±0.79	3.94±0.79	2.50±0.88	3.24±1.21
实验后实验班（女）	3.94±0.90	3.63±0.94	3.70±0.90	3.84±0.93	3.96±0.91	2.62±0.88	3.24±1.51

有研究认为，如果幼儿不能在相对单纯的幼儿园和学校阶段学会人际交往，进入开放的社会，人际交往能力差的幼儿往往交不到好朋友，反而容易变得自卑或者富有攻击性。在体育活动中，让幼儿懂得有些事需要大家合作才能完成好；也可让幼儿自己找朋友，从跟与自己喜欢的同伴共同参与逐步过渡到大家共同完成集体性体育活动，用同伴的热情与积极性感染幼儿[1]。4～5 岁和 5～6 岁的幼儿大脑皮层抑制机能的增强使其能够更好地理解语言指示并控制自己的行为，幼儿建立规则意识有助于合作游戏的开展和水平的提高，也有助于幼儿社会性的发展。例如，在进行集体活动时，能初步遵守集体活动规则、认真听别人讲话、遵守体育活动规则等；或者能够理解和遵守游戏规则、自己组织游戏、自己确定游戏主题等。尤其是到了中班的幼儿，活动内容和活动目标都可以共同制定，幼儿自己分工，安排角色，合作水平也开始提高，让幼儿在共同的游戏中逐渐开始与其他幼儿结成一定的同伴关系，初步学会与他人相处。

3.5 体育活动对 3～4 岁、4～5 岁及 5～6 岁幼儿注意力的影响

在幼儿心理发展过程中，注意力的发展具有重要的意义，幼儿的一切智力活动、心理活动都必须有注意力的参与才能发生和发展。培养良好的注意品质是发展幼儿智力的必要条件。在实际生活中幼儿注意力的发展存在着明显的个体差异，如有些幼儿可以安静地、长时间地看漫画书、做纸工、拼图或玩游戏，而有的幼儿却非常爱动，很难安静地坐一会儿，这些都与注意力的发展程度有关。

本研究选取“儿童个性调查表”的第 5、15、19 和 26 题分析体育活动对幼儿注意力的影响。从表 14、表 15、表 16 可见，在 3～4 岁、4～5 岁、5～6 岁各班级，“玩玩具时玩了这个玩那个，换个不停”“如果一个玩具太复杂，就容易放弃，不玩了”的选项都是“有一点儿不符合”，在“有人和他说话时，他就停止吵闹”的选项是“基本符合”。在 3～4 岁各班级，“能很长时间地玩一个玩具”的选项是“有一点儿不符合”，而到 4～5 岁、5～6 岁各班级，既有“有一点儿不符合”，也有“基本符合”。在 5～6 岁实验班（女），经过体育活动内容体系的教学干预，实验班（女）从“有一点儿不符合”“能很长时间地玩一个玩具”，发展到“基本符合”“能够长时间地玩

一个玩具”，显示实验班（女）的注意力得到提高。任何动作技能的获得都是通过注意力的参与，学前时期幼儿无意注意已经高度发展，而有意注意还在逐步形成中。因此，学前期幼儿的注意力稳定性较差，很容易受到外界因素的干扰而分散和转移。经过体育活动内容体系教学干预，实验班幼儿注意力测试相关题目的得分都高于对照班幼儿，这可能与教学过程中，按照年龄段特点编排的体育活动能吸引幼儿的注意力有关，经过长期的训练，幼儿观察教师讲解示范的持续时间延长，所以测试得分更高。

表 14　体育活动对 3～4 岁幼儿注意力的影响（n=3986）

组别	第 5 题	第 15 题	第 19 题	第 26 题
实验前对照班（男）	2.64±0.89	2.58±0.86	2.86±0.86	2.96±0.77
实验前对照班（女）	2.57±0.84	2.63±0.72	2.85±0.85	3.00±0.77
实验前实验班（男）	2.61±0.87	2.62±0.77	2.98±0.88	3.01±0.72
实验前实验班（女）	2.59±0.85	2.64±0.75	2.76±0.83	3.03±0.84
实验后对照班（男）	2.64±0.95	2.69±0.79	3.06±0.83	3.00±0.81
实验后对照班（女）	2.58±0.89	2.72±0.74	2.98±0.90	3.04±0.80
实验后实验班（男）	2.64±0.89	2.59±0.80	3.14±0.89	3.09±0.79
实验后实验班（女）	2.59±1.01	2.62±0.76	2.91±0.86	3.07±0.81

表 15　体育活动对 4～5 岁幼儿注意力的影响（n=3747）

组别	第 5 题	第 15 题	第 19 题	第 26 题
实验前对照班（男）	2.65±0.86	2.70±0.82	3.05±0.84	3.08±0.76
实验前对照班（女）	2.57±0.83	2.60±0.97	2.95±0.80	3.06±0.71
实验前实验班（男）	2.64±0.86	2.63±0.78	3.02±0.89	3.07±0.75
实验前实验班（女）	2.50±0.84	2.59±0.77	3.05±0.87	3.11±0.76
实验后对照班（男）	2.60±0.88	2.59±0.81	3.11±0.88	3.14±0.78
实验后对照班（女）	2.49±0.81	2.63±0.79	2.99±0.83	3.17±0.78
实验后实验班（男）	2.56±0.94	2.50±0.74	3.19±0.92	3.14±0.78
实验后实验班（女）	2.42±0.86	2.51±0.69	2.98±0.84	3.13±0.69

表 16 体育活动对 5～6 岁幼儿注意力的影响（n=4460）

组别	第 5 题	第 15 题	第 19 题	第 26 题
实验前对照班（男）	2.60 ± 0.92	2.57 ± 0.79	3.07 ± 0.88	3.06 ± 0.72
实验前对照班（女）	2.45 ± 0.86	2.54 ± 0.78	2.97 ± 0.83	3.07 ± 0.76
实验前实验班（男）	2.51 ± 0.89	2.50 ± 0.80	3.10 ± 0.86	3.09 ± 0.78
实验前实验班（女）	2.44 ± 0.87	2.55 ± 0.78	2.93 ± 0.84	3.17 ± 0.79
实验后对照班（男）	2.58 ± 0.88	2.53 ± 0.84	3.12 ± 0.88	3.16 ± 1.27
实验后对照班（女）	2.51 ± 0.83	2.61 ± 0.80	3.00 ± 0.88	3.12 ± 1.29
实验后实验班（男）	2.50 ± 0.93	2.56 ± 0.83	3.13 ± 0.86	3.14 ± 1.27
实验后实验班（女）	2.39 ± 0.86	2.54 ± 0.79	3.07 ± 0.87	3.10 ± 1.30

幼儿积极地参加体育活动，能够增强体质，调节神经系统功能，为注意力的发展奠定良好的生理基础。在体育活动中，幼儿集中注意地观察，区别体育器材各种性质、与同伴互动、观察在规定范围内的物体、人体和器材的变化等，这些都有助于训练幼儿的注意力。幼儿活动所接触的范围越广，他们的兴趣就会越广泛，注意的范围也就越大。

注意是人的心理活动集中在一定的人或物，包括有意注意和无意注意两种。有意注意是自觉的、有目的的注意，需要一定的努力才能做到；无意注意则是自发的，不需要任何努力的。在幼儿时期以无意注意为主，但随着年龄的增长，生活内容的丰富，活动范围的扩大，有意注意逐渐出现。由于言语的发展，幼儿渐渐学会使自己的行为服从成人的要求，有意注意逐步发展。但此时有意注意的稳定性较差，易受外界因素的干扰。幼儿在 3～4 岁、4～5 岁及 5～6 岁三个不同年龄时期，有各自不同的心理发展特点与表现。注意力的形成和发展与意志密切联系，不断提高幼儿的意志能力是发展注意能力的心理保证。从研究结果可见，幼儿 5～6 岁后才能较好地控制注意力，集中时间逐渐延长。体育活动内容体系有助于提高注意力，在此过程中，教师必须注意磨炼幼儿的意志，提高幼儿注意力的集中性和稳定性，使其形成良好的意志品质，为注意力的发展奠定良好的基础。幼儿学习掌握编排组合的每个动作，特别是熟练地完成成套动作，都需要高度集中注意力观察每一个环节，这就要求幼儿有很高的注意力的准确转移能力。在体育活动的练习中，幼儿既要按规定在一定时间内完成每组练习动作，又要不断地改变身体姿势和动作方向，同时还要兼顾完成动作的速度、变换路线、练习间隔时间等。这就要求幼儿保持注意力集中，主动排除与当前活动无关的干扰因素，选择与符合当前活动需要的信息，提高注意力的稳定性。在动作教学过程中，示范是主要的教学手段，要求幼儿必须注意观察，实验班幼儿在练习过程中的注意力始终带有一定的集中性和指向性，所以，他们在注意力的稳定性的发展上相比一般幼儿要好。

有意注意是有预定目的并需要一定意志努力的注意，在注意活动中占主导地位，需要培养幼儿这种最有效的注意力。在体育活动中，教师必须首先明确任务，幼儿能控制自己的活动或行为，让幼儿的行为服从于活动的目的与要求注意的事，通过反复的提醒，幼儿能不断地积极、主动、自觉地保持注意力。在幼儿的注意力中，增强幼儿的兴趣能促使其养成“集中注意”的习惯，并逐渐学会主动地支配自己注意的有效方法。由于幼儿以无意注意为主，注意力的稳定性较差，在体育活动中教师要经常提醒幼儿集中自己的注意力去完成任务，以促进注意力的发展。同时，教师通过创造良好的体育活动环境，防止幼儿注意力的分散，发展注意力的稳定性与持久性。

在体育活动动作技能的教学过程中，教师示范的动作具有直观、形象、具体、鲜明的特点，教师应根据幼儿记忆的特点，尽量提高示范动作的直观形象性和生动趣味性，充分利用无意记忆，这样容易引起幼儿的集中注意，也容易使幼儿在无意中记忆，从而积累更多、更丰富的动作经验。此外，体育活动内容的编排应变化多样，易于引起幼儿的兴趣，例如，按照年龄特点分段编排和组合动作，既易于模仿又简单易学，让幼儿每完成一项体育活动都能从中体验到成功的喜悦，比较容易成为幼儿注意和感知的对象，也容易成为无意记忆的内容。

但是，在体育教学活动中，总会有些活动内容不太生动有趣，因有一定难度而显得比较枯燥。因此，幼儿的学习不能仅仅依靠无意记忆，还必须由教师积极调动或幼儿主动运用有意记忆，否则，幼儿就学不到必要的知识和技能。虽然在整个幼儿期无意记忆占优势，但随着年龄的增长，教师的引导和教育也能促进幼儿的有意记忆能力逐步地发展，表现为幼儿逐渐能够调节控制自己的记忆过程，能够按照教师的要求和需要有意地、自觉地记忆动作技能。教师可以在体育活动练习中经常复述动作名称、回想昨天学过的内容、要求重复动作等，使幼儿的记忆有针对性和目的性，这有益于幼儿识记和掌握一定的记忆方法，促进有意记忆能力的发展，使记忆的理解和组织程度逐渐提高。

4. 研究结论

4.1 从体育活动对各年龄段幼儿情绪稳定和愉快的影响分析可见，经过体育活动内容体系教学干预，幼儿在遇到意外的、令人烦恼的事时，能做到很快地安定下来。幼儿参加体育锻炼可以宣泄负面情绪和压力，增强自信心。随着体育活动时间的增长、次数的增加和体验愉快的情绪的增多，幼儿维持心理健康的水平就越高，体育锻炼所产生的良好心理效应就会越强。在体育活动过程中，能够帮助幼儿充分认识、体验、接纳和管理自己的情绪，用合适的方法和途径来表达自己的情绪和愿望，使幼儿的情绪更平稳，有益于身心健康。

4.2 从体育活动对各年龄段幼儿意志健全和行动协调的影响分析可见，经过体育活动内容体系干预，实验班（男）的精力充沛程度比实验前有所提高，幼儿的自我控制能力还不明显，但经过体育活动内容体系干预后有轻微的改善。研究表明，从缺乏自我控制到有自我控制的转折年龄是 4～5 岁，而 5～6 岁幼儿绝大多数都有一定的控制能力。总的来说，幼儿的自控能力还是较弱。

4.3 从体育活动对各年龄段幼儿性格的影响分析可见，随着年龄的增长，幼儿参加体育活动的内容日渐丰富以及逐渐与外界和同伴的接触增加，在玩的过程中幼儿的孤独感减少。体育活动可以为幼儿提供必要的体育器材、游戏材料、空间与时间，让幼儿与教师、同伴以游戏交往，在参与各种类型的集体体育活动时，可以增进幼儿的参与热情和积极性。在体育活动中获得的良好体验，对幼儿形成良好的自我价值感及个性发展都会产生积极的影响。

4.4 从体育活动对各年龄段幼儿人际交往和谐的影响分析可见，在 3～4 岁各班级“遇到陌生人要很长时间才活跃起来”“对陌生人友好”的选项既有“基本符合”也有“有一点儿不符合”；在 4～5 岁、5～6 岁各班级，“遇到陌生人要很长时间才活跃起来”是“有一点儿不符合”，“对陌生人友好”是“基本符合”。幼儿的人际交往由被动到主动的转变，体育活动可以为幼儿提供与人交往的机会，让幼儿在自己熟悉的环境中学习与人交往。从跟自己喜欢的同伴共同参与逐步过渡到大家共同完成集体性体育活动，用同伴的热情与积极性感染其他幼儿，提高幼儿的人际交往能力。

4.5 从体育活动对各年龄段幼儿注意力的影响分析可见，经过体育活动内容体系的教学干预，实验班的幼儿从“有一点儿不符合”“能很长时间地玩一个玩具”，发展到“基本符合”“能够长时间地玩一个玩具”，显示实验班幼儿的注意力得到提高。由此可见，可以通过体育活动训练幼儿的注意力。

参考文献：

[1] 董丽媛. 角色游戏对3～6岁幼儿同伴交往能力影响的实验研究[D]. 临汾：山西师范大学，2014：1-2.

附件 3

体育活动内容体系对改善幼儿个性发展的个案分析
——以大班（5~6岁）与小班（3~4岁）幼儿为例

1. 研究背景

1.1 问题的提出

体育活动既能提高幼儿的身体运动能力，又能有效地促进幼儿身心和谐健康地发展。但幼儿园多年的体育教学实践过程中暴露出了诸多问题。例如，体育活动的组织、内容与实施途径都比较单一，增强幼儿体质的理念被理解为仅仅是掌握几个基本动作技能，过于注重动作的规范、技术的掌握和活动的规则，导致幼儿的体育活动内容成人化和训练化。而幼儿模仿性学习行为多、自主性学习行为少，教师忽视了幼儿对运动本身的兴趣与需求，忽视了幼儿玩的天性和兴趣的激发，未能充分地调动幼儿参与体育活动的积极性，使幼儿全身心地投入体育锻炼的时间打折扣，难以产生主动、快乐和个体全面发展的效果。

1.2 研究意义

幼儿期是幼儿独立性和自主性极易形成的时期。在形式多样的体育活动中，应从幼儿的年龄特点出发，尝试打破传统观念，把组织体育活动的着眼点放在体育活动的开放与幼儿个性的开放上，从丰富幼儿体育活动内容和形式的视角开展活动，这样既能给幼儿带来欢乐的氛围及促进智力的开发，又能为幼儿的个性发展提供良好的条件，对幼儿身体和智力发展及认知具有重要的价值。丰富的器材活动内容和形式可以激发幼儿自主地参与体育活动，用自己感兴趣的方式发展基本动作，提高动作的协调性和灵活性。本研究设计的整套器材主要是从平衡能力、灵敏与协调能力、力量与持久力三个维度对幼儿动作进行发展。研究在采用大样本量研究幼儿体育活动内容体系成效的基础上，以基础研究成果为支撑开展个案分析，通过定量和定性分析探讨体育活动内容体系对发展幼儿个性的有效性。个案研究成果将详细阐述研究对象在为期10周的器材体能与动作练习干预前后的情况，旨在通过案例科学地、客观地评价体育活动内容体系对促进幼儿发展的作用，完善幼儿体育活动目标和计划，形成科学、合理、规范、有效的幼儿体育活动内容提供参考范例。

2. 研究对象与方法

2.1 研究对象

选取大班和小班的普通女性幼儿各一名作为个案研究对象，年龄分别为5岁和3岁，身体健康，无遗传病史。

2.2 研究方法

2.2.1 观察法

在实验过程中，全程观察及了解幼儿的活动表现和个性发展状况，并整理成书面材料，深入分析体育活动内容体系及创设体育器材对幼儿个性发展所产生的效用。

2.2.2 实验研究法

（1）实验器材的设计

整套创设体育器材设计思路主要是从平衡能力、灵敏与协调能力、力量与持久力三个维度对幼儿动作进行发展。根据幼儿园环境，因地制宜地在场地摆设整套创设体育器材，让幼儿自主参与体育活动。幼儿自己选择区域，自由结伴，自主开展体育游戏，在教师的指导下用自己感兴趣的方式发展基本动作。不同发展水平的幼儿可以选择不同层次的器材，按照自己的能力开展活动，使自己在原有基础上获得发展，充分尊重幼儿的个体差异性。

（2）整套创设体育器材的安放

体育器材的安放工作主要包括根据幼儿园环境及游戏场地，合理设置和摆放整套创设体育器材（表1），不同体育器材的摆放体现不同层次的目标，每个体育器材的摆放区域侧重发展幼儿某一方面的运动能力，区域之间呈开放式，幼儿可以自由选择体育器材的种类和玩法，挑战不同的游戏难度。不同发展水平的幼儿被不同层次的体育器材和玩法吸引，能主动或在教师指引下自主地参与到体育活动中。

表 1 整套创设体育器材类型及发展功能一览表

类型	器材名称	功能
平衡能力练习器材	多功能单杠	幼儿可进行前后翻练习，发展空间感知能力
	爬网	沙池爬网格子比较大，幼儿用脚踩网结处，可在网结上面行走直到网的终点，发展幼儿的平衡能力
	平衡独木桥	发展幼儿的平衡能力
灵敏与协调能力练习器材	沙池组合玩具	含攀爬网，发展幼儿全身肌肉的灵敏与协调能力以及平衡能力
力量与持久力练习器材	攀岩墙	发展幼儿全身肌肉力量与持久力、保持平衡能力以及灵敏与协调能力
	“S”型攀爬架（蛇形攀爬梯）	发展幼儿全身肌肉力量与持久力、保持平衡能力以及空间改变身体位置的协调性
	攀爬桥	发展幼儿上肢力量与持久力、攀爬能力
	多功能爬行架	发展幼儿上肢力量与持久力、攀爬能力
	沙池综合练习	含攀爬网，发展幼儿全身肌肉的协调性、平衡能力以及上肢力量
	多功能单杠	幼儿可进行前后翻练习，发展上肢力量
	跳箱	幼儿可进行跳跃练习，发展下肢力量

注：整套创设体育器材为“构建广东省幼儿体育活动实践体系的研究”课题组研发成果。

（3）实验被试对象的评估

从参与实验的幼儿当中选取 2 名身体健康、无遗传病史的幼儿作为研究个案。具体情况如下所述。

个案一　董某某，女，5 岁，就读于广东省某幼儿园大班。实验前班主任对该幼儿的特点评价是：

个性方面：该幼儿活泼可爱，长得漂亮又聪明，深受小朋友的喜爱。但是当她被要求当众示范动作时，面对陌生人群的观看，会表现得比较犹豫，不敢与陌生人有眼神的交流。

运动能力方面：该幼儿是一个爱运动的孩子，先天的身体条件比较好，但是在平衡能力、灵敏与协调能力、力量与持久力等方面的动作较差。

教师对该幼儿的评价为“具有良好的先天素质”，有能力在实验过程中高质量地完成各类有难度的动作。

个案二　区某某，女，3 岁，就读于广东省某幼儿园小班。实验前班主任对该幼儿的特点评价是：

个性方面：个子比较瘦小，胆子也小，自理能力比较弱，情绪不太稳定，性格比较内向，属于一个被动、慢热的孩子。不会主动邀请同伴，当没有同伴邀请她时，她能独自专注地玩，与陌生人要很久才能活跃起来。同时，她也是一个很有个性的孩子，自己认定的事就会坚持，父母或教师的意见她很难接受，是一个比较倔强的幼儿。

运动能力方面：因父母很少带她进行运动，运动能力比较差，平衡能力较弱，上下楼梯、跑跳都不太协调。

（4）实验测试工具的选取

① 测试工具的选取

个性测试工具采用“儿童个性调查表”，于 2015 年 9 月至 2016 年 1 月进行实验研究。

② 测试工具的使用

实验测试前，课题组先聘请专家对幼儿园教师及测试人员进行专门培训。在整个测试过程中，测试人员严格遵循指导手册对受试幼儿家长进行调查。

③实验器材

整套创设体育器材、个性问卷材料、笔、计时器、各类体育器材和测试工具等。

④ 教学实验条件的控制

A. 在实验前实验班幼儿的授课教师参加课题组培训班学习，以保证幼儿体育活动课程的合理实施、顺利进行，并达到实验目的。测试人员严格遵循指导手册对受试幼儿进行测试。

B. 个案研究被试幼儿的动作编排及组合难度由低到高，强度由小到大，内容由简到繁，实验过程中做好情况记录。

C. 实验过程中争取幼儿同教师的配合，被试幼儿园内其他时间活动均按照幼儿园教学活动大纲进行，保持被试幼儿有正常的作息时间。

D. 保证被试幼儿在园期间的饮食、生活习惯、课余活动等影响实验结果的因素均无较大变动。

E. 取得幼儿家长的支持，保持被试幼儿实验前的家庭生活习惯，不参加其他的体育训练班，尽量保证出勤率，做好出勤登记。

⑤ 书面测试步骤

实验测试前，课题组先聘请专家对幼儿园教师及测试人员进行专门培训。在个性调查表填写过程中，教师陪同家长逐栏填写答卷纸上部幼儿的姓名、性别、出生日期等基本信息，完成问卷填写。

（5）实验研究过程

整个实验周期从 2015 年 9 月开始，到 2016 年 1 月结束。完成实验前期准备的各项工作后，开展为期 10 周的创设体育器材活动效用检测实验。

前测：利用“儿童个性调查表”对幼儿的个性进行评定和记录当时的状况。

正式干预：在体育活动课随堂安排创设体育器材活动干预时间，为期 10 周。其间记录幼儿各方面的变化情况。

后测：对幼儿个性进行实验后测试，通过观察及利用上述评定工具对幼儿的个性进行再次评定，以判断干预的效果。

2.2.3 逻辑分析法

在阅读文献的基础上，根据个案分析结论，运用辩证逻辑思维方法对研究的内容进行分析和抽象概括，提炼出有关幼儿个性的问题与理论；通过归纳和演绎，从中找出影响幼儿个性发展等因素的特点及相互关系，进行深层次的剖析和研究，寻求内在的逻辑关系并得出结论。

3. 结果与分析

3.1 个案被试对象的成人观察记录

3.1.1 个案一的班主任观察记录

首先，从整体来看，通过为期 10 周的创设体育器材的练习，实验班的幼儿动作有比较大幅度的提升，特别是与本班未参与实验的幼儿对比变化明显，实验班幼儿动作比较迅速、敏捷，表现出一股“野性”。个案被试对象的动作在实验班的幼儿里面是比较突出的，各类动作不仅能完成，而且完成的质量极高，动作的姿态优美，幅度很大。这是超出班主任预期的，她在幼儿园从教几十年，还很少看到幼儿能完成实验班幼儿做的各类动作，甚至现在很多小学生也未必能完成的动作。

其次，班主任经常请个案一给其他幼儿做示范。但是她还是有一点点害羞的，刚开始的时候，不愿意去做，有时候做完了就马上走开，教师和其他幼儿表扬她也会表现得不好意思。有一次，家长来参观，教师叫她示范动作，可能是有陌生人的原因，她表现得比较犹豫，不敢与在场的家长有眼神交流。通过不断的克服，现在已经变得比较大方，有时候还会主动要求自己做示范。

实验结束后，经过一段时间的观察和思考，班主任认为个案一在平衡能力、灵敏与协调能力、力量与持久力方面的动作确实有了很大的进步，而且她还感受到了通过实验器材不同的组合搭配的确可以充分地发展幼儿的各类动作。她还认为，如果幼儿有良好的先天素质，再有比较好的教师和相应的体育器材作为支撑，幼儿的动作发展会有更好的效果。

3.1.2 个案二的班主任观察记录

（1）实验干预初期

在平衡板练习中，练习初期她两眼紧盯前面，战战兢兢地蹲着走，在教师的安抚及协助下，她紧紧抓着教师的手小心翼翼地走过去，一走过去，马上松开手，脸上露出了笑容。在第二个来回，她仍需抓住教师的手完成平衡板练习，但是明显手没有第一次抓得那么紧，表情上也能让人感觉到她没那么紧张了。第三个来回，她可以尝试自己慢慢走过去了。

（2）实验干预中期

在体能训练周，体育活动内容增加了跨箱子的训练。箱子之间的距离由近到远，很多幼儿都能轻松地跨过去，但个案二到了后面三个箱子前却停了下来，眼睛盯着前面的箱子不动了，在教师牵拉下，她牵着教师的手才勇敢地跨了出去。第二个来回，又到了跨箱子环节，她走到第三个箱子前又犹豫了，脸上露出了紧张的神色，仍需借助教师的牵拉，但她轻轻地扶了一下就跨了过去，到了第四个箱子，她勇敢地跨了一大步，手碰了教师的手一下，但是并没有抓手，并且高兴地说："我成功了。"第三个来回，她走到第三个箱子前还是犹豫了一下，但大跨一步过去了，接着连跨到了第四个、第五个箱子，她高兴得跳了起来。多次完成练习给她带来了成功的快乐体验。

在完成多功能爬行架综合训练环节，个案二右腿跨上去后挪动很快，但到了这个架子终点开始有点紧张，她两手抓得紧紧的，小心翼翼地把身体转过来，屁股朝前滑了下去，然后到下一个爬行架。在教师语言的鼓励下，她大胆尝试，先将一条腿放到架子前，一只手放到屁股后面，另一条腿也放到架子前，另一只手也放到屁股后面，两手抓得紧紧的，小心翼翼地滑了下去。下面几个回合她都用同样的方法完成了，并且动作越来越快，下地时也越来越轻松。

（3）实验干预后期

陆续安排沙池组合玩具、玩攀爬墙、蛇形攀爬梯、平衡木独木桥、前翻、沙池综合等练习活动。个案二的平衡能力有了很大进步，可以独立走过双脚平衡杠了。平衡能力的提高，使她战胜困难的信心更足了，在教师的鼓励下，她克服困难，从最初的蹲走，到牵着手走，再到独立行走，胆子变大了，平衡能力增强了，信心也更大了。个案二体能训练以来，一直在努力克服困难，每天都在进步。从开始对各个器材的玩法都很抗拒，特别是平衡木，一点也不敢走，需要教师在旁边不断地鼓励、辅助和帮助。经过 10 周的体能训练，她的动作灵活了，连有难度的攀爬墙、蛇形攀爬梯、攀爬桥等都能大胆地完成了，其体能、身体的灵活性、手脚协调能力都有了很大变化，动作更加协调，人也更自信了，主动性也有了很大提高。一系列的体能训练，培养了她不怕困难、勇于挑战自己的良好品质，对其以后的成长有很大的帮助。

3.1.3 个案二的家长观察记录

个案二的家长观察发现，经过 10 周的体能训练，她的变化很大。不仅个子长高了、长壮了，而且胆子变大了，性格也开朗了很多；见到教师和亲戚朋友能主动问好，遇到熟悉的小伙伴也能主动跑过去打招呼。春节期间，家里有客人来了，她能主动招呼客人，请客人吃糖果，还把自己喜欢的玩具拿出来与小朋友一起玩。在公园里能与陌生的小伙伴一起合作玩耍。她的坚持性也有了很大提高，爸爸给她买的玩具，她可以独立地玩很久。

3.2 个案被试对象的体能指标测试结果及分析

3.2.1 个案一的体能指标测试结果

从表 2 平衡能力测试数据可见，个案一测试前左脚闭眼单脚站立时间是 10.69 秒，低于测试后的 43.87 秒，说明经过锻炼她的左脚闭眼单脚站立时间显著提高；单脚跳的测试值左脚由 6.00 秒大幅提高到测试后的 22.00 秒，右脚由 4.00 秒提高到测试后的 16.00 秒；后退走由 9.60 秒缩短为 4.56 秒，显示后退走的速度加快。

从表 2 灵敏与协调能力测试数据可见，个案一测试前的绕障碍跑是 5.81 秒、折返跑是 9.12 秒、重复钻圈是 20.66 秒、手膝着地爬是 11.28 秒，测试后的成绩分别提高到 5.15 秒、8.44 秒、16.25 秒和 5.28 秒，其中手膝着地爬的成绩提高将近一倍。这些数据说明她的跑速、钻速以及爬速均有所提高。实验证明，经过体育锻炼，个案一的灵敏与协调能力得到提高。

从表 2 力量与持久力测试数据可见，经过锻炼后，个案一测试前左右手肩上投沙包的距离分别为 4.75 米和 3.45 米，测试后投掷距离分别提高到 5.12 米和 5.22 米，相比测试前左手力量优于右手力量到测试后双臂的力量均衡发展；悬垂由测试前的 24.90 秒大幅度提高到测试后的 59.69 秒，这些数据显示其上肢力量与持久力不但发展较好而且高于总体均值；个案一测试前的仰卧举腿成绩是 14 个，测试后提高到 20 个；而立定跳远由测试前的 110.00 厘米提高到 114.00 厘米，这些都表明其下肢力量提高较大。

表 2　个案一实验前后的体能测试数据表

测试类型	测试项目	测试前	测试后
平衡能力	闭眼单脚站立（左）	10.69 秒	43.87 秒
	闭眼单脚站立（右）	16.84 秒	28.05 秒
	单脚跳（左）	6.00 秒	22.00 秒
	单脚跳（右）	4.00 秒	16.00 秒
	后退走	9.60 秒	4.56 秒
	走平衡木	4.56 秒	2.47 秒
灵敏与协调能力	绕障碍跑	5.81 秒	5.15 秒
	折返跑	9.12 秒	8.44 秒
	重复钻圈	20.66 秒	16.25 秒
	手膝着地爬	11.28 秒	5.28 秒
力量与持久力	单手肩上投沙包（左）	4.75 米	5.12 米
	单手肩上投沙包（右）	3.45 米	5.22 米
	仰卧举腿	14 个	20 个
	立定跳远	110.00 厘米	114.00 厘米
	悬垂	24.90 秒	59.69 秒

3.2.2 个案二的体能指标测试结果

从表 3 平衡能力测试数据可见，个案二的左脚单脚站立时间是 39.13 秒，优于右脚单脚站立时间 21.19 秒，经过锻炼后，其左脚和右脚的单脚站立时间均显著高于总体均值；原地单脚跳测试值表明，左脚测试值是 18.00 秒，略高于总体均值，但右脚只有 13.00 秒，低于总体均值，属于偏低；个案二前脚掌走和走平衡木的能力测试后数值均高于总体均值。

从表 3 灵敏与协调能力测试数据可见，个案二的折返跑是 10.25 秒、重复钻圈是 25.22 秒、手膝着地爬是 6.75 秒，均低于总体均值。说明个案二的跑速、钻速以及爬速均有所提高，而且优于总体均值，这些都说明经过体育锻炼，个案二的灵敏与协调能力得到提高。

从表 3 力量与持久力测试数据可见，经过锻炼后，从单手肩上投沙包及悬垂数据可知，个案二左手肩上投沙包距离是 3.23 米，右手是 3.30 米，均高于总体均值，说明其上肢力量与持久力不但发展较好而且优于总体均值，双臂的力量发展均衡；立定跳远动作要求下肢与髋部肌肉协调快速用力，并与上肢的摆动相配合，可以作为测定幼儿下肢爆发力与弹跳力发展状况的测试项目。个案二的立定跳远结果是 103.00 厘米，下肢力量发展显著高于总体均值，结果说明个案二的下肢力量与持久力提高较大。个案二上下台阶测试值是 8.81 秒，略低于总体均值。

表 3　个案二实验前后的体能测试数据表

测试类型	测试项目	测试后	总体均值
平衡能力	单脚站立（左）	39.13 秒	（21.51 ± 10.95）秒
	单脚站立（右）	21.19 秒	（15.87 ± 8.98）秒
	原地单脚跳（左）	18.00 秒	（17.92 ± 3.12）秒
	原地单脚跳（右）	13.00 秒	（18.46 ± 4.72）秒
	前脚掌走	3.53 秒	（3.78 ± 0.45）秒
	走平衡木	3.12 秒	（8.99 ± 2.37）秒
灵敏与协调能力	绕障碍跑	5.44 秒	（6.16 ± 0.77）秒
	折返跑	10.25 秒	（12.51 ± 1.22）秒
	重复钻圈	25.22 秒	（31.07 ± 4.29）秒
	手膝着地爬	6.75 秒	（7.84 ± 1.02）秒
力量与持久力	单手肩上投沙包（左）	3.23 米	（2.56 ± 0.46）米
	单手肩上投沙包（右）	3.30 米	（3.24 ± 1.01）米
	悬垂	33.25 秒	（33.14 ± 10.23）秒
	立定跳远	103.00 厘米	（65.27 ± 9.92）厘米
	上下台阶	8.81 秒	（10.15 ± 0.97）秒

3.2.3 个案被试对象体能测试实验结果的综合分析

人体的任何运动几乎都是在维持身体平衡的状态下进行的，尤其是上下肢的大肌肉群活动更需要在较好的平衡能力基础上才能更好地发力。发展幼儿平衡能力有利于提高运动器官的功能和前庭器官的机能，改善中枢神经系统对肌肉组织与内脏器官的调节功能，保证身体活动的顺利进行，提高适应复杂环境和自我保护的能力。发展平衡能力一般可以通过静态和动态的平衡活动来进行。个案被试对象在创设体育器材活动中参与了双脚平衡杠、跨过箱子、沙池爬网格子、平衡木独木桥、前后翻单杠、多功能单杠前翻等系列发展平衡功能的练习。从以上两个个案的数据结果分析，这些发展平衡能力的体育活动内容使其手脚协调能力、身体平衡能力有了很大提高。从个案二的班主任观察记录中可见，个案二能从一定难度的体育活动中克服自己的心理障碍，勇敢地进行挑战，很好地体验了成功的喜悦。从个案一的班主任观察记录中可见，个案一在平衡能力、灵敏与协调能力、力量与持久力方面的动作有了很大的进步。班主任认为，她在实验班的幼儿里面是比较突出的，各类动作不仅能完成，而且完成的质量极高，动作的姿态优美，幅度很大，在其从教经历中极少看到幼儿园的幼儿能完成实验班幼儿做的各类动作，她认为通过实验器材不同的组合搭配确实可以充分地发展幼儿的各类动作。

在创设体育器材活动中的攀爬墙、蛇形攀爬梯、沙池爬网格子、多功能爬行架、攀爬沙池上网洞等系列练习，可以发展幼儿上肢与下肢的力量与持久力。从以上个案的数据结果分析，这些发展上肢和下肢力量与持久力的体育活动内容，对幼儿上下肢大肌肉群的力量与持久力有很大的提高。下肢肌群的爆发用力，对踝关节的力量提出了较高的要求，而前脚掌走需要踝关节的跖屈有相当大强度的用力；立定跳远的最后用力点在前脚掌（尤其是脚尖），需要踝关节协调发力。前面的分析可见，个案二的前脚掌走提高幅度不大，立定跳远还要求上肢同时能做出协调的摆动，起到带、领、提拉的作用，而她的上肢力量与持久力有大幅度的提高，是立定跳远成绩提高的因素之一。上下台阶测试值是反映人体心血管系统机能状况的重要指数，测试值越大反映心血管系统的机能水平越高，反之则相反。个案二参与的体育活动内容体系中，不少练习都有发展有氧代谢能力的作用，经常参加有氧代谢运动，可以提高心血管系统的机能水平。做体育活动内容体系中的有氧运动时，幼儿体内不产生乳酸堆积，心率和呼吸保持在稳定的状态，因而持续运动时间长，安全性高，脂肪消耗多，有利于提高幼儿心血管系统的功能，促进心血管系统发育和发展有氧耐力。

灵敏性是速度、柔韧、力量等素质的综合反映，要求在练习中保持协调、灵活、动作准确和应变能力；而协调性是身体肌群发力大小、动作方向及速度共同作用，通常没有专项的协调性练习。人体的协调性是在各种器材练习或做各种较复杂练习的过程中得到提升的。在创设体育器材活动中，各类型的活动都包含了发展灵敏与协调能力的过程，对幼儿能够迅速、准确、协调地改变身体运动的空间位置和运动方向提出了一定的要求。在进行攀爬墙、蛇形攀爬梯活动时，需要改变身体的位置。以攀爬墙为例，个案二右手往上抓一块攀岩石时，左脚需要跟着往上换一块攀岩石，多次重复这套动作直到摸到上面的栏杆，整个过程使她上肢和下肢的协调性得到锻炼。例如，在多功能单杠前翻和前后翻单杠中，个案二要完成两只手抓着单杠，身体向前翻过来的动作，这样不但锻炼了上肢力量，而且使她的空间知觉感、平衡能力、灵敏与协调能力等都得到提高。

3.3 个案被试对象的个性调查问卷结果与分析

3.3.1 个案一的个性调查问卷测试结果

（1）体育活动对个案一情绪稳定和愉快的影响

从“儿童个性调差表”第4、9、14、20和25题分析体育活动对幼儿情绪稳定和愉快的影响。个案一在“遇到任何意外的、令人烦恼的事情比较难安定下来”的情况有所改善，从“有一点儿不符合”变为“符合”；而“情绪容易激动”“容易心烦不安”“心情不好时有激烈的反应”以及“经常挑剔、哭、急躁、难取悦”的行为改善情况最佳，由“基本符合”变为“非常不符合”。说明经过体育活动实验干预，个案一在情绪自我调控方面取得了良好的效果。

（2）体育活动对个案一意志健全和行动协调的影响

从“儿童个性调查表”第1、2、7、10、17和24题分析体育活动对幼儿意志健全和行动协调的影响。在“做任何事情都能一直做下去直到成功”“心情不好时有激烈的反应”方面，个案一都得到明显的改善，由“有一点儿不符合”转变为“非常符合”，说明经过体育活动实验干预，她在自我控制能力方面有所提升，心情不好时不会采取不当的行为表达抵触情绪，而且她在自觉地确定目的、支配行动、克服困难等意志品质方面的感知力和控制能力也进一步提高。“走路速度很慢”“遇到困难时就放弃正在做的事”，由“基本符合”变为“非常不符合”，说明她的坚持能力得到改善，能改变自己磨磨蹭蹭的行为。她在“整天忙个不停”的情况明显增加，由“基本符合”变为“非常符合”，实验后她的精力明显提高，说明实验干预的运动量适中，使其有更好的精神状态。

（3）体育活动对个案一性格的影响

从“儿童个性调查表”第3、12、21、22和23题分析体育活动对幼儿性格的影响。经过体育活动实验干预，个案一“早上一起来会蹦蹦跳跳，跑个不停”，而且由“有一点儿不符合”变为“非常符合”，其活跃度增加。“平时比较孤独”的情况得到极大改善，表现为“不愿意玩安静、被动的游戏”“单独一个人时不会再感到孤独”。随着年龄的增长，幼儿体育活动日渐丰富，与外界和同伴的接触机会增多，而体育活动内容中有很多集体的项目，在玩的过程中会减少幼儿的孤独感，使幼儿更加深刻地体验到与同伴相处的快乐，参与人际交往的欲望也因此增强。

（4）体育活动对个案一人际交往和谐的影响

从“儿童个性调查表”第6、8、11、13、16、18和27题分析体育活动对幼儿人际交往和谐的影响。在“喜欢和别人在一起”“愿意和别人在一起玩，不愿意一个人玩”“容易交上朋友”“孩子觉得和别人玩有趣”“跟别的孩子合得来，是合群的孩子”方面，个案一都从“非常不符合”或“有一点儿不符合”变化为“非常符合”，说明在体育活动实验中，她的人际交往范围扩大，从只和亲人接触的小范围扩大到有更多机会与教师、同伴交往，亲密程度加深，使其社会性往良好的方向发展。在“遇到陌生人要很长时间才能活跃起来”“对陌生人友好”方面她有所改善，有增加与陌生人交往的意愿。

（5）体育活动对个案一注意力的影响

从“儿童个性调查表”第5、15、19和26题分析体育活动对幼儿注意力的影响。经过体育活动实验干预，个案一“能很长时间地玩一个玩具”，不会在“玩玩具时玩了这个玩那个，换个不停”，注意力得到提升。在“如果一个玩具太复杂，就容易放弃，不玩了”方面，她由“基本符合”转变为“非常不符合”，说明她的注意力得到提升，能较长时间地关注正在做的事情，而且不抗拒处理复杂的情况，有了探索复杂事物的欲望。但在“有人和她说话时，她就停止吵闹”方面并没有改善。

3.3.2 个案二的个性调查问卷测试结果

（1）体育活动对个案二情绪稳定和愉快的影响

从“儿童个性调查表”第 4、9、14、20 和 25 题分析体育活动对幼儿情绪稳定和愉快的影响。个案二在“遇到任何意外的、令人烦恼的事情比较难安定下来”的情况有所改善，从“基本符合”变为“符合”；而“情绪容易激动”“容易心烦不安”的行为改善情况最佳，从“有一点儿不符合”变为“非常不符合”，说明经过体育活动实验干预，她在情绪自我调控方面取得了良好的效果，而“经常挑剔、哭、急躁、难取悦”和“心情不好时有激烈的反应”并没有改善。

（2）体育活动对个案二意志健全和行动协调的影响

从“儿童个性调查表”第 1、2、7、10、17 和 24 题分析体育活动对幼儿意志健全和行动协调的影响。在“做任何事情都能一直做下去直到成功”“整天忙个不停”“心情不好时有激烈的反应”等方面，个案二都得到了改善，由“基本符合”转变为“符合”，说明经过体育活动实验干预，她在自我控制、克制行为能力方面有所提升，心情不好时不会采取不当的行为表达抵触情绪，对自己的行为控制能力有所提高，而且在完成事情时保持坚持的意志品质得到改善。但是她在“遇到困难时就放弃正在做的事”“走路速度很慢”这些方面并没有改善，说明她在自觉地确定目的、支配行动、克服困难等意志品质方面缺乏感知力和控制力，有待进一步提高。实验前后她都是精力充沛，说明实验干预的运动量适中，没有造成运动疲劳的后果。

（3）体育活动对个案二性格的影响

从“儿童个性调查表”第 3、12、21、22 和 23 题分析体育活动对幼儿性格的影响。经过体育活动实验干预，个案二不再那么害羞了，而且“早上一起来就蹦蹦跳跳，跑个不停”。虽然“单独一个人时有时还会感到孤独”，但是更加愿意玩安静、被动的游戏了，说明她有了较为独立的自主性，能够不那么依赖成年人的陪伴，可以独处和玩耍。随着年龄增长，幼儿体育活动日渐丰富，与外界和同伴的接触机会增多，而体育活动内容中有很多集体的项目，在玩的过程中会减少幼儿的孤独感，使幼儿更加渴望通过与外界互动或与同伴交往的活动方式减轻孤独感，促使其参与人际交往的欲望增强。幼儿逐步学会独处并独立地完成某事，减少对成年人的依赖，积极克服孤独感，这对于增强幼儿的社会适应能力非常重要。

（4）体育活动对个案二人际交往和谐的影响

从“儿童个性调查表”第6、8、11、13、16、18和27题分析体育活动对幼儿人际交往和谐的影响。在“喜欢和别人在一起”“愿意和别人在一起玩，不愿意一个人玩”“容易交上朋友”“孩子觉得和别人玩有趣”“跟别的孩子合得来，是合群的孩子”方面，个案二都从“基本符合”变化为“符合”，说明在体育活动实验中，她的人际交往范围扩大，从只和亲人接触的小范围扩大到与教师、同伴交往，亲密程度加深，情感趋于独立，使其社会性往良好的方向发展。但是在“遇到陌生人要很长时间才能活跃起来”“对陌生人友好”方面，她没有任何变化，这与幼儿园封闭的教学环境以及幼儿接触外界的机会不足有一定的关系。

（5）体育活动对个案二注意力的影响

从“儿童个性调查表”第5、15、19和26题分析体育活动对幼儿注意力的影响。经过体育活动实验干预，个案二“能很长时间地玩一个玩具”，注意力得到提升。但是在“玩玩具时玩了这个玩那个，换个不停”“如果一个玩具太复杂，就容易放弃，不玩了”“有人和他说话时，他就停止吵闹”等方面，并没有改善。

4. 结论

4.1 在幼儿体育活动内容体系中，整套创设体育器材强调的是为幼儿设置一个宽松、自然、平等的活动环境，幼儿在体育活动中安全自由，在情绪上愉悦放松，收获运动后的成功喜悦。体育活动课为师幼之间、同伴之间的亲密接触提供良好的活动平台。这种自由愉快的体育活动使幼儿能够充分地展现自我、提升自我，促进健全人格和良好个性的发展。

4.2 大班和小班的个案被试幼儿，经过平衡能力、灵敏与协调能力和力量与持久力动作学习后，各方面均有明显提高，伴随着日常行为、个性、人际交往等方面也同步产生良性的变化，说明体育活动与幼儿个性、行为表现、社会性发展之间存在内在正相关性。

4.3 从大班和小班的个案被试幼儿对比来看，体育活动内容体系有促进幼儿身体发育和个性良性发展的作用。随着幼儿年龄的增长及对外界环境感知能力的增加，体育活动内容体系对幼儿个性发展的促进作用倍增，表现为体育活动内容体系对促进大班个案被试幼儿的个性发展程度高于小班个案被试幼儿。

4.4 从成年人（教师和家长）的观察记录结果可见，对于大班和小班的个案被试幼儿的定性评价均为正面结果，说明在体育活动内容体系干预后，幼儿的整体表现都在往良性方向发展，为达到良好的成长预期目标奠定了基础。

附件4

瑞文标准（改良型）幼儿智力测试

幼儿园:__________ 班:_____ 名字:__________ 出生日期:__________

测试数据:__________ 评价:__________ 测试者:______________

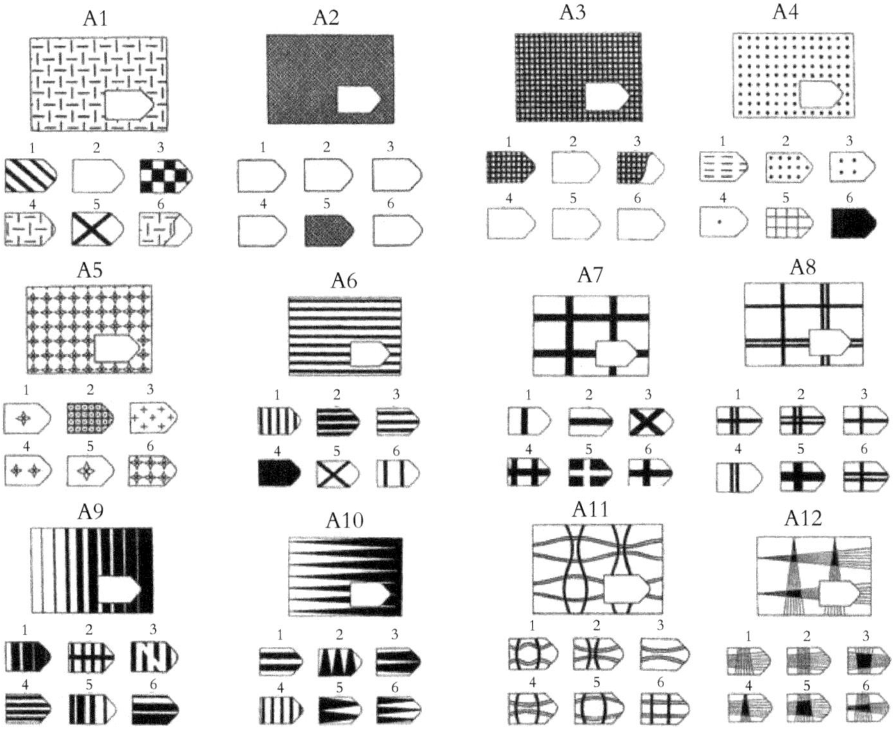

A1 1 2 3 4 5 6

A2 1 2 3 4 5 6

A3 1 2 3 4 5 6

A4 1 2 3 4 5 6

A5 1 2 3 4 5 6

A6 1 2 3 4 5 6

A7 1 2 3 4 5 6

A8 1 2 3 4 5 6

A9 1 2 3 4 5 6

A10 1 2 3 4 5 6

A11 1 2 3 4 5 6

A12 1 2 3 4 5 6

A1	A2	A3	A4	A5	A6	A7	A8	A9	A10	A11	A12	得分 / 分

注：4～5 岁幼儿在 8 分钟内完成，5～6 岁幼儿在 5 分钟内完成。全对得 12 分，错不得分。

得分：10～12 分为优秀；7～9 分为良好；4～6 分为合格；1～3 分为一般。

附件 5

儿童个性调查表

请根据以下儿童的行为情况，在您认同的程度数字上画圈，答案无所谓对错。

行为情况	非常不符合	有一点儿不符合	基本符合	符合	非常符合
1. 做任何事情都能一直做下去，直到成功	1	2	3	4	5
2. 遇到困难时就放弃正在做的事	1	2	3	4	5
3. 害羞	1	2	3	4	5
4. 遇到什么意外的、令烦恼的事，能很快安定下来	1	2	3	4	5
5. 玩玩具时玩了这个玩那个，换个不停	1	2	3	4	5
6. 喜欢和别人在一起	1	2	3	4	5
7. 整天忙个不停	1	2	3	4	5
8. 愿意和别人一起玩，不愿意一个人玩	1	2	3	4	5
9. 情绪容易激动	1	2	3	4	5
10. 走路的速度很慢	1	2	3	4	5
11. 容易交上朋友	1	2	3	4	5
12. 早上一醒来，就蹦蹦跳跳，跑个不停	1	2	3	4	5
13. 孩子觉得和别人玩最有趣	1	2	3	4	5
14. 孩子经常挑剔、哭、急躁，难取悦	1	2	3	4	5
15. 如果一个玩具太复杂，就容易放弃，不玩了	1	2	3	4	5
16. 跟别的孩子合得来，是个合群的孩子	1	2	3	4	5
17. 精力充沛	1	2	3	4	5
18. 遇到陌生人要很长时间才活跃起来	1	2	3	4	5
19. 能很长时间地玩一个玩具	1	2	3	4	5
20. 容易心烦不安	1	2	3	4	5
21. 平时比较孤独	1	2	3	4	5

（续表）

行为情况	非常不符合	有一点儿不符合	基本符合	符合	非常符合
22. 愿意玩那种安静、被动的游戏	1	2	3	4	5
23. 单独一个人时，会感到孤独	1	2	3	4	5
24. 能忍受挫折	1	2	3	4	5
25. 心情不好时，有激烈的反应	1	2	3	4	5
26. 有人和他说话时，他就停止吵闹	1	2	3	4	5
27. 对陌生人友好	1	2	3	4	5

附件 6

适合 3～6 岁幼儿平衡能力、灵敏与协调能力、力量与持久力的动作分析报告

1. 研究背景

1.1 问题的提出

俄罗斯社会学家扎托洛夫指出，“幼儿期的体育必须在科学的理念下进行，否则，将错失奠定良好身体素质的基础期和关键期，不利于个体健康体格的塑造”。生活方式的转变，促使我们必须根据现有问题进行相关研究。动作作为体育活动内容的最基本要素，科学地选取，不仅是保证体育活动质量的重要因素，也是引导幼儿未来发展的方向。我们必须在分析现有体育活动内容的基础上，学习和引进动作发展的新理念，紧扣我国幼儿期体育活动实践中存在的关键问题。[1] 国外研究证明，生命早期（婴儿、幼儿阶段）大肌肉动作发展水平可预测学龄期乃至成人的动作技能和认知表现。[2] 学龄前期（3～6 岁）幼儿是动作发展研究的重要对象。人在 3～8 岁期间，形成多种基本动作技能的基础。[3]11 慕尼黑大学罗尔夫・奥特（Rolf Oerte）教授表示：“运动对儿童很重要，尤其是知识的建构和感知觉的发展，这会在以后的发展过程中表现出来。”[4] 体育学者大卫・伽利豪教授指出，体育教育强调动作技能的认知和增强体育能力，且体育教育的发展是建立在开展所有幼儿体育教育的基础之上。[3]11 幼儿早期动作的良好发展会鼓励幼儿参与体育活动，促进幼儿身体健康、认知、情绪和社会性等多个方面的发展，为个体未来的全面发展提供有利条件。反之，个体的发展也会受到阻碍，动作发展的水平直接影响幼儿参与体育活动的程度，是幼儿身心健康的保证。[5] 艾琳娜（Irina）等人[6]分析发现，幼儿的身体成分、心肺耐力、肌肉力量与耐力、无氧能力、爆发力及体育的参与度都与动作发展水平具有显著的相关性。大多数幼儿主要是通过日常活动中的基本动作来促进自身的健康水平，如走、跑、跳、投掷、攀爬等。但是动作发展障碍的幼儿很难学会一些

动作技能，体育的参与度也不高，无法从中得到良好的锻炼，进而无法达到与之年龄相匹配的体能健康水平。动作发展不仅影响幼儿当前体育的参与度，还影响未来的体育活动参与度。动作能力强的幼儿更可能发展成为积极向上的青少年；而动作发展出现障碍的幼儿在参加体育活动时会遇到更多的困难和挑战，挫败感会使幼儿花在运动方面的时间越来越少，造成幼儿的动作技能得不到良好的锻炼。坎波斯（Campos）等人[7]认为，粗大动作练习对个体将来的认知、情感发展具有积极的影响。他们认为早期的动作为个体后来的发展提供支撑作用。玛莉（Marieke）等人[8]发现，有学习障碍的学生在移动能力和物体操作能力上都比同龄学生差。结果显示，幼儿动作的发展对幼儿其他方面的发展也起着促进作用[9]。

1.2 研究意义

对幼儿来说，学前教育期是各项身体素质发展的关键时期，能否正常的发展对其今后的人生会产生重大影响。《指南》中将幼儿的身体动作发展作为促进幼儿身心发展的重要手段。由此可以认为，发展人类最基本的身体动作是促进幼儿身体健康发展的重要途径。

1.3 研究目的

本研究针对我国青少年身体素质状况逐年下降及幼儿学前体育教育的薄弱与不足，采取适用性、科学性、趣味性、安全性等原则，构建符合幼儿身心发展规律的体育活动内容体系。学前教育阶段是全面综合培养幼儿身体素质与心理素质的重要时期，是身体各项素质快速发展的敏感期。科学合理的幼儿体育活动内容体系能够促进幼儿的心理素质水平、体能素质水平及智力水平的提高，尤其在自信心等对未来全面发展有决定性作用的因素方面更是具有无法替代的作用，对幼儿体、智、德、美、劳诸方面的全面发展具有重大意义，具备一定的研究价值和长远意义。

2. 调查对象

调查对象包括体育教育和幼儿教育的专家、体育学专家、学前教育专家、幼儿园园长、一线幼儿教师等。

3. 结果与分析

3.1 适合 3～6 岁幼儿发展的动作

表 1 适合 3～4 岁幼儿发展的动作分析表

动作名称	原地单脚跳	原地双脚跳	立定跳远	直线快跑	绕障碍跑	变向跑	折返跑	跨步跑	原地踢球	俯撑	仰撑
频率	47	42	39	36	41	40	33	34	30	38	38
百分比 /%	85.5	76.4	70.9	65.5	74.5	72.7	60.0	61.8	54.5	69.1	69.1
动作名称	仰卧举腿	单腿站立	慢走	前脚掌走	脚跟走	小步走	蹲着走	后退走	拍响走	持物走	绕障碍走
频率	39	36	51	43	43	30	28	38	35	40	36
百分比 /%	70.9	65.5	92.7	78.2	78.2	54.5	50.9	69.1	63.6	72.7	65.5
动作名称	平行线间走	走平衡木	滚接球	拍球	钻障碍物	钻过圆圈或拱门	手膝着地爬	手脚爬	匍匐爬	绕障碍爬	
频率	36	37	33	38	38	43	46	44	43	49	
百分比 /%	65.5	67.3	60.0	69.1	69.1	78.2	83.6	80.0	78.2	89.1	

表 1 为专家认为适合 3～4 岁幼儿发展的动作，调查的结果与幼儿园实测有一点出入，但整体来说基本一致。如跨步跑、拍球对于 3～4 岁幼儿来说比较困难，绝大多数的幼儿不能够完成。对于绕障碍走、绕障碍跑等需要变换方向和空间的动作，幼儿完成起来也是比较困难的，部分幼儿会忽略中间设置的障碍而直接跑向终点，大多数幼儿需要经过多次的练习才基本能够完成，尤其是多次绕障碍会出现错漏部分障碍物的情况。

表 2 适合 4～5 岁幼儿发展的动作分析表

动作名称	单脚连续向前跳	双脚连续向前跳	前跨跳	连续垫步跳	高处往下跳	侧身跑	急停急起跑	后退跑	原地转圈后正向跑	高抬腿跑	移动踢球
频率	30	33	36	41	38	36	35	41	33	43	32
百分比 /%	54.5	60.0	65.5	74.5	69.1	65.5	63.6	74.5	60.0	78.2	58.2

（续表）

动作名称	轻物挺举	坐位支撑	弹簧步	协同走	闭目直线走	传接球	正面肩上投掷	侧身投远	滚球击靶	攀登	攀爬
频率	37	29	30	40	31	37	34	33	35	35	36
百分比 /%	67.3	52.7	54.5	72.7	56.4	67.3	61.8	60.0	63.6	63.6	65.5

在 3～4 岁幼儿完成动作的基础上，4～5 岁幼儿能够做相对复杂的动作，或者是单个动作的连续做，以及两个或者多个不同动作相互配合，但完成得还不是很连贯。与实地测查对比分析，急停急起跑幼儿还基本做不到，并且这种在高速运动情况下的急停急起也不适合这个年龄段的幼儿。急停急起一方面是突然的制动比较容易摔倒，另一方面是幼儿的骨骼水分和有机物多，骨的韧性好、富有弹性，不易骨折，但易弯曲。高速状态下的急停急起会产生很大的作用力，会影响骨骼的发育，严重的会造成骨骼的变形。

表 3　适合 5～6 岁幼儿发展的动作分析表

动作名称	蛙跳	正向后退折返跑	后退折返跑	原地转圈后正向跑	原地转圈后后退跑	交叉跑	斜悬垂	前滚翻	斜坡团身翻	后滚翻	侧滚翻	侧手翻	低单杠翻转
频率	44	50	53	37	49	43	48	36	40	49	41	51	47
百分比 /%	80.0	90.9	96.4	67.3	89.1	78.2	87.3	65.5	72.7	89.1	74.5	92.7	85.5

5～6 岁幼儿各方面的动作已经发展到相当高的水平，根据人类基本动作发展阶段可以看出，表 3 中 5～6 岁幼儿动作是在 3～5 岁幼儿能够完成的基础上完成的动作。从调查结果中能够明确地看出，大部分的动作在这个年龄段已经发展到第四个或第五个阶段，基本上能够独自完成一些不是特别复杂的动作。对于单一动作，以及两三个单一动作结合的复杂动作，能够完成得较好，尤其是一些在成年人眼中感觉比较难的动作都能够完成得较好。

3.2 适合幼儿平衡能力发展的动作

表 4　适合幼儿平衡能力发展的动作分析表

动作名称	原地单脚跳	单脚连续向前跳	前跨跳	高处往下跳	直线快跑	前脚掌直线快跑	后退跑	正向后退折返跑	原地转圈后正向跑	原地转圈后后退跑	前滚翻	斜坡团身翻
频率	39	43	31	41	42	41	38	42	34	34	31	30
百分比 /%	70.9	78.2	56.4	74.5	76.4	74.5	69.1	76.4	61.8	61.8	56.4	54.5

动作名称	后滚翻	侧滚翻	侧手翻	肩肘倒立	单腿站立	前脚掌走	脚跟走	后退走	闭目直线走	平行线间走	走平衡木
频率	34	29	29	43	49	36	40	33	52	46	54
百分比 /%	61.8	52.7	52.7	78.2	89.1	65.5	72.7	60.0	94.5	83.6	98.2

从表 4 中可以看出，适合幼儿平衡能力发展的动作主要是身体姿态的改变、重心高低的变化、受力面积的改变，以及在运动过程中维持身体平衡能力的动作。平衡能力主要分为静态平衡和动态平衡。静态平衡是指维持人体重心与姿势相对静止的静态姿势能力。动态平衡是指在运动的状态下，对人体重心和姿势的调整和控制能力。平衡能力是发展各项动作的基本能力，在人的一生的动作发展中具有重要的作用。

3.3 适合幼儿灵敏与协调能力发展的动作

表 5　适合幼儿灵敏与协调能力发展的动作分析表

动作名称	前跨跳	连续垫步跳	前脚掌直线快跑	侧身跑	绕障碍跑	变向跑	折返跑	急停急起跑	后退跑	正向后退折返跑	后退折返跑	交叉跑	跨步跑
频率	34	36	33	41	45	46	41	51	40	52	49	51	39
百分比 /%	61.8	65.5	60.0	74.5	81.8	83.6	74.5	92.7	72.7	94.5	89.1	92.7	70.9

（续表）

动作名称	原地踢球	移动踢球	前滚翻	斜坡团身翻	后滚翻	侧滚翻	侧手翻	低单杠翻转	高抬腿走	后退走	变化手臂动作走	拍响走	协同走
频率	35	48	43	39	40	37	34	34	37	38	49	47	43
百分比 /%	63.6	87.3	78.2	70.9	72.7	67.3	61.8	61.8	67.3	69.1	89.1	85.5	78.2
动作名称	绕障碍走	滚接球	传接球	拍球	滚球击靶	钻障碍物	钻过圆圈或拱门	手膝着地爬	手脚爬	匍匐爬	绕障碍爬	攀登	攀爬
频率	46	49	49	47	41	52	51	46	44	41	46	29	33
百分比 /%	83.6	89.1	89.1	85.5	74.5	94.5	92.7	83.6	80.0	74.5	83.6	52.7	60.0

表 5 是调查研究促进幼儿灵敏与协调能力发展的基本动作。从结果来看，这些动作主要是依靠改变空间方位、改变空间形态、上下肢的协调配合以及眼与身体的协调配合。动作符合灵敏性对改变形态、方向要求的灵活性和快速性，身体各个部位的协调配合能够完成一个或多个动作。幼儿能够完成的锻炼在练习的时候需要注意安全保护。

3.4 适合幼儿力量与持久力发展的动作

表 6　适合幼儿力量与持久力发展的动作分析表

动作名称	原地单脚跳	单脚连续向前跳	原地双脚跳	双脚连续向前跳	前跨跳	立定跳远	连续垫步跳	蛙跳	直线快跑	前脚掌直线快跑	高抬腿跑	斜悬垂	俯撑
频率	37	43	39	38	35	39	31	38	38	41	41	45	54
百分比 /%	67.3	78.2	70.9	69.1	63.6	70.9	56.4	69.1	69.1	74.5	74.5	81.8	98.2
动作名称	仰撑	轻物挺举	头手倒立	仰卧举腿	坐位支撑	肩肘倒立	肩脚着地支撑	蹲着走	持物走	正面肩上投掷	侧身投远	攀登	攀爬
频率	53	49	39	45	44	39	41	34	28	38	40	38	33
百分比 /%	96.4	89.1	70.9	81.8	80.0	70.9	74.5	61.8	50.9	69.1	72.7	69.1	60.0

力量与持久力的发展贯穿人的一生，无时无刻不在变化着，同时也是维持身体完成各种动作的基础。幼儿期不是力量与持久力发展的最佳时期，而且幼儿的身体处于快速发展的时期，骨骼较易弯曲，在进行力量与持久力的练习时要特别注意。尽量避免做克服身体重量以外的重量的动作，以及憋气的静力性动作。力量与持久力是人体发展必不可少的身体素质，一定的力量与持久力的练习，有利于幼儿身体其他素质的发展，也有利于幼儿身体健康的成长。从表 6 中可以看出，适合幼儿完成的动作分为两类：一类是动态的，通过跳、走、跑、爬来提高力量与持久力；一类是静态的，通过克服自身重量或者搬运轻的物体来提高力量与持久力。有快速的，也有通过一定时间坚持的，这些动作能够全面地发展幼儿的力量与持久力。

参考文献：

[1] 张莹．动作发展视角下的幼儿体育活动内容实证研究 [J]．北京体育大学学报，2012，35（3）：133-140，145.

[2] 任园春，赵琳琳，王芳，等．不同大肌肉动作发展水平儿童体质、行为及认知功能特点 [J]．北京体育大学学报，2013，36（3）：79-84.

[3] GALLAHUE D L.Developmental Physical Education for All Children[M]. Champaign: Human Kinetics Publishers, 2007.

[4] GALLAHUE D L, OZMUN, J C. Understanding motor development:infants, children, adolescents, adults[M].New York: McGraw-Hill，2006：2-13.

[5] 人民教育出版社课程教材研究所体育课程教材研究开发中心．人类动作发展概论 [M]．北京：人民教育出版社，2008：7-8.

[6] RIVILIS I, HAY J, CAIRNEY J, et al.Physical activity and fitness in children with developmental coordination disorder: A systematic review [J].Research in Developmental Disabilities, 2011，32（3）：894-910.

[7] CAMPOS J J, ANDERSON D I, BARBU - ROTH M A, et al. Travel broadens the mind [J]. Infancy, 2000, 1（2）：149-219.

[8] MARIEKE W, ESTHER H, SUZANNE H, et al.The relationship between

gross motor skills and academic achievement in children with learning disabilities[J]. Research in developmental disabilities, 2011, 32 (6): 2773-2779.

[9] 吴升扣，张首文，邢新菊. 动作发展视角下幼儿体育与健康领域学习目标的国际比较研究[J]. 成都体育学院学报，2014，40（5）：75-80.

附件 7

幼儿体育活动“三维动作”内容体系实验结果分析报告

1. 研究背景

1.1 问题的提出

为深入贯彻《国家中长期教育改革和发展规划纲要（2010—2020年）》和《国务院关于当前发展学前教育的若干意见》，指导幼儿园和家庭实施科学的保育和教育，促进幼儿身心全面和谐发展；教育部于2012年10月颁布《指南》，其中包括了幼儿动作发展的部分内容。《指南》的主要目的在于防止学前教育“小学化”现象，并把发展幼儿的平衡能力、灵敏与协调能力、力量与持久力作为幼儿园教学工作的目标。因此，以体为先，从幼儿本身的能力出发，开展合适的体育教学活动促进幼儿体能增长是幼儿园工作的头等大事。本着创新务实的态度，在前人有关幼儿体质健康研究的基础上，结合“以幼儿为本”的思想，开发更加符合3～6岁幼儿身心发育特点的幼儿体育课程教学资源。

1.2 研究意义

通过对3～6岁幼儿体质发展内容及测试指标的实验跟踪研究，建立各年龄段发展幼儿体质的测试及评价体系，为广东省乃至全国幼儿体育教育的改革与发展奠定基础，并为今后科学地评价和测试幼儿体育活动提供现实支撑。

2. 研究方法

2.1 实验研究法

2.1.1 实验设计及测试培训

表 1 2013 年 8 月 27–29 日课题实验培训主要内容记录表

讲授者	教授内容
庄弼	从本课题的开题内容切入，对本课题的目的和意义进行了详细的讲解
杨宁	从学前教育角度和自己对幼儿体育的感受谈起，从自己从不涉及不专业，引申到深入认识和了解体育对幼儿生长发育的重要性
周毅	从人类动作基本理论的角度为大家剖析幼儿动作所具有的特征，陈述了构建动作技能的编排原则及意义，以人类基本身体活动能力作为课题动作设计依据，设计的动作有走、跑、跳、投掷、踢、悬垂、滚翻、撑、钻、爬、攀等
辛利	对幼儿平衡能力的重要性进行了陈述，以点带面，说明幼儿各种身体基本能力的重要性
李薇	从如何提高幼儿体育教师的教学能力和幼儿户外体育活动的角度来进行讲授
任绮	对幼儿健康领域知识进行讲授，丰富课题培训的理论基础
其他	课题组动作设计团队对幼儿体能发展动作进行演示，并对动作的重点和难点进行了讲解

表 2 2014 年 1 月 9–11 日课题实验培训主要内容记录表

讲授者	教授内容
庄弼	讲述了“以体为先，为孩子健康发展留下空间”的个人观点，结合现在社会上存在的现象说明现阶段学前教育存在的一些问题
杨宁	对“学前教育质量与幼儿园体育”这个观点进行论述和讲授，揭示学前教育质量与幼儿体育的关系
周毅	从测量学和人类动作发展的角度对这次培训的动作进行了分析和测试技巧的教授，强调幼儿动作技能发展的阶段性以及不可跨越性，认为幼儿体育教学应该从幼儿本身出发，回归到幼儿最根本的需要，以体促智，促进幼儿健康成长
其他	各个教授带领课题组研究生按各类内容分三大组，对这次发展幼儿平衡能力、灵敏与协调能力、力量与持久力的所有动作的测试技巧进行了严格的培训。从动作测试要求、规则以及测试时秒表和量尺等工具的使用技巧到测试成绩的记录等一系列测试技巧进行规范的培训，培训活动在实验幼儿园教师的热情配合和支持下完成，这次活动很大程度提高了测试结果的可靠性和有效性

表 3　2015 年 1 月 13–14 日课题实验培训主要内容记录表

讲授者	教授内容
庄弼	对幼儿体育活动目标的制定及园本教材的编写进行讲授，传达了如何通过课题研究推动幼儿园体育教育发展的重要思想
杨宁	对幼儿体育活动对幼儿行为规范的意义及作用进行阐述，强调体育活动对幼儿行为规范具有重要促进作用
周毅	对参加实验班的体育活动教学计划制订及动作内容安排进行讲授
辛利	对如何编写体育活动学习方案进行讲授，提高课题实验过程的可预见性及控制性

表 4　2015 年 1 月 13–14 日课题实验培训主要内容记录表

讲授者	教授内容
庄弼	对子课题结题程序及注意问题进行讲授
李小伟	对我国幼儿园体育活动现状及对策进行阐述，强调科学的幼儿体育教育的重要性
周毅	对实验数据的运用及分析进行讲授，主要讲授了对数据进行正态处理、剔除异常数据及差异检验等处理方法
李薇	对如何撰写论文进行讲授，主要讲授论文撰写的内容要求、写作规范及结果分析等

以上为总课题组多次重要的实验设计及测试培训的主要内容，体现了总课题组严谨地对子课题成员进行实验理论和操作指导的过程，有利于有效监控和调整子课题成员的实验活动及提高子课题成员整体的科研水平，从而提升总课题的科研质量和实用价值。

2.1.2 预实验

为再次确定测试指标的完成率，课题组进行了一次预实验活动。通过随机抽样，选择了广州市第二幼儿园进行测试指标可行性实验。时间于 2014 年 9 月，由总课题组组织人员到广州市第二幼儿园，通知该园子课题负责人并随机抽取小班、中班、大班各 20 名幼儿（男女各 10 名）进行测试指标可行性实验，每名幼儿根据不同年龄段按动作指标每项进行 2 次测试，最终动作完成率为 100%。值得提出的是，个别指标存在幼儿完成时容易出现失误的现象，因此，在再次测试前须做好测试前的示范与讲解工作，力求挖掘测试指标最高的效果。

2.1.3 正式实验

时间为 2014 年 9 月至 2015 年 7 月共 2 个学期，在各实验幼儿园的小、中、大班各随机抽选两个班，确定各年级一个班为实验班，另一个班为对照班，每班 30 人，其中男性幼儿 15 人，女性幼儿 15 人，进行为期 2 个学期的教学实验研究。通过统计，各个组参加实验的样本量统计如表 5 和表 6：

表 5　实验前各组总样本量统计表

组别	年龄 / 岁	人数 / 人
实验班（男）	3～4	725
	4～5	648
	5～6	712
实验班（女）	3～4	688
	4～5	611
	5～6	658
对照班（男）	3～4	729
	4～5	630
	5～6	692
对照班（女）	3～4	674
	4～5	602
	5～6	660

表 6　实验后各组总样本量统计表

组别	年龄 / 岁	人数 / 人
实验班（男）	3～4	453
	4～5	436
	5～6	480

（续表）

组别	年龄 / 岁	人数 / 人
实验班（女）	3～4	422
	4～5	403
	5～6	447
对照班（男）	3～4	396
	4～5	366
	5～6	437
对照班（女）	3～4	355
	4～5	329
	5～6	422

2.1.4 实验班与对照班教学过程对比分析

（1）体育师资

各实验幼儿园均有多名具有体育教学经验的幼儿教师，甚至有小部分幼儿园有专职体育教师，他们具备丰富的幼儿体育教学经验，实验班和对照班的体育课都固定由同一名体育教师按预定计划进行统一教学，保证对实验班和对照班师资条件的一致性。

（2）场地器材

广东省能够满足幼儿活动空间的幼儿园达幼儿园总数的 95%，经核实，各实验幼儿园体育活动场地均能满足幼儿体育活动的需要。

（3）教学方法

《指南》建议，幼儿每天的户外活动时间一般不少于 2 小时，其中体育活动时间不少于 1 小时，季节交替时要坚持。实验班和对照班的课根据《指南》建议，每天安排不少于 1 小时的体育活动课。实验前组织实验班授课教师参加课题组培训，学习课题组“三维动作”实验内容大纲即操作要领，要求授课教师根据实验内容大纲结合幼儿特点在体育课进行教学授课，保证实验内容顺利、合理地实施，并达到预期实验结果。除了体育课加入实验教学内容，实验班其余日常教学内容按照各自园内教学计划进行，与对照班在饮食、作息、课余活动等方面尽量保持一致。取得幼儿家长的支持，保持幼儿实验前的家庭生活习惯，不参加其他的体育训练班，尽量保证出勤率，做好出勤登记。

（4）自变量

一是实验班加入实验内容的体育课；二是对照班的常规体育课。

（5）因变量

3～6 岁幼儿平衡能力、灵敏与协调能力、力量与持久力发展水平。

2.2 数理统计法

2.2.1 数据处理方法分析

使用 SPSS17.0 对回收的数据进行处理，使用的统计方法有使用独立样本 *T* 检验对实验班和对照班之间前、后测成绩的横向比较分析；使用配对样本 *T* 检验对实验班和对照班前、后测成绩的纵向对比分析；对各测试指标数据进行正态化处理；兼用 EXCEL 表格对数据进行正态分布、剔除异常值及极值标准化处理，对处理结果进行绘图并进行趋势分析。

实验前后对数据进行正态分布及剔除异常值后所剩的样本量统计如表 7 和表 8：

表 7　实验前各组经过数据处理后总样本量统计表

组别	年龄 / 岁	人数 / 人
实验班（男）	3～4	411
	4～5	390
	5～6	383
实验班（女）	3～4	339
	4～5	371
	5～6	345
对照班（男）	3～4	396
	4～5	379
	5～6	378
对照班（女）	3～4	342
	4～5	361
	5～6	385

表 8　实验后各组经过数据处理后总样本量统计表

组别	年龄 / 岁	人数 / 人
实验班（男）	3～4	280
	4～5	247
	5～6	300
实验班（女）	3～4	300
	4～5	248
	5～6	279
对照班（男）	3～4	253
	4～5	234
	5～6	378
对照班（女）	3～4	205
	4～5	217
	5～6	277

2.2.2 关于幼儿体育活动测试存在的客观问题的思考

不可否认，以上统计结果有些是有问题的，如标准差过大、极个别指标实验后实验班和对照班成绩均出现退步等，这些数据误差的出现源于多种客观原因。

（1）幼儿体育师资状况

调查发现，参加课题的所有幼儿园教师总人数是 2483 人，其中担任体育教学工作的教师有 603 人，占幼儿教师总人数的 24%；在担任体育教学工作的教师中，只有 56 名教师主修体育类学科专业，即只有 56 名专职体育教师，占教师总人数的 2%，占担任幼儿体育教学工作教师总数的 9%。数据表明，广东省幼儿园专职体育教师数量严重不足。通常，非专职体育教师进行体育活动指标测试会出现以下问题：①对指标测试操作欠充分的理解；②操作技能不熟练；③成绩记录缺乏条理；④缺乏体育测试经验。以上四点是通过 3 年实验的总结提炼得出的结果，这些测试操作失误确实对测试结果造成了一定的影响。尽管每次培训会议专家都进行了体育测试知识技能培训，但对于幼儿园的非专职体育教师来说，虽然能听明白也操作过，但还是缺乏专业经验对行为的指导，难以保证实际测试操作的准确性。这就是幼儿园体育师资的现状，必须要尊重客观事实。

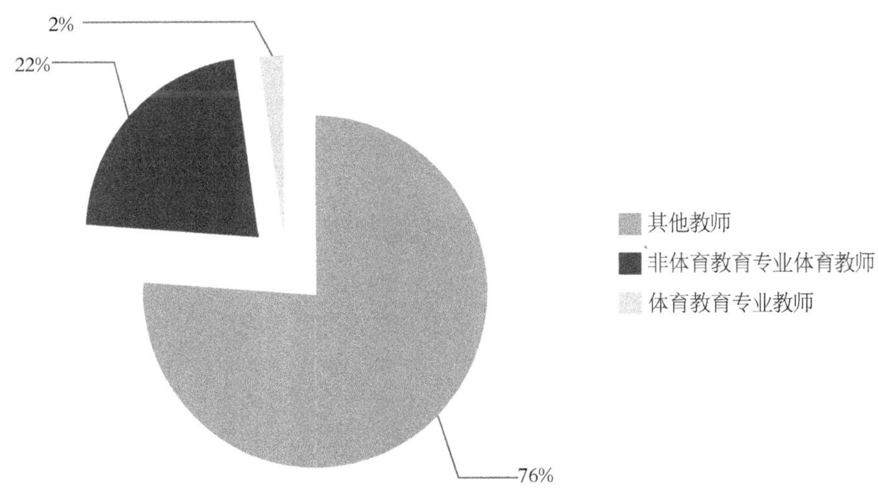

图1 广东省幼儿园教师比例图

（2）幼儿阶段的年龄特点

①认知。一个人通过对外部事物的了解和学习会产生自己对外部事物的认识，再结合自己的判断得出结论就是认知的过程。影响认知过程的因素主要有认知者、被认知者和认知环境等因素，其中认知者是影响幼儿认知最主要的因素，认知者的经验、对外部事物学习的时长是影响幼儿认知的关键，它们决定了幼儿阶段正处于一个较低的认知水平，幼儿对测试指标的认知程度较低，很可能影响到测试数据的准确性。

②活动能力。3～6岁正是基本动作的学习阶段，是人类动作链学习很低的阶段，活动能力自然也处于较低的水平。对于一些简单的测试动作基本能完成，但通过观察，还是相当不稳定，成绩波动较大，个体活动能力差异较大，难免会影响到测试的结果。

③心理特点。好奇心强、注意力难以长时间集中、记忆力不强、逻辑思维能力尚未得到充分发展，等等，这些问题一直是幼儿阶段进行体育活动测试的障碍。据测试人员反映，幼儿在测试途中突然把注意力转移到其他事物

上，然后突然改变原来的测试行为是经常发生的事情，重复多次的测试对幼儿的心理和体力都会造成一定影响，也会影响到测试结果。

幼儿体育活动测试的准确性确实是一大难题，但实验必须遵循幼儿身心特点及其他客观因素，可以容许幼儿的测试结果有一定的偏差，毕竟该实验的结果是为了教学而不是竞技。

3. 结果与分析

3.1 实验干预对3～6岁幼儿平衡能力影响分析

3.1.1 幼儿平衡能力的意义

幼儿期主要是指个体处在3～6岁年龄的时期。依据此，幼儿平衡能力主要指3～6岁幼儿的平衡能力[1]。

平衡能力并非仅指幼儿是否能够走稳路，还包含了很多我们平时不够了解和注意的内容。研究发现，平衡感发展不良会造成幼儿站无站相、坐无坐相、容易跌倒、拿东西不稳、走路“撞墙”、心烦气躁、好动不安、眼睛不能盯住目标、人际关系差、有攻击性等，甚至由于脑机能不全，影响语言能力和左脑的组织、逻辑能力等发展。所以，平衡能力是一个综合的能力，它的发展是其他感觉发展的基础。

幼儿体育的基本动作包括走、跑、跳、投掷、钻、爬和攀登等，平衡能力是发展这些动作的基本能力。平衡感是人类行动的基础，平衡活动有利于良好情绪和意志品质的培养，有助于克服畏难情绪和退缩心理。它对前庭器官的强化、髋关节的锻炼、全身肌肉伸展的强化等都有帮助，能促进幼儿身体协调发展。在我国的健康教育领域中，以往平衡活动没有得到相应的重视，平衡能力发展相对欠缺；但是平衡能力的发展，对每个人都十分重要，尤其是幼儿时期，加强平衡能力的培养，将为其终身平衡能力的提高奠定坚实的基础[2]。

平衡能力关系到人的生活能力、劳动能力和运动能力。对于幼儿来说，最初几年主要是发展身体的控制能力，如果不重视幼儿平衡能力的发展，不仅会影响其他活动的发展，而且会危及生命安全。发展平衡能力对幼儿终身发展至关重要，意义深远。幼儿最早运动时是没有控制能力的，而运动得越多，控制得就越好。因此，通过运动发展幼儿的平衡能力是重要的渠道。

平衡能力可以确保人体姿势、体位改变时身体重心的稳定性，人一生的平衡能力是经过完善、稳定和减退的过程。从 3 岁开始，幼儿就具有一定的平衡能力，20～50 岁处于稳定期。平衡能力是维持身体姿势的能力，可以反映身体前庭器官、肌肉、肌腱、关节内的本体感受器功能及经过视觉、体觉对外界刺激的协调能力，通过体育锻炼可以提高幼儿的平衡能力，促进幼儿的体能发展和生活适应能力。

平衡能力是人体自我保护的一种本领，平衡技能的提高能有效减轻偶发事件所引起的伤害，如滑倒、摔跤、跌下时，可采用滚动或者滚翻动作保护自己而减少伤害。幼儿阶段尤为重要，幼儿天性好动，但是自我保护能力较弱，如果在此阶段平衡能力能得到一定程度的发展，将对幼儿在运动时起到很好的自我保护作用。

3.1.2 幼儿平衡能力的发展

（1）人体平衡的特点

人体在可能失去平衡时，能够通过视觉、本体感觉在大脑皮质的控制和调节下反射性地调整平衡。通过相应的肌肉收缩和紧张，重新达成平衡的力学条件，以恢复和保持平衡。人体的这种平衡能力，通过训练可以不断增强，因而人体能够完成一些单从力学角度来看非常困难的平衡动作，如单脚倒立、走平衡木、高台停车以及走钢丝等高难度杂技动作，而经过训练和没有经过训练的人，保持平衡能力的差别是很大的。

（2）幼儿基本动作发展的特点

表现出运动分析器的快速发育和完善。婴幼儿在 1 岁时可以掌握走的动作，而在接近 2 岁时已经可以跑步。2 岁多的婴幼儿出现了跳跃的准备动作，快满 3 岁时已能跳跃前进，并几乎掌握全部的基本动作。3～7 岁建立在已经获得动作技能的基础上的条件联系得到巩固，并获得进一步的发展和完善。只要经常进行身体练习和提高肌肉负荷，4～7 岁幼儿的动作就会获得更加积极的发展，基本动作发展水平就会有所提高。

（3）幼儿平衡能力发展的特点

幼儿维持身体平衡的能力较弱，1 岁多开始行走时，往往是同侧手和腿移动，双臂屈肘外展维持身体平衡，动作呈试探性前行。2～3 岁时，走跑速度慢，身体容易失去平衡，易摔倒。3～4 岁的幼儿在走、跑、跳或遇到障碍躲闪时，一般都能保持平衡，但遇到快跑、转弯、急停、跳跃落地等动作时，往往不能及时调节身体平衡，常常摔倒。随着神经系统和运动机能的发展，5～6 岁的幼儿平衡能力发展很快，锻炼效果也很显著，可以比较协调、自然、稳定地走平衡木，而且可以在平衡木上做上下肢动作变换、套圈等，进行其他活动也能够保持身体姿势，维持身体平衡。幼儿期间的平衡能力呈现快速提高的趋势，抗眩晕的能力比成人强。[3]

根据平衡动作的内容向幼儿教师提出的教学建议包括：平衡动作练习要采取由低到高、由宽到窄、由慢到快、由易到难、由简单到复杂，循序渐进的原则；要注意安全，加强保护和帮助，避免造成伤害使幼儿产生惧怕心理；平衡练习运动负荷较小，但对幼儿的注意力和情绪稳定要求较高，应把平衡动作安排在幼儿精神比较集中、体力比较充沛、情绪较稳定时进行，不宜在剧烈运动后、情绪激动和身体疲劳时进行；用游戏的方法进行平衡练习，适合幼儿特点[4]。

3.1.3 幼儿平衡能力实验结果分析

（1）3～4 岁男性幼儿平衡能力实验结果分析

表 9　实验班与对照班单脚站立左脚实验成绩比较表

	实验前	实验后	p 值
实验班	8.24 ± 5.64	16.16 ± 9.65	0.00
对照班	7.84 ± 5.25	13.62 ± 9.35	0.00
p 值	0.089	0.001	

表 9 显示，实验班与对照班单脚站立左脚前测成绩之间不具有显著性差异（$p > 0.05$），表明实验前两个班成绩水平相当。实验班前测与后测成绩之间具有非常显著性差异（$p < 0.01$），对照班前测与后测成绩之间具有非

常显著性差异（$p < 0.01$）；表明实验后，两个班成绩有大幅度提高，说明两个班所采用的教学方法对提高 3～4 岁男性幼儿单脚站立左脚成绩均非常有效。实验后，实验班与对照班后测成绩之间具有非常显著性差异（$p < 0.01$）；实验班成绩明显优于对照班，说明实验班所采用的教学方法对提高 3～4 岁男性幼儿单脚站立左脚成绩的效果明显优于对照班。

表 10　实验班与对照班单脚站立右脚实验成绩比较表

	实验前	实验后	p 值
实验班	8.68 ± 6.06	16.47 ± 10.42	0.00
对照班	7.80 ± 5.46	14.15 ± 9.43	0.00
p 值	0.062	0.000	

表 10 显示，实验班与对照班单脚站立右脚前测成绩之间不具有显著性差异（$p > 0.05$），表明实验前两个班成绩水平相当。实验班前测与后测成绩之间具有非常显著性差异（$p < 0.01$），对照班前测与后测成绩之间具有非常显著性差异（$p < 0.01$）；表明实验后，两个班成绩有大幅度提高，说明两个班所采用的教学方法对提高 3～4 岁男性幼儿单脚站立右脚成绩均非常有效。实验后，实验班与对照班后测成绩之间具有非常显著性差异（$p < 0.01$）；实验班成绩明显优于对照班，说明实验班所采用的教学方法对提高 3～4 岁男性幼儿单脚站立右脚成绩的效果明显优于对照班。

表 11　实验班与对照班前脚掌走实验成绩比较表

	实验前	实验后	p 值
实验班	4.99 ± 1.48	4.07 ± 1.10	0.00
对照班	5.07 ± 1.50	4.25 ± 1.32	0.00
p 值	0.082	0.194	

表 11 显示，实验班与对照班前脚掌走前测成绩之间不具有显著性差异（$p > 0.05$），表明实验前两个班成绩水平相当。实验班前测与后测成绩之间具有非常显著性差异（$p < 0.01$），对照班前测与后测成绩之间具有非常显著性差异（$p < 0.01$）；表明实验后，两个班成绩有大幅度提高，说明两

个班所采用的教学方法对提高 3～4 岁男性幼儿前脚掌走成绩均非常有效。实验后，实验班与对照班后测成绩之间不具有显著性差异（$p > 0.05$）；两个班成绩水平相当，说明两个班所采用的教学方法对提高 3～4 岁男性幼儿前脚掌走成绩效果相当。

表 12　实验班与对照班平行线间走实验成绩比较表

	实验前	实验后	p 值
实验班	5.32 ± 1.53	4.16 ± 1.06	0.00
对照班	5.21 ± 1.39	4.59 ± 1.69	0.00
p 值	0.403	0.056	

表 12 显示，实验班与对照班平行线间走前测成绩之间不具有显著性差异（$p > 0.05$），表明实验前两个班成绩水平相当。实验班前测与后测成绩之间具有非常显著性差异（$p < 0.01$），对照班前测与后测成绩之间具有非常显著性差异（$p < 0.01$）；表明实验后，两个班成绩有大幅度提高，说明两个班所采用的教学方法对提高 3～4 岁男性幼儿平行线间走成绩均非常有效。实验后，两个班后测成绩之间不具有显著性差异（$p > 0.05$）；表明实验后，两个班成绩水平相当，说明两个班所采用的教学方法对提高 3～4 岁男性幼儿平行线间走成绩效果相当。

表 13　实验班与对照班原地单脚跳左脚实验成绩比较表

	实验前	实验后	p 值
实验班	11.26 ± 8.22	16.83 ± 7.81	0.00
对照班	10.48 ± 8.04	17.64 ± 8.67	0.00
p 值	0.176	0.235	

表 13 显示，实验班与对照班原地单脚跳左脚前测成绩之间不具有显著性差异（$p > 0.05$），表明实验前两个班成绩水平相当。实验班前测与后测成绩之间具有非常显著性差异（$p < 0.01$），对照班前测与后测成绩之间具有非常显著性差异（$p < 0.01$）；表明实验后，两个班成绩有大幅度提高，说明两个班所采用的教学方法对提高 3～4 岁男性幼儿原地单脚跳左脚成绩均非常有效。实验后，两个班后测成绩之间不具有显著性差异（$p > 0.05$）；

两个班成绩水平相当，说明两个班所采用的教学方法对提高 3～4 岁男性幼儿原地单脚跳左脚成绩效果相当。

表 14　实验班与对照班原地单脚跳右脚实验成绩比较表

	实验前	实验后	p 值
实验班	12.22 ± 8.45	17.50 ± 7.71	0.00
对照班	11.74 ± 8.76	17.29 ± 7.96	0.00
p 值	0.078	0.845	

表 14 显示，实验班与对照班原地单脚跳右脚前测成绩之间不具有显著性差异（$p > 0.05$），表明实验前两个班成绩水平相当。实验班前测与后测成绩之间具有非常显著性差异（$p < 0.01$），对照班前测与后测成绩之间具有非常显著性差异（$p < 0.01$）；表明实验后，两个班成绩有大幅度提高，说明两个班所采用的教学方法对提高 3～4 岁男性幼儿原地单脚跳右脚成绩均非常有效。实验后，两个班后测成绩之间不具有显著性差异（$p > 0.05$）；两个班成绩水平相当，说明两个班所采用的教学方法对提高 3～4 岁男性幼儿原地单脚跳右脚成绩效果相当。

（2）4～5 岁男性幼儿平衡能力实验结果分析

表 15　实验班与对照班闭眼单脚站立左脚实验成绩比较表

	实验前	实验后	p 值
实验班	7.14 ± 5.61	11.74 ± 9.36	0.00
对照班	6.97 ± 5.22	11.15 ± 8.84	0.00
p 值	0.142	0.430	

表 15 显示，实验班与对照班闭眼单脚站立左脚前测成绩之间不具有显著性差异（$p > 0.05$），表明实验前两个班成绩水平相当。实验班前测与后测成绩之间具有非常显著性差异（$p < 0.01$），对照班前测与后测成绩之间具有非常显著性差异（$p < 0.01$）；表明实验后，两个班成绩有大幅度提高，说明两个班所采用的教学方法对提高 4～5 岁男性幼儿闭眼单脚站立左脚成绩均非

常有效。实验后，两个班后测成绩之间不具有显著性差异（$p > 0.05$）；两个班成绩水平相当，说明两个班所采用的教学方法对提高 4~5 岁男性幼儿闭眼单脚站立左脚成绩效果相当。

表 16　实验班与对照班闭眼单脚站立右脚实验成绩比较表

	实验前	实验后	p 值
实验班	7.37 ± 5.93	12.46 ± 10.70	0.00
对照班	7.15 ± 5.30	11.56 ± 9.81	0.00
p 值	0.406	0.229	

表 16 显示，实验班与对照班闭眼单脚站立右脚前测成绩之间不具有显著性差异（$p > 0.05$），表明实验前两个班成绩水平相当。实验班前测与后测成绩之间具有非常显著性差异（$p < 0.01$），对照班前测与后测成绩之间具有非常显著性差异（$p < 0.01$）；表明实验后，两个班成绩有大幅度提高，说明两个班所采用的教学方法对提高 4~5 岁男性幼儿闭眼单脚站立右脚成绩均非常有效。实验后，两个班后测成绩之间不具有显著性差异（$p > 0.05$）；两个班成绩水平相当，说明两个班所采用的教学方法对提高 4~5 岁男性幼儿闭眼单脚站立右脚成绩效果相当。

表 17　实验班与对照班前脚掌走实验成绩比较表

	实验前	实验后	p 值
实验班	4.13 ± 1.19	3.41 ± 1.05	0.00
对照班	4.20 ± 1.36	4.01 ± 1.51	0.00
p 值	0.658	0.000	

表 17 显示，实验班与对照班前脚掌走前测成绩之间不具有显著性差异（$p > 0.05$），表明实验前两个班成绩水平相当。实验班前测与后测成绩之间具有非常显著性差异（$p < 0.01$），对照班前测与后测成绩之间具有非常显著性差异（$p < 0.01$）；表明实验后，两个班成绩有大幅度提高，说明两个班所采用的教学方法对提高 4~5 岁男性幼儿前脚掌走成绩均非常有效。实验后，两个班后测成绩之间具有非常显著性差异（$p < 0.01$）；实验班成

绩明显优于对照班，说明实验班所采用的教学方法对提高 4～5 岁男性幼儿前脚掌走成绩的效果明显优于对照班。

表 18　实验班与对照班走平衡木实验成绩比较表

	实验前	实验后	p 值
实验班	5.44 ± 2.67	4.48 ± 1.96	0.00
对照班	5.65 ± 2.68	4.49 ± 1.96	0.00
p 值	0.151	0.899	

表 18 显示，实验班与对照班走平衡木前测成绩之间不具有显著性差异（$p > 0.05$），表明实验前两个班成绩水平相当。实验班前测与后测成绩之间具有非常显著性差异（$p < 0.01$），对照班前测与后测成绩之间具有非常显著性差异（$p < 0.01$）；表明实验后，两个班成绩有大幅度提高，说明两个班所采用的教学方法对提高 4～5 岁男性幼儿走平衡木成绩均非常有效。实验后，两个班后测成绩之间不具有显著性差异（$p > 0.05$）；两个班成绩水平相当，说明两个班所采用的教学方法对提高 4～5 岁男性幼儿走平衡木成绩效果相当。

表 19　实验班与对照班原地单脚转圈跳左脚实验成绩比较表

	实验前	实验后	p 值
实验班	16.82 ± 9.20	22.18 ± 7.95	0.00
对照班	15.90 ± 8.75	20.54 ± 7.55	0.00
p 值	0.123	0.036	

表 19 显示，实验班与对照班原地单脚转圈跳左脚前测成绩之间不具有显著性差异（$p > 0.05$），表明实验前两个班成绩水平相当。实验班前测与后测成绩之间具有非常显著性差异（$p < 0.01$），对照班前测与后测成绩之间具有非常显著性差异（$p < 0.01$）；表明实验后，两个班成绩有大幅度提高，说明两个班所采用的教学方法对提高 4～5 岁男性幼儿原地单脚转圈跳左脚成绩均非常有效。实验后，两个班后测成绩之间具有显著性差异（$p < 0.05$）；实验班成绩稍优于对照班，说明实验班所采用的教学方法对

提高 4～5 男性幼儿原地单脚转圈跳左脚成绩的效果稍优于对照班。

表 20　实验班与对照班原地单脚转圈跳右脚实验成绩比较表

	实验前	实验后	p 值
实验班	17.09 ± 8.89	22.18 ± 7.95	0.00
对照班	16.09 ± 8.78	21.31 ± 7.66	0.00
p 值	0.104	0.142	

表 20 显示，实验班与对照班原地单脚转圈跳右脚前测成绩之间不具有显著性差异（$p > 0.05$），表明实验前两个班成绩水平相当。实验班前测与后测成绩之间具有非常显著性差异（$p < 0.01$），对照班前测与后测成绩之间具有非常显著性差异（$p < 0.01$）；表明实验后，两个班成绩有大幅度提高，说明两个班所采用的教学方法对提高 4～5 岁男性幼儿原地单脚转圈跳右脚成绩均非常有效。实验后，两个班后测成绩之间不具有显著性差异（$p > 0.05$）；两个班成绩水平相当，说明两个班所采用的教学方法对提高 4～5 岁男性幼儿原地单脚转圈跳右脚成绩效果相当。

（3）5～6 岁男性幼儿平衡能力实验结果分析

表 21　实验班与对照班闭眼单脚站立左脚实验成绩比较表

	实验前	实验后	p 值
实验班	10.77 ± 7.91	14.69 ± 11.44	0.00
对照班	11.04 ± 8.72	17.68 ± 19.07	0.00
p 值	0.654	0.149	

表 21 显示，实验班与对照班闭眼单脚站立左脚前测成绩之间不具有显著性差异（$p > 0.05$），表明实验前两个班成绩水平相当。实验班前测与后测成绩之间具有非常显著性差异（$p < 0.01$），对照班前测与后测成绩之间具有非常显著性差异（$p < 0.01$）；表明实验后，两个班成绩有大幅度提高，说明两个班所采用的教学方法对提高 5～6 岁男性幼儿闭眼单脚站立左脚成绩均非常有效。实验后，两个班后测成绩之间不具有显著性差异（$p > 0.05$）；两个班成绩水平相当，说明两个班所采用的教学方法对提高 5～6 岁男性幼

儿闭眼单脚站立左脚成绩效果相当。

表 22　实验班与对照班闭眼单脚站立右脚实验成绩比较表

	实验前	实验后	p 值
实验班	10.48 ± 6.95	16.55 ± 13.50	0.00
对照班	11.13 ± 9.37	19.29 ± 25.12	0.00
p 值	0.434	0.856	

表 22 显示，实验班与对照班闭眼单脚站立右脚前测成绩之间不具有显著性差异（$p > 0.05$），表明实验前两个班成绩水平相当。实验班闭眼单脚站立右脚前测与后测成绩之间具有非常显著性差异（$p < 0.01$），对照班前测与后测成绩之间具有非常显著性差异（$p < 0.01$）；表明实验后，两个班成绩有大幅度提高，说明两个班所采用的教学方法对提高 5～6 岁男性幼儿闭眼单脚站立右脚成绩均非常有效。实验后，两个班后测成绩之间不具有显著性差异（$p > 0.05$）；两个班成绩水平相当，说明两个班所采用的教学方法对提高 5～6 岁男性幼儿闭眼单脚站立右脚成绩效果相当。

表 23　实验班与对照班走平衡木实验成绩比较表

	实验前	实验后	p 值
实验班	4.32 ± 1.97	3.22 ± 1.13	0.00
对照班	4.14 ± 2.14	3.75 ± 2.40	0.00
p 值	0.238	0.073	

表 23 显示，实验班与对照班走平衡木前测成绩之间不具有显著性差异（$p > 0.05$），表明实验前两个班成绩水平相当。实验班前测与后测成绩之间具有非常显著性差异（$p < 0.01$），对照班前测与后测成绩之间具有非常显著性差异（$p < 0.01$）；表明实验后，两个班成绩有大幅度提高，说明两个班所采用的教学方法对提高 5～6 岁男性幼儿走平衡木成绩均非常有效。实验后，两个班后测成绩之间不具有显著性差异（$p > 0.05$）；两个班成绩水平相当，说明两个班所采用的教学方法对提高 5～6 岁男性幼儿走平衡木成绩效果相当。

表 24　实验班与对照班后退走实验成绩比较表

	实验前	实验后	p 值
实验班	9.22 ± 3.18	7.83 ± 2.80	0.00
对照班	10.07 ± 4.23	8.79 ± 3.39	0.00
p 值	0.322	0.000	

表 24 显示，实验班与对照班后退走前测成绩之间不具有显著性差异（$p > 0.05$），表明实验前两个班成绩水平相当。实验班前测与后测成绩之间具有非常显著性差异（$p < 0.01$），对照班前测与后测成绩之间具有非常显著性差异（$p < 0.01$）；表明实验后，两个班成绩有大幅度提高，说明两个班所采用的教学方法对提高 5～6 岁男性幼儿后退走成绩均非常有效。实验后，两个班后测成绩之间具有非常显著性差异（$p < 0.01$）；实验班成绩明显优于对照班，说明实验班所采用的教学方法对提高 5～6 岁男性幼儿后退走成绩的效果明显优于对照班。

表 25　实验班与对照班原地单脚左右跳左脚实验成绩比较表

	实验前	实验后	p 值
实验班	8.85 ± 6.05	11.46 ± 5.51	0.00
对照班	9.17 ± 6.09	11.41 ± 6.54	0.00
p 值	0.571	0.424	

表 25 显示，实验班与对照班原地单脚左右跳左脚前测成绩之间不具有显著性差异（$p > 0.05$），表明实验前两个班成绩水平相当。实验班前测与后测成绩之间具有非常显著性差异（$p < 0.01$），对照班前测与后测成绩之间具有非常显著性差异（$p < 0.01$）；表明实验后，两个班成绩有大幅度提高，说明两个班所采用的教学方法对提高 5～6 岁男性幼儿原地单脚左右跳左脚成绩均非常有效。实验后，两个班后测成绩之间不具有显著性差异（$p > 0.05$）；两个班成绩水平相当，说明两个班所采用的教学方法对提高 5～6 岁男性幼儿原地单脚左右跳左脚成绩效果相当。

表 26　实验班与对照班原地单脚左右跳右脚实验成绩比较表

	实验前	实验后	*p* 值
实验班	9.43 ± 6.46	12.01 ± 5.63	0.00
对照班	9.74 ± 6.31	11.91 ± 6.83	0.00
p 值	0.435	0.369	

表 26 显示，实验班与对照班原地单脚左右跳右脚前测成绩之间不具有显著性差异（$p > 0.05$），表明实验前两个班成绩水平相当。实验班前测与后测成绩之间具有非常显著性差异（$p < 0.01$），对照班前测与后测成绩之间具有非常显著性差异（$p < 0.01$）；表明实验后，两个班成绩有大幅度提高，说明两个班所采用的教学方法对提高 5～6 岁男性幼儿原地单脚左右跳右脚成绩均非常有效。实验后，两个班后测成绩之间不具有显著性差异（$p > 0.05$）；两个班成绩水平相当，说明两个班所采用的教学方法对提高 5～6 岁男性幼儿原地单脚左右跳右脚成绩效果相当。

（4）3～4 岁女性幼儿平衡能力实验结果分析

表 27　实验班与对照班单脚站立左脚实验成绩比较表

	实验前	实验后	*p* 值
实验班	9.62 ± 6.82	21.24 ± 17.73	0.00
对照班	9.70 ± 6.30	14.23 ± 9.50	0.00
p 值	0.484	0.000	

表 27 显示，实验班与对照班单脚站立左脚前测成绩之间不具有显著性差异（$p > 0.05$），表明实验前两个班成绩水平相当。实验班前测与后测成绩之间具有非常显著性差异（$p < 0.01$），对照班前测与后测成绩之间具有非常显著性差异（$p < 0.01$）；表明实验后，两个班成绩有大幅度提高，说明两个班所采用的教学方法对提高 3～4 岁女性幼儿单脚站立左脚成绩均非常有效。实验后，两个班后测成绩之间具有非常显著性差异（$p < 0.01$）；实验班成绩明显优于对照班，说明实验班所采用的教学方法对提高 3～4 岁女性幼儿单脚站立左脚成绩的效果明显优于对照班。

表 28　实验班与对照班单脚站立右脚实验成绩比较表

	实验前	实验后	p 值
实验班	9.94 ± 6.62	20.76 ± 16.16	0.00
对照班	10.20 ± 6.68	14.56 ± 11.95	0.00
p 值	0.683	0.00	

表 28 显示，实验班与对照班单脚站立右脚前测成绩之间不具有显著性差异（$p > 0.05$），表明实验前两个班成绩水平相当。实验班前测与后测成绩之间具有非常显著性差异（$p < 0.01$），对照班前测与后测成绩之间具有非常显著性差异（$p < 0.01$）；表明实验后，两个班成绩有大幅度提高，说明两个班所采用的教学方法对提高 3～4 岁女性幼儿单脚站立右脚成绩均非常有效。实验后，两个班后测成绩之间具有非常显著性差异（$p < 0.01$）；实验班成绩明显优于对照班，说明实验班所采用的教学方法对提高 3～4 岁女性幼儿单脚站立右脚成绩的效果明显优于对照班。

表 29　实验班与对照班前脚掌走实验成绩比较表

	实验前	实验后	p 值
实验班	5.25 ± 1.52	4.28 ± 1.16	0.00
对照班	5.23 ± 1.27	4.42 ± 1.20	0.00
p 值	0.770	0.042	

表 29 显示，实验班与对照班前脚掌走前测成绩之间不具有显著性差异（$p > 0.05$），表明实验前两个班成绩水平相当。实验班前测与后测成绩之间具有非常显著性差异（$p < 0.01$），对照班前测与后测成绩之间具有非常显著性差异（$p < 0.01$）；表明实验后，两个班成绩有大幅度提高，说明两个班所采用的教学方法对提高 3～4 岁女性幼儿前脚掌走成绩均非常有效。实验后，两个班后测成绩之间具有显著性差异（$p < 0.05$）；实验班成绩稍优于对照班，说明实验班所采用的教学方法对提高 3～4 岁女性幼儿前脚掌走成绩的效果稍优于对照班。

表 30　实验班与对照班平行线间走实验成绩比较表

	实验前	实验后	p 值
实验班	5.09 ± 1.68	4.32 ± 1.46	0.00
对照班	5.22 ± 1.61	4.47 ± 1.44	0.00
p 值	0.21	0.03	

表 30 显示，实验班与对照班平行线间走前测成绩之间不具有显著性差异（$p > 0.05$），表明实验前两个班平成绩水平相当。实验班前测与后测成绩之间具有非常显著性差异（$p < 0.01$），对照班前测与后测成绩之间具有非常显著性差异（$p < 0.01$）；表明实验后，两个班成绩有大幅度提高，说明两个班所采用的教学方法对提高 3 ~ 4 岁女性幼儿平行线间走成绩均非常有效。实验后，两个班后测成绩之间具有显著性差异（$p < 0.05$）；实验班成绩稍优于对照班，说明实验班所采用的教学方法对提高 3 ~ 4 岁女性幼儿平行线间走成绩的效果稍优于对照班。

表 31　实验班与对照班原地单脚跳左脚实验成绩比较表

	实验前	实验后	p 值
实验班	13.47 ± 8.34	18.32 ± 8.72	0.00
对照班	12.96 ± 8.28	17.05 ± 7.46	0.00
p 值	0.461	0.046	

表 31 显示，实验班与对照班原地单脚跳左脚前测成绩之间不具有显著性差异（$p > 0.05$），表明实验前两个班成绩水平相当。实验班前测与后测成绩之间具有非常显著性差异（$p < 0.01$），对照班前测与后测成绩之间具有非常显著性差异（$p < 0.01$）；表明实验后，两个班成绩有大幅度提高，说明两个班所采用的教学方法对提高 3 ~ 4 岁女性幼儿原地单脚跳左脚成绩均非常有效。实验后，两个班后测成绩之间具有显著性差异（$p < 0.05$）；实验班成绩稍优于对照班，说明实验班所采用的教学方法对提高 3 ~ 4 岁女性幼儿原地单脚跳左脚成绩的效果稍优于对照班。

表 32　实验班与对照班原地单脚跳右脚实验成绩比较表

	实验前	实验后	p 值
实验班	14.00 ± 8.64	18.21 ± 8.56	0.00
对照班	13.43 ± 8.97	17.75 ± 7.53	0.00
p 值	0.351	0.488	

表 32 显示，实验班与对照班原地单脚跳右脚前测成绩之间不具有显著性差异（$p > 0.05$），表明实验前两个班成绩水平相当。实验班前测与后测成绩之间具有非常显著性差异（$p < 0.01$），对照班前测与后测成绩之间具有非常显著性差异（$p < 0.01$）；表明实验后，两个班成绩有大幅度提高，说明两个班所采用的教学方法对提高 3～4 岁女性幼儿原地单脚跳右脚成绩均非常有效。实验后，两个班后测成绩之间不具有显著性差异（$p > 0.05$）；两个班成绩水平相当，说明两个班所采用的教学方法对提高 3～4 岁女性幼儿原地单脚跳右脚成绩效果相当。

（5）4～5 岁女性幼儿平衡能力实验结果分析

表 33　实验班与对照班闭眼单脚站立左脚实验成绩比较表

	实验前	实验后	p 值
实验班	7.28 ± 5.72	11.33 ± 10.27	0.00
对照班	7.31 ± 5.33	11.29 ± 8.85	0.00
p 值	0.338	0.531	

表 33 显示，实验班与对照班闭眼单脚站立左脚前测成绩之间不具有显著性差异（$p > 0.05$），表明实验前两个班成绩水平相当。实验班前测与后测成绩之间具有非常显著性差异（$p < 0.01$），对照班前测与后测成绩之间具有非常显著性差异（$p < 0.01$）；表明实验后，两个班成绩有大幅度提高，说明两个班所采用的教学方法对提高 4～5 岁女性幼儿闭眼单脚站立左脚成绩均非常有效。实验后，两个班后测成绩之间不具有非常显著性差异（$p > 0.05$）；两个班成绩水平相当，说明两个班所采用的教学方法对提高 4～5 岁女性幼儿闭眼单脚站立左脚成绩效果相当。

表 34 实验班与对照班闭眼单脚站立右脚实验成绩比较表

	实验前	实验后	p 值
实验班	7.46 ± 6.02	11.80 ± 10.11	0.00
对照班	6.49 ± 4.82	11.58 ± 8.43	0.00
p 值	0.066	0.540	

表 34 显示，实验班与对照班闭眼单脚站立右脚前测成绩之间不具有显著性差异（$p > 0.05$），表明实验前两个班成绩水平相当。实验班前测与后测成绩之间具有非常显著性差异（$p < 0.01$），对照班前测与后测成绩之间具有非常显著性差异（$p < 0.01$）；表明实验后，两个班成绩有大幅度提高，说明两个班所采用的教学方法对提高 4～5 岁女性幼儿闭眼单脚站立右脚成绩均非常有效。实验后，两个班后测成绩之间不具有显著性差异（$p > 0.05$）；两个班成绩水平相当，说明两个班所采用的教学方法对提高 4～5 岁女性幼儿闭眼单脚站立右脚成绩效果相当。

表 35 实验班与对照班前脚掌走实验成绩比较表

	实验前	实验后	p 值
实验班	4.17 ± 1.20	3.91 ± 2.00	0.00
对照班	4.15 ± 1.42	3.87 ± 1.59	0.00
p 值	0.157	0.446	

表 35 显示，实验班与对照班前脚掌走前测成绩之间不具有显著性差异（$p > 0.05$），表明实验前两个班成绩水平相当。实验班前测与后测成绩之间具有非常显著性差异（$p < 0.01$），对照班前测与后测成绩之间具有非常显著性差异（$p < 0.01$）；表明实验后，两个班成绩有大幅度提高，说明两个班所采用的教学方法对提高 4～5 岁女性幼儿前脚掌走成绩均非常有效。实验后，两个班后测成绩之间不具有显著性差异（$p > 0.05$）；两个班成绩水平相当，说明两个班所采用的教学方法对提高 4～5 岁女性幼儿前脚掌走成绩效果相当。

表 36　实验班与对照班走平衡木实验成绩比较表

	实验前	实验后	p 值
实验班	5.45 ± 2.31	4.84 ± 1.95	0.00
对照班	6.10 ± 3.03	4.81 ± 2.16	0.00
p 值	0.057	0.497	

表 36 显示，实验班与对照班走平衡木前测成绩之间不具有显著性差异（$p > 0.05$），表明实验前两个班成绩水平相当。实验班前测与后测成绩之间具有非常显著性差异（$p < 0.01$），对照班前测与后测成绩之间具有非常显著性差异（$p < 0.01$）；表明实验后，两个班成绩有大幅度提高，说明两个班所采用的教学方法对提高 4～5 岁女性幼儿走平衡木成绩均非常有效。实验后，两个班后测成绩之间不具有显著性差异（$p > 0.05$）；两个班成绩水平相当，说明两个班所采用的教学方法对提高 4～5 岁女性幼儿走平衡木成绩效果相当。

表 37　实验班与对照班原地单脚转圈跳左脚实验成绩比较表

	实验前	实验后	p 值
实验班	17.49 ± 9.24	22.71 ± 8.18	0.00
对照班	17.57 ± 9.32	20.22 ± 8.85	0.00
p 值	0.301	0.001	

表 37 显示，实验班与对照班原地单脚转圈跳左脚前测成绩之间不具有显著性差异（$p > 0.05$），表明实验前两个班成绩水平相当。实验班前测与后测成绩之间具有非常显著性差异（$p < 0.01$），对照班前测与后测成绩之间具有非常显著性差异（$p < 0.01$）；表明实验后，两个班成绩有大幅度提高，说明两个班所采用的教学方法对提高 4～5 岁女性幼儿原地单脚转圈跳左脚成绩均非常有效。实验后，两个班后测成绩之间具有非常显著性差异（$p < 0.01$）；实验班成绩明显优于对照班，说明实验班所采用的教学方法对提高 4～5 岁女性幼儿原地单脚转圈跳左脚成绩的效果明显优于对照班。

表 38　实验班与对照班原地单脚转圈跳右脚实验成绩比较表

	实验前	实验后	p 值
实验班	17.98 ± 9.29	22.76 ± 8.15	0.00
对照班	17.55 ± 9.02	20.35 ± 8.46	0.00
p 值	0.265	0.004	

表 38 显示，实验班与对照班原地单脚转圈跳右脚前测成绩之间不具有显著性差异（$p > 0.05$），表明实验前两个班成绩水平相当。实验班前测与后测成绩之间具有非常显著性差异（$p < 0.01$），对照班前测与后测成绩之间具有非常显著性差异（$p < 0.01$）；表明实验后，两个班成绩有大幅度提高，说明两个班所采用的教学方法对提高 4～5 岁女性幼儿原地单脚转圈跳右脚成绩均非常有效。实验后，两个班后测成绩之间具有非常显著性差异（$p < 0.01$）；实验班成绩明显优于对照班，说明实验班所采用的教学方法对提高 4～5 岁女性幼儿原地单脚转圈跳右脚成绩的效果明显优于对照班。

（6）5～6 岁女性幼儿平衡能力实验结果分析

表 39　实验班与对照班闭眼单脚站立左脚实验成绩比较表

	实验前	实验后	p 值
实验班	11.41 ± 8.48	16.73 ± 12.20	0.00
对照班	11.85 ± 8.85	14.69 ± 11.02	0.00
p 值	0.504	0.103	

表 39 显示，实验班与对照班闭眼单脚站立左脚前测成绩之间不具有显著性差异（$p > 0.05$），表明实验前两个班成绩水平相当。实验班前测与后测成绩之间具有非常显著性差异（$p < 0.01$），对照班前测与后测成绩之间具有非常显著性差异（$p < 0.01$）；表明实验后，两个班成绩有大幅度提高，说明两个班所采用的教学方法对提高 5～6 岁女性幼儿闭眼单脚站立左脚成绩均非常有效。实验后，两个班后测成绩之间不具有显著性差异（$p > 0.05$）；两个班成绩水平相当，说明两个班所采用的教学方法对提高 5～6 岁女性幼儿闭眼单脚站立左脚成绩效果相当。

表 40　实验班与对照班闭眼单脚站立右脚实验成绩比较表

	实验前	实验后	p 值
实验班	12.10 ± 9.00	18.78 ± 15.53	0.00
对照班	11.66 ± 7.45	16.02 ± 11.98	0.00
p 值	0.081	0.088	

表 40 显示，实验班与对照班闭眼单脚站立右脚前测成绩之间不具有显著性差异（$p > 0.05$），表明实验前两个班成绩水平相当。实验班前测与后测成绩之间具有非常显著性差异（$p < 0.01$），对照班前测与后测成绩之间具有非常显著性差异（$p < 0.01$）；表明实验后，两个班成绩有大幅度提高，说明两个班所采用的教学方法对提高 5 ~ 6 岁女性幼儿闭眼单脚站立右脚成绩均非常有效。实验后，两个班后测成绩之间不具有显著性差异（$p > 0.05$）；两个班成绩水平相当，说明两个班所采用的教学方法对提高 5 ~ 6 岁女性幼儿闭眼单脚站立右脚成绩效果相当。

表 41　实验班与对照班走平衡木实验成绩比较表

	实验前	实验后	p 值
实验班	4.59 ± 1.92	3.65 ± 1.41	0.00
对照班	4.45 ± 2.12	3.91 ± 1.58	0.00
p 值	0.308	0.159	

表 41 显示，实验班与对照班走平衡木前测成绩之间不具有显著性差异（$p > 0.05$），表明实验前两个班成绩水平相当。实验班前测与后测成绩之间具有非常显著性差异（$p < 0.01$），对照班前测与后测成绩之间具有非常显著性差异（$p < 0.01$）；表明实验后，两个班成绩有大幅度提高，说明两个班所采用的教学方法对提高 5 ~ 6 岁女性幼儿走平衡木成绩均非常有效。实验后，两个班后测成绩之间不具有显著性差异（$p > 0.05$）；两个班成绩水平相当，说明两个班所采用的教学方法对提高 5 ~ 6 岁女性幼儿走平衡木成绩效果相当。

表 42　实验班与对照班后退走实验成绩比较表

	实验前	实验后	p 值
实验班	10.92 ± 3.91	8.19 ± 2.92	0.00
对照班	10.87 ± 4.03	9.03 ± 2.96	0.00
p 值	0.520	0.000	

表 42 显示，实验班与对照班后退走前测成绩之间不具有显著性差异（$p > 0.05$），表明实验前两个班成绩水平相当。实验班前测与后测成绩之间具有非常显著性差异（$p < 0.01$），对照班前测与后测成绩之间具有非常显著性差异（$p < 0.01$）；表明实验后，两个班成绩有大幅度提高，说明两个班所采用的教学方法对提高 5 ~ 6 岁女性幼儿后退走成绩均非常有效。实验后，两个班后测成绩之间具有非常显著性差异（$p < 0.01$）；实验班成绩明显优于对照班，说明实验班所采用的教学方法对提高 5 ~ 6 岁女性幼儿后退走成绩的效果明显优于对照班。

表 43　实验班与对照班原地单脚左右跳左脚实验成绩比较表

	实验前	实验后	p 值
实验班	9.42 ± 6.27	11.31 ± 5.26	0.00
对照班	9.54 ± 6.43	10.63 ± 5.76	0.00
p 值	0.972	0.037	

表 43 显示，实验班与对照班原地单脚左右跳左脚前测成绩之间不具有显著性差异（$p > 0.05$），表明实验前两个班成绩水平相当。实验班前测与后测成绩之间具有非常显著性差异（$p < 0.01$），对照班前测与后测成绩之间具有非常显著性差异（$p < 0.01$）；表明实验后，两个班成绩有大幅度提高，说明两个班所采用的教学方法对提高 5 ~ 6 岁女性幼儿原地单脚左右跳左脚成绩均非常有效。实验后，两个班后测成绩之间具有显著性差异（$p < 0.05$）；实验班成绩稍优于对照班，说明实验班所采用的教学方法对提高 5 ~ 6 岁女性幼儿原地单脚左右跳左脚成绩的效果稍优于对照班。

表 44　实验班与对照班原地单脚左右跳右脚实验成绩比较表

	实验前	实验后	p 值
实验班	9.75 ± 6.32	11.55 ± 5.30	0.00
对照班	10.11 ± 7.18	10.99 ± 6.03	0.00
p 值	0.842	0.044	

表 44 显示，实验班与对照班原地单脚左右跳右脚前测成绩之间不具有显著性差异（$p > 0.05$），表明实验前两个班成绩水平相当。实验班前测与后测成绩之间具有非常显著性差异（$p < 0.01$），对照班前测与后测成绩之间具有非常显著性差异（$p < 0.01$）；表明实验后，两个班成绩有大幅度提高，说明两个班所采用的教学方法对提高 5 ~ 6 岁女性幼儿原地单脚左右跳右脚成绩均非常有效。实验后，两个班后测成绩之间具有显著性差异（$p < 0.05$）；实验班成绩稍优于对照班，说明实验班所采用的教学方法对提高 5 ~ 6 岁女性幼儿原地单脚左右跳右脚成绩的效果稍优于对照班。

3.2 实验干预对 3~6 岁幼儿灵敏与协调能力的影响分析

3.2.1 国内幼儿灵敏与协调能力的研究状况与发展趋势

国内对幼儿身体素质的研究，很多都是沿用《手册》上的测试指标进行测试，对幼儿灵敏与协调能力的测试则是使用《手册》里的 10 米折返跑和双脚连续跳两个指标。大量文献的研究方向都趋向于调查幼儿身体素质现状和不同地域幼儿身体素质的对比。

1998 年，金嘉燕等在《北京市 3 ~ 6 岁幼儿体质状况分析》一文中采用分层抽样的方式，对北京市 8 个区 36 所幼儿园共 4353 名 3 ~ 6 岁幼儿进行调查和测试，其中，以双脚连续跳来测试幼儿的协调性，以 10 米折返跑来测试幼儿的灵敏性，并对不同年龄和不同性别幼儿的灵敏与协调能力做了对比，以及描述了幼儿各个年龄段身体素质的发展状况，并与国外幼儿的灵敏与协调能力以及其他能力做比较，找出了北京市幼儿体育教学的一些不足。

1999 年，张佑琏等在《加强学前体育对幼儿身体机能素质影响的实验研究》一文中，以实验法对苏州沧浪实小幼儿园中班平均年龄 4.5 岁的幼儿进行了半年左右的实验。通过定量负荷及游戏，以定性的方式证明了加强学前体育活动，可以更好地发展和提高幼儿的灵活性。

2007 年，朱琳在《广州市 3~6 岁城乡幼儿身体素质的特征》一文中采用随机抽样的方式，于 2000—2003 年以广州市各区幼儿园共 2106 名 3~6 岁幼儿作为调查对象，其中男性幼儿 1065 名，女性幼儿 1041 名。结果显示，幼儿灵敏与协调能力均随着年龄的增加而不断提高，3~5 岁是幼儿身体素质快速发展的重要时期，其中就包括了灵敏与协调能力；5~6 岁时幼儿身体素质发展速度变慢，部分身体素质甚至出现下降的趋势，城市幼儿身体素质比农村幼儿要好些，特别是在柔韧性、灵敏性和协调性方面。

2010 年，战迅、王新桐在《2004—2009 年青岛市幼儿体质状况的动态分析》一文中，采取随机整群抽样的方式，对青岛市 7 区和 5 个县级市的 805 名幼儿进行了多年的身体素质数据跟踪，并对幼儿的各种身体素质及灵敏与协调能力进行了研究，同样是以 10 米折返跑和双脚连续跳为测试指标测试幼儿的灵敏与协调能力。研究结果表明，2009 年幼儿 10 米折返跑和双脚连续跳的成绩普遍比 2004 年的成绩要好，城镇幼儿提高幅度较大。

2011 年，刘兴等在《基于身体素质的体操、游戏健身组合对 5~6 岁幼儿身体素质的干预与评价研究》中，以沈阳市 8 所幼儿园共 2132 名 5~6 岁幼儿为研究对象，文章多次出现以体操、游戏为主发展幼儿各种身体素质及灵敏与协调能力的动作内容，以 10 米折返跑和双脚连续跳测试幼儿的灵敏与协调能力，并以百分位数表做出了该年龄段不同性别幼儿 10 米折返跑和双脚连续跳的评价标准。与此类似的还有 2012 年，张海平等以沈阳市 8 所幼儿园 1867 名 3~4 岁幼儿为研究对象的文章《体操、游戏健身组合对沈阳市 3~4 岁幼儿身体素质的影响与评价研究》，同样以 10 米折返跑和双脚连续跳来测试幼儿的灵敏性与协调性，还设计了基于提高灵敏性与协调性的体操与游戏健身组合运动方案。结果证明，体操、游戏健身组合对 3~4 岁幼儿的身体素质的提高均有明显的促进作用。此外，文章也以百分位数的评价方法做出了对幼儿灵敏与协调能力评价标准，为学前体育教育提供了极大的帮助。

2012 年，张铭等在《我国城乡幼儿身体素质发展水平比较研究》一文中指出，我国城乡幼儿灵敏与协调能力存在差异。通过对我国 2000—2010

年3次国民体质监测中城乡幼儿（3～6岁）身体素质的比较研究，发现城市幼儿灵敏性比农村幼儿要好，而协调性比农村幼儿要差，但这种差距现在正在缩小。

在硕士毕业论文的研究中，出现了多地域研究的特点。例如，蒋秋平的《兰州市区幼儿园幼儿体质现状调查及对策研究》，孙亚青的《河南省城市幼儿园幼儿体质现状调查及对策研究》，刘荣军的《2005年山西省3～6岁幼儿身体素质特征研究》，杨敬苓的《成都市城区3～6岁幼儿体质健康现状的研究》，吕慧的《新疆蒙古族3～6岁幼儿体质与健康的研究》，李健的《2005年广西3～6岁幼儿体质研究》，杨广耀的《2010年山东省潍坊市3～6岁幼儿体质研究》，汪海兵的《浙江省3～6岁幼儿体质现状及影响因素研究》，刘俊蓉的《山西省3～6岁幼儿体质现状的研究》，等等，这些论文都沿用了《指南》上的测试指标，灵敏与协调能力的测试都是用了10米折返跑和双脚连续跳。

3.2.2 幼儿灵敏与协调能力实验结果分析

（1）3～4岁男性幼儿灵敏与协调能力实验结果分析

表45　实验班与对照班绕障碍跑实验成绩比较表

	实验前	实验后	p值
实验班	6.85±2.68	5.81±1.90	0.00
对照班	6.30±1.44	5.89±1.00	0.00
p值	0.347	0.848	

表45显示，实验班与对照班绕障碍跑前测成绩之间不具有显著性差异（$p > 0.05$），表明实验前两个班成绩水平相当。实验班前测与后测成绩之间具有非常显著性差异（$p < 0.01$），对照班前测与后测成绩之间具有非常显著性差异（$p < 0.01$）；表明实验后，两个班成绩有大幅度提高，说明两个班所采用的教学方法对提高3～4岁男性幼儿绕障碍跑成绩均非常有效。实验后，两个班后测成绩之间不具有显著性差异（$p > 0.05$）；两个班成绩水平相当，说明两个班所采用的教学方法对提高3～4岁男性幼儿绕障碍跑成绩效果相当。

表 46 实验班与对照班折返跑实验成绩比较表

	实验前	实验后	p 值
实验班	10.51 ± 4.25	8.33 ± 3.46	0.00
对照班	10.87 ± 4.51	9.27 ± 3.68	0.00
p 值	0.227	0.119	

表 46 显示，实验班与对照班折返跑前测成绩之间不具有显著性差异（$p > 0.05$），表明实验前两个班成绩水平相当。实验班前测与后测成绩之间具有非常显著性差异（$p < 0.01$），对照班前测与后测成绩之间具有非常显著性差异（$p < 0.01$）；表明实验后，两个班成绩有大幅度提高，说明两个班所采用的教学方法对提高 3～4 岁男性幼儿折返跑成绩均非常有效。实验后，两个班后测成绩之间不具有显著性差异（$p > 0.05$）；两个班成绩水平相当，说明两个班所采用的教学方法对提高 3～4 岁男性幼儿折返跑成绩效果相当。

表 47 实验班与对照班重复钻圈实验成绩比较表

	实验前	实验后	p 值
实验班	20.82 ± 5.27	17.74 ± 3.70	0.00
对照班	20.37 ± 5.09	17.74 ± 3.74	0.00
p 值	0.409	0.575	

表 47 显示，实验班与对照班重复钻圈前测成绩之间不具有显著性差异（$p > 0.05$），表明实验前两个班成绩水平相当。实验班前测与后测成绩之间具有非常显著性差异（$p < 0.01$），对照班前测与后测成绩之间具有非常显著性差异（$p < 0.01$）；表明实验后，两个班成绩有大幅度提高，说明两个班所采用的教学方法对提高 3～4 岁男性幼儿重复钻圈成绩均非常有效。实验后，两个班后测成绩之间不具有显著性差异（$p > 0.05$）；两个班成绩水平相当，说明两个班所采用的教学方法对提高 3～4 岁男性幼儿重复钻圈成绩效果相当。

表 48　实验班与对照班手膝着地爬实验成绩比较表

	实验前	实验后	p 值
实验班	9.34 ± 2.75	6.68 ± 1.66	0.00
对照班	9.59 ± 2.64	7.66 ± 2.08	0.00
p 值	0.511	0.000	

表 48 显示，实验班与对照班手膝着地爬前测成绩之间不具有显著性差异（$p > 0.05$），表明实验前两个班成绩水平相当。实验班前测与后测成绩之间具有非常显著性差异（$p < 0.01$），对照班前测与后测成绩之间具有非常显著性差异（$p < 0.01$）；表明实验后，两个班成绩有大幅度提高，说明两个班所采用的教学方法对提高 3～4 岁男性幼儿手膝着地爬成绩均非常有效。实验后，两个班后测成绩之间具有非常显著性差异（$p < 0.01$）；实验班成绩明显优于对照班，说明实验班所采用的教学方法对提高 3～4 岁男性幼儿手膝着地爬成绩的效果明显优于对照班。

（2）4～5 岁男性幼儿灵敏与协调能力实验结果分析

表 49　实验班与对照班绕障碍跑实验成绩比较表

	实验前	实验后	p 值
实验班	5.76 ± 1.65	4.86 ± 0.87	0.00
对照班	5.86 ± 1.26	5.67 ± 2.04	0.02
p 值	0.303	0.000	

表 49 显示，实验班与对照班绕障碍跑前测成绩之间不具有显著性差异（$p > 0.05$），表明实验前两个班成绩水平相当。实验班前测与后测成绩之间具有非常显著性差异（$p < 0.01$），对照班前测与后测成绩之间具有显著性差异（$p < 0.05$）；表明实验后，两个班的成绩都有提高，说明两个班所采用的教学方法对提高 4～5 岁男性幼儿绕障碍跑成绩均有效，但实验班效果更好。实验后，两个班后测成绩之间具有非常显著性差异（$p < 0.01$）；实验班成绩明显优于对照班，说明实验班所采用的教学方法对提高 4～5 岁男性幼儿绕障碍跑成绩的效果明显优于对照班。

表 50 实验班与对照班折返跑实验成绩比较表

	实验前	实验后	*p* 值
实验班	8.71 ± 3.30	7.17 ± 2.88	0.00
对照班	8.82 ± 3.15	7.75 ± 2.74	0.04
p 值	0.504	0.005	

表 50 显示，实验班与对照班折返跑前测成绩之间不具有显著性差异（$p > 0.05$），表明实验前两个班成绩水平相当。实验班前测与后测成绩之间具有非常显著性差异（$p < 0.01$），对照班前测与后测成绩之间具有显著性差异（$p < 0.05$）；表明实验后，两个班的成绩都有提高，说明两个班所采用的教学方法对提高 4～5 岁男性幼儿折返跑成绩均有效，但实验班效果更好。实验后，两个班后测成绩之间具有非常显著性差异（$p < 0.01$）；实验班成绩明显优于对照班，说明实验班所采用的教学方法对提高 4～5 岁男性幼儿折返跑成绩的效果明显优于对照班。

表 51 实验班与对照班重复钻圈实验成绩比较表

	实验前	实验后	*p* 值
实验班	16.50 ± 3.93	15.36 ± 3.54	0.005
对照班	16.99 ± 4.35	16.62 ± 4.44	0.447
p 值	0.159	0.003	

表 51 显示，实验班与对照班重复钻圈前测成绩之间不具有显著性差异（$p > 0.05$），表明实验前两个班成绩水平相当。实验班前测与后测成绩之间具有非常显著性差异（$p < 0.01$），对照班前测与后测成绩之间不具有显著性差异（$p > 0.05$）；表明实验后，实验班的成绩有大幅度提高，对照班的成绩提高不明显。实验后，两个班后测成绩之间具有非常显著性差异（$p < 0.01$）；实验班成绩明显优于对照班，说明实验班所采用的教学方法对提高 4～5 岁男性幼儿重复钻圈成绩的效果明显优于对照班。

表 52　实验班与对照班象限跳实验成绩比较表

	实验前	实验后	p 值
实验班	10.52 ± 4.54	7.92 ± 2.90	0.00
对照班	10.54 ± 5.68	8.53 ± 4.37	0.00
p 值	0.364	0.125	

表 52 显示，实验班与对照班象限跳前测成绩之间不具有显著性差异（$p > 0.05$），表明实验前两个班成绩水平相当。实验班前测与后测成绩之间具有非常显著性差异（$p < 0.01$），对照班前测与后测成绩之间具有非常显著性差异（$p < 0.01$）；表明实验后，两个班成绩有大幅度提高，说明两个班所采用的教学方法对提高 4～5 岁男性幼儿象限跳成绩均非常有效。实验后，两个班后测成绩之间不具有显著性差异（$p > 0.05$）；两个班成绩水平相当，说明两个班所采用的教学方法对提高 4～5 岁男性幼儿象限跳成绩效果相当。

（3）5～6 岁男性幼儿灵敏与协调能力实验结果分析

表 53　实验班与对照班绕障碍跑实验成绩比较表

	实验前	实验后	p 值
实验班	5.59 ± 1.17	4.96 ± 0.67	0.00
对照班	5.54 ± 1.04	5.30 ± 1.22	0.00
p 值	0.686	0.005	

表 53 显示，实验班与对照班绕障碍跑前测成绩之间不具有显著性差异（$p > 0.05$），表明实验前两个班成绩水平相当。实验班前测与后测成绩之间具有非常显著性差异（$p < 0.01$），对照班前测与后测成绩之间具有非常显著性差异（$p < 0.01$）；表明实验后，两个班成绩都有大幅度提高，说明两个班所采用的教学方法对提高 5～6 岁男性幼儿绕障碍跑成绩均非常有效。实验后，两个班后测成绩之间具有非常显著性差异（$p < 0.01$）；实验班成绩明显优于对照班，说明实验班所采用的教学方法对提高 5～6 岁男性幼儿绕障碍跑成绩的效果明显优于对照班。

表 54 实验班与对照班折返跑实验成绩比较表

	实验前	实验后	p 值
实验班	7.73 ± 2.70	6.92 ± 2.49	0.00
对照班	8.04 ± 2.62	7.52 ± 2.39	0.00
p 值	0.324	0.006	

表 54 显示，实验班与对照班折返跑前测成绩之间不具有显著性差异（$p > 0.05$），表明实验前两个班成绩水平相当。实验班前测与后测成绩之间具有非常显著性差异（$p < 0.01$），对照班前测与后测成绩之间具有非常显著性差异（$p < 0.01$）；表明实验后，两个班成绩都有大幅度提高，说明两个班所采用的教学方法对提高 5～6 岁男性幼儿折返跑成绩均非常有效。实验后，两个班后测成绩之间具有非常显著性差异（$p < 0.01$）；实验班成绩明显优于对照班，说明实验班所采用的教学方法对提高 5～6 岁男性幼儿折返跑成绩的效果明显优于对照班。

表 55 实验班与对照班重复钻圈实验成绩比较表

	实验前	实验后	p 值
实验班	15.05 ± 2.72	13.10 ± 2.53	0.00
对照班	14.99 ± 2.85	14.15 ± 3.39	0.00
p 值	0.673	0.000	

表 55 显示，实验班与对照班重复钻圈前测成绩之间不具有显著性差异（$p > 0.05$），表明实验前两个班成绩水平相当。实验班前测与后测成绩之间具有非常显著性差异（$p < 0.01$），对照班前测与后测成绩之间具有非常显著性差异（$p < 0.01$）；表明实验后，两个班成绩都有大幅度提高，说明两个班所采用的教学方法对提高 5～6 岁男性幼儿重复钻圈成绩均非常有效。实验后，两个班后测成绩之间具有非常显著性差异（$p < 0.01$）；实验班成绩明显优于对照班，说明实验班所采用的教学方法对提高 5～6 岁男性幼儿重复钻圈成绩的效果明显优于对照班。

表 56 实验班与对照班象限跳实验成绩比较表

	实验前	实验后	p 值
实验班	8.47 ± 2.97	6.23 ± 3.20	0.00
对照班	8.39 ± 3.52	7.53 ± 4.81	0.00
p 值	0.405	0.047	

表 56 显示，实验班与对照班象限跳前测成绩之间不具有显著性差异（$p > 0.05$），表明实验前两个班成绩水平相当。实验班前测与后测成绩之间具有非常显著性差异（$p < 0.01$），对照班前测与后测成绩之间具有非常显著性差异（$p < 0.01$）；表明实验后，两个班成绩有大幅度提高，说明两个班所采用的教学方法对提高 5～6 岁男性幼儿象限跳成绩均非常有效。实验后，两个班后测成绩之间具有显著性差异（$p < 0.05$）；实验班成绩稍优于对照班，说明实验班所采用的教学方法对提高 5～6 岁男性幼儿象限跳成绩的效果稍优于对照班。

（4）3～4 岁女性幼儿灵敏与协调能力实验结果分析

表 57 实验班与对照班绕障碍跑实验成绩比较表

	实验前	实验后	p 值
实验班	6.78 ± 1.97	6.03 ± 2.13	0.00
对照班	6.53 ± 1.61	5.63 ± 1.14	0.00
p 值	0.089	0.913	

表 57 显示，实验班与对照班绕障碍跑前测成绩之间不具有显著性差异（$p > 0.05$），表明实验前两个班成绩水平相当。实验班前测与后测成绩之间具有非常显著性差异（$p < 0.01$），对照班前测与后测成绩之间具有非常显著性差异（$p < 0.01$）；表明实验后，两个班成绩有大幅度提高，说明两个班所采用的教学方法对提高 3～4 岁女性幼儿绕障碍跑成绩均非常有效。实验后，两个班后测成绩之间不具有显著性差异（$p > 0.05$）；两个班成绩水平相当，说明两个班所采用的教学方法对提高 3～4 岁女性幼儿绕障碍跑成绩效果相当。

表 58 实验班与对照班折返跑实验成绩比较表

	实验前	实验后	p 值
实验班	10.72 ± 4.10	9.35 ± 3.41	0.00
对照班	10.75 ± 4.34	10.33 ± 3.56	0.94
p 值	0.952	0.000	

表 58 显示，实验班与对照班折返跑前测成绩之间不具有显著性差异（$p > 0.05$），表明实验前两个班成绩水平相当。实验班前测与后测成绩之间具有非常显著性差异（$p < 0.01$），对照班前测与后测成绩之间不具有显著性差异（$p > 0.05$）；表明实验后，实验班的成绩有大幅度提高，对照班成绩提高不明显。实验后，两个班后测成绩之间具有非常显著性差异（$p < 0.01$）；实验班成绩明显优于对照班，说明实验班所采用的教学方法对提高 3～4 岁女性幼儿折返跑成绩的效果明显优于对照班。

表 59 实验班与对照班重复钻圈实验成绩比较表

	实验前	实验后	p 值
实验班	20.39 ± 5.20	17.73 ± 4.02	0.00
对照班	20.16 ± 5.21	19.13 ± 3.96	0.56
p 值	0.320	0.000	

表 59 显示，实验班与对照班重复钻圈前测成绩之间不具有显著性差异（$p > 0.05$），表明实验前两个班成绩水平相当。实验班前测与后测成绩之间具有非常显著性差异（$p < 0.01$），对照班前测与后测成绩之间不具有显著性差异（$p > 0.05$）；表明实验后，实验班的成绩有大幅度提高，对照班成绩提高不明显。实验后，两个班后测成绩之间具有非常显著性差异（$p < 0.01$）；实验班成绩明显优于对照班，说明实验班所采用的教学方法对提高 3～4 岁女性幼儿重复钻圈成绩的效果明显优于对照班。

表 60　实验班与对照班手膝着地爬实验成绩比较表

	实验前	实验后	p 值
实验班	9.47 ± 2.98	7.42 ± 2.23	0.00
对照班	9.35 ± 2.67	7.60 ± 2.22	0.00
p 值	0.401	0.263	

表 60 显示，实验班与对照班手膝着地爬前测成绩之间不具有显著性差异（$p > 0.05$），表明实验前两个班成绩水平相当。实验班前测与后测成绩之间具有非常显著性差异（$p < 0.01$），对照班前测与后测成绩之间具有非常显著性差异（$p < 0.01$）；表明实验后，两个班成绩有大幅度提高，说明两个班所采用的教学方法对提高 3～4 岁女性幼儿手膝着地爬成绩均非常有效。实验后，两个班后测成绩之间不具有显著性差异（$p > 0.05$）；两个班成绩水平相当，说明两个班所采用的教学方法对提高 3～4 岁女性幼儿手膝着地爬成绩效果相当。

（5）4～5 岁女性幼儿灵敏与协调能力实验结果分析

表 61　实验班与对照班绕障碍跑实验成绩比较表

	实验前	实验后	p 值
实验班	5.70 ± 0.90	5.14 ± 0.83	0.00
对照班	5.95 ± 1.23	5.93 ± 2.20	0.13
p 值	0.069	0.040	

表 61 显示，实验班与对照班绕障碍跑前测成绩之间不具有显著性差异（$p > 0.05$），表明实验前两个班成绩水平相当。实验班前测与后测成绩之间具有非常显著性差异（$p < 0.01$），对照班前测与后测成绩之间不具有显著性差异（$p > 0.05$）；表明实验后，实验班的成绩有大幅度提高，对照班成绩提高不明显。实验后，两个班后测成绩之间具有显著性差异（$p < 0.05$）；实验班成绩稍优于对照班，说明实验班所采用的教学方法对提高 4～5 岁女性幼儿绕障碍跑成绩的效果稍优于对照班。

表 62　实验班与对照班折返跑实验成绩比较表

	实验前	实验后	*p* 值
实验班	9.58 ± 3.57	7.66 ± 3.06	0.00
对照班	9.60 ± 3.48	8.20 ± 2.81	0.00
p 值	0.864	0.069	

表 62 显示，实验班与对照班折返跑前测成绩之间不具有显著性差异（$p > 0.05$），表明实验前两个班成绩水平相当。实验班前测与后测成绩之间具有非常显著性差异（$p < 0.01$），对照班前测与后测成绩之间具有非常显著性差异（$p < 0.01$）；表明实验后，两个班成绩有大幅度提高，说明两个班所采用的教学方法对提高 4～5 岁女性幼儿折返跑成绩均非常有效。实验后，两个班后测成绩之间不具有显著性差异（$p > 0.05$）；两个班成绩水平相当，说明两个班所采用的教学方法对提高 4～5 岁女性幼儿折返跑成绩效果相当。

表 63　实验班与对照班重复钻圈实验成绩比较表

	实验前	实验后	*p* 值
实验班	17.27 ± 4.01	16.23 ± 4.18	0.02
对照班	17.05 ± 3.81	16.15 ± 3.80	0.29
p 值	0.546	0.828	

表 63 显示，实验班与对照班重复钻圈前测成绩之间不具有显著性差异（$p > 0.05$），表明实验前两个班成绩水平相当。实验班前测与后测成绩之间具有显著性差异（$p < 0.05$），对照班前测与后测成绩之间不具有显著性差异（$p > 0.05$）；表明实验后，实验班成绩有小幅度提高，对照班成绩提高不明显，说明实验班所采用的教学方法对提高 4～5 岁女性幼儿重复钻圈成绩的效果稍优于对照班。

表 64　实验班与对照班象限跳实验成绩比较表

	实验前	实验后	*p* 值
实验班	10.40 ± 4.60	7.99 ± 3.23	0.00
对照班	10.58 ± 4.78	8.67 ± 3.90	0.00
p 值	0.613	0.043	

表 64 显示，实验班与对照班象限跳前测成绩之间不具有显著性差异（$p > 0.05$），表明实验前两个班成绩水平相当。实验班前测与后测成绩之间具有非常显著性差异（$p < 0.01$），对照班前测与后测成绩之间具有非常显著性差异（$p < 0.01$）；表明实验后，两个班成绩有大幅度提高，说明两个班所采用的教学方法对提高 4～5 岁女性幼儿象限跳成绩均非常有效。实验后，两个班后测成绩之间具有显著性差异（$p < 0.05$）；实验班成绩稍优于对照班，说明实验班所采用的教学方法对提高 4～5 岁女性幼儿象限跳成绩的效果稍优于对照班。

（6）5～6 岁女性幼儿灵敏与协调能力实验结果分析

表 65　实验班与对照班绕障碍跑实验成绩比较表

	实验前	实验后	p 值
实验班	5.85 ± 0.88	5.17 ± 0.75	0.00
对照班	5.88 ± 0.90	5.65 ± 1.11	0.00
p 值	0.102	0.000	

表 65 显示，实验班与对照班绕障碍跑前测成绩之间不具有显著性差异（$p > 0.05$），表明实验前两个班成绩水平相当。实验班前测与后测成绩之间具有非常显著性差异（$p < 0.01$），对照班前测与后测成绩之间具有非常显著性差异（$p < 0.01$）；表明实验后，两个班成绩都有大幅度提高，说明两个班所采用的教学方法对提高 5～6 岁女性幼儿绕障碍跑成绩均非常有效。实验后，两个班后测成绩之间具有非常显著性差异（$p < 0.01$）；实验班成绩明显优于对照班，说明实验班所采用的教学方法对提高 5～6 岁女性幼儿绕障碍跑成绩的效果明显优于对照班。

表 66　实验班与对照班折返跑实验成绩比较表

	实验前	实验后	p 值
实验班	8.79 ± 2.67	8.21 ± 2.48	0.00
对照班	8.21 ± 2.48	8.22 ± 2.53	0.28
p 值	0.106	0.583	

表 66 显示，实验班与对照班折返跑前测成绩之间不具有显著性差异（$p > 0.05$），表明实验前两个班成绩水平相当。实验班前测与后测成绩之间具有非常显著性差异（$p < 0.01$），对照班前测与后测成绩之间不具有显著性差异（$p > 0.05$）；表明实验后，实验班成绩具有明显的提高，对照班成绩提高不明显，说明实验班所采用的教学方法对提高 5～6 岁女性幼儿折返跑成绩的效果明显优于对照班。

表 67　实验班与对照班重复钻圈实验成绩比较表

	实验前	实验后	p 值
实验班	15.59 ± 2.95	13.39 ± 2.44	0.00
对照班	15.83 ± 3.21	14.69 ± 3.27	0.00
p 值	0.377	0.000	

表 67 显示，实验班与对照班重复钻圈前测成绩之间不具有显著性差异（$p > 0.05$），表明实验前两个班成绩水平相当。实验班前测与后测成绩之间具有非常显著性差异（$p < 0.01$），对照班前测与后测成绩之间具有非常显著性差异（$p < 0.01$）；表明实验后，两个班成绩有大幅度提高，说明两个班所采用的教学方法对提高 5～6 岁女性幼儿重复钻圈成绩均非常有效。实验后，两个班后测成绩之间具有非常显著性差异（$p < 0.01$）；实验班成绩明显优于对照班，说明实验班所采用的教学方法对提高 5～6 岁女性幼儿重复钻圈成绩的效果明显优于对照班。

表 68　实验班与对照班象限跳实验成绩比较表

	实验前	实验后	p 值
实验班	7.99 ± 3.32	6.06 ± 2.66	0.00
对照班	8.09 ± 3.65	7.49 ± 3.65	0.00
p 值	0.736	0.000	

表 68 显示，实验班与对照班象限跳前测成绩之间不具有显著性差异（$p > 0.05$），表明实验前两个班成绩水平相当。实验班前测与后测成绩之间具有非常显著性差异（$p < 0.01$），对照班前测与后测成绩之间具有非常显著性差

异（$p < 0.01$）；表明实验后，两个班成绩有大幅度提高，说明两个班所采用的教学方法对提高5～6岁女性幼儿象限跳成绩均非常有效。实验后，两个班后测成绩之间具有非常显著性差异（$p < 0.01$）；实验班成绩明显优于对照班，说明实验班所采用的教学方法对提高5～6岁女性幼儿象限跳成绩的效果明显优于对照班。

3.3 实验干预对3～6岁幼儿力量与持久力实验结果分析

力量与持久力对于幼儿来说，实际上是两个相关度极高的指标，从整体性的角度出发，对于区分度不高的两个指标，在幼儿阶段可以看作一个综合指标，即力量与持久力指标，是指在进行肌肉收缩时克服或多次克服阻力所表现出的能力，多以动力性的主动收缩为主。

3.3.1 幼儿力量素质研究

力量是人体运动的基础。力量素质是指在肌肉收缩时所表现出来的一种能力，也可以理解为克服阻力的一种能力。当前对力量分类的研究，主要是体能训练学领域的分类[5]。大致分为（表69）：

表69 力量的分类

划分维度	具体类型
按肌肉收缩形式划分	静力性力量、动力性力量
按力量和体重的关系划分	绝对力量、相对力量
按力量的表现形式划分	最大力量、速度力量、力量耐力
按与专项的关系划分	一般力量、专项力量

由以上的分类可以看出，本研究是根据不同的要求和目的进行的。幼儿力量素质发展的目的是发展全身的肌肉力量，提高肌肉工作能力，最终达到增强体质的效果。

王珏等对浙江省25所幼儿园5267名3～6岁的幼儿进行立定跳远和10米连续跳测试，观察浙江省学龄前幼儿的下肢力量发展情况，旨在为评价幼儿下肢的活动能力、发展趋势以及探寻运动素质发展敏感期提供参考依据。结果发现3～6岁幼儿的立定跳远和连续跳成绩随年龄的增长而显著增加。

王忠勇等通过对山东省3～6岁幼儿10米往返跑、立定跳远、网球掷远、双腿连续跳、坐位体前屈、走平衡木 6 项体能指标的测试，分析了山东省 3～6 岁城乡幼儿体能变化的年龄、性别与城乡特点，揭示了其自然变化的趋势与规律。结果显示，5 岁是幼儿下肢力量快速增长期，6 岁是幼儿上肢力量快速增长期。

以上两者都表明，幼儿的力量素质是随年龄的增长而快速增长的，也就是说，在不进行实验干预的情况下，幼儿的力量素质依然会快速增长，即对照班幼儿的力量素质正处于快速增长中。假设实施实验干预，幼儿的力量素质应该会随年龄的增长而增长得更加迅速，即实验班经过实验干预后，其力量素质发展效果比对照班更好。

3.3.2 幼儿持久力研究

对于“耐力”一词，我们认为“持久力”更适合于对幼儿动作发展及体能的评价。持久力的意义更倾向于行为、语言等的持久，在体育领域里指的是经常性锻炼有关肌肉和心肺系统持续工作的能力。幼儿阶段的动作练习还无法准确界定其锻炼时适宜的量和强度，当在进行某项练习时，幼儿能够持续完成练习内容，即可认为持久力还在延续；如果持续了一定时长后终止练习，那么也可认为这段持续的时长就约等于衡量其持久力的量化指标。特别要注意的是，幼儿的持久力练习是不能强迫的，而应采用引导的自愿方式进行。耐力是专门性训练，专门训练肌肉及心肺系统长时间工作的能力，很多时候是需要多次重复累加同一练习的量和强度而达到训练的目标，有较强的强制性。幼儿的心肺机能尚未完全发育，从幼儿的身心发育特点出发，幼儿动作发展及体能评价采用“持久力”一词更加合适。

通过查阅文献，对幼儿耐力素质的研究只有一篇文章，即沈丽琴等[6]以 716 名 3～6 岁健康幼儿为对象，进行了 50 米 ×2、50 米 ×4、50 米 ×6、50 米 ×8 折返跑测定耐力。结果表明，小班（3～4 岁）50 米 ×2、中班（4～5 岁）50 米 ×4、大班（5～6 岁）50 米 ×6 作为 3～6 岁幼儿的耐力测定指标是合适的，目前还缺乏单独对幼儿持久力的研究。

《指南》在动作发展部分指出，在学前教育的动作教学中，要求幼儿具有一定的平衡能力，动作灵敏、协调，具有一定的力量和耐力。在特定情境下，动作的完成表现出的灵敏与协调能力、力量与持久力是统一的、不可分割的。本研究也主张力量与持久力相统一，力量素质按力量的表现形式划分，可分为最大力量、速度力量、力量持久力（耐力）。实际上，幼儿阶段作过细形式的划分是不利的，幼儿本身是一个整体，各种形式力量的区分不明显，幼儿也不懂得怎样去控制各种形式的力量素质，实际上他们的动作中各种形式的力量都是并存的。

3.3.3 幼儿力量与持久力实验结果分析

（1）3～4 岁男性幼儿力量与持久力实验结果分析

表 70　实验班与对照班单手投沙包左手实验成绩比较表

	实验前	实验后	p 值
实验班	2.49±0.84	2.97±0.77	0.00
对照班	2.47±0.77	2.89±0.84	0.00
p 值	0.207	0.126	

表 70 显示，实验班与对照班单手投沙包左手前测成绩之间不具有显著性差异（$p>0.05$），表明实验前两个班成绩水平相当。实验班前测与后测成绩之间具有非常显著性差异（$p<0.01$），对照班前测与后测成绩之间具有非常显著性差异（$p<0.01$）；表明实验后，两个班成绩有大幅度提高，说明两个班所采用的教学方法对提高 3～4 岁男性幼儿单手投沙包左手成绩均非常有效。实验后，两个班后测成绩之间不具有显著性差异（$p>0.05$）；两个班成绩水平相当，说明两个班所采用的教学方法对提高 3～4 岁男性幼儿单手投沙包左手成绩效果相当。

表 71　实验班与对照班单手投沙包右手实验成绩比较表

	实验前	实验后	p 值
实验班	2.52±0.83	3.37±0.88	0.00
对照班	2.55±0.79	3.33±0.87	0.00
p 值	0.152	0.489	

表 71 显示，实验班与对照班单手投沙包右手前测成绩之间不具有显著性差异（$p>0.05$），表明实验前两个班成绩水平相当。实验班前测与后测

成绩之间具有非常显著性差异（$p < 0.01$），对照班前测与后测成绩之间具有非常显著性差异（$p < 0.01$）；表明实验后，两个班成绩有大幅度提高，说明两个班所采用的教学方法对提高 3～4 岁男性幼儿单手投沙包右手成绩均非常有效。实验后，两个班后测成绩之间不具有显著性差异（$p > 0.05$）；两个班成绩水平相当，说明两个班所采用的教学方法对提高 3～4 岁男性幼儿单手投沙包右手成绩效果相当。

表 72 实验班与对照班立定跳远实验成绩比较表

	实验前	实验后	p 值
实验班	0.64 ± 0.17	0.84 ± 0.16	0.00
对照班	0.64 ± 0.17	0.81 ± 0.15	0.00
p 值	0.175	0.021	

表 72 显示，实验班与对照班立定跳远前测成绩之间不具有显著性差异（$p > 0.05$），表明实验前两个班成绩水平相当。实验班前测与后测成绩之间具有非常显著性差异（$p < 0.01$），对照班前测与后测成绩之间具有非常显著性差异（$p < 0.01$）；表明实验后，两个班成绩有大幅度提高，说明两个班所采用的教学方法对提高 3～4 岁男性幼儿立定跳远成绩均非常有效。实验后，两个班后测成绩之间具有显著性差异（$p < 0.05$）；实验班成绩稍优于对照班，说明实验班所采用的教学方法对提高 3～4 岁男性幼儿立定跳远成绩的效果稍优于对照班。

表 73 实验班与对照班上下台阶实验成绩比较表

	实验前	实验后	p 值
实验班	15.96 ± 5.24	12.35 ± 3.60	0.00
对照班	16.10 ± 5.62	13.27 ± 3.54	0.00
p 值	0.226	0.001	

表 73 显示，实验班与对照班上下台阶前测成绩之间不具有显著性差异（$p > 0.05$），表明实验前两个班成绩水平相当。实验班前测与后测成绩之间具有非常显著性差异（$p < 0.01$），对照班前测与后测成绩之间具有非常

显著性差异（$p < 0.01$）；表明实验后，两个班成绩均有大幅度提高，说明两个班所采用的教学方法对提高 3～4 岁男性幼儿上下台阶成绩均非常有效。实验后，两个班后测成绩之间具有非常显著性差异（$p < 0.01$）；实验班成绩明显优于对照班，说明实验班所采用的教学方法对提高 3～4 岁男性幼儿上下台阶成绩的效果明显优于对照班。

表 74　实验班与对照班俯卧双手撑实验成绩比较表

	实验前	实验后	p 值
实验班	30.31 ± 15.63	31.58 ± 11.44	0.00
对照班	27.36 ± 12.93	30.22 ± 11.19	0.00
p 值	0.101	0.519	

表 74 显示，实验班与对照班俯卧双手撑前测成绩之间不具有显著性差异（$p > 0.05$），表明实验前两个班成绩水平相当。实验班前测与后测成绩之间具有非常显著性差异（$p < 0.01$），对照班前测与后测成绩之间具有非常显著性差异（$p < 0.01$）；表明实验后，两个班成绩均有大幅度提高，说明两个班所采用的教学方法对提高 3～4 岁男性幼儿俯卧双手撑成绩均非常有效。实验后，两个班后测成绩之间不具有显著性差异（$p > 0.05$）；两个班成绩水平相当，说明两个班所采用的教学方法对提高 3～4 岁男性幼儿俯卧双手撑成绩效果相当。

（2）4～5 岁男性幼儿力量与持久力实验结果分析

表 75　实验班与对照班单手投沙包左手实验成绩比较表

	实验前	实验后	p 值
实验班	3.47 ± 0.85	3.89 ± 0.90	0.00
对照班	3.44 ± 0.85	4.37 ± 0.72	0.00
p 值	0.639	0.246	

表 75 显示，实验班与对照班单手投沙包左手前测成绩之间不具有显著性差异（$p > 0.05$），表明实验前两个班成绩水平相当。实验班前测与后测

成绩之间具有非常显著性差异（$p < 0.01$），对照班前测与后测成绩之间具有非常显著性差异（$p < 0.01$）；表明实验后，两个班成绩有大幅度提高，说明两个班所采用的教学方法对提高 4～5 岁男性幼儿单手投沙包左手成绩均非常有效。实验后，两个班后测成绩之间不具有显著性差异（$p > 0.05$）；两个班成绩水平相当，说明两个班所采用的教学方法对提高 4～5 岁男性幼儿单手投沙包左手成绩效果相当。

表 76　实验班与对照班单手投沙包右手实验成绩比较表

	实验前	实验后	p 值
实验班	3.66 ± 1.11	4.51 ± 1.15	0.00
对照班	3.60 ± 0.97	4.37 ± 1.32	0.00
p 值	0.075	0.089	

表 76 显示，实验班与对照班单手投沙包右手前测成绩之间不具有显著性差异（$p > 0.05$），表明实验前两个班成绩水平相当。实验班前测与后测成绩之间具有非常显著性差异（$p < 0.01$），对照班前测与后测成绩之间具有非常显著性差异（$p < 0.01$）；表明实验后，两个班成绩有大幅度提高，说明两个班所采用的教学方法对提高 4～5 岁男性幼儿单手投沙包右手成绩均非常有效。实验后，两个班后测成绩之间不具有显著性差异（$p > 0.05$）；两个班成绩水平相当，说明两个班所采用的教学方法对提高 4～5 岁男性幼儿单手投沙包右手成绩效果相当。

表 77　实验班与对照班立定跳远实验成绩比较表

	实验前	实验后	p 值
实验班	0.90 ± 0.15	1.02 ± 0.19	0.00
对照班	0.90 ± 0.17	0.97 ± 0.17	0.00
p 值	0.653	0.002	

表 77 显示，实验班与对照班立定跳远前测成绩之间不具有显著性差异（$p > 0.05$），表明实验前两个班成绩水平相当。实验班前测与后测成绩之间具有非常显著性差异（$p < 0.01$），对照班前测与后测成绩之间具有非常

显著性差异（$p < 0.01$）；表明实验后，两个班成绩有大幅度提高，说明两个班所采用的教学方法对提高 4～5 岁男性幼儿立定跳远成绩均非常有效。实验后，两个班后测成绩之间具有非常显著性差异（$p < 0.01$）；实验班成绩明显优于对照班，说明实验班所采用的教学方法对提高 4～5 岁男性幼儿立定跳远成绩的效果明显优于对照班。

表 78　实验班与对照班仰卧举腿实验成绩比较表

	实验前	实验后	p 值
实验班	10.62 ± 3.17	13.16 ± 3.20	0.00
对照班	10.94 ± 3.34	12.13 ± 3.75	0.00
p 值	0.118	0.003	

表 78 显示，实验班与对照班仰卧举腿前测成绩之间不具有显著性差异（$p > 0.05$），表明实验前两个班成绩水平相当。实验班前测与后测成绩之间具有非常显著性差异（$p < 0.01$），对照班前测与后测成绩之间具有非常显著性差异（$p < 0.01$）；表明实验后，两个班成绩有大幅度提高，说明两个班所采用的教学方法对提高 4～5 岁男性幼儿仰卧举腿成绩均非常有效。实验后，两个班后测成绩之间具有非常显著性差异（$p < 0.01$）；实验班成绩明显优于对照班，说明实验班所采用的教学方法对提高 4～5 岁男性幼儿仰卧举腿成绩的效果明显优于对照班。

表 79　实验班与对照班俯卧双手撑实验成绩比较表

	实验前	实验后	p 值
实验班	30.97 ± 15.51	32.65 ± 8.98	0.02
对照班	30.88 ± 14.71	31.87 ± 11.77	0.01
p 值	0.107	0.007	

表 79 显示，实验班与对照班俯卧双手撑前测成绩之间不具有显著性差异（$p > 0.05$），表明实验前两个班成绩水平相当。实验班前测与后测成绩之间具有显著性差异（$p < 0.05$），对照班前测与后测成绩之间具有显著性差异（$p < 0.05$）；表明实验后，两个班成绩均有提高，说明两种教学方

法的教学效果相当。实验后，两个班后测成绩之间具有非常显著性差异（$p < 0.01$），实验班成绩明显优于对照班，说明实验班所采用的教学方法对提高 4～5 岁男性幼儿俯卧双手撑成绩的效果明显优于对照班。

（3）5～6 岁男性幼儿力量与持久力实验结果分析

表 80　实验班与对照班单手投沙包左手实验成绩比较表

	实验前	实验后	p 值
实验班	4.12 ± 1.11	4.64 ± 1.11	0.00
对照班	4.02 ± 1.11	4.89 ± 1.62	0.00
p 值	0.145	0.145	

表 80 显示，实验班与对照班单手投沙包左手前测成绩之间不具有显著性差异（$p > 0.05$），表明实验前两个班成绩水平相当。实验班前测与后测成绩之间具有非常显著性差异（$p < 0.01$），对照班前测与后测成绩之间具有非常显著性差异（$p < 0.01$）；表明实验后，两个班成绩有大幅度提高，说明两个班所采用的教学方法对提高 5～6 岁男性幼儿单手投沙包左手成绩均非常有效。实验后，两个班后测成绩之间不具有显著性差异（$p > 0.05$）；两个班成绩水平相当，说明两个班所采用的教学方法对提高 5～6 岁男性幼儿单手投沙包左手成绩效果相当。

表 81　实验班与对照班单手投沙包右手实验成绩比较表

	实验前	实验后	p 值
实验班	4.91 ± 1.42	5.52 ± 1.46	0.00
对照班	4.86 ± 1.35	5.86 ± 1.94	0.00
p 值	0.637	0.097	

表 81 显示，实验班与对照班单手投沙包右手前测成绩之间不具有显著性差异（$p > 0.05$），表明实验前两个班成绩水平相当。实验班前测与后测成绩之间具有非常显著性差异（$p < 0.01$），对照班前测与后测成绩之间具有非常显著性差异（$p < 0.01$）；表明实验后，两个班成绩有大幅度提高，说明两个班所采用的教学方法对提高 5～6 岁男性幼儿单手投沙包右手成绩

均非常有效。实验后，两个班后测成绩之间不具有显著性差异（$p > 0.05$）；两个班成绩水平相当，说明两个班所采用的教学方法对提高 5~6 岁男性幼儿单手投沙包右手成绩效果相当。

表 82　实验班与对照班立定跳远实验成绩比较表

	实验前	实验后	p 值
实验班	1.08 ± 0.16	1.17 ± 0.17	0.00
对照班	1.08 ± 0.17	1.15 ± 0.20	0.00
p 值	0.454	0.187	

表 82 显示，实验班与对照班立定跳远前测成绩之间不具有显著性差异（$p > 0.05$），表明实验前两个班成绩水平相当。实验班前测与后测成绩之间具有非常显著性差异（$p < 0.01$），对照班前测与后测成绩之间具有非常显著性差异（$p < 0.01$）；表明实验后，两个班成绩有大幅度提高，说明两个班所采用的教学方法对提高 5~6 岁男性幼儿立定跳远成绩均非常有效。实验后，两个班后测成绩之间不具有显著性差异（$p > 0.05$）；两个班成绩水平相当，说明两个班所采用的教学方法对提高 5~6 岁男性幼儿立定跳远成绩效果相当。

表 83　实验班与对照班仰卧举腿实验成绩比较表

	实验前	实验后	p 值
实验班	15.08 ± 5.23	16.90 ± 5.90	0.00
对照班	15.26 ± 5.39	15.76 ± 6.69	0.00
p 值	0.082	0.001	

表 83 显示，实验班与对照班仰卧举腿前测成绩之间不具有显著性差异（$p > 0.05$），表明实验前两个班成绩水平相当。实验班前测与后测成绩之间具有非常显著性差异（$p < 0.01$），对照班前测与后测成绩之间具有非常显著性差异（$p < 0.01$）；表明实验后，两个班仰卧举腿成绩有大幅度提高，说明两个班所采用的教学方法对提高 5~6 岁男性幼儿仰卧举腿成绩均非常

有效。实验后，两个班后测成绩之间具有非常显著性差异（$p < 0.01$）；实验班成绩明显优于对照班，说明实验班所采用的教学方法对提高 5～6 岁男性幼儿仰卧举腿成绩的效果明显优于对照班。

表 84 实验班与对照班悬垂实验成绩比较表

	实验前	实验后	p 值
实验班	26.52 ± 13.28	32.05 ± 17.98	0.00
对照班	24.56 ± 11.48	31.40 ± 19.29	0.00
p 值	0.080	0.500	

表 84 显示，实验班与对照班悬垂前测成绩之间不具有显著性差异（$p > 0.05$），表明实验前两个班成绩水平相当。实验班前测与后测成绩之间具有非常显著性差异（$p < 0.01$），对照班前测与后测成绩之间具有非常显著性差异（$p < 0.01$）；表明实验后，两个班成绩有大幅度提高，说明两个班所采用的教学方法对提高 5～6 岁男性幼儿悬垂成绩均非常有效。实验后，两个班后测成绩之间不具有显著性差异（$p > 0.05$）；两个班成绩水平相当，说明两个班所采用的教学方法对提高 5～6 岁男性幼儿悬垂成绩效果相当。

（4）3～4 岁女性幼儿力量与持久力实验结果分析

表 85 实验班与对照班单手投沙包左手实验成绩比较表

	实验前	实验后	p 值
实验班	2.18 ± 0.71	2.71 ± 0.69	0.00
对照班	2.15 ± 0.69	2.50 ± 0.66	0.00
p 值	0.338	0.000	

表 85 显示，实验班与对照班单手投沙包左手前测成绩之间不具有显著性差异（$p > 0.05$），表明实验前两个班成绩水平相当。实验班前测与后测成绩之间具有非常显著性差异（$p < 0.01$），对照班前测与后测成绩之间具有非常显著性差异（$p < 0.01$）；表明实验后，两个班成绩有大幅度提高，说明两个班所采用的教学方法对提高 3～4 岁女性幼儿单手投沙包左手成绩

均非常有效。实验后，两个班后测成绩之间具有非常显著性差异（$p < 0.01$）；实验班成绩明显优于对照班，说明实验班所采用的教学方法对提高 3～4 岁女性幼儿单手投沙包左手成绩的效果明显优于对照班。

表 86　实验班与对照班单手投沙包右手实验成绩比较表

	实验前	实验后	p 值
实验班	2.45±0.74	3.07±1.04	0.00
对照班	2.42±0.73	2.76±0.74	0.00
p 值	0.529	0.000	

表 86 显示，实验班与对照班单手投沙包右手前测成绩之间不具有显著性差异（$p > 0.05$），表明实验前两个班成绩水平相当。实验班前测与后测成绩之间具有非常显著性差异（$p < 0.01$），对照班前测与后测成绩之间具有非常显著性差异（$p < 0.01$）；表明实验后，两个班成绩有大幅度提高，说明两个班所采用的教学方法对提高 3～4 岁女性幼儿单手投沙包右手成绩均非常有效。实验后，两个班后测成绩之间具有非常显著性差异（$p < 0.01$）；实验班成绩明显优于对照班，说明实验班所采用的教学方法对提高 3～4 岁女性幼儿单手投沙包右手成绩的效果明显优于对照班。

表 87　实验班与对照班立定跳远实验成绩比较表

	实验前	实验后	p 值
实验班	0.64±0.15	0.82±0.51	0.00
对照班	0.65±0.18	0.81±0.21	0.00
p 值	0.480	0.018	

表 87 显示，实验班与对照班立定跳远前测成绩之间不具有显著性差异（$p > 0.05$），表明实验前两个班成绩水平相当。实验班前测与后测成绩之间具有非常显著性差异（$p < 0.01$），对照班前测与后测成绩之间具有非常显著性差异（$p < 0.01$）；表明实验后，两个班成绩有大幅度提高，说明两个班所采用的教学方法对提高 3～4 岁女性幼儿立定跳远成绩均非常有效。实验后，两个班后测成绩之间具有显著性差异（$p < 0.05$）；实验班成绩稍

优于对照班，说明实验班所采用的教学方法对提高 3～4 岁女性幼儿立定跳远成绩的效果稍优于对照班。

表 88　实验班与对照班上下台阶实验成绩比较表

	实验前	实验后	p 值
实验班	14.94 ± 5.23	12.73 ± 3.98	0.00
对照班	14.89 ± 4.93	13.06 ± 3.47	0.00
p 值	0.770	0.348	

表 88 显示，实验班与对照班上下台阶前测成绩之间不具有显著性差异（$p > 0.05$），表明实验前两个班成绩水平相当。实验班前测与后测成绩之间具有非常显著性差异（$p < 0.01$），对照班前测与后测成绩之间具有非常显著性差异（$p < 0.01$）；表明实验后，两个班成绩均有大幅度提高，说明两个班所采用的教学方法对提高 3～4 岁女性幼儿上下台阶成绩均非常有效。实验后，两个班后测成绩之间不具有显著性差异（$p > 0.05$）；两个班成绩水平相当，说明两个班所采用的教学方法对提高 3～4 岁女性幼儿上下台阶成绩效果相当。

表 89　实验班与对照班俯卧双手撑实验成绩比较表

	实验前	实验后	p 值
实验班	27.35 ± 11.49	33.88 ± 17.22	0.01
对照班	26.54 ± 11.65	27.21 ± 12.02	0.71
p 值	0.108	0.000	

表 89 显示，实验班与对照班俯卧双手撑前测成绩之间不具有显著性差异（$p > 0.05$），表明实验前两个班成绩水平相当。实验班前测与后测成绩之间具有显著性差异（$p < 0.05$），对照班前测与后测成绩之间不具有显著性差异（$p > 0.05$）；表明实验后，实验班成绩稍有所提高，对照班成绩没有显著的提高。实验后，两个班后测成绩之间具有非常显著性差异（$p < 0.01$），实验班成绩明显优于对照班，说明实验班所采用的教学方法对提高 3～4 岁女性幼儿俯卧双手撑成绩的效果明显优于对照班。

（5）4～5 岁女性幼儿力量与持久力实验结果分析

表 90　实验班与对照班单手投沙包左手实验成绩比较表

	实验前	实验后	p 值
实验班	2.78±0.76	3.53±0.82	0.00
对照班	2.89±0.84	3.31±0.79	0.00
p 值	0.086	0.002	

表 90 显示，实验班与对照班单手投沙包左手前测成绩之间不具有显著性差异（$p > 0.05$），表明实验前两个班成绩水平相当。实验班前测与后测成绩之间具有非常显著性差异（$p < 0.01$），对照班前测与后测成绩之间具有非常显著性差异（$p < 0.01$）；表明实验后，两个班成绩有大幅度提高，说明两个班所采用的教学方法对提高 4～5 岁女性幼儿单手投沙包左手成绩均非常有效。实验后，两个班后测成绩之间具有非常显著性差异（$p < 0.01$）；实验班成绩明显优于对照班，说明实验班所采用的教学方法对提高 4～5 岁女性幼儿单手投沙包左手成绩的效果明显优于对照班。

表 91　实验班与对照班单手投沙包右手实验成绩比较表

	实验前	实验后	p 值
实验班	3.08±0.98	3.78±0.87	0.00
对照班	3.01±0.81	3.89±0.91	0.00
p 值	0.062	0.226	

表 91 显示，实验班与对照班单手投沙包右手前测成绩之间不具有显著性差异（$p > 0.05$），表明实验前两个班成绩水平相当。实验班前测与后测成绩之间具有非常显著性差异（$p < 0.01$），对照班前测与后测成绩之间具有非常显著性差异（$p < 0.01$）；表明实验后，两个班成绩有大幅度提高，说明两个班所采用的教学方法对提高 4～5 岁女性幼儿单手投沙包右手成绩均非常有效。实验后，两个班后测成绩之间不具有显著性差异（$p > 0.05$）；两个班成绩水平相当，说明两个班所采用的教学方法对提高 4～5 岁女性幼儿单手投沙包右手成绩效果相当。

表 92　实验班与对照班立定跳远实验成绩比较表

	实验前	实验后	p 值
实验班	0.86 ± 0.15	0.95 ± 0.17	0.00
对照班	0.85 ± 0.15	0.95 ± 0.16	0.00
p 值	0.407	0.881	

表 92 显示，实验班与对照班立定跳远前测成绩之间不具有显著性差异（$p > 0.05$），表明实验前两个班成绩水平相当。实验班前测与后测成绩之间具有非常显著性差异（$p < 0.01$），对照班前测与后测成绩之间具有非常显著性差异（$p < 0.01$）；表明实验后，两个班成绩有大幅度提高，说明两个班所采用的教学方法对提高 4～5 岁女性幼儿立定跳远成绩均非常有效。实验后，两个班后测成绩之间不具有显著性差异（$p > 0.05$）；两个班成绩水平相当，说明两个班所采用的教学方法对提高 4～5 岁女性幼儿立定跳远成绩效果相当。

表 93　实验班与对照班仰卧举腿实验成绩比较表

	实验前	实验后	p 值
实验班	10.21 ± 3.01	12.84 ± 3.82	0.00
对照班	10.16 ± 2.84	12.46 ± 3.70	0.00
p 值	0.127	0.163	

表 93 显示，实验班与对照班仰卧举腿前测成绩之间不具有显著性差异（$p > 0.05$），表明实验前两个班成绩水平相当。实验班前测与后测成绩之间具有非常显著性差异（$p < 0.01$），对照班前测与后测成绩之间具有非常显著性差异（$p < 0.01$）；表明实验后，两个班成绩均有大幅度提高，说明两个班所采用的教学方法对提高 4～5 岁女性幼儿仰卧举腿成绩均非常有效。实验后，两个班后测成绩之间不具有显著性差异（$p > 0.05$）；两个班成绩水平相当，说明两个班所采用的教学方法对提高 4～5 岁女性幼儿仰卧举腿成绩效果相当。

表 94 实验班与对照班俯卧双手撑实验成绩比较表

	实验前	实验后	p 值
实验班	35.94 ± 20.81	32.14 ± 11.22	0.02
对照班	34.72 ± 16.68	32.41 ± 11.70	0.35
p 值	0.519	0.328	

表 94 显示，实验班与对照班俯卧双手撑前测成绩之间不具有显著性差异（$p > 0.05$），表明实验前两个班成绩水平相当。实验班前测与后测成绩之间具有显著性差异（$p < 0.05$），对照班前测与后测成绩之间不具有显著性差异（$p > 0.05$）；表明实验后，实验班的成绩退步了，对照班的前测和后测成绩没有明显差异。在体能发展角度下看幼儿体能是不断增长的，幼儿体能退步几乎是不可能发生的，此类结果很可能是数据误差造成，可归于两个班进步不明显。

（6）5～6 岁女性幼儿力量与持久力实验结果分析

表 95 实验班与对照班单手投沙包左手实验成绩比较表

	实验前	实验后	p 值
实验班	3.70 ± 1.02	4.07 ± 0.94	0.00
对照班	3.67 ± 0.95	4.03 ± 1.19	0.00
p 值	0.071	0.156	

表 95 显示，实验班与对照班单手投沙包左手前测成绩之间不具有显著性差异（$p > 0.05$），表明实验前两个班成绩水平相当。实验班前测与后测成绩之间具有非常显著性差异（$p < 0.01$），对照班前测与后测成绩之间具有非常显著性差异（$p < 0.01$）；表明实验后，两个班成绩有大幅度提高，说明两个班所采用的教学方法对提高 5～6 岁女性幼儿单手投沙包左手成绩均非常有效。实验后，两个班后测成绩之间不具有显著性差异（$p > 0.05$）；两个班成绩水平相当，说明两个班所采用的教学方法对提高 5～6 岁女性幼儿单手投沙包左手成绩效果相当。

表 96 实验班与对照班单手投沙包右手实验成绩比较表

	实验前	实验后	p 值
实验班	4.10 ± 1.11	4.77 ± 1.22	0.00
对照班	3.98 ± 1.09	4.69 ± 1.33	0.00
p 值	0.103	0.345	

表 96 显示，实验班与对照班单手投沙包右手前测成绩之间不具有显著性差异（$p > 0.05$），表明实验前两个班成绩水平相当。实验班前测与后测成绩之间具有非常显著性差异（$p < 0.01$），对照班前测与后测成绩之间具有非常显著性差异（$p < 0.01$）；表明实验后，两个班成绩有大幅度提高，说明两个班所采用的教学方法对提高 5 ~ 6 岁女性幼儿单手投沙包右手成绩均非常有效。实验后，两个班后测成绩之间不具有显著性差异（$p > 0.05$）；两个班成绩水平相当，说明两个班所采用的教学方法对提高 5 ~ 6 岁女性幼儿单手投沙包右手成绩效果相当。

表 97 实验班与对照班立定跳远实验成绩比较表

	实验前	实验后	p 值
实验班	1.00 ± 0.13	1.13 ± 0.29	0.00
对照班	0.98 ± 0.18	1.04 ± 0.18	0.00
p 值	0.107	0.000	

表 97 显示，实验班与对照班立定跳远前测成绩之间不具有显著性差异（$p > 0.05$），表明实验前两个班成绩水平相当。实验班前测与后测成绩之间具有非常显著性差异（$p < 0.01$），对照班前测与后测成绩之间具有非常显著性差异（$p < 0.01$）；表明实验后，两个班成绩有大幅度提高，说明两个班所采用的教学方法对提高 5 ~ 6 岁女性幼儿立定跳远成绩均非常有效。实验后，两个班后测成绩之间具有非常显著性差异（$p < 0.01$）；实验班成绩明显优于对照班，说明实验班所采用的教学方法对提高 5 ~ 6 岁女性幼儿立定跳远成绩的效果明显优于对照班。

表 98　实验班与对照班仰卧举腿实验成绩比较表

	实验前	实验后	p 值
实验班	14.49 ± 4.76	17.58 ± 4.61	0.00
对照班	14.13 ± 4.62	15.36 ± 5.07	0.00
p 值	0.074	0.000	

表 98 显示，实验班与对照班仰卧举腿前测成绩之间不具有显著性差异（$p > 0.05$），表明实验前两个班成绩水平相当。实验班前测与后测成绩之间具有非常显著性差异（$p < 0.01$），对照班前测与后测成绩之间具有非常显著性差异（$p < 0.01$）；表明实验后，两个班成绩有大幅度提高，说明两个班所采用的教学方法对提高 5～6 岁女性幼儿仰卧举腿成绩均非常有效。实验后，两个班后测成绩之间具有非常显著性差异（$p < 0.01$）；实验班成绩明显优于对照班，说明实验班所采用的教学方法对提高 5～6 岁女性幼儿仰卧举腿成绩的效果明显优于对照班。

表 99　实验班与对照班悬垂实验成绩比较表

	实验前	实验后	p 值
实验班	26.58 ± 13.30	34.14 ± 16.93	0.00
对照班	25.88 ± 12.31	29.92 ± 15.43	0.00
p 值	0.105	0.000	

表 99 显示，实验班与对照班悬垂前测成绩之间不具有显著性差异（$p > 0.05$），表明实验前两个班成绩水平相当。实验班前测与后测成绩之间具有非常显著性差异（$p < 0.01$），对照班前测与后测成绩之间具有非常显著性差异（$p < 0.01$）；表明实验后，两个班成绩有大幅度提高，说明两个班所采用的教学方法对提高 5～6 岁女性幼儿悬垂成绩均非常有效。实验后，两个班后测成绩之间具有非常显著性差异（$p < 0.01$）；实验班成绩明显优于对照班，说明实验班所采用的教学方法对提高 5～6 岁女性幼儿悬垂成绩的效果明显优于对照班。

3.4 实验班与对照班实验结果统计分析

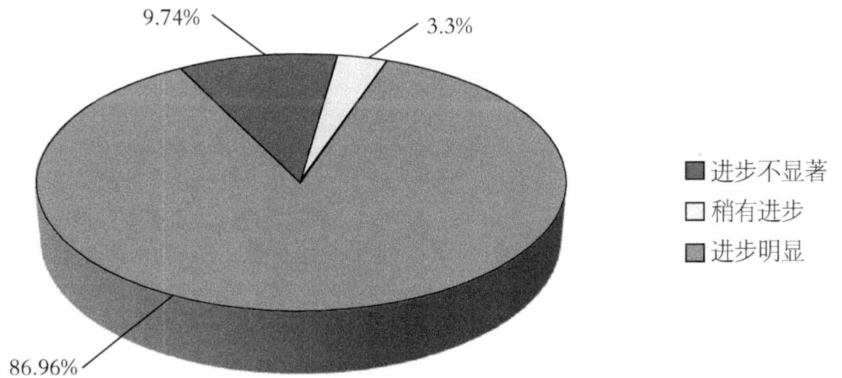

图 2　实验班实验前后对比结果统计图

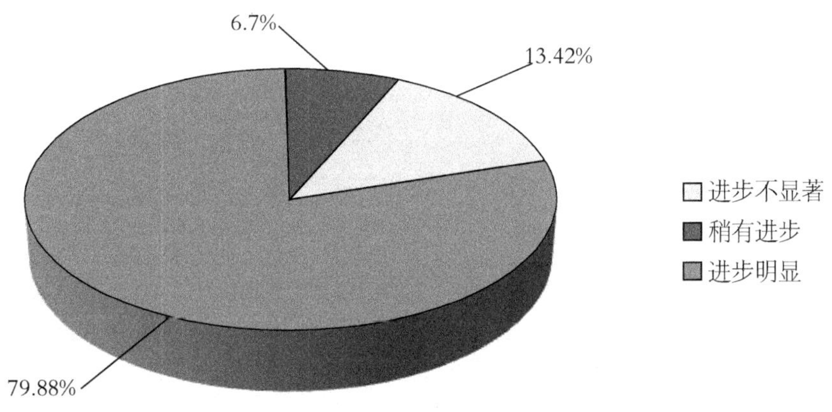

图 3　对照班实验前后对比结果统计图

从图 2、图 3 统计结果分析，实验班的整体成绩是进步的，作为对照班的整体成绩也几乎都在进步，表明在整个实验过程中，接受不同干预的两个实验班的整体成绩都在进步，而且成绩明显进步的占了绝大多数，说明两种干预的方式对幼儿的平衡能力、灵敏与协调能力、力量与持久力的促进都是有效的。

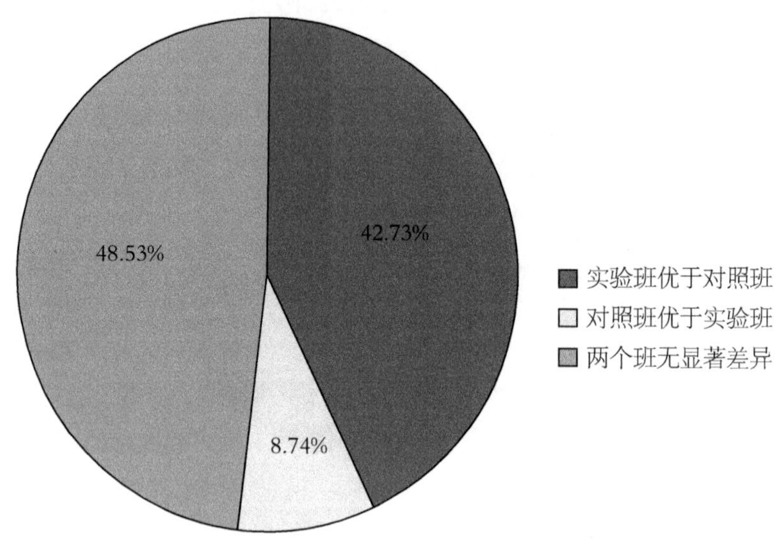

图 4　实验班与对照班实验结果对比分析统计图

图 4 显示，实验班有 42.73% 的指标成绩优于对照班，表明实验班比对照班“三维动作”整体实验效果要好。这种现象提示两个方面的问题：一是幼儿的身体随着年龄而增长，“三维动作”练习能够促进幼儿的动作发展；二是由于实验以班级为样本单位，可能是由于样本原因造成，如果能够以幼儿出生月份或季度为样本单位，准确性会更大，这方面的影响有待进一步研究。

体育活动的干预对提高幼儿身体素质的效果要优于幼儿园常规教学。据调查分析，广东省幼儿园体育活动场地基本能够满足幼儿日常体育活动的需要，大部分幼儿园具备足球场、篮球场、田径场等体育活动场地设施。幼儿园也都能够做到“幼儿每天的户外活动时间一般不少于 2 小时，其中体育活动时间不少于 1 小时”，每周至少上 2 节体育课。从办学条件上分析，在幼儿园里，幼儿每天的锻炼量是足够的，从进行常规幼儿园体育教学的对照班上可以看出，3～6 岁阶段的幼儿体质增长非常快。幼儿园常规体育课的内容多种多样，如形体课、篮球课、足球课、排球课、健美操课等，开设篮球课的幼儿园数量是最多的，比例接近 60%。幼儿园篮球课授课的方式大多是从基本技术开始，逐渐过渡到竞技比赛，而授课教师也始终把幼儿向竞技比赛的方向引导，不得不说，在幼儿园的体育上，幼儿在小篮球场上做3对3或5对5的篮球比赛时是多么地令人吃惊，幼儿能做到快速、急停急起和变向运球，能做三步上篮和投篮等基本技术，有一定比赛意识和能力，幼儿的篮球天赋太高了。但在惊叹的同时，很多人却忽略了那些没有比赛的幼儿，这些幼儿控球技术、投篮、体能等水平可能都达不到比赛的要求，哪怕能够上场比赛，他们也无法体会到篮球比赛本身的乐趣。不只是篮球课，足球、排球等其他课的教学也非常相似，达不到竞赛水平的幼儿往往是大多数，走访广州市幼儿篮球俱乐部发现，一个50～70人的俱乐部选出能够达到竞赛水平的幼儿几乎不超过5人。那么，幼儿园这种授课的方式和授课内容必定会降低幼儿的体育活动量，不利于幼儿身心的发展。

课题主要实施的实验干预是体育活动发展内容，以人体基本动作走、投掷、钻、爬、攀、跳、跑、踢、悬垂、撑、滚翻等为中心，经过专家对内容进行科学设计和筛选，并通过行动研究法对体育活动发展内容的完成情况做普查性研究，确定大部分幼儿能够完成发展内容上的动作。从人类动作发展规律的角度分析，基本的动作包括走、投掷、钻、爬、攀、跳、跑、踢、悬垂、撑、滚翻等，习得这些动作内容以后，人体的动作发展会有一个厚实的根基，以后能够通过这些基本动作的习得和积累发展到更加高级的动作或组合动作，以应对更加专业的体育锻炼或生活需要，提高体质健康及生活质量。从幼儿身心发展特点的角度分析，游戏是幼儿喜欢的体育活动形式，游戏难度的高低决定了对幼儿身心的锻炼效果，难度太高幼儿做不到，难度太低幼儿没兴趣。美国克拉克（Clark）和梅特卡夫（Mctcalfe）在“动作发展山峰”模型中提到，1岁至7岁幼儿处于基本动作模式期，要以人体基本动作学习为主，Gallahue认为2～7岁幼儿要以走、跑、跳、爬、攀、抛等简单动作学习为主[7]。这两个观点足以表明，3～6岁阶段的幼儿能够接受基本动作练习，在生长发育程度上能够适应基本动作练习，在心理上会产生完成练习的满足感，提高练习的兴趣。基本动作适合3～6岁阶段幼儿进行体育活动练习，幼儿容易清晰地记住这些动作，动作经验就会日趋丰富，以后可以进行灵活运用，有利于增强幼儿体育活动时的自信心，提升幼儿以后完成更高难度动作时的勇气，及对体育活动的兴趣。除个体差异，以基本动作为中心设计体育游戏教学，如篮球课、足球课、排球课等，实际上对幼儿来说都只是球类课，授课教师可以结合球类内容的趣味性，引导幼儿学习拍、抛、踢、投掷等基本动作，这样更加贴近幼儿身心发展的特点。

3.5 进行实验干预后体育活动对幼儿身体素质发展的影响分析

3.5.1 干预后各类体能指标发展趋势分析

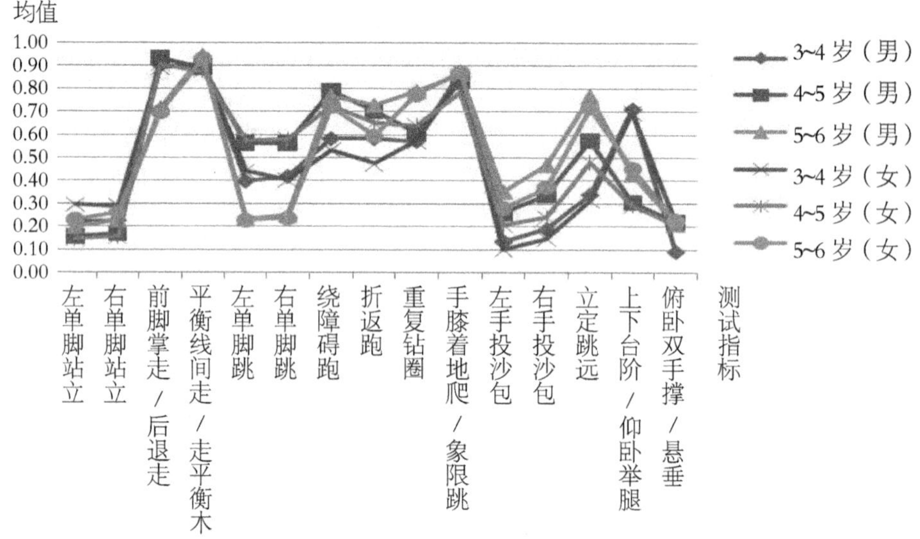

图 5　干预后实验班各项指标均值标准化统计图

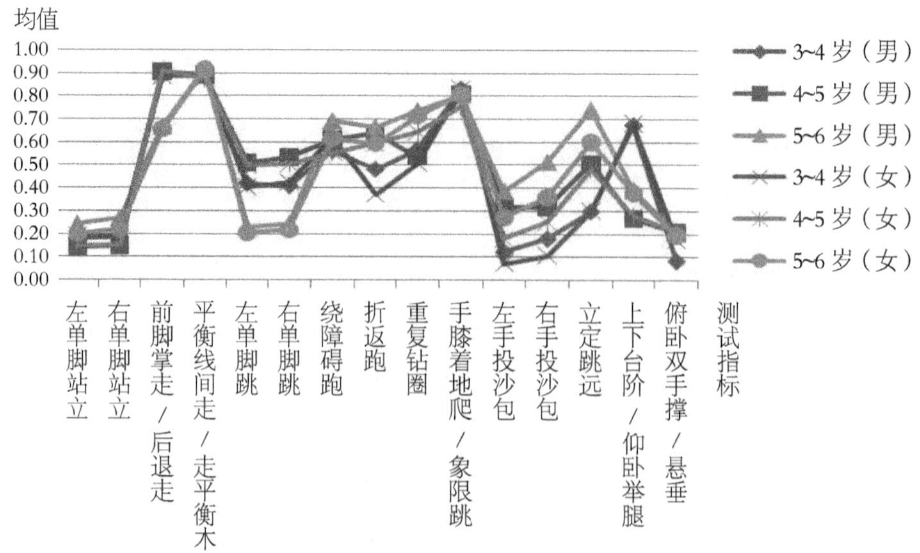

图 6　干预后对照班各项指标均值标准化统计图

实验班与对照班实验后各指标数据标准化后呈现出的趋势大致相同，说明两个班经过实验干预后，除了干预效果有差异，其体能发展趋势是一致的，该趋势很有可能是幼儿体能正常的发展趋势。通过图 5、图 6 的分析，干预后幼儿体能发展趋势有以下特点：

（1）静态平衡发展较慢，如单脚站立，各组的单脚站立都在敏感期之外（低于 0.4）。动态平衡发展速度非常快，各组前脚掌走、后退走、平衡线间走、走平衡木 4 个指标的值几乎是所有指标中最高的，这些指标是干预之后增长最敏感的。但各组单脚跳出现一定的差异，发展呈现出年龄特征，3～5 岁发展较快，其中 4～5 岁快过 3～4 岁，两个时期都处于敏感期，而 5～6 岁则发展最慢且不处于敏感期。

（2）灵敏与协调能力整体发展速度很快，并且相对于另外两项能力来说，各指标发展相对较均衡，干预后各指标均处于敏感期，发展速度较突出的是 3～4 岁的手膝着地爬和 4～6 岁的象限跳。

（3）力量与持久力成双峰状态，各组的立定跳远及 3～4 岁的上下台阶各成一峰，整体的立定跳远成绩增长都很快，3～4 岁幼儿上下台阶增长也很快，力量与持久力右手发展比左手快。

3.5.2 干预后各类体能发展趋势分析

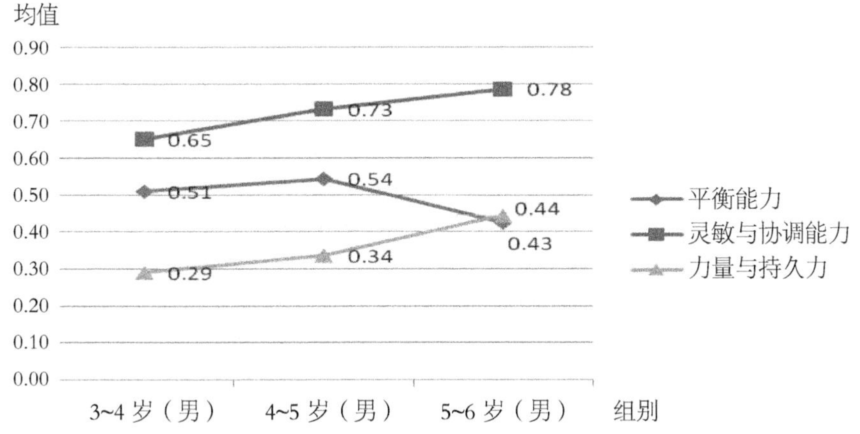

图 7 干预后实验班男性幼儿各类体能指标标准分均值统计图

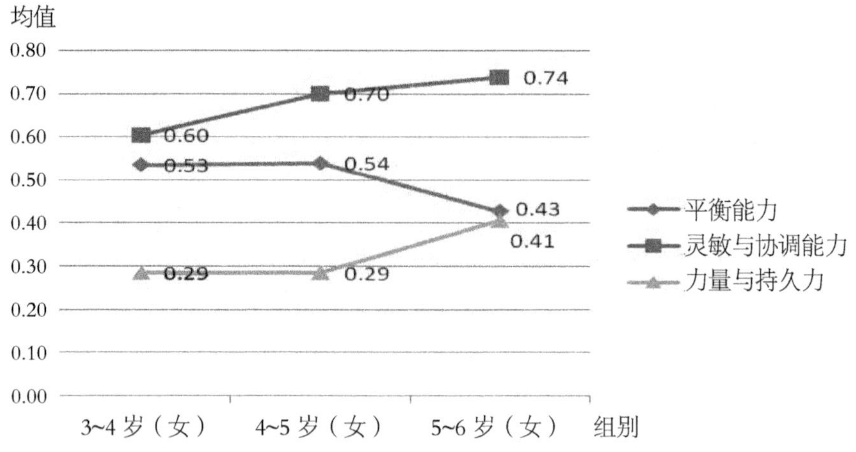

图 8　干预后实验班女性幼儿各类体能指标标准分均值统计图

（1）各类体能发展趋势比较

平衡能力发展速度仅次于灵敏与协调能力，各年龄段分值均在 0.4 以上，表明平衡能力处于发展的敏感期；男女性幼儿平衡能力分值在 3～4.5 岁均为上升趋势，表明 3～4.5 岁幼儿平衡能力是逐年增长的；男女性幼儿 4.5～6 岁平衡能力分值有明显的下降趋势，说明在这个年龄段幼儿的平衡能力发展速度有明显的放缓。

灵敏与协调能力得分在平衡能力和力量与持久力之上，说明灵敏与协调能力是三项体能中发展速度最快的，并且各个年龄段分值均在 0.4 以上，表明幼儿阶段的灵敏与协调能力正处于敏感期。此外，男女性幼儿分值均逐年增长，表明男女性幼儿灵敏与协调能力增长速度随年龄的增长而递增。

3～4.5 岁男女性幼儿力量与持久力得分均低于 0.4，表明 3～4.5 岁幼儿力量与持久力发展均处于非敏感期；5～6 岁男女性幼儿力量与持久力分值都突破了 0.4，表明 5～6 岁幼儿力量与持久力处于快速发展的敏感期。

（2）各类体能发展趋势性别差异分析

图 7 与图 8 的比较显示，平衡能力为 3～4.5 岁女性幼儿比男性幼儿快，4.5～6 岁性别差异不明显；灵敏与协调能力为 3～4.5 岁女性幼儿比男性幼儿快，4.5～6 岁男性幼儿比女性幼儿快；力量与持久力为 3～4.5 岁男性幼儿稍优于女性幼儿，4.5～6 岁男性幼儿比女性幼儿快。

（3）小结

总体的趋势表明，幼儿阶段平衡能力、灵敏与协调能力正处于发展的敏感期，灵敏与协调能力更处于高度敏感期，而力量与持久力的发展效果并不明显，这种趋势与很多前人的研究结果大体是一致的。幼儿时期神经系统发育较快，因此平衡能力发展较好；运动系统发育较慢，因此力量与持久力发展较慢；而灵敏与协调能力正是神经系统与运动系统综合作用的表现，很多研究表明，3～6 岁幼儿灵敏与协调能力正处于敏感期，虽发展程度不如平衡能力，但发展也较快。通过研究表明，现在幼儿园教学在有关规定下已经很好地保障了幼儿的日常体育活动时间，幼儿经常参加各式各样的体育活动锻炼，如奔跑、攀爬、跳跃等，运动量及强度都有一定的保障，运动系统在一定程度上能够得到发展。根据本研究的结果，幼儿运动系统的发展在一定程度上促进了幼儿灵敏与协调能力的发展，结合本来发展较快的神经系统，使其发展的敏感度进一步提高并超越了平衡能力，但运动系统水平的提高并未达到可以单独大幅度提高幼儿力量与持久力发展敏感度的水平。至于运动系统的提高对灵敏与协调能力和力量与持久力的影响有多大，则需要继续研究。

3.6 结论

通过实验班和对照班平衡能力、灵敏与协调能力、力量与持久力各班内实验指标前测与后测成绩的对比分析，结果表明：实验班采用的体育活动发展内容以及对照班采用的幼儿园常规体育教学对提高 3～6 岁幼儿体质效果明显。

通过实验班与对照班平衡能力、灵敏与协调能力、力量与持久力各实验指标成绩的对比分析，结果表明：实验班成绩总体上优于对照班成绩，说明课题组设定的体育活动发展内容对提高 3～6 岁幼儿体质的效果比幼儿园常规体育教学效果更好。

幼儿的体能发展具有年龄和性别特征，体能发展的敏感期也有所不同，总的趋势是：在 3～6 岁期间，灵敏与协调能力敏感度最高，其次是平衡能力，而力量与持久力的敏感度不显著。

参考文献：

[1] 教育部. 幼儿园工作规程[EB/OL]. (2016-03-01) [2019-11-20]. http://www.moe.gov.cn/srcsite/A02/s5911/moe_621/201602/t20160229_231184.html.

[2] 高军荣. 分层次投放材料有效提高幼儿的平衡能力[J]. 学前课程研究, 2008 (5), 24-26.

[3] 人民教育出版社课程教材研究所体育课程教材研究开发中心. 人类动作发展概论[M]. 北京：人民教育出版社, 2008：7-8.

[4] 陈冬华. 学前儿童健康教育探索：天津健康教育基地实践汇编[M]. 北京：人民教育出版社, 2004：21-24.

[5] 刘馨. 学前儿童体育[M]. 北京：北京师范大学出版社, 2012：36-38.

[6] 沈丽琴, 魏嗣琼, 张建新, 等. 学龄前儿童耐力检测指标的研究[J]. 现代预防医学, 1998, 25(1)：22-23.

[7] GALLAHUE D L. Understanding Motor Development in Children[M]. New York: John Wiley,1982：62-63.

附件 8

动作评价指标（第一轮）调查问卷

1. 您的专业类别是 ______________。

A. 学前教育专家　　B. 教育学专家　　C. 体育学专家

D. 园长　　E. 一线幼儿体育教师

2. 您的专业职称是 ______________。

A. 教授（高级）　　B. 中学高级教师（副高级）

C. 一线教师　　D. 其他

3. 请对下面的指标进行判别。

请辨别各项指标对测试“3～6 岁幼儿平衡能力、灵敏与协调能力、力量与持久力”的适用性程度，在您认为最合适的选项上打“√”。如果您觉得有更加合适测试幼儿能力的指标，请在 Z12 里加上。

（1）请选出最适合测试 3～4 岁幼儿各项能力的指标，每项能力选出 2～3 个。

平衡能力	灵敏与协调能力	力量与持久力
X1 闭眼单脚站立	Y1 重复钻圈	Z1 肩上挥臂掷远
X2 反复横跨	Y2 穿过小山洞	Z2 拉拉力器
X3 反复横跳	Y3 反复跳过障碍	Z3 悬垂
X4 单脚站物	Y4 听信号起动（反应时）	Z4 两臂支撑桌面
X5 反复跳过障碍	Y5 后退跑	Z5 仰卧蹬腿
X6 前脚掌站立	Y6 跑小道	Z6 快跑
X7 原地双脚交叉跳	Y7 象限跳	Z7 俯卧双手撑
X8 原地双脚开合跳	Y8 原地双脚交叉跳	Z8 前脚掌站立
X9 双脚连续跳	Y9 大象走	Z9 原地纵跳摸高
X10 走平衡木	Y10 10 米折返跑	Z10 上下台阶
X11 象限跳	Y11 同侧与异侧手脚交叉走	Z11 立定跳远
X12 跑小道	Y12 反复横跨	Z12

（2）请选出最适合测试4～5岁幼儿各项能力的指标，每项能力选出2～3个。

平衡能力	灵敏与协调能力	力量与持久力
X1 闭眼单脚站立	Y1 重复钻圈	Z1 肩上挥臂掷远
X2 反复横跨	Y2 穿过小山洞	Z2 拉拉力器
X3 反复横跳	Y3 反复跳过障碍	Z3 悬垂
X4 单脚站物	Y4 听信号起动（反应时）	Z4 两臂支撑桌面
X5 反复跳过障碍	Y5 后退跑	Z5 仰卧蹬腿
X6 前脚掌站立	Y6 跑小道	Z6 快跑
X7 原地双脚交叉跳	Y7 象限跳	Z7 俯卧双手撑
X8 原地双脚开合跳	Y8 原地双脚交叉跳	Z8 前脚掌站立
X9 双脚连续跳	Y9 大象走	Z9 原地纵跳摸高
X10 走平衡木	Y10 10米折返跑	Z10 上下台阶
X11 象限跳	Y11 同侧与异侧手脚交叉走	Z11 立定跳远
X12 跑小道	Y12 反复横跨	Z12

（3）请选出最适合测试5～6岁幼儿各项能力的指标，每项能力选出2～3个。

平衡能力	灵敏与协调能力	力量与持久力
X1 闭眼单脚站立	Y1 重复钻圈	Z1 肩上挥臂掷远
X2 反复横跨	Y2 穿过小山洞	Z2 拉拉力器
X3 反复横跳	Y3 反复跳过障碍	Z3 悬垂
X4 单脚站物	Y4 听信号起动（反应时）	Z4 两臂支撑桌面
X5 反复跳过障碍	Y5 后退跑	Z5 仰卧蹬腿
X6 前脚掌站立	Y6 跑小道	Z6 快跑
X7 原地双脚交叉跳	Y7 象限跳	Z7 俯卧双手撑
X8 原地双脚开合跳	Y8 原地双脚交叉跳	Z8 前脚掌站立
X9 双脚连续跳	Y9 大象走	Z9 原地纵跳摸高
X10 走平衡木	Y10 10米折返跑	Z10 上下台阶
X11 象限跳	Y11 同侧与异侧手脚交叉走	Z11 立定跳远
X12 跑小道	Y12 反复横跨	Z12

附件9

动作评价指标（第二轮）调查问卷

1. 您的专业类别是________________________。

A. 学前教育专家　　B. 教育学专家　　C. 体育学专家

D. 园长　　E. 一线幼儿体育教师

2. 您的专业职称是________________________。

A. 教授（高级）　　B. 中学高级教师（副高级）

C. 一级教师　　D. 其他

3. 请对下面的指标进行判别。

经过前一轮的调查问卷，有以下趋中结果，这次是以更简明，指标更少、更优的原则，再次请专家认定。

请辨别各项指标对测试“3～6岁幼儿平衡能力、灵敏与协调能力、力量与持久力”的适用性程度，在您认为最合适的选项上打“√”，每项能力选出2～3个指标。

平衡能力	灵敏与协调能力	力量与持久力
X1 闭眼单脚站立	Y1 重复钻圈	Z1 肩上挥臂掷远
X2 单脚站物	Y2 反复跳过障碍物	Z2 悬垂
X3 双脚连续向前跳	Y3 听信号起动	Z3 仰卧蹬腿
X4 走平衡木	Y4 象限跳	Z4 上下台阶
X5 单脚站立	Y5 折返跑	Z5 立定跳远
	Y6 绕障碍跑	

（1）闭眼单脚站立：一脚折叠收起，记录平地上单脚站立的持续时间。

（2）单脚站物：单脚站在长4.5厘米，高6厘米的立方体上，记录持续时间。

（3）重复钻圈：幼儿听到口令后从起点处出发，从呼啦圈中穿过去，然后从教师站立的另一侧绕回，再钻过呼啦圈，共钻圈5次后返回到起点处，记录所用的时间。

（4）反复跳过障碍：在中间有障碍物（长 20 厘米、宽 60 厘米、高 5 厘米）的木板上（长 96 厘米、宽 60 厘米）正面来回双脚跳过障碍物，记录完成 10 次所用的时间。

（5）绕障碍跑：幼儿以最快速度绕过设置的每一个障碍物，全程 10 米，记录所用的时间。

（6）象限跳：按下图所示，依次跳入第 1、第 2、第 3、第 4 象限，记录跳两轮所用的时间。

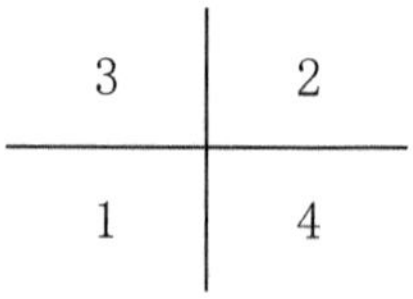

3	2
1	4

（7）折返跑：幼儿从起点线出发，到达终点线时须用手去摸线，然后迅速返回到起点线处，用手摸线，重复一次，两端线间距离 5 米，记录所用的时间。

（8）上下台阶：记录 5 次上下台阶所用的时间。

（9）双脚连续向前跳：采用双脚跳，共连续跳过 10 格，每格 50 厘米，记录所用的时间。

（10）听信号起动：幼儿从起点线出发，以最快速度跑完 5 米。以发令员发令直到幼儿完成 5 米跑时长减去幼儿听到发令自己起动至完成 5 米跑的时长。

附件 10

行动研究观察结果记录

行动研究观察结果记录表

年龄 / 岁	能力	动作名称	完成情况
3～4	平衡能力	闭眼单脚站立	可以完成，但幼儿不能很好地控制闭眼
		走平衡木	平衡木有一定高度，大部分幼儿难以顺利完成
		双脚连续跳	基本完成，但连续性不好
	灵敏与协调能力	听信号起动	可以完成，但测试难度大，没有专业体育教师的幼儿园对秒表的使用不规范，测试结果误差大
		大象走	不能完成
		10 米折返跑	普遍能够完成
		重复钻圈	普遍能够完成
		穿过小山洞	器材难以统一，对测试结果干扰较大
	力量与持久力	上下台阶	普遍能够完成
		仰卧蹬腿	动作不规范，腰腹和腿部力量不足
		肩上挥臂掷远	普遍能够完成
		快跑	普遍能够完成，有摔倒的危险，对起跑反应不灵敏，并且常跑错道
4～5	平衡能力	闭眼单脚站立	普遍能够完成
		走平衡木	普遍能够完成
		双脚连续跳	基本完成，但连续性不好
		单脚站物	不能完成
	灵敏与协调能力	听信号起动	可以完成，但测试难度大，没有专业体育教师的幼儿园对秒表的使用不规范，测试结果误差大
		大象走	不能完成
		10 米折返跑	普遍能够完成
		同侧与异侧手脚交叉走	不能完成

（续表）

年龄 / 岁	能力	动作名称	完成情况
4～5	力量与持久力	上下台阶	普遍能够完成
		仰卧蹬腿	普遍能够完成，但蹬腿不规范
		肩上挥臂掷远	普遍能够完成
		快跑	普遍能够完成，有摔倒的危险，对起跑反应不灵敏，并且常跑错道
		立定跳远	普遍能够完成
5～6	平衡能力	闭眼单脚站立	普遍能够完成
		走平衡木	普遍能够完成
		象限跳	普遍能够完成
		单脚站物	具有一定高度，加大了难度，不能完成
	灵敏与协调能力	重复钻圈	普遍能够完成
		后退跑	不能顺利完成，并且有一定危险性
		10 米折返跑	普遍能够完成
		同侧与异侧手脚交叉走	不能完成
		象限跳	普遍能够完成
	力量与持久力	两臂支撑桌面	上肢力量不足，不能完成
		俯卧双手撑	腰腹力量不足，不能完成
		肩上挥臂掷远	普遍能够完成
		悬垂	普遍能够完成
		立定跳远	普遍能够完成

附件 11

幼儿动作测试指标基本要求

一、平衡能力测试指标基本要求

1. 3～4 岁：单脚站立、前脚掌走、平行线间走、原地单脚跳

（1）单脚站立

动作要求：一脚站立，一脚屈膝抬起，身体正直，非支撑腿不能并靠支撑腿借力，两手侧平举，幼儿跳动或非支撑脚落下为结束。

场地器材：柔软地面、秒表。

测试方法：测试时，幼儿双脚自然站立，身体保持正直；当听到“开始”口令时，幼儿非支撑脚离地后开表计时，跳动或非支撑脚落地时停表，记录坚持的时间。然后测试另一只脚，分别记录左右两只脚站立的时间。分别测试 2 次，共 4 次，记录下成绩。记录以秒为单位，保留小数点后一位，小数点后第二位数按“非零进一”的原则进位，如 10.11 秒记录为 10.2 秒。

注意事项：开始测试前，要做好充分的准备活动，场地要平整、柔软；测试时旁边要有教师进行保护，以免摔伤。

（2）前脚掌走

动作要求：脚跟尽量提起，直腰挺胸。前脚掌着地沿着跑道向前走 3 米，测试过程中任意一脚脚后跟落地则视为失败，须重新开始。

场地器材：3 米长跑道、秒表。

测试方法：测试时，幼儿站在起点处；当听到“开始”口令时，幼儿起步开表计时，通过终点后停表，记录走 3 米所用的时间。测试 2 次，记录下成绩。记录以秒为单位，保留小数点后一位，小数点后第二位数按“非零进一”的原则进位，如 10.11 秒记录为 10.2 秒。

注意事项：开始测试前，要做好充分的准备活动，场地要平整，无障碍物；测试时旁边要有教师进行保护，以免幼儿失衡摔倒受伤。

（3）平行线间走

动作要求：幼儿在平行线间走，双脚不能超出平行线，如果超出应返回超出的地方再继续往前走。

场地器材：宽 30 厘米、长 5 米的平行线，秒表。

测试方法：测试时，幼儿站在平行线的起点处；当听到“开始”口令时，幼儿起步后开表计时，通过终点后停表，记录完成的时间。测试 2 次，记录下成绩。记录以秒为单位，保留小数点后一位，小数点后第二位数按“非零进一”的原则进位，如 10.11 秒记录为 10.2 秒。

注意事项：开始测试前，要做好充分的准备活动，场地要平整，无障碍物或其他幼儿；测试时旁边要有教师进行保护，以免幼儿失衡摔倒或发生碰撞。

（4）原地单脚跳

动作要求：测试时，幼儿在直径为 1 米的圆圈内单脚起跳，在跳的过程中不可以换脚或双脚落地，若换脚或用双脚起跳此次则不计入成绩。

场地器材：平坦空地或操场、直径为 1 米的圆圈、秒表。

测试方法：测试时，幼儿双脚自然站立，身体保持正直；当听到“开始”口令时，幼儿开始跳，测试者记录幼儿在 10 秒内重复跳的次数。左右脚各 2 次，共测试 4 次，记录下成绩。

注意事项：开始测试前，要做好充分的准备活动，场地要平整，无障碍物，以免幼儿摔倒受伤。

2. 4～5 岁：闭眼单脚站立、前脚掌走、走平衡木、原地单脚转圈跳

（1）闭眼单脚站立

动作要求：两手侧平举，闭上眼睛做单脚站立，非支撑腿不能并靠支撑腿借力，幼儿跳动或非支撑脚落下为结束。

场地器材：柔软地面、秒表。

测试方法：当幼儿闭上眼睛，脚提起即开始计时，跳动或保持不了平衡状态落下时停止计时，记录持续站立的时间。然后测试另一只脚，分别记录

左右两只脚站立的时间。分别测试 2 次，共 4 次，记录下成绩。

注意事项：开始测试前，要做好充分的准备活动，场地要平整、柔软；测试时旁边要有教师进行保护，以免摔倒。

（2）前脚掌走

动作要求：脚跟尽量提起，直腰挺胸。前脚掌着地沿着跑道往前走 5 米，测试过程中任意一脚脚后跟落地则视为失败，须重新开始。

场地器材：5 米长跑道、秒表。

测试方法：测试时，幼儿站在起点处；当听到“开始”口令时，幼儿起步开表计时，通过终点后停表，记录走 5 米所用的时间。测试 2 次，记录下成绩。记录以秒为单位，保留小数点后一位，小数点后第二位数按“非零进一”的原则进位，如 10.11 秒记录为 10.2 秒。

注意事项：开始测试前，要做好充分的准备活动，场地要平整，无障碍物；测试时旁边要有教师进行保护，以免失衡摔倒受伤。

（3）走平衡木

动作要求：幼儿双手侧平举于身体两侧，沿着平衡木的一端走到另一端，中途落下为失败，须重新开始。

场地器材：高 25 厘米、宽 15 厘米、长 300 厘米的平衡木，软垫，秒表。

测试方法：测试时，幼儿站在平衡木后端的平台上；当听到“开始”口令时，幼儿起步开表计时，双脚全部走过终点后测试员停表，记录时间。测试 2 次，记录下成绩。记录以秒为单位，保留小数点后一位，小数点后第二位数按“非零进一”的原则进位，如 10.11 秒记录为 10.2 秒。

注意事项：开始测试前，要做好充分的准备活动，平衡木下面要垫有软垫；测试时旁边要有教师进行保护，以免幼儿从平衡木上跌落摔伤。

（4）原地单脚转圈跳

动作要求：测试时，幼儿单脚在直径为 1 米的圆圈内转圈跳，在跳的过程中不可以换脚或双脚落地，若换脚或用双脚起跳此次则不计入成绩。

场地器材：平坦空地或操场、直径为 1 米的圆圈、秒表。

测试方法：测试时，幼儿双脚自然站立，身体保持正直，两手自然放于体侧；当听到“开始”口令时，幼儿开始单脚转圈跳（方向不限），测试者记录在 10 秒内跳的次数。左右脚各 2 次，共测试 4 次，记录下成绩。

注意事项：开始测试前，要做好充分的准备活动，场地要平整，无障碍物；测试时旁边要有教师进行保护，以免幼儿摔倒受伤。

3. 5～6 岁：闭眼单脚站立、走平衡木、后退走、单脚左右跳

（1）闭眼单脚站立

动作要求：两手侧平举，闭上眼睛做单脚站立，非支撑腿不能并靠支撑腿借力，幼儿跳动或非支撑脚落下为结束。

场地器材：柔软地面、秒表。

测试方法：当幼儿闭上眼睛，脚提起即开始计时，跳动或保持不了平衡状态落下时停止计时，记录持续站立的时间。然后测试另一只脚，分别记录左右两只脚站立的时间。分别测试 2 次，共 4 次，记录下成绩。

注意事项：开始测试前，要做好充分的准备活动，场地要平整、柔软；测试时旁边要有教师进行保护，以免摔倒。

（2）走平衡木

动作要求：幼儿双手侧平举于身体两侧，沿着平衡木的一端走到另一端，中途落下为失败，须重新开始。

场地器材：高 25 厘米、宽 15 厘米、长 300 厘米的平衡木，软垫，秒表。

测试方法：测试时，幼儿站在平衡木后端的平台上；当听到“开始”口令时，幼儿起步开表计时，双脚全部走过终点后测试员停表，记录时间。测试 2 次，记录下成绩。记录以秒为单位，保留小数点后一位，小数点后第二位数按“非零进一”的原则进位，如 10.11 秒记录为 10.2 秒。

注意事项：开始测试前，要做好充分的准备活动，平衡木下面要垫有软垫；测试时旁边要有教师进行保护，以免幼儿从平衡木上跌落摔伤。

（3）后退走

动作要求：幼儿背对直线自然站在起点处，听到发令后沿着跑道直线快速地后退走 10 米。测试过程中，幼儿眼可以看脚或向后看，但脚不能踩线，

踩线则视为失败，须重新开始。

场地器材：10 米长直线（跑道）、秒表。

测试方法：测试时，幼儿背对直线站在起点处；当听到“开始”口令时，幼儿起步开表计时，通过终点后停表，记录幼儿后退走 10 米所用的时间。测试 2 次，记录下成绩。记录以秒为单位，保留小数点后一位，小数点后第二位数按“非零进一”的原则进位，如 10.11 秒记录为 10.2 秒。

注意事项：开始测试前，要做好充分的准备活动，场地要平整，无障碍物或其他幼儿；测试时旁边要有教师进行保护，以免幼儿失衡摔倒或发生碰撞。

（4）单脚左右跳

动作要求：测试时，幼儿在一条直线上连续单脚向左、向右跳（在直线两侧 20 厘米处分别画一个长 15 厘米、宽 10 厘米的长方形），在跳的过程中不可以换脚或双脚落地，若换脚或用双脚起跳此次则不计入成绩。

场地器材：一条直线、秒表。

测试方法：测试时，幼儿双脚自然站立在直线上；当听到“开始”口令时，幼儿在一条直线上连续单脚左右跳。记录幼儿在 10 秒内跳的次数。左右脚各测试 2 次，共测试 4 次，记录下成绩。

注意事项：开始测试前，要做好充分的准备活动，场地要平整，无障碍物；测试时旁边要有教师进行保护，以免幼儿摔倒受伤。

二、灵敏与协调能力测试指标基本要求

1. 3～4 岁：绕障碍跑、折返跑、重复钻圈、手膝着地爬

（1）绕障碍跑

动作要求：幼儿从起点线出发，不可踩线，以最快速度绕过每个障碍物，冲过终点线才算完成。

场地器材：在一条长 10 米的直线上设置 4 个障碍物，每个障碍物间隔 2 米；秒表 1 块；障碍物 4 个（可用雪糕筒等代替）；卷尺 1 把。

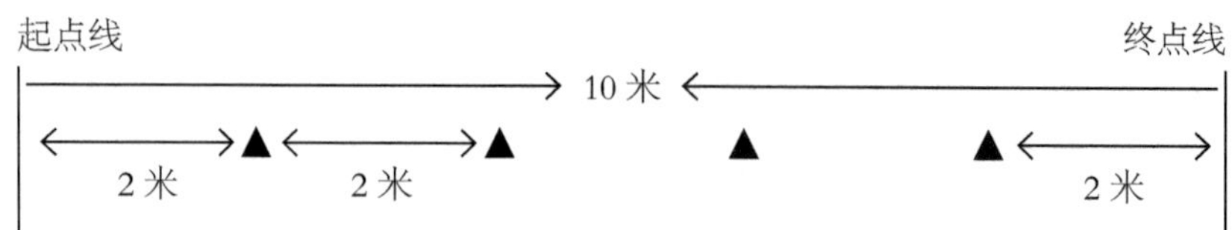

测试方法：教师发出“预备，跑”的口令，幼儿起动开始计时，需要绕过每个障碍物，身体躯干碰触到终点线的垂直界面时停止计时，记录幼儿完成的时间。如果有一个或多个障碍物没有绕过，则须重新测试，幼儿在碰到障碍物后不需要扶起，可继续进行。

注意事项：注意跑道场地的安全性，不能有石块、凸起、凹陷；测试前做好热身准备活动。

（2）折返跑

动作要求：幼儿从起点线出发，不可踩线，到达另一端线时须用手去摸线，然后迅速返回到起点线处，用手摸线，重复一次。

场地器材：在一条长 5 米的直线上分别设置起点线和终点线，秒表 1 块，卷尺 1 把。

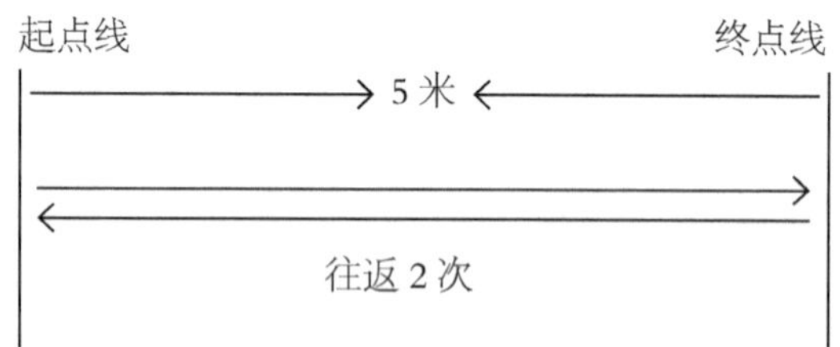

测试方法：教师站在起跑线处，发出“预备，跑”的口令，幼儿起动开始计时，等幼儿往返 2 次后，身体躯干碰触到起点线的垂直界面时停止计时，记录幼儿完成的时间。如果幼儿没有摸线，则须重新测试。

注意事项：注意跑道场地的安全性，不能有石块、凸起、凹陷；测试前做好热身准备活动。

（3）重复钻圈

动作要求：幼儿听到口令后从起点处出发，不可踩线，从呼啦圈中穿过去，然后从教师站立的另一侧绕回，再钻过呼啦圈，共钻圈 5 次后返回到起点处。

场地器材：起点到呼啦圈的距离为 1 米，呼啦圈的直径为 65 厘米；秒表 1 块；呼啦圈 1 个；卷尺 1 把。

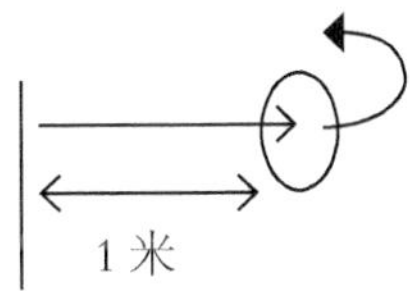

测试方法：教师手拿呼啦圈，圈沿贴着地面并垂直于地面，离圈 1 米的地方设置一条起点线。教师发出“预备，跑”的口令，幼儿起动开始计时，需要以侧钻的方式钻过呼啦圈，身体躯干碰触到起点线的垂直界面时停止计时，记录幼儿完成的时间。在钻圈过程中幼儿身体的任何部位如果碰触到呼啦圈，则须重新测试。

注意事项：大声数出幼儿钻圈的次数，提示幼儿身体不要左右摇晃，避免摔倒。

（4）手膝着地爬

动作要求：幼儿从垫子外沿站立，听到口令后出发，需要手膝着地向前爬行，到达终点处到垫子外沿站立，才算完成。

场地器材：一个长 6 米、宽 1 米的垫子，秒表 1 块，卷尺 1 把。

测试方法：教师发出“预备，跑”的口令，幼儿起动开始计时，须手膝着地爬过垫子，到达垫子外沿且双脚离开垫子后停止计时，记录幼儿完成的时间。如果幼儿在爬行过程中掉出垫子，则须重新测试。

注意事项：提醒幼儿眼睛要看向前方。

2. 4～5 岁：绕障碍跑、折返跑、重复钻圈、象限跳

（1）绕障碍跑

动作要求：幼儿从起点线出发，不可踩线，以最快速度绕过每个障碍物，冲过终点线才算完成。

场地器材：在一条长 10 米的直线上设置 5 个障碍物，起点到第一个障碍物的距离为 2 米，每个障碍物间隔 1.5 米，最后一个障碍物到终点线的距离为 2 米；秒表 1 块；障碍物 5 个（可用雪糕筒等代替）；卷尺 1 把。

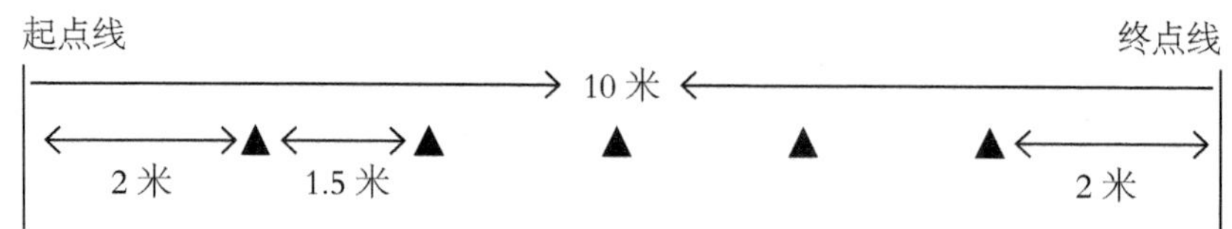

测试方法：教师发出“预备，跑”的口令，幼儿起动开始计时，需要绕过每个障碍物，身体躯干碰触到终点线的垂直界面时停止计时，记录幼儿完成的时间。如果有一个或多个障碍物没有绕过，则须重新测试，幼儿在碰到障碍物后不需要扶起，可继续进行。

注意事项：注意跑道场地的安全性，不能有石块、凸起、凹陷；测试前做好热身准备活动。

（2）折返跑

动作要求：幼儿从起点线出发，不可踩线，到另一端线时须用手去摸线，然后迅速返回到起点线处，用手摸线，重复一次。

场地器材：在一条长 5 米的直线上分别设置起点线和终点线，秒表 1 块，卷尺 1 把。

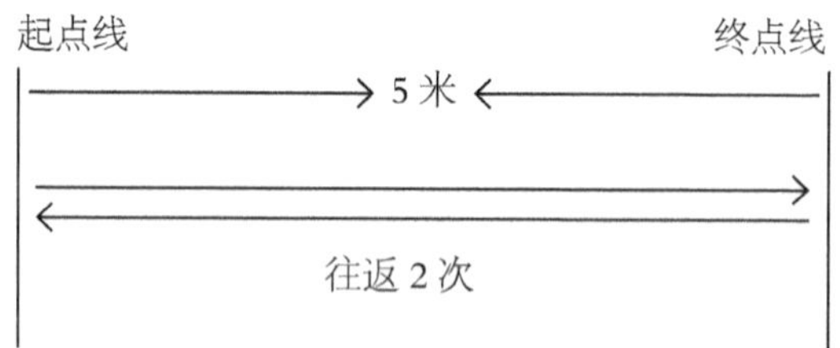

测试方法：教师在起跑线处发出“预备，跑”的口令，幼儿起动开始计时，等幼儿往返 2 次后，身体躯干碰触到起点线的垂直界面时停止计时，记录幼儿完成的时间。如果幼儿没有摸线，则须重新测试。

注意事项：注意跑道场地的安全性，不能有石块、凸起、凹陷；测试前做好热身准备活动。

（3）重复钻圈

动作要求：幼儿听到口令后从起点处出发，不可踩线，从呼啦圈中穿过去，然后从教师站立的另一侧绕回，再钻过呼啦圈，共钻圈 5 次后返回到起点处。

场地器材：起点到呼啦圈的距离为 1 米，呼啦圈的直径为 70 厘米；秒表 1 块；呼啦圈 1 个；卷尺 1 把。

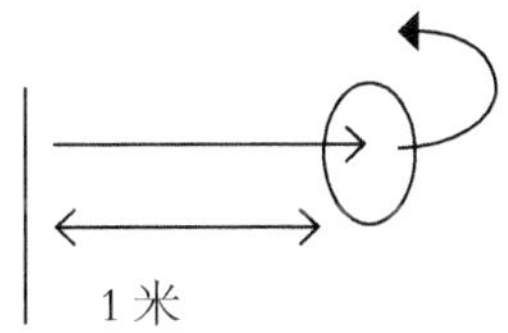

测试方法：教师手拿呼啦圈，圈沿贴着地面并垂直于地面，离圈 1 米的地方设置一条起点线。教师发出“预备，跑”的口令，幼儿起动开始计时，需要以侧钻的方式钻过呼啦圈，身体躯干碰触到起点线的垂直界面时停止计时，记录幼儿完成的时间。在钻圈过程中幼儿身体的任何部位如果碰触到呼啦圈，则须重新测试。

注意事项：大声数出幼儿钻圈的次数，提示幼儿身体不要左右摇晃，避免摔倒。

（4）象限跳

动作要求：幼儿听到口令后，采用双脚跳的方式，依次跳入第 1、第 2、第 3、第 4 象限，并重复一轮。

场地器材：彩色黏性胶带，粉笔，秒表 1 个。

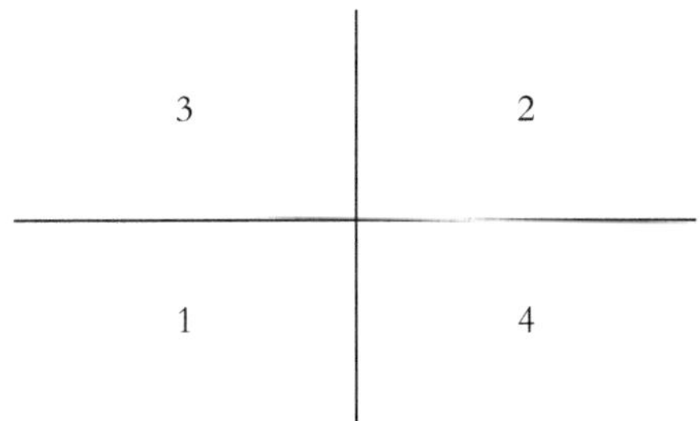

测试方法：教师发出“预备，跑”的口令，幼儿起动开始计时，重复一轮后需要再次跳入第 1 象限内停止计时，记录幼儿完成的时间。如果有跳错或踩线的幼儿，则须重新测试或者记录“不能完成”。

注意事项：注意测试场地的安全性，不能有石块、凸起、凹陷；测试前做好热身准备活动。

3．5～6 岁：绕障碍跑、折返跑、重复钻圈、象限跳

（1）绕障碍跑

动作要求：幼儿从起点线出发，不可踩线，以最快速度绕过每个障碍物，冲过终点线才算完成。

场地器材：在一条长 10 米的直线上设置 6 个障碍物，每个障碍物间隔 1.2 米；秒表 1 块；障碍物 6 个（可用雪糕筒等代替）；卷尺 1 把。

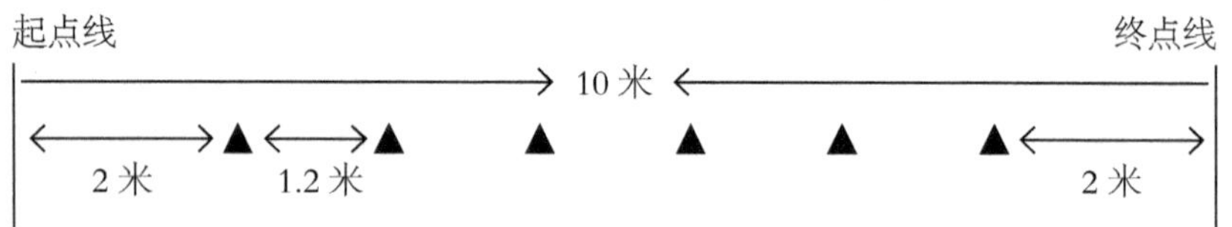

测试方法：教师发出“预备，跑”的口令，幼儿起动开始计时，需要绕过每个障碍物，身体躯干碰触到终点线的垂直界面时停止计时，记录幼儿完成的时间。如果有一个或多个障碍物没有绕过，则须重新测试。幼儿在碰到障碍物后不需要扶起，可继续进行。

注意事项：注意跑道场地的安全性，不能有石块、凸起、凹陷；测试前做好热身准备活动。

（2）折返跑

动作要求：幼儿从起点线出发，不可踩线，到达另一端线时须用手去摸线，然后迅速返回到起点线处，用手摸线，重复一次。

场地器材：在一条长 5 米的直线上分别设置起点线和终点线，秒表 1 块，卷尺 1 把。

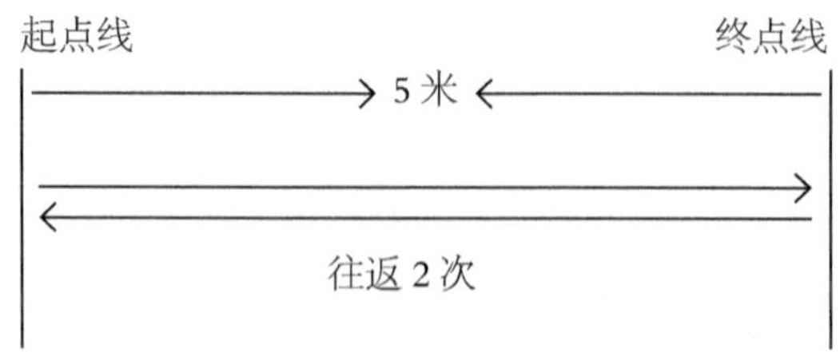

测试方法：教师在起跑线处发出“预备，跑”的口令，幼儿起动开始计时，等幼儿往返 2 次后，身体躯干碰触到起点线的垂直界面时停止计时，记录幼儿完成的时间。如果幼儿没有摸线，则须重新测试。

注意事项：注意跑道场地的安全性，不能有石块、凸起、凹陷；在测试前做好热身准备活动。

（3）重复钻圈

动作要求：幼儿听到口令后从起点处出发，不可踩线，从呼啦圈中穿过去，然后从教师站立的另一侧绕回，再钻过呼啦圈，共钻圈 5 次后返回到起点处。

场地器材：起点到呼啦圈的距离为 1 米，呼啦圈的直径为 75 厘米；秒表 1 块；呼啦圈 1 个；卷尺 1 把。

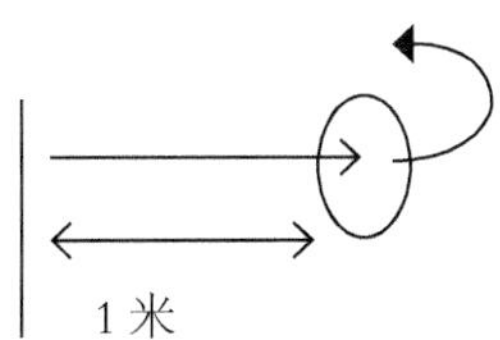

测试方法：教师手拿呼啦圈，圈沿贴着地面并垂直于地面，离圈 1 米的地方设置一条起点线。教师发出“预备，跑”的口令，幼儿起动开始计时，需要以侧钻的方式钻过呼啦圈，身体躯干碰触到起点线的垂直界面时停止计时，记录幼儿完成的时间。在钻圈过程中幼儿身体的任何部位如果碰触到呼啦圈，则须重新测试。

注意事项：大声数出幼儿钻圈的次数，提示幼儿身体不要左右摇晃，避免摔倒。

（4）象限跳

动作要求：幼儿听到口令后，采用双脚跳的方式，依次跳入第 1、第 2、第 3、第 4 象限，并重复一轮。

场地器材：彩色黏性胶带，粉笔，秒表 1 块。

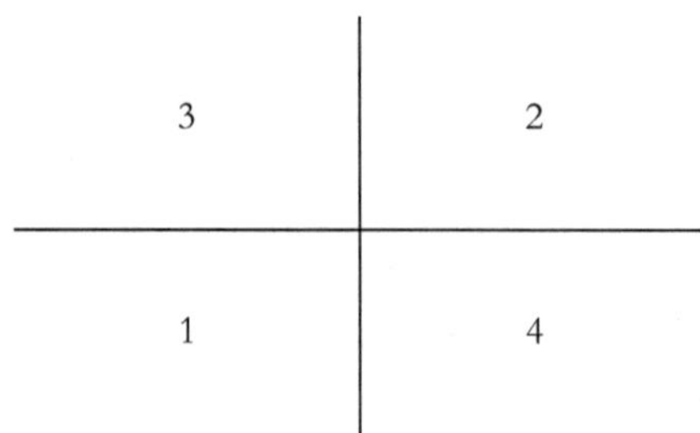

测试方法：教师发出“预备，跑”的口令，幼儿起动开始计时，重复一轮后需要再次跳入第1象限内停止计时，记录幼儿完成的时间。如果有跳错或踩线的幼儿，则须重新测试或者记录“不能完成”。

注意事项：注意测试场地的安全性，不能有石块、凸起、凹陷；测试前做好热身准备活动。

三、力量与持久力测试指标基本要求

1. 3～4岁：单手肩上投沙包、立定跳远、上下台阶、俯卧双手撑

（1）单手肩上投沙包

动作要求：自然站立于投掷点，单手持沙包，手臂自然弯曲在肩上；另一手臂伸直，指向投掷区方向；沙包出手时手臂伸直。投掷过程中，不能踩线或过线。

场地器材：150克沙包；卷尺；在平坦地面上画一个长20米、宽6米的长方形，以一侧端线为投掷线。

测试方法：测试沙包落地点至投掷点的距离，左右手各测2次，并做真实记录。踩线、过线或出投掷区成绩均无效。

注意事项：测试前，做好准备活动，测试教师先做正确的动作示范；测试时，严禁其他幼儿进入投掷区，避免出现伤害事故；测试后，统一捡沙包。

（2）立定跳远

动作要求：要求幼儿做准备动作时双臂向后弯曲，同时双腿屈膝；两臂向前上方充分伸展；双脚同时起跳，同时落地。

场地器材：卷尺；在平坦地面上画一个长2米、宽1米的长方形，以一

侧端线为起跳线。

测试方法：幼儿各跳 2 次，测试跳的距离。

注意事项：幼儿起跳时，不能踩线，不能有垫跳动作；提醒幼儿落地缓冲，以免受伤。

（3）上下台阶

动作要求：一只脚先踏上台阶，另外一只脚再踏上去，这为上台阶；一只脚先下到地面，另外一只脚再下来，这为下台阶；一个上台阶和一个下台阶称为“一次上下台阶”。

场地器材：高 30 厘米的台阶、秒表 1 块。

测试方法：幼儿起动开始计时，双脚都落回地面停止计时，记录 5 次上下台阶所用的时间。

注意事项：注意上下台阶时手臂的协调摆动。

（4）俯卧双手撑

动作要求：双手和双脚支撑身体成俯撑状，身体其他部位不能触地，身体呈一条直线。

场地器材：空地 1 块、软垫若干块、秒表 1 块。

测试方法：幼儿身体呈直线开始计时，塌腰、屈肘或屈腿时停表，记录维持的时间；上限时间为 30 秒，记录 2 次测试的时间。

注意事项：做好准备活动再测试；测试过程中要求幼儿不要闭气用力。

2. 4～5 岁：单手肩上投沙包、仰卧举腿、立定跳远、俯卧双手撑

（1）单手肩上投沙包

动作要求：投掷时，手臂自然弯曲在肩上，两脚前后分开，身体后仰，用力蹬地，目视前方，肩上挥臂，投向前方；沙包出手时后脚可以向前迈出一步，但不能踩线或过线。

场地器材：150 克沙包；卷尺；在平坦地面上画一个长 20 米、宽 6 米的长方形，以一侧端线为投掷线。

测试方法：测量沙包落地点至投掷点的距离，左右手各测 2 次，取均值。

注意事项：测试前，做好准备活动；测试时，严禁其他幼儿进入投掷区，避免出现伤害事故；测试后，统一捡沙包。

（2）仰卧举腿

动作要求：幼儿仰卧在垫子上，双腿伸直并拢，双臂伸直放在体侧，掌心朝下，然后收腹举腿，使得腹部卷起到最高点，然后缓慢回到平躺姿势。

场地器材：软垫若干块、秒表 1 块。

测试方法：幼儿腿部起动开始计时，当腿与地面垂直时，记完成 1 次；记录幼儿 20 秒内完成动作的次数，测试 2 轮。

注意事项：做好准备活动再测试，提醒幼儿要尽量将腿伸到与地面垂直，测试过程中要求幼儿不要闭气用力。

（3）立定跳远

动作要求：要求幼儿做预备动作时双臂向后弯曲，同时双腿屈膝；两臂向前上方充分伸展；双脚同时起跳，同时落地；双脚落地时手臂下压。

场地器材：卷尺；在平坦地面上画一个长 2 米、宽 1 米的长方形，以一侧端线为起跳线。

测试方法：幼儿各跳 2 次，测试跳的距离。

注意事项：幼儿起跳时，不能踩线，不能有垫跳动作；提醒幼儿落地缓冲，以免受伤。

（4）俯卧双手撑

动作要求：双手撑地，与肩稍宽，双腿伸直并拢，手和脚支撑身体呈直线，其他部位不能触地。

场地器材：软垫若干块、秒表 1 块。

测试方法：幼儿身体呈直线开始计时，塌腰、屈肘或屈腿时停表，记录维持的时间；上限时间为 30 秒，记录 2 次测试的时间。

注意事项：做好准备活动再测试；测试过程中要求幼儿不要闭气用力。

3. 5～6 岁：单手肩上投沙包、仰卧举腿、立定跳远、悬垂

（1）单手肩上投沙包

动作要求：投掷时，手臂自然弯曲在肩上，两脚前后分开，身体后仰，

用力蹬地，目视前方，肩上挥臂，投向前方；沙包出手时后脚可以向前迈出一步，但不能踩线或过线。

场地器材：150 克沙包；卷尺；在平坦地面上画一个长 20 米、宽 6 米的长方形，以一侧端线为投掷线。

测试方法：测试沙包落地点至投掷点的距离，左右手各测 2 次。

注意事项：测试前，做好准备活动；测试时，严禁其他幼儿进入投掷区，避免出现伤害事故；测试后，统一捡沙包。

（2）仰卧举腿

动作要求：幼儿仰卧在垫子上，双腿伸直并拢，双臂伸直放在体侧，掌心朝下，然后收腹举腿，使得腹部卷起到最高点，然后缓慢回到平躺姿势。

场地器材：软垫若干块、秒表 1 块。

测试方法：幼儿腿部起动开始计时，当腿与地面垂直时，记完成 1 次；记录幼儿 30 秒内完成动作的次数，测试 2 轮。

注意事项：做好准备活动再测试，提醒幼儿要尽量将腿伸到与地面垂直，测试过程中要求幼儿不要闭气用力。

（3）立定跳远

动作要求：要求幼儿做预备动作时双臂向后弯曲，同时双腿屈膝；两臂向前上方充分伸展；双脚同时起跳，同时落地；双脚落地时手臂下压。

场地器材：卷尺；在平坦地面上画一个长 2 米、宽 1 米的长方形，以一侧端线为起跳线。

测试方法：幼儿各跳 2 次，测试跳的距离。

注意事项：幼儿起跳时，不能踩线，不能有垫跳动作；提醒幼儿落地缓冲，以免受伤。

（4）悬垂

动作要求：让幼儿双手正握单杠（双手距离与肩同宽），两臂伸直成悬垂。

场地器材：空旷场地、可升降单杠并用海绵绕在杆上、软垫若干块、秒表 1 块。

测试方法：记录幼儿双手正握单杠直到手离杠的时间；如果园内单杠

过高，且不能升降，可以将幼儿抱起正握单杠，以帮助者手放开为准开始计时。

注意事项：在幼儿身体下方放置软垫，测试过程中要求幼儿不要闭气用力。

附件 12

幼儿体育活动“三维动作”能力测试指标评价参考标准

表 1　各年龄段平衡能力测试指标百分位数表

百分位数	性别	3～4 岁				4～5 岁				5～6 岁			
		单脚站立 / 秒	3 米前脚掌走 / 秒	5 米平行线间走 / 秒	10 秒原地单脚跳 / 秒	5 米前脚掌走 / 秒	闭眼单脚站立 / 秒	3 米走平衡木 / 秒	10 秒原地单脚转圈跳 / 个	3 米闭眼单脚站立 / 秒	走平衡木 / 秒	10 米后退走 / 秒	单脚左右跳 / 个
99	男	45.02	2.50	2.01	32	2.89	33.21	2.12	36	60.42	1.72	3.29	29
	女	38.84	2.00	2.23	34	3.03	31.09	2.04	36	51.59	1.81	3.77	30
……													
60	男	21.63	3.96	4.34	21	5.09	15.91	3.34	24	32.18	3.42	9.57	18
	女	16.95	3.79	4.45	23	4.96	14.09	3.82	24	22.29	3.29	10.01	18

表 2　各年龄段灵敏与协调能力测试指标百分位数表

百分位数	性别	3～4 岁				4～5 岁				5～6 岁			
		绕障碍跑 / 秒	折返跑 / 秒	重复钻圈 / 秒	手膝着地爬 / 秒	绕障碍跑 / 秒	折返跑 / 秒	重复钻圈 / 秒	象限跳 / 秒	绕障碍跑 / 秒	折返跑 / 秒	重复钻圈 / 秒	象限跳 / 秒
99	男	3.94	3.96	9.25	3.98	3.63	4.11	8.32	2.68	3.38	3.39	7.55	2.26
	女	3.86	4.43	11.53	4.99	3.80	4.17	8.54	2.72	3.45	3.80	8.22	2.35
……													
60	男	5.22	7.87	17.03	8.96	5.14	9.31	14.79	8.72	4.99	7.92	13.72	6.26
	女	5.47	9.60	17.88	10.06	4.99	9.74	15.31	9.48	4.81	6.53	14.40	7.23

表 3　各年龄段力量与持久力测试指标百分位数表

百分位数	性别	3～4 岁				4～5 岁				5～6 岁			
		右手投沙包 / 米	立定跳远 / 米	上下台阶 / 秒	俯卧双手撑 / 秒	右手投沙包 / 米	立定跳远 / 米	俯卧双手撑 / 秒	仰卧举腿 / 个	右手投沙包 / 米	立定跳远 / 米	仰卧举腿 / 个	悬垂 / 秒
99	男	6.17	1.28	4.76	61.29	7.43	1.48	62.89	18	8.94	1.67	29	49.98
	女	5.03	1.17	4.87	61.24	6.54	1.38	60.31	17	8.57	1.51	27	60.06
……													
60	男	3.85	0.86	11.16	32.84	4.69	1.10	33.17	8	6.11	1.25	16	28.60
	女	3.19	0.84	11.41	32.76	3.88	1.00	30.36	7	5.30	1.19	14	27.28

后记

从课题申报到成果出版，历经10年。10年来，无论是课题组的成员，还是幼儿园（院）的园（院）长和幼儿园（院）一线教师，都一直为构建“三维动作”理论与实践体系而努力开拓，艰难而又快乐地前行。艰难是因为还在不断地求索过程中，一个新体系的形成需要理论的支撑，更需要实验的验证与实践的检验，幸运的是，有前人大量的研究成果，有《3～6岁儿童学习与发展指南》健康领域动作发展方向的指引；快乐是因为每一次有效的问卷、每一次培训的效果、每一个实验的结果、每一次论文的发表、每一次演讲的成功，等等，都给课题组成员带来极大的信心和决心，更是给我们带来希望和曙光。

10年来，课题组成员发表了大量的学术文章，其中本书的三位作者编写了三本有关“三维动作”的书籍，且在《体育学刊》《广州体育学院学报》《中国教育报》《中国学校体育》等刊物发表了18篇幼儿动作发展领域的论文。研究成果“构建幼儿体育活动实践体系的研究”获“第八届中国学校体育科学大会一等奖”，“‘三维动作’对促进幼儿智力发展影响的研究”获“2017年全国第十三届学生运动会科学论文报告会一等奖”，“3～6岁幼儿‘三维动作’能力测评体系的研究”获“2020年全国第十四届学生运动会科学论文报告会一等奖”，一系列研究成果为幼儿体育活动“三维动作”内容体系的构建奠定了坚实的基础。课题组研究成员及本书的撰写者均有较好的学科背景和合理的年龄结构，有教育学、教育心理学、体育学、人体科学等学科的专家和教授，有长期进行基础教育研究的学前教育教研员和体育教育教研员，有幼儿园（院）园（院）长以及幼儿园（院）一线教师，从而能够保证课题研究及本书的理论与教学实践高度统一，而撰写工作始终坚持“健康第一”指导思想及在《3～6岁儿童学习与发展指南》健康领域动作发展理念的框架内，同时这些经验也可为后来研究者提供借鉴的样本。

在课题研究和本书撰写过程中，得到广东省育才幼儿院一院、广东省育才幼儿院二院等86所幼儿园（院）的支持，得到广东省教育厅、广东省教育研究院的支持，得到众多体育教育和学前教育专家、学者的支持，在此表示由衷的感谢！同时也借此机会向课题研究团队的各位同仁表示感谢！

遗憾的是，由于教育教学成果奖申报时人员的限制，许多课题组的主要成员并未能写进获奖名单，这里谨代表获奖的成员对课题团队的所有成员道一声：感谢！